L'Érotisme ou le mensonge de Freud

Philippe Laporte

L'Érotisme ou le mensonge de Freud

Refondation de la psychologie sexuelle

Illustration de couverture : dessin original de Léa Zwikel (2008)

© Philippe Laporte, 2017
ISBN 978-2-9522471-1-5
Autoédition

Cet ouvrage a fait l'objet d'une première édition chez Connaissances et Savoirs en 2009.

Le Code de la propriété intellectuelle interdit les copies ou reproductions destinées à une utilisation collective. Toute représentation ou reproduction intégrale ou partielle faite par quelque procédé que ce soit, sans le consentement de l'auteur ou de ses ayants cause, est illicite et constitue une contrefaçon sanctionnée par les articles L 335-2 et suivants du Code de la propriété intellectuelle.

à Éva Thomas,
avec toute mon admiration pour son courage.

à l'enfant que j'ai été,
c'est lui qui posait les bonnes questions.

Parmi toutes les fonctions du corps, c'est la sexualité
qui est la plus soumise aux interdits sociaux. Il est difficile de
l'expliquer, non parce qu'elle-même est compliquée, mais parce
que c'est un sujet embarrassant, qui provoque gêne et culpabilité.

Mary Higgins et Chester M. Raphael

Une théorie nouvelle ne triomphe jamais.
Ce sont ses adversaires qui finissent par mourir.

Max Planck

Introduction

1ᵉʳ mars 2005.

Édouard Stern, banquier en vue, est retrouvé mort dans son appartement ge-
nevois, nu dans une combinaison de latex légèrement transparente. Baignant
dans son sang, il a le corps transpercé de quatre balles. On trouve à ses côtés une
corde, un fouet et des accessoires sexuels. L'enquête privilégie immédiatement le
crime passionnel et sexuel – qui sera d'ailleurs mis en doute par la suite, mais
c'est une autre histoire. Il avait coutume au cours de ses jeux érotiques de se
faire ligoter, fouetter et menacer avec des armes à feu chargées, lorsque sa maî-
tresse a tiré¹. Pourquoi les circonstances de sa mort sont-elles immédiatement
perçues comme celles d'un jeu érotique par les enquêteurs ? En raison de la com-
binaison moulante semi-transparente et des accessoires sexuels, mais également
du caractère transgressif de la mise en scène comportant les mains liées dans le
dos et le fouet.

Qu'est-ce qui définit le caractère érotique d'une situation ? Ce n'est pas son
lien avec les organes génitaux : de nombreuses pratiques comme le pelotage ou le
sadomasochisme sont entièrement extra-génitales et pourtant érotiques. Certes
tout le monde ne trouve pas le sadomasochisme érotique. Il l'est pourtant pour
ses adeptes puisqu'ils le pratiquent dans ce but exclusif. À ma connaissance et jus-
qu'à ce jour, aucune théorie psychologique, et surtout pas la théorie freudienne,

---

1. Routier (2005).

n'a encore caractérisé les schémas mentaux définissant le caractère érotique d'une émotion. C'est l'objet du présent ouvrage, qui par là même propose de nouveaux fondements à la psychologie sexuelle inconsciente.
  Pourquoi un viol est-il traumatisant ? Pourquoi la séduction est-elle indispensable à l'érotisme ? Pourquoi l'amour se greffe-t-il sur la plupart des relations sexuelles ? Pourquoi la censure cinématographique considère-t-elle les représentations sexuelles comme plus traumatisantes que celles du meurtre ? Pourquoi les passions sexuelles sont-elles aussi puissantes ? Pourquoi la nudité publique est-elle presque toujours pénalisée ? Autant de questions auxquelles ce livre propose de répondre, ce que semblent ne jamais avoir fait les théoriciens de la sexualité.
  Si une majorité de Français considèrent encore Freud comme le découvreur qui identifia les schémas mentaux caractérisant l'érotisme, force est de constater qu'il ne répondit jamais à ces questions essentielles. Il semble même qu'elles ne lui aient jamais traversé l'esprit. Mais non content d'omettre les questions centrales, il entraîna également la psychologie occidentale dans ses propres a priori idéologiques. Celui, par exemple, voulant que la stucture générale de l'inconscient sexuel ne puisse être identifiée que dans le cadre d'une observation clinique effectuée sur des névrosés. Cette proposition ne serait recevable que si la sexualité était elle-même affectée d'un caractère névrotique, ce dont il semble être parvenu à nous convaincre.
  Le crédit dont bénéficièrent les théories freudiennes durant le XXe siècle commence aujourd'hui à s'effriter grâce à la publication d'une série de travaux dénonçant avec une pertinence accrue les mensonges freudiens. Freud, aujourd'hui démasqué, commence désormais à apparaître sous son vrai jour, celui d'un génial imposteur, ambitieux, falsificateur sans scrupules, misanthrope alors qu'il prétendait soulager les névrosés, et formidablement imbu de lui-même [1]. Mais malheureusement, la plupart des psychologues qui dénoncent Freud jettent le bébé avec l'eau du bain. Découvrant avec indignation que le médecin viennois les a trompés pendant un siècle, ils rejettent ses théories avec le questionnement qui leur donna naissance. Ils n'envisagent pas que Freud ait simplement popularisé de mauvaises réponses à un questionnement essentiel portant sur la nature de nos

---

1. Parmi une abondante bibliographie on peut citer : Bénesteau (2002) ; Webster (1995) ; Greve et Roos (1996) ; Sherman (1971) ; Masson (1984) ; Borch-Jacobsen (1995) ; Mahony (1996) ; Meyer (2005) ; Borch-Jacobsen et Shamdasani (2006) ; Grünbaum (1993). On pourra par ailleurs consulter également : Miller (1981) ; Miller, (1988) ; Maurel et Pouquet (2003) ; Grosskurth (1991) ; Krüll (1979) ; Balmary (1979) ; Millet (1969) ; Johnson (1993) ; Zwang (1985).

émotions érotiques. Plus personne, hormis les freudiens, ne s'intéresse à la psychologie sexuelle inconsciente. Catherine Meyer, coordinatrice du fameux Livre noir de la psychanalyse, *propose, dans* Les nouveaux psys[1], *une somme synthétique des connaissances actuelles sur l'esprit humain dans laquelle, en huit cents pages, le mot* sexualité *n'apparaît que quatre fois, et de façon anecdotique.*

Quels sont les schémas mentaux qui font que, comme le langage, la sexualité apparaît dans tout groupe humain, indépendamment de sa culture ? Pourquoi la sexualité, si elle n'est pas toujours génitale, est-elle toujours transgressive ? Trouver les réponses à ces questions c'est nous comprendre nous-mêmes, c'est comprendre notre désir, nos émotions, notre sentiment de culpabilité. Si la sexualité est, comme le langage, transculturelle, c'est que la biologie humaine constitue un substrat sur lequel la sexualité et le langage apparaîtront immanquablement dans toute culture. L'origine première de la sexualité n'est donc pas à rechercher dans les diverses cultures du monde mais dans une strate de la biologie humaine qui les oriente. Des prédispositions innées poussent les membres de l'espèce humaine à certains comportements sociaux, dont le langage et la sexualité.

Après un siècle de domination freudienne, tout questionnement sur la psychologie sexuelle a aujourd'hui disparu sous le prétexte qu'aucun comportement humain n'aurait pour origine des prédispositions innées, mais que tous seraient socialement construits. Certains partisans radicaux du constructionnisme social, qui défendent une origine exclusivement culturelle à la sexualité, utilisent l'asexualité de certains enfants sauvages comme argument. La sexualité est, comme le langage, un comportement social. Elle ne peut donc exister dans l'isolement total, c'est pourquoi les enfants sauvages ignorent le langage et, pour la plupart, la sexualité. Cela ne signifie pas que langage et sexualité ne soient pas des comportements sociaux biologiquement programmés, qui ne peuvent évidemment s'exprimer qu'en cas de socialisation. Il faut d'ailleurs souffrir d'une inculture ethnologique et historique rares pour ignorer que la plupart des cultures ont, à travers l'histoire, nié et caché la sexualité. S'il avait fallu compter sur les diverses cultures du monde pour donner l'idée et le goût des rapports sexuels aux adolescents, bien des civilisations se seraient éteintes faute de ne pas avoir su répondre à cette exigence. Or aucune société n'a jamais disparu pour cette raison ; depuis la nuit des temps, les amants copulent à l'évidence avec le même enthousiasme dans toutes les sociétés malgré tabous et interdits.

Il existe donc quelque chose dans la nature humaine qui nous conduit presque tous aux comportements dits sexuels. Ce livre propose d'expliquer quoi, et comment.

---

1. Meyer (2008).

Cette nouvelle approche devrait rendre possible le renoncement aux mythes freudiens, notamment ceux faisant du phallus l'étalon universel de la valeur positive, de la loi du père la seule réalité, du « Ça » la racine inconsciente du mal, et du désir sexuel une perversion. Elle éclairera également d'un jour nouveau, et probablement salutaire, la nature de la culpabilité sexuelle : elle permettra de comprendre que l'obscénité du désir sexuel – orienté vers les parties souillées du corps humain, le sexe et les fesses – n'est pas une attirance pour le sale, le mal, mais une tentative de réconciliation avec le corps. L'érotisme est un travail de résolution du conflit engendré par la souillure corporelle, un travail de revalorisation qui permet à l'être humain de satisfaire l'une de ses exigences fondamentales, celle de s'aimer entièrement.

Je m'en serais volontiers tenu à cet objectif consistant à dévoiler les rouages de l'inconscient sexuel, mais en France, haut lieu de la psychanalyse, il s'est révélé impossible de balayer d'un revers de main les théories du « maître » viennois. Et tout particulièrement après que, en France comme ailleurs, des esprits aussi éclairés que Cornélius Castoriadis, Wilhelm Reich, Herbert Marcuse ou les philosophes de l'École de Francfort eurent fondé leurs théories politiques sur la psychologie freudienne, sans comprendre que la culpabilisation freudienne du désir tout entier affectait nécessairement aussi le désir politique.

Je me suis donc attaché à comprendre également pourquoi Freud avait menti sur la sexualité, et pourquoi son mensonge avait rencontré une immense fortune.

Je ne cache pas avoir souffert, au cours de ce travail, d'un sentiment de solitude intellectuelle et je ne serais jamais parvenu à le mener à bien sans quelques aides ponctuelles mais ô combien précieuses. Merci de tout cœur pour leurs relectures à Céline Trousseau, à Myriam Battarel et à Cristèle Sanchez. Merci également pour nos échanges à Céline, à Myriam et à Cristèle, mais également à Danièle Authier, Dominique Petit, Valérie Fortin, Blandine Poitel, Marc-André Cotton, Jamal Chater, Alain Thévenet, Éric Arlix et Pierre Le Roux. Merci également à Elke Albrecht pour ses traductions, à Nicole Durup pour avoir cru à ce texte et à Léa Zwikel pour ses dessins.

Merci à toutes les femmes qui m'ont séduit, d'abord pour le plaisir, et ensuite pour les questionnements auxquels elles ont donné naissance.

Merci enfin à tous les auteurs que j'ai lus et cités, car en publiant leur pensée, ils ont éclairé la mienne.

Je suis conscient des limites et des imperfections de cet essai et j'en assume seul la responsabilité. Mais s'il a malgré tout le mérite de susciter une nouvelle réflexion, il aura joué son rôle.

Le drame de la souillure corporelle

1

La dévalorisation

Les émotions qualifiées d'érotiques s'inscrivent toujours de près ou de loin dans un même schéma en cinq étapes psychologiques. La première étape est celle de la mise en place d'une contrainte ressentie comme oppressante. Il s'agit généralement de tabous liés à la honte de la souillure corporelle, qui induisent un sentiment de dévalorisation. D'autres causes de cette dévalorisation peuvent s'ajouter à la honte corporelle, notamment une angoisse, une humiliation ou une phobie liées à un événement traumatisant de l'enfance. Mais il s'agit dans tous les cas de l'élaboration d'une contrainte perçue comme oppressante, qui fera naître un besoin de libération par rapport à une chape de plomb. Cette étape fait l'objet du présent chapitre.

Suit généralement une seconde étape de séduction au cours de laquelle un partenaire sexuel potentiel est idéalisé.

Cette idéalisation délivre à nos yeux l'être idéalisé de la honte corporelle. La honte s'étant éclipsée, les tabous perdent leur sens et disparaissent le temps d'une transgression libératrice, qui constitue la troisième étape.

Cette transgression se concrétise généralement par le dévoilement, et le contact entre partenaires, avec les régions corporelles soumises à l'opprobre et aux tabous. Ce contact donne naissance à une quatrième étape de stimulation. L'excitation de ces zones, fortement innervées, déclenche des sensations exceptionnellement agréables qui rendent encore plus libératrice la transgression des tabous.

Toute l'affection que nous portons à notre propre corps, et que les tabous retenaient prisonnière, se libère alors comme la rupture d'un barrage en libèrerait soudainement les eaux dans un déluge torrentiel. Nous déversons cette affection sur notre propre corps et sur celui, idéalisé, de notre partenaire. Au cours de cette cinquième et dernière étape notre image corporelle, inondée d'amour, vit alors une très forte revalorisation qui triomphe de la honte.

Ainsi schématiquement caractérisée, cette succession d'événements constitue la structure fondamentale de la psychologie érotique. Il ne s'agit bien entendu que d'une structure schématique de laquelle chacun s'écarte plus ou moins. Nous en développons, modifions ou ignorons certaines étapes, nous pouvons également en ajouter d'autres. Mais c'est, selon le point de vue défendu dans ce livre, la parenté avec ce schéma fondamental qui détermine le caractère érotique d'une émotion, d'un comportement ou d'une situation. L'érotisme combine presque toujours au moins transgression et séduction. S'il peut prendre autant de formes, c'est parce que les hontes et tabous corporels sont aussi multiples que les façons de séduire pour reconstruire une image idéale du corps gommant la sensation d'humiliation et de souillure.

Au cours de la première étape le psychisme humain subit généralement une blessure lorsque l'individu prend conscience de la honte et des tabous liés à la souillure. Ces derniers sont alors vécus comme une mise en accusation de ce qu'est l'être humain au plus profond de lui-même, dans son essence la plus intime.

Lorsque l'acte érotique se déroule de façon harmonieuse, la transgression des tabous consacre une victoire sur la honte corporelle, car plusieurs processus de revalorisation (la séduction, la stimulation et l'affection) concourent à cette victoire sur l'humiliation.

Cependant lorsque ces processus font défaut et qu'au contraire des messages de dévalorisation sont perçus, par exemple des coups ou des insultes au cours d'une agression sexuelle, la transgression des tabous est au contraire ressentie comme une intolérable agression et une aggravation de l'humiliation.

Des sensations d'humiliation et de mise en danger sont liées à la souillure corporelle. Le sentiment de mise en danger peut même avoir été considérablement renforcé par une éducation rigide sur l'exigence de propreté, ressentie comme totalitaire par l'enfant.

La souillure anale, une atteinte à la dignité

La génitalité et l'analité constituent traditionnellement les deux grands pôles de l'érotisme. Ils sont étroitement imbriqués, ne serait-ce qu'anatomiquement. Mais la proximité anatomique ne constitue pas leur seul point commun. Ils sont tous deux l'objet de puissants interdits corporels liés aux souillures fécale et urinaire, ainsi qu'aux sécrétions génitales. Ils représentent donc tous deux notre intimité insalubre, maudite, qu'il est interdit d'aimer.

Au cours de la petite enfance, avant que le sentiment de souillure ne se mette en place, il existe un stade où l'enfant est familier avec l'intégralité de son corps, avec sa merde, avec son cul. À ce stade, existe simplement une familiarité avec la fonction d'excrétion, une intimité, une absence de barrières. Durant cette période, il n'y a pas de conflit. Cela fait partie de nous, nous connaissons la sensation, l'odeur, et cela ne pose pas de problème. Dans le monde de la petite enfance, aucun écran verbal ni conceptuel ne sépare l'enfant de ses perceptions ni de ses sensations. C'est un monde de perceptions directes, physiques. C'est un monde d'odeurs et de sensations tactiles dans lequel l'écran du fantasme, de l'hypocrisie, du langage, ne protègent pas de la réalité. Tout est vécu au premier degré, avec toute son intensité.

Ce n'est que plus tard que l'enfant apprendra à mentir, à se protéger de la réalité par le mensonge, la dissimulation, le langage. Mais la réalité primordiale de notre corps n'est vécue avec toute son intensité que dans la petite enfance. Chaque sensation est vécue intégralement et avec une charge émotive considérable.

Ensuite nous croirons pouvoir tirer un trait sur tout cela, nous protéger de la réalité physique parce que nous avons appris à mentir, à parler, à fantasmer, parce que nous avons appris l'hypocrisie et la dissimulation. Mais la réalité de notre corps ne disparaît pas. Elle est toujours là, l'émotion qui l'accompagne aussi. Elles se tiennent embusquées sous un voile pudique, mais elles se font sentir aux portes de la conscience. Nous avons besoin par l'érotisme de faire sauter le verrou du langage, du discours mensonger, de l'évitement hypocrite d'une réalité qui dérange pour retrouver notre propre réalité physique et toute l'intensité émotive qui l'accompagne.

Avec l'âge, un moment survient où l'enfant découvre les déjections des autres, c'est à ce moment qu'il en découvre le dégoût. Une malédiction est jetée. Il réalise que lui aussi peut dégoûter autrui, que tout cela doit disparaître, être caché, que tout cela devient dangereux, honteux. Le conflit primordial avec le corps se met alors en place. Il est un refoulement, une inhibition, une blessure au sein de notre intimité. Il crée la tension du tabou corporel.

Alors naît un appel à retrouver cet état de paix, d'absence de conflit, de familiarité avec soi-même, avec son propre corps, cet état d'absence de honte, de faute, de malédiction, cet état de quiétude originelle. Alors naît un appel à transgresser les tabous corporels, à réhabiliter cette intimité bannie.

La sexualité nous apprend une chose essentielle, c'est que nous ne pouvons pas ignorer notre corps. Nous sommes incarnés. Nous sommes aussi un corps et si nous le rejetons, nous nous rejetons nous-mêmes. L'érotisme, c'est le résultat d'une frustration, d'un conflit avec le corps. Rejeter le corps crée une blessure qui cherche à se guérir dans les retrouvailles avec l'intimité interdite, avec l'évocation des sensations primordiales de la vie physique. Si ce rejet n'existait pas, la sexualité n'existerait pas non plus. C'est d'ailleurs pour cette raison que le naturisme peut donner l'impression de tuer partiellement l'érotisme.

Durant la petite enfance, les tabous corporels commencent seulement à se mettre en place. Si les parents et les éducateurs s'abstiennent de réagir au manque de contrôle sphinctérien de façon humiliante ou dégoûtée, les enfants commencent rarement à éprouver du dégoût pour leurs propres déjections fécales avant quatre ans et demi[1].

Mais il arrive un âge plus ou moins précoce à partir duquel l'enfant finit par considérer de lui-même les excréments comme sales et en éprouve du dégoût[2]. Cet âge dépend évidemment de l'attitude de son entourage par rapport à la souillure corporelle. Mais même si cet entourage ne fait ressentir à l'enfant ni honte ni dégoût, il y a fort peu de chances pour que la honte et le dégoût ne surviennent pas spontanément le jour où l'enfant sera confronté aux déjections d'autrui. Alors il découvrira que si sa propre intimité ne le dégoûte pas, elle dégoûte les autres comme celle des autres le dégoûte.

L'approche scientifique stricte ne semble pourtant pas encore prête à se prononcer sur un rejet inné et universel des odeurs fécales.

> L'étude du cerveau a confirmé que l'information gustative et surtout olfactive est transmise par des régions du cerveau qui sont impliquées dans l'émotion. Pourtant, jusqu'à présent, on n'a pas réussi à mettre en évidence un comportement d'acceptation ou de rejet inné et universel pour des odeurs[3].

Quant à l'approche ethnologique, même si elle aborde rarement le sujet, la vaste étude de Hans Peter Duerr montre qu'il existe une attitude commune à toutes les cultures en ce domaine. Certaines cultures ignorent le vê-

---

1. Schmidt et Reich (1979, p. 71-73).
2. Schmidt et Reich (1979, p. 108-116).
3. Bellisle et Even (1987, p. 98).

tement, mais cela ne signifie aucunement qu'elles ignorent tout des tabous corporels. Duerr montre que les populations qui vivent nues développent souvent des tabous interdisant au regard d'effleurer la région génito-anale. On peut vivre nu sans que la relation au corps soit dépourvue de toutes barrières. Toutes les cultures font leur possible pour évacuer les déjections à l'extérieur des habitations et les associent à la puanteur, à la saleté et à la honte. Duerr couvre par ses recherches à peu près toutes les contrées et toutes les périodes de l'histoire humaine accessibles à la documentation. Son analyse démontre que ce que l'on prend souvent pour une absence de pudeur dans des sociétés au bagage technologique rudimentaire est en réalité une absence de moyens matériels de protéger l'intimité. Cette absence de moyens est alors compensée par des tabous comme celui du regard. Et lorsque les moyens matériels de protéger l'intimité sont découverts, ils sont exploités avec un soulagement empressé. Duerr montre également que les scènes souvent relatées de grands seigneurs des XVIIe et XVIIIe siècles recevant un visiteur sur leur chaise percée et se torchant en séance correspondaient tout simplement à leur façon d'exprimer leur arrogance, de proclamer un « Je t'emmerde » au visiteur importun ou méprisé et de l'humilier au plus haut point. Il ne s'agissait en aucune façon d'une habitude courante résultant d'une absence de pudeur[1]. Si la domesticité était sollicitée pour assister les maîtres au bain, c'est parce qu'elle avait si peu d'importance aux yeux de l'aristocratie que paraître nu devant son domestique n'humiliait pas davantage que se dévêtir devant son chien.

Il n'est pas totalement impossible que le travail remarquable de Duerr soit à nuancer légèrement par les observations d'ethnologues atypiques comme Tobias Schneebaum[2] ou Pierre Clastres[3], dont l'approche libérée des schémas conceptuels structuralistes en apprend bien davantage que la lecture des classiques. Schneebaum relate son séjour en 1955 parmi les Akaramas, des indiens de la jungle péruvienne qui défèquent parfois selon lui à même le sol à l'intérieur des habitations. Clastres raconte à l'occasion d'un voyage parmi différentes populations Yanomami du Venezuela que l'une des plaisanteries

---

1. Duerr (1988, p. 207-220) ; Duerr (1990) ; Duerr (2000).
2. Schneebaum (1969, p.100, 81 et 73).
3. Clastres (1980, p. 21 et 26).

favorites de ces indiens consiste à péter à quelques centimètres du visage d'un compagnon somnolant. Mais cela n'enlève globalement rien à la portée de l'immense travail de Duerr.

L'approche structuraliste, qui domine la seconde moitié du XXe siècle en ethnologie, se borne à la description des liens de parenté et des mythes, et se désintéresse totalement des mœurs. Elle a aujourd'hui heureusement perdu son monopole. Mais les cultures étudiées par les structuralistes ont malheureusement disparu, elles aussi. Quant à l'ethnologie pré-structuraliste, elle était paralysée par une pudibonderie qui la rend peu utilisable pour la description des mœurs. Fort heureusement l'immense érudition de Duerr, professeur d'ethnologie et d'histoire, contourne le structuralisme pour s'intéresser aux textes anciens et aux récits de voyageurs.

Que la honte de la souillure corporelle soit apprise ou spontanément ressentie, qu'elle prenne une forme ou une autre selon les cultures, elle semble bel et bien universelle. Les seuls qui semblent l'ignorer sont les enfants sauvages, en raison de leur isolement. N'ayant jamais été durant l'enfance confrontés au dégoût inspiré par les déjections de leurs semblables, les schémas mentaux des inhibitions corporelles ne se sont pas mis en place chez eux. Le résultat en est qu'ils ignorent également tout désir sexuel.

À partir du moment où le dégoût, la honte et l'interdit frappent tout ce qui évoque la souillure anale, des sentiments d'humiliation et d'inhibition s'étendent à toute évocation de la région fessière, de la nudité, et parfois tout simplement du corps.

La honte qui s'abat sur la région anale frappe en nous un point extrêmement sensible. Au cours de la petite enfance, lorsque les schémas mentaux se mettent en place, l'excrétion fécale revêt pour l'enfant – comme pour l'adulte au demeurant – une importance primordiale. La honte et le besoin de se cacher contrarient l'accomplissement d'un acte vital – littéralement viscéral – qui procure un indispensable soulagement et qui de plus excite agréablement le sphincter. L'analité joue donc nécessairement un rôle majeur dans notre univers affectif inconscient. Ce n'est évidemment pas un hasard si le mot viscéral signifie profond, intime, sincère, inconscient.

Le mot tripes est souvent employé pour évoquer ce qui correspond à l'intimité, à l'identité. Hergé par exemple, interrogé sur la possibilité de laisser d'autres que lui réaliser une histoire de Tintin, répond :

[Tintin], ce sont mes yeux, mes sens, mes poumons, mes tripes [1] !

Nicolas Peyrac dans sa célèbre chanson *Et mon père*, utilise le même mot pour évoquer l'authenticité de la charge émotive dégagée par les chanteurs des années 1940, pendant la période qui précéda la corruption mercantile du show-business :

Quand vous chantiez en ce temps-là l'argent ne faisait pas la loi
Les hits parades n'existaient pas du moins ils n'étaient pas de bois
Tu mettais des semaines et des semaines parfois des années
Si t'avais pas de tripes ta boutique tu pouvais la fermer

Le mot fondement quant à lui signifie, parmi d'autres acceptions, anus ; il semble particulièrement symptomatique que l'être humain ait baptisé son anus fondement.

Le hara, le centre de gravité de l'être humain, qui occupe une place centrale dans les arts martiaux et dans certaines formes de spiritualité orientales, situé dans le ventre, approximativement deux doigts au-dessus du nombril, se trouve dans les intestins [2].

De nombreuses personnes éprouvent un étrange plaisir à s'extraire les points noirs de la peau. Certaines se demandent à quoi est dû ce plaisir. Elles sentent peut-être au fond d'elles-mêmes qu'il est probablement dû à la ressemblance entre cette activité et la défécation.

C'est une constante de la psychologie humaine d'aimer tout ce qui est perçu comme faisant partie de soi. L'ego s'identifie au connu. Nous préférons bien souvent une situation connue, même si elle est inconfortable, à une situation inconnue. Des draps, des vêtements, nous paraissent beaucoup plus sales s'ils ont été salis par d'autres que par nous, et ce n'est pas un hasard si l'adjectif « propre » signifie à la fois « qui appartient » et « dépourvu de souillure ».

1. Sadoul (1975, p. 45).
2. Dürckheim (1974).

Notre analité ne fait donc pas exception à cette règle, elle constitue notre intimité, et en tant que telle elle est investie d'une puissante charge affective dont nous n'avons la plupart du temps aucune conscience tant elle est refoulée.

Tant que l'enfant ne ressent pas les excréments comme une souillure et qu'il ne ressent ni dégoût, ni interdit, ni humiliation, il n'effectue aucune fixation psychologique sur ce thème. Mais aussitôt qu'il perçoit une pression par rapport à ce besoin physiologique fondamental, ce thème devient forcément prédominant dans sa psychologie. Il ressent le dégoût, l'humiliation ou l'interdit peser sur son intimité, son ventre, son anus, donc à la fois sur ce qu'il a l'impression d'être intérieurement et sur ce qu'il a l'impression d'exprimer. Ce refus social le remet fondamentalement en cause. C'est pour tester la rigueur de cette chape de plomb que l'enfant tente durant toute une période de braver l'interdit social en parlant sans cesse de pipi et de caca. L'énorme importance de l'analité dans les préoccupations infantiles ressort très clairement des textes du folklore obscène des enfants recueillis par Claude Gaignebet, parmi lesquels les thèmes scatologiques et anaux sont les plus nombreux [1].

Les tabous qui découlent du sentiment de souillure corporelle sont une mise en accusation de l'intimité humaine. Lorsque l'enfant perçoit l'intransigeance du tabou corporel peser sur lui, il ressent l'impossibilité de satisfaire un besoin fondamental, celui de s'aimer sans restriction, de s'aimer jusque dans sa plus profonde intimité, de laisser couler naturellement son affection pour lui-même. Un barrage affectif infranchissable le sépare alors d'une part de lui-même, qui devient maudite, insalubre et bannie. Il cherchera désormais inconsciemment la voie d'une revalorisation de cette part maudite, de ce parent pauvre, afin de libérer son affection pour ce qu'il est au plus profond de lui-même.

La souillure génitale

Lorsque nos ancêtres devinrent progressivement des singes glabres, certaines zones corporelles demeurèrent curieusement poilues, probablement pour des raisons liées à l'attraction sexuelle.

---

1. Gaignebet (1974, p. 256).

Pourquoi hormis la tête, les seules zones vraiment épargnées par la dépilation du singe nu sont-elles les aisselles et la région génito-anale ?

Ces régions, situées à la base des membres, sont celles où l'évaporation de la transpiration est la plus difficile et où la capture de son odeur au sein d'une toison est la plus efficace. Comme le remarque Desmond Morris :

> Les poils pubiens, comme ceux des aisselles, sont essentiellement des porteurs d'odeurs. Il y a une forte concentration de glandes à sécrétion odoriférante dans la région de l'entrejambe et la toison dense qui s'y trouve agit comme une sorte de piège à odeurs [1].

Nous avons tendance à l'oublier dans nos sociétés de consommation aseptisées, mais à n'en pas douter les odeurs ont joué, depuis la nuit des temps, un rôle beaucoup plus important qu'aujourd'hui dans la sexualité. Notre société occidentale est anosmique, aucune odeur n'y est tolérée. Nos ancêtres humaient l'odeur du sol humide après la pluie, celle des carottes qu'ils déterraient, celle du foin qui sèche, celle des roses de leur jardin, celle du cul et celle du sexe. Les allergies respiratoires dues à la pollution automobile et la disparition pure et simple dans nos concentrations urbaines des odeurs de la nature, des odeurs de la vie, ont fait de notre civilisation une infirme olfactive. Le mot odeur lui-même est presque devenu tabou, honteux. Même dans les publicités pour les grands parfums, il n'est jamais employé. La notion d'odeur est tacitement associée à des émanations nauséabondes : « il sent » signifie il sent mauvais. Une odeur « forte » signifie tacitement une odeur désagréable, ce qui est absurde, les odeurs agréables pouvant également être puissantes.

Mais il n'en a pas toujours été ainsi dans l'histoire humaine. Le contact permanent avec la nature tenait le sens olfactif des populations non urbanisées perpétuellement éveillé. Et pour elles, la sexualité avait une odeur. La consommation massive d'eau chaude et de savon nous l'a fait oublier, mais lorsque les amoureux allaient faire des galipettes dans le foin, ils ne sentaient pas toujours le muguet.

Or la région génitale émet de nombreuses substances odorantes, dont le smegma et l'urine, qui sont indubitablement associées à l'absence de propreté, à la souillure. Ces substances jouent un rôle important dans l'excita-

1. Morris (1985, p. 209 et 210).

tion érotique, c'est d'ailleurs sous l'effet de cette excitation que certaines d'entre elles sont sécrétées [1]. Leur effet aphrodisiaque est connu de nombreuses traditions du monde [2]. Le dessinateur Hugo Pratt, qui a passé une partie de son enfance en Éthiopie au début de la Seconde Guerre Mondiale, raconte d'ailleurs :

> Certains Éthiopiens, pour attirer les femmes, se mettaient derrière l'oreille du smegma, produit de la sécrétion de leurs organes génitaux [3].

À cela s'ajoute, chez les femmes, le sang menstruel, fréquemment perçu comme une souillure, en tous cas comme quelque chose qu'il faut à tout prix cacher.

Outre l'aspect olfactif de la région génitale, l'aspect visuel de la pilosité, qui évoque un peu une salissure sur une peau nue, contribue également à entourer la zone génitale d'une aura obscène, à lui attribuer une connotation évoquant la souillure.

L'existence de cette connotation attribuée au poil est confirmée par deux enquêtes sur l'épilation féminine réalisées par Marc-Alain Descamps. 55 % des femmes interrogées sur les motivations de leur pratique de l'épilation associent le poil au négligé et 32 % à la saleté [4].

Le poil gêne, il est mal-aimé depuis toujours. Les Chinoises de l'Antiquité s'arrachaient les sourcils pour les remplacer par un trait de crayon noir, les Égyptiens, les Babyloniens et les Phéniciens s'épilaient avec des pinces de bronze, les Turcs employèrent le premier dépilatoire chimique connu, le rusma, utilisé dans les harems, les Indiennes sud américaines Onas et Alakalufs s'enlèvent tous les poils du corps et considèrent qu'il serait sale de les garder et le Code Hays interdisait aux États-Unis de montrer le moindre poil au cinéma [5].

---

1. Masters et Johnson (1968).
2. Aron (2000, p. 124-131).
3. Pratt (1991, p. 61).
4. Descamps (1986, p. 124-127).
5. Homeric (2000).

Au cours d'une autre enquête, réalisée en 1998 et portant sur les goûts sexuels, 250 hommes furent interrogés sur ce qu'ils n'aimaient pas découvrir dans le corps d'une femme. Les réponses exprimèrent avant tout un certain dégoût pour les mauvaises odeurs et un excès de pilosité [1].

Dans un article consacré à la pilosité, une revue féministe lyonnaise donne la parole à plusieurs femmes. L'une d'elles déclare :

> Mes poils sur les jambes, je trouve ça sale, sale, sale, j'aime pas la sensation de mes poils quand je passe la main dessus [2].

En 1969 à New York, la pièce « O Calcutta » (on appréciera le jeu de mots en français !) mêlant théâtre et danse fait scandale car ses interprètes s'y produisent nus. Pendant la période des représentations, l'une des danseuses retrouve une ancienne camarade de l'Opéra qui lui livre son sentiment sur les ballets nus. Cette dernière, après avoir exprimé à deux reprises le caractère choquant de la pilosité, insiste à nouveau :

> Tu admires les attitudes des statues grecques. Mais, Dieu merci ! La pierre nous épargne la vue de la pilosité [3].

La région génitale est donc psychologiquement associée, tout comme la région anale, à l'idée de souillure. Notre intimité souillée, notre intimité maudite, est localisée dans l'étroit périmètre de notre entrejambe. La région génito-anale est le lieu d'une blessure psychologique, celle de la répudiation d'une part vitale de nous-mêmes, une part que nous ne pouvons pas nous contenter d'ignorer. Que nous l'acceptions ou non notre corps existe, se manifeste, vit, sent, s'exprime, et se contenter de l'ignorer c'est se répudier soi-même. Si une occasion de reprendre contact avec lui, de le sentir vivre et de l'aimer se présente sans nous exposer au danger, nous ne pourrons la saisir que comme un événement formidablement libérateur et salutaire.

Les pieds

Chacun a au moins entendu parler de la charge érotique attribuée aux pieds par une partie de la population. Elle s'explique par l'habitude vestimentaire de contenir les pieds dans des chaussures fermées qui en interdisent

---

1. *20 ans,* n° 143, août 1998.
2. *Et ta sœur ?!,* n° 1, 1998, page 25.
3. Coutin (1970, p. 172 et 173).

la ventilation et provoque leur sudation. Les pieds, ainsi maintenus dans un milieu chaud et humide favorisant la fermentation, produisent une odeur désagréable. Au cours de la petite enfance, cette odeur peut avoir éveillé un sentiment de souillure corporelle comparable à celui qui affecte la région génito-anale. Les sentiments de honte et d'humiliation qui s'associent à la région génito-anale peuvent donc s'associer aux pieds pour des raisons tout à fait similaires. L'habitude de cacher les pieds dans des chaussures peut d'autre part faire naître le sentiment qu'un tabou est associé à cette partie du corps.

Les autres contraintes

Mais dans le schéma mental définissant le caractère érotique d'une émotion, cette première étape, celle d'une contrainte oppressante, n'a pas toujours seulement pour origine la honte de la souillure corporelle. D'autres facteurs peuvent également provoquer l'oppression, comme une angoisse, une humiliation ou une phobie liées à un événement traumatisant de l'enfance. Ce type de contraintes donne souvent naissance à des formes de sexualité considérées comme marginales.

Il existe un grand nombre de ces pratiques sexuelles plus ou moins marginales dont l'inventaire exhaustif n'a jamais été réalisé. Certaines, décrites depuis longtemps par des auteurs anciens comme Richard von Krafft-Ebing, sont très connues : le sadisme, le masochisme, le voyeurisme, l'exhibitionnisme, la scatologie et la zoophilie par exemple. De nombreuses pratiques plus rares acquièrent aujourd'hui une visibilité grâce à Internet qui permet à leurs adeptes, autrefois privés de sexualité, de se rencontrer et de s'exprimer.

La plupart du temps ces pratiques comportent des ingrédients de l'érotisme classique comme la nudité et l'attouchement génito-anal. Mais, si elles évitent parfois toute forme de pénétration, elles ajoutent en revanche d'autres éléments comme le fait de se salir avec de la nourriture *(sploshing)* ou dans la boue *(mudplay)*, ou la recherche de partenaires beaucoup plus grands ou beaucoup plus gros que soi par exemple.

Chaque adepte de ces pratiques transgressives lutte pour se libérer, en la défiant, d'une contrainte particulière qu'il ressent comme humiliante, angoissante ou coercitive. Les formes les plus classiques de l'érotisme consistent à réunir les conditions sécurisées d'un renversement des barrières de la honte induite par la souillure corporelle, et à se griser de cette libération. Lorsque ces conditions sont réunies pour que les barrières soient franchies sans danger, il devient possible de se laisser aller à une perte de contrôle, à un abandon libérateur au-delà des limites habituellement respectées. La libération sexuelle est la soupape de sécurité nous permettant de supporter ces contraintes inconsciemment ressenties comme oppressantes, en les défiant régulièrement.

Mais bien d'autres contraintes que le sentiment de souillure corporelle peuvent engendrer le besoin de se libérer d'une humiliation ou d'une oppression. Un enfant violemment menacé par un adulte peut par exemple vivre un traumatisme associé à l'infériorité de sa taille, dont le souvenir enfoui l'oppressera jusqu'à sa mort. Peut-être portera-t-il toute sa vie l'angoisse d'être trop petit pour se défendre. Peut-être alors souhaitera-t-il vivre un abandon libérateur par rapport à cette angoisse inconsciente dans des jeux sexuels où il relâchera ses défenses contre les personnes plus grandes que lui. Il défiera alors cette angoisse en s'abandonnant enfin, en recherchant des géants face à qui il perdra enfin le contrôle et s'abandonnera, pour son plus grand soulagement.

Dans son étude sur les formes marginales de sexualité, Katharine Gates écrit :

> Alors que la plupart des hétérosexuels fétichistes de la malpropreté ne veulent pas jouer dans la merde et la pisse, Bill Shipton pressent des point communs entre ses sploshers et les bébés adultes – les personnes qui aiment raser leur corps, s'habiller de couches géantes et prétendre être des enfants. Tant les fétichistes de la malpropreté que les bébés adultes (ou « abies ») aiment l'idée de jouer avec la perte de contrôle [1].

L'acte sexuel même dans sa forme la plus classique est très souvent décrit comme un abandon suprême. Katharine Gates ajoute, une page plus loin :

> En un sens, non seulement le sploshing, mais toutes les fantaisies sexuelles transgressives, représentent probablement une sorte de rébellion contre l'éducation à la propreté, parce que cette éducation correspond à la période où nous apprîmes pour la première fois à renier notre sensualité polymorphe et les plaisirs corporels. Pendant l'éducation à la propreté, le

---

1. Gates (2000, p. 160).

monde des adultes tente de nous rendre conformes à l'idée que la pagaille et le désordre sont « sales » et tabous et dangereux. Nous avons tous appris que nous devons contrôler le corps, que nous devons abandonner notre passion de goûter, toucher, sentir et renifler tout ce qui compose notre environnement. Pour certains, le mudplay et le sploshing pourraient être une façon parfaite de se rebeller – sans danger – contre les forces qui renient notre plaisir. Même pour les personnes qui ne sont pas fétichistes de la malpropreté, cela peut être une façon de redécouvrir la plénitude de la vie [1].

Les conditionnements éducatifs rigides sur certains points de bienséance, ressentis comme totalitaires par l'enfant, la honte qu'il ressent alors qu'il transgresse involontairement ces interdits et en subit la punition, pourront le conduire plus tard à des formes d'érotisme perçues comme transgressives. Mais l'érotisme est toujours transgressif. Et la plupart des fantasmes sexuels, comme faire l'amour dans un ascenseur, le sont également.

Wilhelm Reich affirme qu'un dressage trop coercitif de l'enfant à la propreté excrétoire crée un sentiment de honte associé à la sexualité et une impuissance orgastique [2]. Lorsque la libération par rapport aux tabous corporels est rendue trop difficile par un environnement culpabilisant, l'activité érotique devient impossible.

À l'inverse, il existe probablement des individus ne souffrant d'aucune angoisse, d'aucune honte ni d'aucune humiliation. Une harmonie parfaite avec le corps suppose qu'aucune entrave ne s'oppose à l'affection qui se développe à l'égard de sa propre intimité. Elle suppose de sentir vivre son corps à chaque instant et dans le moindre détail de sa physiologie sans qu'aucune inhibition ne se manifeste, ni envers soi-même, ni envers les autres. Elle suppose également une aisance parfaite à exprimer tout sentiment avec le corps entier.

Il va sans dire que cette symbiose absolue et sans retenue entre le corps et l'esprit ne se rencontre que chez des êtres tout à fait exceptionnels. On ne serait pas surpris d'apprendre que la sexualité n'est plus un besoin chez eux puisque aucune barrière ne subsiste entre eux et leur corps, alors que l'acti-

---

1. Gates (2000, p. 161).
2. Reich (1936, p. 347).

vité érotique consiste à franchir sans danger cette barrière. En réalité, c'est plutôt chez des êtres non socialisés comme les enfants sauvages ou les autistes que cette absence totale d'inhibition peut s'observer. Et certains d'entre eux ignorent effectivement la sexualité.

La revalorisation

2

La séduction

Pourquoi la séduction joue-t-elle un rôle aussi important dans l'érotisme ? Pourquoi exige-t-on généralement d'être séduits pour faire l'amour ? Voilà une question à laquelle Freud n'a jamais envisagé le moindre embryon de réponse. Voilà même une question que personne ne semble s'être jamais posée tant séduction et érotisme semblent étroitement liés, comme le bleu est associé aux cieux estivaux. Question puérile ? C'est souvent en réponse à des questions apparemment puériles que les grandes découvertes émergent. Archimède se demandait pourquoi les bateaux flottaient alors que les pierres coulaient, Isaac Newton se demandait pourquoi les pommes tombaient des arbres. Mais Freud, lui, ne s'est jamais demandé pourquoi la séduction était indispensable à l'érotisme.

L'érotisme a besoin de séduction pour revaloriser notre image corporelle inconsciemment dégradée par la souillure. Seule une idéalisation, une séduction, peuvent gommer cette blessure cachée afin de libérer notre amour pour nous-mêmes. Finalement l'histoire de l'érotisme comme de toutes les cultures se résume presque à celle de nos efforts pour créer de la beauté afin de transcender la condition humaine, celle d'êtres aspirant à un idéal mais prisonniers d'une matière contraignante. Les religions, les arts, l'artisanat, la couture, la danse, le chant ou l'érotisme n'ont pas d'autre vocation. C'est en cela que l'énergie sexuelle est créatrice.

L'idéalisation d'un certain type humain
Or ce travail d'idéalisation, de séduction, il nous est rarement possible de l'effectuer seuls. Connaissant trop bien nos propres travers cachés, il est plus facile d'améliorer notre image à travers le miroir d'un partenaire idéalisé, suffisamment semblable pour que l'identification soit possible, mais suffisamment dissemblable pour que l'idéalisation le soit également. Son pouvoir

de séduction nous renverra alors une image idéalisée – inaccessible et irréelle – de nous-mêmes. La souillure corporelle est en effet tellement dissimulée par les tabous que chacun en vient à ne connaître réellement que la sienne et à laisser planer l'illusion que les autres en sont plus ou moins dépourvus – s'ils sont séduisants.

C'est pour cette raison que les partenaires sexuels se choisissent à la fois assez semblables pour se reconnaître l'un en l'autre, mais aussi assez différents pour trouver en l'autre ce à quoi ils aspirent mais qu'ils ne sont pas. Le choix le plus courant porte sur une personne de même type ethnologique et de même culture mais de sexe différent ; une multitude d'autres choix tout aussi efficaces est cependant possible.

Il est souvent plus facile d'idéaliser une personne du sexe opposé car on idéalise plus volontiers ce que l'on ne pourra jamais devenir que ce que l'on est déjà. Une certaine complémentarité entre partenaires augmente donc souvent le désir, parfois même s'il est homosexuel.

Les sécrétions hormonales donnent aux femmes une finesse de traits ou une douceur du comportement et de la voix qui finit par représenter pour la plupart des hommes l'inaccessible et secret idéal de ce qu'ils ne seront jamais. De la même façon les sécrétions hormonales confèrent aux hommes une stature leur procurant l'assurance qui fait d'eux l'inaccessible idéal de la majorité des femmes.

Nous ne connaissons d'autre part que trop les petites imperfections de notre propre sexe, qui ne peuvent nous échapper, même chez les personnes les plus séduisantes, alors que nous ne les remarquons même pas chez les représentants les plus séduisants du sexe opposé. Beaucoup de femmes éprouvent de la difficulté à idéaliser leurs semblables dont elles n'oublieront jamais, pour trop bien les connaître, les fesses flasques, la faiblesse de constitution, la petite taille ou la souillure menstruelle. Tandis que la plupart des hommes, qui n'en ont jamais souffert, ne perçoivent même pas ces particularités comme des imperfections. Alors que ces mêmes hommes ont du mal à idéaliser leurs virils compagnons dont ils n'oublieront jamais, pour trop bien les connaître, la pilosité, les traits plus épais, la calvitie latente, la peau rêche et parfois la brutalité de comportement.

Le rôle d'un partenaire sexuel est celui de nous procurer une image idéalisée et rassurante, dans laquelle tout sentiment de souillure est gommé par la séduction. Hans Peter Duerr, dans sa vaste étude sur la pudeur à travers

les différentes cultures, mentionne à plusieurs reprises la coutume de dissimuler à chacun des deux sexes les lieux d'aisance de l'autre, comme si l'on
avait besoin de croire que l'autre sexe est dépourvu de souillure pour l'aimer.
D'après Martin Monestier :

> Dans les logements privés, les toilettes sont communes aux deux sexes,
> mais dans les lieux publics, restaurants, bâtiments administratifs et dans les
> établissements industriels et commerciaux employant un personnel mixte,
> la législation en vigueur impose des cabinets d'aisance séparés pour les
> hommes et pour les femmes. Le sexe des cabinets est reconnu comme un
> droit inaliénable des travailleurs. En 1988, la très sérieuse Commission eu-
> ropéenne de Bruxelles s'émeut d'une discrimination sexuelle observée dans
> de très nombreuses entreprises qui refusent d'embaucher des femmes sous
> prétexte que leurs locaux ne disposent pas de toilettes féminines.
>
> Certains mouvements féministes, à travers le monde, ont utilisé la re-
> vendication de cabinets spécifiquement à l'usage des femmes, comme éten-
> dard de leur émancipation [1].

*C'est la représentation de la différenciation sexuelle qui a été interna-
tionalement choisie comme pictogramme indiquant la présence de
toilettes publiques.*

L'une des raisons évoquées pour justifier la non mixité des lieux d'aisance
est la sinistre habitude masculine de répandre de l'urine sur le siège des toilettes. Mais cette raison n'est pas la seule puisque la séparation des sexes
existe aussi bien dans les régions comme l'Europe du Nord, où la propreté
des toilettes est de rigueur, que dans les sociétés au bagage technologique rudimentaire, qui font leurs besoins en plein air et chez qui l'usage veut, là en-

---

1. Monestier (1997, p. 31).

core, que l'on se cache du sexe opposé [1]. Le besoin d'idéaliser le sexe opposé, afin de préserver la séduction, explique la tendance universelle à tenir éloignée toute évocation de sa souillure.

Il ne s'agit là que du schéma de séduction hétérosexuelle le plus répandu. Les variations individuelles donnent d'infinies possibilités d'idéalisation tout aussi efficaces des partenaires, qu'ils soient hétéro, homo ou transsexuels, et que leur âge, leur culture ou leur ethnie soient semblables ou pas. L'être humain est un animal suffisamment inventif pour découvrir à l'infini de nouveaux schémas de séduction érotique dont l'inventaire exhaustif n'appartient à personne, le principe étant toujours le même : idéaliser l'autre pour retrouver en lui une image restaurée de soi.

Les fesses et les seins

Les fesses ont toujours joué un rôle de premier plan dans la séduction érotique. En dissimulant l'anus sous le masque séduisant de la chair, elles embellissent et réhabilitent l'image du corps, et gomment le sentiment de souillure qui lui est attaché. Elles restaurent ainsi une image positive de notre intimité, permettant la libération de notre charge affective envers nous-mêmes. Elles remplacent l'aspect sale et poilu de l'anus par le masque rassurant de la chair lisse et chargée d'affection comme le sein maternel.

rien n'est plus confortable qu'une paire de fesses !

Léa

Les églises ne se trompent d'ailleurs pas de cible lorsqu'elles parlent du péché de chair. Elles en savent plus sur l'érotisme charnel que Sigmund Freud, qui est incapable d'y consacrer une seule ligne. Pour lui, le corps

---

1 . Duerr (1988, p. 207-214).

s'arrête à la bouche, au sexe et à l'anus. Sa conception de l'érotisme est strictement médicale et aucunement sensuelle. Le seul élément auquel il attribue un pouvoir de séduction est le pénis, comme si seul un homme pouvait séduire, et seulement avec son pénis. Il réussit le prodige de concevoir une théorie de l'inconscient sexuel qui dominera l'Occident pendant un siècle, sans évoquer la honte, la souillure, la séduction ni la chair. Il prétend explorer la psychologie érotique de part en part sans jamais en percevoir l'aspect sensuel ni transgressif. Il est semblable aux puritains du XIXe siècle qui font l'amour sans se déshabiller, sans rencontrer le corps et sans érotisme, à travers leur fameuse « chemise conjugale[1] ». Freud n'évoque jamais le corps charnel.

Les fesses, qui constituent la masse musculaire la plus importante du corps, sont aussi la partie la plus charnue de notre anatomie.

Or notre relation à la chair est d'une intensité sans pareil depuis l'époque de notre première tétée où le contact du sein maternel et l'odeur de la peau de notre mère constituaient notre unique source de réconfort :

> Des travaux américains ont, les premiers, mis en évidence que les bébés de six jours tournent plus souvent la tête vers un tampon de gaze imprégné de l'odeur du sein maternel que vers un tampon imprégné de l'odeur d'un sein étranger[2].

Ce premier témoignage d'affection reçu de la chair maternelle laisse des traces indélébiles dans notre univers affectif. À l'âge adulte, le pouvoir réconfortant de l'étreinte charnelle n'a en effet rien perdu de sa vivacité :

> Quand nous étions petits, l'acte primitif de primate consistant à nous accrocher à l'adulte nous procurait le plus fort sentiment de protection et d'amour que nous connaissions. Nous le faisions quand nous étions effrayés, à la recherche de la sécurité, et quand nous étions heureux, pour faire partager notre joie. Adultes, nous l'utilisons de la même manière et si nous n'avons personne à étreindre, nous nous étreignons nous-mêmes[3].

---

1. Voir chapitre 14.
2. Chavagnat et Richard (1987, p. 111 et 112).
3. Morris (1985, p. 135).

Quand je n'ai personne à étreindre,

Je m'étreins moi-même.

Léa

La chair est investie d'un pouvoir sécurisant, d'une puissante charge affective, et c'est dans nos hanches qu'elle est la plus abondante.

Dissimuler la souillure corporelle est une tâche à laquelle nous nous employons sans relâche. Pour Freud, seuls les enfants pensent aux excréments : « le stade anal est un stade infantile » assène-t-il tout au long de son œuvre. Il fournit ainsi un exemple involontaire du refoulement auquel se livrent les adultes : lui, qui aura consacré son existence à l'étude des refoulements, ne sera jamais parvenu à évoquer celui-là. Il préfère le refouler. À le lire, on supposerait que les déjections, non seulement ne font jamais l'objet d'aucune pensée chez l'adulte – hormis en tant que souvenir de la petite enfance – mais même que ce dernier n'est plus physiquement concerné. Comment, pourtant, parler de refoulement sans évoquer de celui-là ? Dans toute société, tout est organisé pour qu'il ne soit jamais question des excréments, ce qui ne les dispense évidemment pas d'une contraignante réalité. Ce refoulement est à l'œuvre tout au long de notre vie, au terme de laquelle nous y aurons consacré une énergie considérable. C'est ce qui permet à la sexualité d'exister. C'est par cet effacement de la souillure que le galbe charnel des fesses nous paraît séduisant, érotique. Lorsque la séduction opère, le sentiment de souillure disparaît, sublimé par l'apparence rassurante de la chair.

Nul doute que si l'être humain était dépourvu de fesses et si son anus était apparent comme chez les autres mammifères, son érotisme en serait grandement différent. Pour n'en prendre qu'un tout petit exemple, le folklore érotique des jeans moulants, qui fit rêver des générations entières en s'appuyant sur une image séduisante de la chair, n'aurait jamais vu le jour.

Au moment de l'accès de l'espèce humaine à la station verticale, sa sexualité subit d'importantes modifications. L'une d'elles, et non la moindre, est l'apparition des fesses.

D'instinct inné et saisonnier, la sexualité devient alors un processus psychologique appris et permanent à partir de son apprentissage. Le principal déclencheur du comportement sexuel était probablement jusqu'alors constitué par des émissions hormonales et phéromonales saisonnières.

Mais la psychologie humaine devient plus complexe et les comportements instinctifs cèdent du terrain face aux comportements appris. La sexualité n'échappe pas à cette règle. Hormones et phéromones ne suffisent plus à déterminer notre comportement sexuel, celui-ci répond désormais également à des besoins psychologiques liés à notre relation au corps. Des sentiments de honte et de souillure corporelle, qui existent peut-être déjà chez les grands singes, se font plus précis.

Parallèlement, les fesses font leur apparition dans l'anatomie humaine. Ces puissantes masses musculaires se forment lors de notre redressement sur nos membres postérieurs, elles sont rendues nécessaires pour soutenir le porte-à-faux du buste[1]. En habillant l'anus d'un masque séduisant, elles contribuent à revaloriser notre image corporelle, et au développement d'une psychologie érotique indépendante des saisons.

Le désir sexuel, en devenant permanent, contribue au développement de liens affectifs – favorisés par l'accouplement face à face – et à la formation de couples stable. Chez beaucoup de primates, l'accouplement a lieu par derrière, mais la position face à face est apparue bien avant l'accès à la station verticale, puisqu'elle est une des positions préférées des orangs-outangs et des bonobos, et puisqu'elle est adoptée occasionnellement par les gorilles[2].

La station verticale renforce cependant la fréquence de la position face à face et contribue donc probablement à la stabilisation des couples, qui permet une collaboration solidaire et durable pour élever les enfants. C'est en partie à cette stabilité affective dans le couple que l'espèce humaine doit son cerveau et son exceptionnel développement culturel, car elle permet aux parents d'engendrer des enfants exigeant une période de sevrage beaucoup plus

---

1. Morris (1985, p. 197-208) ; Petter et Senut (1994, p. 26 et p. 144-149).
2. Diamond (1992, p. 96).

longue. L'humanité peut ainsi engendrer des enfants physiologiquement in-achevés, prématurés en quelque sorte, dont la physiologie cérébrale est si élaborée que sa gestation se poursuit au-delà de la naissance [1].

Lynn Margulis et Dorion Sagan suggèrent qu'au moment de l'accès à la station verticale, l'élargissement du bassin féminin permet de donner nais-sance à des enfants dotés d'un cerveau plus volumineux. Les hommes ai-mant les femmes aux fesses larges donnent alors naissance à des enfants plus intelligents et cela devient un critère de sélection pour la réussite de notre espèce [2].

Il est possible que ce critère de sélection biologique renforce les fesses char-nues dans leur rôle de signal d'appel sexuel. Certaines statuettes stéatopyges de l'époque paléolithique ont d'ailleurs un moment semblé indiquer un at-trait immodéré des hommes du Paléolithique pour les fesses gigantesques. Mais la stéatopygie a en réalité été surestimée dans la statuaire paléolithique : elle ne semble finalement pas particulièrement plus représentée au Paléolithique qu'aux autres époques [3].

Lorsque l'accouplement face à face devient plus fréquent au Paléolithique, on peut s'attendre à ce que des signaux d'appel sexuels antérieurs viennent s'ajouter aux fesses, signaux d'appel postérieurs par excellence. Ce qui ne manque pas de se produire avec la modification des seins, qui deviennent alors charnus comme des fesses. Desmond Morris fait remarquer que la forme des seins ne s'est pas développée pour des raisons fonctionnelles :

> On considère en général le grossissement des seins féminins comme un développement maternel plutôt que sexuel, mais il ne semble guère y avoir d'indice pour le prouver. D'autres espèces de primates fournissent d'abon-dance en lait leur progéniture et pourtant elles ne présentent pas de gon-flement précis et hémisphérique des seins. La femelle de notre espèce est à cet égard unique parmi les primates [4].

Desmond Morris émet l'hypothèse que la forme des seins ne s'est modi-fiée dans notre espèce que pour ressembler à celle des fesses et constituer ainsi une copie antérieure du signal d'appel postérieur initial, ce qui facilita

1. Vincent (2000, p. 215) ; Delluc (2006, p. 68). Voir également A. Portmann, *Biologische Fragmente zu einer Lehre vom Menschen*, Basel : Scwabe, 1969, cité par Fellay (1997, vol. 1, p. 326).
2. Margulis et Sagan (1986, p. 232-235).
3. Gonzalès (1996, p. 26 et 27).
4. Morris (1967, p. 80).

le succès de l'accouplement face à face. Il cite d'autres exemples semblables tirés du monde animal, le mandrill et le gelada, qui possèdent également la copie d'un signal d'appel postérieur sur le visage ou la poitrine et se rendent ainsi séduisants de face comme de dos [1].

---

1. Morris (1967, p. 81-88).

3

La transgression

Le système pileux et phéromonal
Lors de l'approche érotique, avant que l'accès à l'intimité corporelle n'ait lieu, le corps apparaît globalement glabre. Mais lorsque les deux partenaires se dévoilent leur intimité et que leur attention se concentre sur leur région génito-anale respective, elle leur apparaît couverte d'un système pileux qui pourtant épargne le reste du corps. Ce système pileux, évoquant plus ou moins consciemment une salissure, se niche justement là où une souillure peut être soupçonnée.

Cette évocation symbolique de la souillure est nécessaire. Le processus érotique consiste à revaloriser une part maudite de nous-même, notre intimité souillée, à lui donner le droit d'exister. L'intimité souillée, ou son évocation, a besoin d'être présente afin que sa revalorisation soit possible. Si elle n'est ni présente ni évoquée, c'est que sa négation se poursuit et que le processus érotique échoue.

L'érotisme trop aseptisé n'est pas excitant, une transgression est nécessaire. La tendance branchée de la fin des années 1990 et du début des années 2000 est à l'épilation totale. Mais parallèlement on remarque, peut-être en forme de compensation à cette aseptisation, une augmentation de pratiques plus transgressives que la moyenne comme la sodomie et le sadomasochisme. Aujourd'hui on en revient progressivement à un érotisme moins épilé. Un léger recul de la sodomie et du sadomasochisme suivra donc probablement, signe que la pilosité génito-anale joue un rôle dans l'évocation de la souillure et donc dans l'aspect transgressif de l'érotisme, et que cet aspect est nécessaire à l'excitation.

Fort heureusement, le mécanisme de revalorisation corporelle qui, de loin, dissimule l'anus sous le masque lisse et chaleureux des fesses, poursuit son œuvre lorsque sont franchies les ultimes barrières de l'intimité et lorsque la souillure génito-anale est évoquée par le système pileux et les émanations phéromonales.

Car ces systèmes pileux et phéromonal ne sont là que pour provoquer un rappel symbolique de la souillure. Or une simple évocation symbolique n'est pas la souillure elle-même. Et pour peu que les partenaires accordent à leur corps l'hygiène qui rend généralement l'acte sexuel agréable, sous l'effet de leur charme séducteur qui fait percevoir la réalité plus belle qu'elle n'est, ils éprouveront la sensation d'avoir exploré leur intimité corporelle réciproque sans avoir rencontré autre chose qu'un simple rappel symbolique et inconscient de cette intimité souillée, et de n'y avoir rien découvert de réellement sale.

Ils éprouvent donc la sensation d'avoir transgressé le tabou corporel qui retenait prisonnière leur affection pour le corps, mais de l'avoir transgressé sans danger puisque ni la souillure ni la honte n'étaient au rendez-vous.

La possibilité de libérer toute l'affection pour notre corps, accumulée devant le grand barrage de la honte, s'ouvre donc enfin. Un déluge affectif se déchaîne alors sur le corps, magnifié par les sensations tactiles exquises éprouvées par les deux partenaires au cours de leur exploration mutuelle des muqueuses génito-anales. Chacun d'eux exprime et reçoit de son partenaire un hommage admiratif et valorisant, lavant son corps d'une opprobre qui semblait indélébile.

L'ouverture du bassin

L'énergie sexuelle, c'est l'affection que nous portons à notre propre intimité. Comme les eaux d'un ruisseau retenues par le barrage de la honte, cette affection devient un lac qui soudain libère toutes ses eaux lors du rapport sexuel.

La cambrure, l'ouverture du bassin, libèrent l'énergie affective retenue par les tabous corporels liés à la région génito-anale. La recherche des nombreuses positions de l'accouplement illustre de multiples façons cette ouverture du bassin.

Dans le langage populaire, des expressions comme « cul serré », « cul pincé », « constipé », « avoir un balai dans le cul », etc., désignent toutes une inhibition dans l'ouverture du bassin, une incapacité à la cambrure, au basculement des hanches et à l'écartement des cuisses et des fesses. Et, autant pour les hommes que pour les femmes, une incapacité à libérer l'énergie affective retenue par les tabous corporels.

La nature transgressive de l'émotion érotique

D'après Alfred C. Kinsey, chez les garçons préadolescents l'érection et l'orgasme se produisent beaucoup plus facilement que chez les hommes adultes. La moindre stimulation des organes génitaux provoque immédiatement l'érection [1], ainsi qu'un certain nombre de situations émotionnelles sans rapport apparent avec l'érotisme. De telles émotions cessent de provoquer l'érection au-delà de la puberté. Leur inventaire, dressé par G. V. Ramsey [2], éclaire néanmoins sur la nature du sentiment érotique :

> Le fait d'être effrayé ; la vue d'un accident ; le fait de réciter en classe ; le fait d'être appelé au tableau ; les examens à l'école ; la vue d'un agent de police ; le fait d'être pourchassé par les agents de police ; le fait d'arriver en retard à la maison ; le fait de recevoir son diplôme de fin d'année ; le fait d'entendre un coup de revolver ; le fait d'assister à des jeux excitants ; le fait de prendre part à des jeux excitants ; les films de guerre ; d'autres films ; le fait d'entendre crier des éditions spéciales de journaux ; des paroles blessantes ; le fait de regarder du haut d'un édifice ; le fait de tomber d'un garage, etc. ; la vue d'acrobaties aériennes ; la peur d'un cambrioleur ; un retard à l'école ; une interrogation en classe ; de grands incendies ; le fait de mettre le feu à un champ ; un accès de colère ; la musique d'Orphéon ; des soldats en marche ; l'hymne national ; la peur d'être puni ; une réprimande ; la peur de la solitude, la nuit ; la peur d'un grand garçon ; le fait de jouer un solo de musique ; une longue file d'escaliers ; le vertige ; les récits d'aventures ; le fait de trouver de l'argent ; le fait de voir son nom imprimé ; des romans policiers ; le fait d'entrer dans une maison vide ; des songes nocturnes se rapportant à des combats, des accidents, des animaux sauvages, des chutes de très haut, des géants, au fait d'être pourchassé ou effrayé ; une fugue [3].

---

1. H. M. Halverson, *Genital and sphincter behavior of the male infant, The pedagogical seminary and journal of genetic psychology*, n° 56, 1940, p. 95-136, cité par Kinsey (1948).

2. G. V. Ramsey, *The sexual development of boys, The american journal of psychiatry* n° 56, 1943, p. 217-234 ; G. V. Ramsey, *The sex information of younger boys, American journal of orthopsychiatry*, n° 13, 1943, p. 347-352, cités par Kinsey (1948).

3. Kinsey, Pomeroy et Martin (1948, p. 227-229).

Cette étude ne porte que sur 212 garçons pré-adolescents, elle ne se prétend donc ni exhaustive ni universelle. Mais ses résultats sont suffisamment cohérents pour nous renseigner sur la nature de l'émotion érotique, au moins masculine. Kinsey conclut de cette liste que n'importe quel accident émotionnel (inquiétude, peine, effroi, etc.) peut déclencher une érection chez le jeune garçon. Il ne semble donc pas remarquer que toutes les situations évoquées ici ont en commun le franchissement d'une limite, l'exposition aux regards ou à un danger. Ces situations sont toujours transgressives, comme l'est la sexualité elle-même. Dans presque toutes ces situations, l'enfant est conduit à franchir ses limites habituelles, à se dépasser. Ce franchissement d'un seuil, parfois symbolique, peut lui procurer un sentiment de puissance, lorsqu'il trouve de l'argent par exemple. Mais ce sentiment de dépassement peut également provenir d'une situation où l'enfant se trouve conduit à défier une peur en s'abandonnant au danger ou aux regards. S'abandonner au danger est bien entendu une façon de le défier. L'enfant éprouve un plaisir érotique en mettant le feu à un champ ou en arrivant en retard en classe parce qu'il défie la peur. Si cette situation le terrorisait réellement aucun plaisir érotique ne déclencherait l'érection. Puisqu'elle survient c'est que l'enfant éprouve un plaisir transgressif à trouver le courage de réagir au danger par un défi.

Aucune émotion décrite ici n'évoque au contraire le réconfort ni la protection. Aucun enfant n'a laissé entendre qu'une émotion éprouvée en retrouvant sa mère ou une peluche égarée déclenche chez lui une érection, pas davantage qu'un fort sentiment de sécurité au sein du foyer familial.

Le défi face au danger, la transgression et le dépassement de soi sont donc les déclencheurs de l'érection.

De son côté, Véra Schmidt [1] indique que les facteurs psychologiques déclenchant la masturbation chez les jeunes enfants sont l'humiliation, l'affront, la privation de liberté ou la privation d'amour (maladie, séparation d'avec la mère, naissance d'un autre enfant dans la famille).

Là encore, on retrouve l'enfant dans une situation qui le pousse à l'affrontement d'une situation qui l'insécurise. On peut supposer qu'il éprouve, face à la souffrance, le besoin de se réconforter au moyen d'une stimulation génitale. Une hypothèse qui ne peut être totalement écartée, mais cette at-

---

1. Schmidt et Reich (1979, p. 74-76 et 198-200).

titude évoque surtout l'érotisme masochiste : l'enfant se masturbe au moment où il souffre. Si la situation est effectivement celle d'une forme d'érotisme masochiste, elle correspond alors au plaisir tiré, comme précédemment, du sentiment de défi face au danger, de dépassement de soi. Confronté à l'angoisse abandonnique ou à l'humiliation, l'enfant fait face et les défie. Comme le masochiste humilié que l'on déshabille et que l'on fouette, il transgresse la limite imposée par la peur, fait face à la situation et nourrit son plaisir du sentiment de libération d'une dépendance par rapport aux éducateurs, qu'il défie.

D'autres indices nous renseignent également sur la nature transgressive du sentiment érotique : il s'agit des sentiments les plus souvent mentionnés comme connexes à la sexualité.

Ces sentiments sont incontestablement l'abandon et la domination, comme le montrent les expressions « se donner », « prendre » et « posséder » qui signifient toutes trois « faire l'amour », et parfois « violer ». Les sentiments d'abandon et de domination s'apparentent étroitement aux sentiments déclenchés par les situations évoquées par les préadolescents interrogés par Ramsay.

L'abandon est une façon de défier la peur, le danger, de transgresser la limite interdisant de se livrer nu et sans défense. Le tabou corporel est transgressé, c'est-à-dire qu'est franchie la limite consistant à oser accepter son corps et l'offrir à l'exploration. De nombreuses danseuses de bar ressentent ce plaisir de s'exhiber. L'un des fantasmes érotiques les plus fréquents dans nos sociétés (47 % des personnes interrogées l'ont déjà fait et 50 % en rêvent[1]) consiste à prendre le risque d'être surpris en faisant l'amour dans un lieu public. Là encore, défier la peur d'être surpris provoque un intense plaisir transgressif.

La domination sadique peut constituer une occasion de jouir de ce même sentiment par identification. Franchir une limite est un désir d'autant plus excitant que la limite est contraignante. C'est pour cette raison que nous éprouvons du vertige en nous approchant du vide : le vertige est une fascination pour ce geste que nous n'osons accomplir. Il est une fascination pour la transgression de l'intransigeante limite de la douleur et de la mort. Le sadisme érotique consiste à imposer cette transgression à une victime et à jouir

---

1. Sondage réalisé par le mensuel *20 ans* et publié dans le n° 87, novembre 1993.

d'une identification avec elle alors qu'elle subit ce sort effrayant. Il existe également d'autres formes de sadisme, non érotiques, mais elles dépassent le cadre de ce livre.

Dans son étude sur les formes marginales prises par l'érotisme, Katharine Gates [1] évoque certains cas de retour mental à l'époque où le bébé ne supportait pas les limites qui lui étaient imposées, comme celles de se tenir propre, de ne rien casser ou de ne pas crier. Il pourra alors par la suite conserver toute sa vie un puissant besoin de s'en libérer par des transgressions libératrices.

Il est remarquable que de telles pratiques soient considérées comme sexuelles, même si elles ne font en aucune façon référence à la génitalité. Ce qui les apparente à la sexualité est la transgression d'un tabou et la défiance envers la honte corporelle. Transgresser le tabou, c'est braver l'interdiction d'être nous-mêmes et de laisser notre corps s'exprimer sans honte.

---

1. Gates (2000).

4

La stimulation

Au cours de la première étape du processus érotique, l'intransigeance du tabou corporel se met en place, créant tensions et humiliations.

Au cours de la seconde étape, la dissimulation de la souillure, le jeu de la séduction et de l'idéalisation de l'autre concourent à la restauration de l'image corporelle à travers le miroir du partenaire.

Au cours de la troisième étape, cette restauration autorise une transgression sans danger des tabous corporels ; l'exploration de l'intimité génito-anale ne donne alors lieu qu'à la découverte d'un corps qui semble triomphalement lavé de toute souillure.

Au cours de la quatrième étape, par ailleurs simultanée à la troisième, cette exploration de l'intimité corporelle stimule les muqueuses génito-anales fortement innervées, provoquant de délicieuses sensations tactiles.

La ressemblance entre les régions anale et génitale ne s'arrête pas à leur commune caractéristique d'être atteintes par la souillure et de constituer notre intimité interdite n'ayant ni le droit d'exister ni celui de se manifester. Chacune d'elles est en outre fortement innervée, ce qui en rend l'attouchement extrêmement agréable.

Au moment où les tabous sont transgressés, la stimulation de la région génito-anale est soudainement envahie par un intense plaisir tactile. Cette région qui d'ordinaire ne subit qu'ostracisme est tout à coup caressée et admirée. Elle qui d'ordinaire n'attire que honte et gêne procure soudain un intense plaisir. La honte ayant disparu sous l'effet de la séduction, les barrières de l'opprobre qui accablaient cette région explosent. Rien ne lui interdit désormais de jouir au grand jour, de tressaillir sous d'exquises sensations et d'être aimée pour cette satisfaction qu'elle procure. Ce plaisir qui nous embrase de part en part, de la bouche au sexe et à l'anus, s'associe à la séduction et à l'affection pour libérer l'énergie affective torrentielle retenue prisonnière par les inhibitions corporelles. C'est la conjonction de ce plaisir et de cette décharge affective qui rend victorieuse la transgression des tabous.

Mais les conditions ne sont pas toujours réunies pour une transgression victorieuse, c'est pourquoi nous ne faisons pas l'amour avec n'importe qui. Pour que la transgression soit réellement érotique, séduction, stimulation et affection doivent se présenter au rendez-vous. Sinon la restauration d'une image positive du corps échoue et la transgression peut dégénérer en agression sexuelle et en humiliation.

Par ailleurs, l'une des raisons pour lesquelles les relations sexuelles ont souvent lieu la nuit est probablement que l'état de conscience nocturne est plus apte à révéler ce qui fait l'objet d'un refoulement que l'état de veille. C'est le cas dans les rêves, qui amènent à la conscience des idées et sentiments refoulés. C'est également le cas dans l'état de somnolence qui précède et suit le sommeil, quand certaines défenses retombent et que certains sentiments ou idées refoulés par la conscience de veille apparaissent plus clairement. Il n'est pas surprenant que l'activité sexuelle, qui a pour objectif de ramener à la vie les sensations affectives et corporelles refoulées, d'ouvrir au plaisir les zones sans droit, ait lieu dans un état de conscience dans lequel les barrières sont retombées. Les idées qui forment ce livre me sont d'ailleurs souvent apparues beaucoup plus clairement dans cet état de semi-somnolence.

5

L'affection

Vivre sans s'aimer ni être aimé provoque une profonde souffrance. Or la pudeur nous interdit d'exprimer notre amour pour notre corps, c'est-à-dire pour nous-mêmes.

D'après ce que nous avons vu dans les chapitres précédents, c'est l'érotisme qui répond au besoin transgressif d'aimer ce qui, en nous, n'a pas le droit d'être aimé. La libération de cet amour inhibé n'est rendue possible que par l'idéalisation du corps d'un partenaire. Une idéalisation qui n'empêche pas un certain degré d'identification. Dans le contact intime avec l'autre, nous reconnaissons l'odeur et les sensations primordiales du contact du nourrisson avec le corps. C'est grâce à cette image revalorisée du corps que ce dernier devient à nouveau aimable.

La libération de cet amour inhibé est également rendue possible par la stimulation bienfaisante des zones interdites. Ces régions anatomiques frappées d'ostracisme révèlent qu'en réalité les toucher procure un intense plaisir. La malédiction qui les frappait perd alors tout fondement. Elles qui n'avaient pas le droit d'exister explosent de vie et de plaisir et prouvent magistralement leur valeur.

Au cours de ce jeu, le partenaire agit comme un miroir renvoyant l'amour qu'il reçoit. C'est à lui que l'affection pour ce qui n'a pas le droit d'être aimé est adressée. Mais lui aussi nous adresse symétriquement ce même amour interdit. Il renvoie donc involontairement ce qu'il reçoit.

Le cercle est alors refermé, le drame de la souillure corporelle dénoué et l'amour perdu retrouvé.

Un puissant échange affectif constitue donc la nature même du rapport sexuel. Ce qui explique que l'amour se greffe aussi volontiers sur une relation érotique.

Aucun modèle théorique de l'inconscient sexuel n'avait encore expliqué ce lien entre amour et sexualité. Certains supposent que le plaisir procuré par la stimulation génitale suffit à déclencher un amour reconnaissant envers la personne effectuant cette stimulation. Mais si procurer une simple satisfaction organique suffisait à déclencher l'amour, les toxicomanes s'éprendraient de leur dealer et les gastronomes de leur restaurateur, or ce n'est pas le cas. La jouissance érotique engendre l'amour parce qu'en plus de la simple stimulation cutanée, les partenaires s'expriment passionnément un amour réciproque : le transport amoureux constitue un gigantesque échange affectif que chacun exprime – pas toujours consciemment – pour le corps de l'autre. C'est un échange d'amour entre deux inconscients.

De la même façon que la séduction est associée à l'érotisme comme la transparence à l'eau de source, l'amour semble être associé aux relations sexuelles de façon si naturelle que personne ne semble se demander pourquoi. C'est en tous cas ce que laisse supposer l'étonnant consensus établi autour de la psychanalyse qui occulte ce questionnement.

Certes la théorie freudienne est contestée. Mais qu'elle le soit par des partisans de la psychiatrie classique comme Pierre Debray-Ritzen [1] ou Gérard Zwang [2], par des partisans du comportementalisme comme Catherine Meyer [3] ou Alain-Marie Blanchet [4], par des féministes comme Kate Millett [5], par d'anciens partisans de la psychanalyse comme Alice Miller [6], Jacques Van Rillaer [7] ou Michel Legrand [8], ou par des philosophes comme Karl Popper [9] ou Adolf Grünbaum [10], aucun ne pose à ma connaissance ces questions occultées par Freud, ni ne propose d'authentique alternative à la théorie des pulsions. Les réponses aux questions que personne ne se pose ne sont pourtant pas toujours indignes d'intérêt.

---

1. Debray-Ritzen, 1982 et 1991.
2. Zwang, 1985.
3. Meyer, 2005.
4. Blanchet, 1999.
5. Millet, 1969.
6. Miller, 1980.
7. Van Rillaer, 1980.
8. Legrand, 1983.
9. Popper, 1963.
10. Grünbaum, 1993.

Les blue-jeans moulants ou les minijupes peuvent donner l'impression superficielle que la région génito-anale est valorisée dans nos sociétés occidentalisées. Il n'en est rien, elle n'est en réalité valorisée que cachée par des vêtements, sans attitude obscène et sans ouverture du bassin. Sans vêtements pour le cacher, une exhibition publique du bassin est, surtout s'il est ostensiblement ouvert, soumise à une violente réprobation sociale et à de lourdes sanctions pénales.

La grossière erreur contenue dans le cliché trompeur voulant que le corps soit valorisé dans les sociétés modernes est analysée plus loin (chapitre 12).

La torture de la dévalorisation

6

L'exploitation du drame par le sadisme

Il n'a été question dans les trois précédents chapitres que de transgressions érotiques ; elles ne le sont pourtant pas toujours. Recevoir ses invités sur sa chaise percée et se torcher en séance, exhiber son anus en manière d'injure ou être dévêtu pour recevoir la flagellation, tout cela peut véhiculer des significations opposées à l'érotisme, selon les messages accompagnant le geste et selon qu'il est accompli de force ou de plein gré.

Ce chapitre et les deux suivants sont consacrés aux transgressions dévalorisantes, auxquelles peut d'ailleurs être attribuée (mais rarement) une valeur érotique.

La transgression des tabous corporels peut posséder au moins trois significations différentes.

Dans le premier cas, comme nous venons de le voir aux chapitres précédents, la transgression est érotique, valorisante et accomplie de plein gré. Les messages l'accompagnant expriment alors une admiration du corps. Certains sont émis par la personne qui transgresse, d'autres par ceux à qui elle s'adresse. Il peut s'agir de sourires, de regards radieux, de caresses, de baisers, de compliments, de sifflements admiratifs ou d'applaudissements. C'est le cas entre amants ou dans les spectacles de strip-tease par exemple.

Dans le second cas, la transgression revêt la signification d'une humiliation sadique, parfois érotique cependant, mais rarement. La transgression est alors souvent imposée à une victime non consentante, ou rarement semi consentante. Les messages l'accompagnant sont alors le plus souvent émis par les bourreaux et dévalorisants. Ils évoquent plus ou moins consciemment une moquerie ayant trait à la souillure de la victime. L'exhibition forcée est souvent accompagnée de coups, de rires moqueurs, d'insultes ou d'ordres. C'est le cas des viols et de beaucoup de flagellations, tortures et bizutages.

C'est à ce type de transgressions que sont consacrés ce chapitre et le suivant. Dans le troisième cas la transgression revêt la signification d'une insulte ou d'un message arrogant, aucunement érotique, émis cette fois-ci par la personne qui transgresse. Le geste évoque alors symboliquement le fait de déféquer sur un être méprisable et la personne qui le commet l'accompagne de messages haineux ou désobligeants. Desmond Morris évoque à ce propos le cas, jugé par la cour fédérale suisse, d'une femme ayant « exhibé son derrière nu » au cours d'une querelle de voisinage [1]. De la même façon les Rois et Seigneurs recevant sur leur chaise percée emmerdaient explicitement leur hôte [2]. L'expression « lécher le cul » évoque également le même type d'humiliation symbolique imposée par un supérieur à son subordonné complaisant.

Les messages accompagnant les transgressions des tabous corporels peuvent donc en déterminer le sens. Une transgression imposée, accompagnée de messages autoritaires, violents, moqueurs ou humiliants, produit un effet radicalement opposé à celui d'une transgression valorisante. Alors que l'érotisme classique produit un immense bien-être en dénouant temporairement le drame de la souillure corporelle, l'humiliation sexuelle en aggrave au contraire considérablement l'intensité.

Ce n'est donc pas un hasard si les humiliations sexuelles ont partout et de tous temps été utilisées dans les diverses formes de torture. Depuis que les châtiments corporels existent, ils exploitent l'humiliation produite par des références tacites ou explicites à la souillure corporelle.

Le châtiment corporel le plus répandu à travers l'histoire mondiale est la fessée administrée aux enfants [3]. C'est pour ajouter l'humiliation à la douleur que parents et éducateurs choisissent de frapper les enfants sur les fesses. Dans la quasi totalité des sociétés qui ont exercé cette forme de châtiment, être dénudé en public exposait à la honte. Il était facile de choisir un autre endroit, le dos ou les jambes par exemple, pour fouetter, ce que l'on faisait le plus souvent lorsqu'il ne s'agissait ni d'enfants ni d'esclaves. Mais dans le langage gestuel inconscient la position adoptée pour recevoir une fessée est une attitude de soumission qui fait partie du châtiment et consiste à présenter la partie honteuse de son corps.

---

1. Morris (1985, p. 197).
2. Duerr (1988, p. 202).
3. Scott (1938) ; Maurel (2004).

Un survol de l'histoire mondiale de la torture montre que les humiliations sexuelles et liées à la souillure corporelle furent innombrables et employées de façon quasiment universelle. Les victimes sont déshabillées, exhibées, violées, frappées sur les fesses, torturées par introduction d'instruments (électrodes, poires d'angoisse, bâtons, fers rouges, pals, rats affamés, etc.) dans le sexe ou l'anus, souillées avec des excréments... Bolya présente le viol de guerre comme une arme de destruction massive[1], tandis que Susan Brownmiller en montre l'universalité à travers l'histoire[2]. Hans Peter Duerr[3] évoque ce même caractère universel à propos de la sodomie pratiquée sur les prisonniers de guerre. De la fessée scolaire aux viols de guerre, des empalements aux tortures sexuelles de l'Inquisition, des électrodes sur les testicules et manches à balais dans l'anus des dictatures d'Amérique Latine aux humiliations sexuelles des prisonniers d'Abou Ghraib, la constante de l'humiliation sexuelle demeure.

---

1. Bolya (2005).
2. Brownmiller (1975, p. 43-139).
3. Duerr (1993).

7

Le viol, une torture

La sexualité est donc un drame psychologique en cinq actes. D'abord une violente tension engendrée par un sentiment de souillure et les tabous qui en découlent. Puis l'idéalisation d'un partenaire permettant la restauration d'une image corporelle débarrassée de ce sentiment de souillure. Puis, dans ce contexte sécurisant, une transgression des tabous, enfin une exquise stimulation tactile simultanée à une libération de l'affection, jusque-là inhibée, pour le corps.

Les quatre dernières étapes convergent vers un triomphe sur l'inhibition et la honte… à condition que séduction, admiration et stimulation se présentent au rendez-vous. Lorsque ce n'est pas le cas, aucune des conditions de sécurité autorisant la transgression victorieuse ne sont réunies, une aggravation traumatisante du sentiment de souillure est alors encourue. Si la transgression est de plus accomplie sous la contrainte et s'accompagne de messages dégradants, le risque d'un violent traumatisme en est augmenté d'autant. Une simple main aux fesses peut véhiculer un message de dégradation de l'estime de soi, dans ce cas il s'agit d'une agression sexuelle, d'une atteinte à la dignité. Le même geste peut au contraire véhiculer un message d'estime, conduisant son destinataire à une restauration inconsciente de l'image de soi, dans ce cas il s'agit d'un geste érotique. Les deux gestes peuvent sembler identiques pour un observateur extérieur, mais véhiculer un message opposé.

Si le traumatisme d'un viol est aussi puissant [1], si Éva Thomas compare, pour l'avoir vécu, le viol incestueux à une véritable torture [2], c'est à l'origine parce que notre relation au corps est empreinte d'une extrême tension pro-

---

1. Thomas (1986 et 2004) ; Desaulniers (1998) ; Medea et Thompson (1974, p. 166-167).
2. Thomas (2004, p. 196-204).

voquée par la honte de la souillure intime. Les tabous corporels nous protègent des chocs traumatiques que cette honte pourrait provoquer. Lorsque
leur transgression est imposée par un agresseur qui ne séduit pas et se montre
hostile ou méprisant, son geste détruit la protection contre la honte assurée
par les tabous corporels. Il dégrade donc l'image d'elle-même de la victime
en détruisant sa protection contre un sentiment de souillure. Il renforce
même ce sentiment, d'abord par son mépris, ensuite par le contact qu'il impose à la victime avec sa propre intimité alors qu'il ne la séduit pas, ce qui
déclenche en elle le dégoût. Les sentiments de séduction, de valorisation, ou
au minimum de respect, sont nécessaires pour que le partage d'une intimité
physique ne soit pas vécu comme dégradant. Lorsque l'agresseur déplaît par
son physique ou son comportement, la séduction ne peut donc masquer le
sentiment de souillure qu'il impose par le contact avec sa propre intimité.

Le viol est une torture parce que, même s'il n'impose pas les souffrances
physiques des tortures médiévales, même si son but premier n'est pas toujours de torturer, il exploite pour le décupler le sentiment de souillure auquel expose toute transgression non sécurisée des tabous corporels. 18 %
des victimes de viols estiment avoir perdu le sentiment de leur propre valeur
et le respect d'elles-mêmes [1]. Le viol érode la valeur et le respect que l'on
s'accorde à soi-même et dégrade violemment l'image de soi.

Michelle Desaulniers montre en outre que le plaisir physiologique, parfois ressenti par la victime d'un viol, constitue un facteur aggravant du
traumatisme, par l'impression d'avoir, selon son expression, « trempé dans
un crime » :

> Moi aussi, pendant presque vingt ans de ma vie, j'ai vécu avec le senti-
> ment d'avoir *trempé dans un crime*. Par mon silence, j'ai partagé avec mon
> abuseur, mon beau-frère, son crime odieux. J'étais sa complice. Il m'était
> impossible de parler de ces abus sexuels ou même de les considérer comme
> des abus, car *j'avais ressenti du plaisir* durant ces relations sexuelles. [...] De
> 11 à 14 ans, j'ai vécu sous l'emprise de mon beau-frère. Quand il venait me
> toucher et me caresser, mon combat intérieur commençait. En dedans je
> criais NON, va-t-en ! Et, en même temps, je me laissais faire passivement.
> Je ne le touchais jamais, il me dégoûtait. Mais mon corps réagissait forte-
> ment à ses touchers, j'avais des frissons, je devenais complètement molle et
> je perdais toutes mes défenses. Il en profitait pour me faire jouir jusqu'à

---

1. Medea et Thompson (1974, p. 166).

l'orgasme avec sa bouche. Tout de suite après, c'était comme si je me réveillais et je le repoussais avec une haine profonde en ressentant une culpabilité tout aussi profonde.

Heureusement, à 14 ans, j'ai été capable de lui dire NON. Mais, avant cet âge, pendant ces trois années, la situation était insupportable. Je me voyais sale et perverse [1].

Si l'agresseur parvient à provoquer une jouissance physique par ses attouchements, il impose à la victime un attachement affectif à la torture qu'il lui fait subir, ce qui provoque en elle un violent conflit intérieur aggravant le sentiment de dégradation.

Là encore, personne ne semble s'être jamais demandé pourquoi les passions sexuelles sont aussi violentes et les agressions sexuelles aussi traumatisantes. Ni pourquoi le même geste peut être perçu comme d'un érotisme exquis ou comme une agression sans pareil selon le contexte, comme si tout cela faisait partie d'un ordre impénétrable des choses sur lequel il est inutile de s'interroger. Comprendre notre sexualité c'est pourtant nous comprendre nous-mêmes, et comprendre nos relations. Alors que le viol est reconnu comme un crime dans la plupart des États, il semble inconcevable que nul modèle théorique n'ait jusqu'alors été capable d'expliquer en quoi consiste le traumatisme psychologique qu'il impose. Il est vrai que dans beaucoup de cultures archaïques les femmes sont considérées comme la propriété sexuelle de leur époux et que le viol n'est reconnu comme un crime qu'en tant qu'atteinte à cette propriété. Mais beaucoup de cultures progressent dans ce domaine et l'intensité traumatique du viol des enfants est aujourd'hui reconnue, comme le fut celle du viol des femmes dans les années 1970. Il serait regrettable que la reconnaissance de cette intensité traumatique s'arrête au stade de l'observation empirique et ne bénéficie d'aucune compréhension théorique. Certes dans le domaine médical beaucoup de remèdes furent découverts empiriquement. Ce sont néanmoins les progrès de la physiologie et de la biochimie qui permirent les avancées les plus décisives. Il en va de même en psychologie, où les méthodes empiriques donnent des résultats, mais où les avancées vraiment décisives ne surgiront pas sans une véritable compréhension théorique.

---

1. Desaulniers (1998, p. 9-10).

L'érotisme et les agressions sexuelles déclenchent les passions les plus violentes parce qu'ils touchent à la dégradation et à la restauration de l'estime de soi, et à la dignité humaine. C'est la violence du traumatisme de la souillure corporelle et de la dégradation de l'estime de soi qui rendent la sexualité potentiellement violente, dans ses passions comme dans ses traumatismes.

8

L'absence de dénouement
débouche sur la violence sexuelle

La sexualité est un terrain dangereux car elle tire son énergie du drame de la souillure corporelle. Lorsque ce drame se dénoue, l'énergie affective qui l'alimente se libère sous forme amoureuse. Mais lorsque ce drame reste noué ou ne se dénoue que partiellement, l'énergie s'accumule pour parfois exploser quand elle ne peut plus être contenue. La frustration accumulée peut alors s'exprimer sous forme de haine et de violence.

C'est la rencontre sexuelle qui permet au drame psycho-corporel de se dénouer. Les personnes qui rencontrent le plus de difficultés dans leur socialisation sexuelle accumulent donc des frustrations. La période de l'adolescence, au cours de laquelle se produisent habituellement les expériences les plus décisives de la socialisation sexuelle, revêt donc une importance primordiale.

Le défaut d'apprentissage

Il existe un âge critique pour l'apprentissage de la socialisation sexuelle, au-delà duquel tout retard devient difficile à combler. En effet l'apprentissage sexuel ne se limite pas aux techniques corporelles du plaisir. Il concerne surtout la détection des signaux indiquant une réceptivité sexuelle chez les partenaires potentiels, la façon d'y répondre, les techniques de séduction et l'art de la vie de couple. Il s'agit donc d'un apprentissage riche et complexe, et comme tout apprentissage riche et complexe, sa précocité en assure souvent le succès.

Des observations menées sur des chimpanzés captifs montrent que chez ces animaux, un retard dans la socialisation sexuelle est irrémédiable. Edward J. Kollar et son équipe ont étudié le comportement sexuel de chimpanzés captifs ayant souffert d'isolement sexuel pendant l'adolescence :

Lorsqu'ils bénéficiaient de l'opportunité d'une expérience sexuelle, les chimpanzés adolescents des deux sexes, qui avaient précédemment souffert d'isolement sexuel, apprenaient rapidement de partenaires sexuellement expérimentés. Cependant si les chimpanzés atteignaient la maturité sans rencontrer l'opportunité de copuler, ils n'apprenaient plus ce comportement complexe d'accouplement. Une période critique pour l'apprentissage du comportement d'accouplement et le développement de la pleine maturité anatomique semblait donc exister. Si cette période s'écoulait sans expérience sexuelle ni pratique copulatoire, alors l'animal n'apprenait plus. Cette situation présente des ressemblances avec celle observée chez les humains adultes d'âge mûr qui n'ont pas bénéficié d'opportunités de rencontres sexuelles pendant l'adolescence ni le début de l'âge adulte. Ces adultes humains sexuellement inexpérimentés passent souvent le reste de leur vie dans l'incapacité d'accéder à une expérience sexuelle avec un partenaire de quelque sexe qu'il soit [1].

Les normes et la socialisation

Il existe de nombreux facteurs pouvant conduire à une carence dans la socialisation sexuelle. L'un d'eux est l'absence de partenaires compatibles.

Katharine Gates [2] et le sexologue John Money [3] pensent en effet que le désir sexuel se développe chez chacun de nous de façon spécifique en fonction des événements de la petite enfance. Le désir peut ainsi prendre de multiples formes que Money appelle les cartes du désir *(lovemaps)* propres à chacun.

Comme dans le cas des empreintes digitales, chacun est donc doté d'une carte du désir individuelle, mais à peu près toutes ces cartes se classent dans des catégories, qui définissent d'ailleurs parfois des groupes sociaux.

L'une des difficultés rencontrées au cours de la socialisation réside donc dans l'apprentissage de la reconnaissance des partenaires compatibles, particulièrement lorsque l'on appartient à une minorité sexuelle. L'existence de groupes sociaux fondés sur les goûts sexuels facilite l'adéquation entre partenaires. Mais d'une part il ne s'agit parfois que d'une adéquation sommaire, d'autre part certaines catégories sont si peu représentées que leurs membres ne parviennent jamais à se rencontrer, enfin les représentants des minorités sexuelles n'ont parfois accès à ces groupes que longtemps après leur adolescence.

---

1. Kollar, Beckwith et Edgerton (1968, p. 457).
2. Gates (2000, p. 9, 236-237).
3. Money (1986).

Depuis la mise en place du réseau Internet et l'apparition des possibilités de communication qu'il offre, il est devenu plus facile aux membres des minorités sexuelles de se rencontrer et de s'exprimer. Et les personnes insatisfaites des normes comportementales dominantes apparaissent nombreuses. Certaines révèlent leurs difficultés à s'adapter aux normes dominantes et affirment avoir renoncé au plaisir dans leurs relations sexuelles, et parfois avoir renoncé aux relations sexuelles elles-mêmes. Il est probable que le développement des communications permette à certaines formes d'érotisme, trop marginales pour avoir permis jusqu'ici la rencontre entre partenaires, de se développer. Mais ce qui s'exprime sur le réseau Internet montre surtout la grande variété des psychismes individuels et, par là même, l'ampleur des concessions parfois nécessaires à l'adoption de la norme hétéro-génitale ou de toute autre norme.

Le sadomasochisme

Il n'est donc pas surprenant de rencontrer chez les minorités sexuelles une proportion plus élevée qu'ailleurs de personnes ayant souffert d'un retard de socialisation sexuelle, manifestement causé par la rareté des partenaires et les discriminations condamnant au silence toute expression d'un désir marginal. C'est ce retard dans la socialisation sexuelle qui explique la fréquence des pratiques sadomasochistes dans les communautés homosexuelles. Dans son essai sur le sadomasochisme, Mona Sammoun indique :

> La médiatisation du sadomasochisme n'aurait pas pu avoir l'ampleur qu'on a décrite sans la contribution fondamentale des homosexuels [...] Ils seront les premiers à ouvrir des bars et des boîtes SM et à publier des petites annonces explicites. Ils sont toujours les seuls sadomasochistes à manifester dans la rue, harnachés de cuir et de bottes. Ils ont l'habitude de trôner sur leurs motos à la tête de la Gay Pride où ils ne passent pas inaperçus[1].

Sheila Jeffreys affirme à propos des lesbiennes féministes :

> [C'est] aussi parce que nous avons fait très peu d'analyses de notre propre sexualité, de la façon dont elle a été construite autour du sadomasochisme [...] C'est un immense secret que les lesbiennes n'ont pas encore discuté entre elles, cette façon dont leur sexualité et leur vie émotionnelle ont été construites autour du sadomasochisme[2].

1. Sammoun (2004, p. 157).
2. Sheila Jeffreys (1986) dans Monnet et Vidal (1997, p. 146-149).

Les pratiques sadomasochistes sont incontestablement plus répandues dans les communautés gays et lesbiennes que chez les hétérosexuels [1]. Il serait tendancieux d'y voir le symptôme d'un caractère intrinsèquement névrotique de l'homosexualité, tendance que psychanalystes et sexologues réactionnaires ne manquent certainement pas d'appuyer.

La raison en est toute autre. À l'âge où le désir est encore en formation, les adolescents appartenant à une minorité sexuelle se heurtent parfois à de telles difficultés de socialisation que la frustration les incite inconsciemment à recourir à la violence pour accéder au corps désiré et favorise le développement de fantasmes sadomasochistes. Il n'y a là rien de mystérieux, il s'agit banalement d'une conséquence des difficultés faites aux minorités.

Le développement de tels fantasmes peut tout aussi bien s'engager dans une direction sadique que masochiste. L'érotisme est un effort pour que les zones corporelles mises au ban accèdent au droit d'existence. Lorsque ce but ne peut être atteint par des méthodes pacifiques, la violence est envisagée comme moyen d'y parvenir. Que le fantasme soit celui d'assujettir ou d'être assujetti, l'objectif est identique : redonner une existence à ce qui n'a pas le droit d'exister. Si le corps ne peut sortir du néant par le plaisir comme il le fait dans la relation érotique classique, il en sortira par la souffrance, car le besoin d'exister est le plus fort, et souffrir c'est tout de même exister.

Le sadomasochisme est également pratiqué par nombre d'hétérosexuels, comme en témoigne d'ailleurs un vaste folklore littéraire et iconographique. L'apparition des premiers films érotiques grand public fut marquée en France par l'énorme succès d'*Histoire d'O* qui devint un véritable phénomène de société.

Les violences éducatives, encore loin d'avoir disparu des sociétés modernes [2], restent dans de nombreux cas – comme l'ont déjà souligné de nombreux auteurs – responsables d'une orientation vers le sadomasochisme anal. Pour beaucoup d'enfants, assister à une fessée ou la recevoir constitue la première expérience sexuelle marquante. Se souvenant de son enfance, Georges-Arthur Goldschmidt raconte :

---

1. Rubin et Butler (2001, p. 41) ; Hart (1998) ; Sammoun (2004, p. 157-174) ; *Trouble(s)* n° 1, février 2004.
2. Maurel (2004).

Le maître des grandes classes, il se nommait Tralau, un sadique nazi connu, à la nuque rouge et plate sans cou, sur les épaules, lui descendit sa petite culotte de gymnastique et, paralysé par l'étonnement et l'angoisse, je vis, blanc, rond et volumineux, ce que je n'avais encore jamais vu ; je remarquai à peine que le grand garçon pleurait. Il s'appuya sur le cheval-d'arçons et de la baguette de jonc, tout à coup apparue, l'instituteur lui asséna six coups, espacés, à toute volée sur les fesses nues [...] Tout s'était passé dans le silence fasciné des autres enfants, dont les yeux avaient tous fixé le même point. Une horreur sans limites me serrait la poitrine, et un étrange éblouissement, à la vue de cette partie du corps à laquelle il était même interdit de penser, c'était à la fois terrifiant et délicieux : on avait mis nu l'objet entre tous défendu [1].

Ce genre de scène puissamment transgressive peut procurer un intense plaisir mêlé d'angoisse ou de douleur à ses spectateurs comme à ses protagonistes, et orienter définitivement la sexualité vers le sadisme ou le masochisme, qu'il soit homo ou hétérosexuel.

Mais une fixation des goûts érotiques sur cette forme d'agression sexuelle qu'est la fessée peut aussi provenir, chez les hétéro comme chez les homosexuels, d'une carence de socialisation sexuelle. André Ciavaldini affirme que, d'après une étude statistique, presque un agresseur sexuel sur deux a souffert pendant l'adolescence, donc à l'âge de la socialisation sexuelle, de difficultés relationnelles avec les jeunes de son âge, ce qui est nettement plus élevé que la moyenne. Les agresseurs sexuels souffrent également dans des proportions supérieures à la moyenne d'une peur des autres, d'un sentiment d'infériorité et de difficultés professionnelles, autres indices de difficultés dans la socialisation sexuelle [2]. Leur socialisation sexuelle a par ailleurs pris, dans des proportions nettement supérieures à la moyenne, la forme d'une « initiation », plus ou moins forcée, par un partenaire plus âgé [3]. Tout montre donc que les agresseurs sexuels ont en majorité souffert d'importantes difficultés de socialisation sexuelle, qui les ont nécessairement handicapés dans leur apprentissage des codes de séduction et de détection d'une réceptivité des partenaires.

---

1. Goldschmidt (1999, p. 92-93).
2. Ciavaldini (1999, p. 101-102).
3. Ciavaldini (1999, p. 89-90).

N'importe quel traumatisme, inhibition ou différence culturelle peuvent être à l'origine de ces difficultés de socialisation sexuelle. La probabilité pour que le désir s'oriente vers la génitalité s'en trouve alors réduite. Les pratiques génitales s'imposent en effet généralement parce que notre physiologie y est parfaitement adaptée. Elles ne correspondent cependant pas toujours aux fantasmes ayant précédé la socialisation. Les résultats d'une enquête publiée par le magazine *Nudus*[1] montrent que le comportement érotique de la plupart des hommes ne correspond pas totalement à leur aspiration première. À la question « Je suis particulièrement sensible à… » posée à des hommes, le sexe arrive en neuvième position, loin derrière le visage, la bouche et les fesses. Le comportement sexuel de la majorité masculine est pourtant avant tout orienté vers la génitalité. Même si finalement le sexe n'est pas d'après ce sondage la partie du corps la plus psychologiquement chargée d'érotisme, la pénétration génitale est néanmoins la plus apte à procurer le plaisir tactile recherché dans la relation sexuelle.

Une carence dans la socialisation sexuelle peut donc être à l'origine d'une faiblesse du désir génital, si ce dernier est appris trop tard, à un âge où le désir est déjà formé. Cette même carence qui, en l'absence de génitalité, peut donc conduire à une prédominance de l'analité, peut également, nous l'avons vu, également être la cause d'une orientation vers la violence sexuelle, donc, par combinaison des deux tendances, vers la fessée.

Les violences éducatives et le défaut de socialisation sexuelle suffisent donc à expliquer la fréquente association entre sadisme et analité. Cette explication est simple et logique, il est en revanche difficilement compréhensible que les surprenantes élucubrations freudiennes sur le sadisme anal fassent encore autorité dans l'enseignement universitaire. Remarquons, entre autres aberrations de la théorie du maître viennois[2], que selon Freud le sadisme anal est infantile, alors que ce sont les adultes qui expriment ce sadisme en fessant les enfants. Le maître considère également, dans sa théorie, les excréments comme un cadeau, curieux cadeau pourtant. Il postule en outre, sans raison aucune, un sadisme inné au nourrisson, consistant à refuser ce « cadeau » aux parents. Il postule enfin un plaisir à retenir les selles, alors qu'en

---

1. *Nudus* n° 4 (mai-juin 2003) p. 22.
2. Voir chapitre 21.

réalité leur rétention est douloureuse et que c'est évidemment leur libération qui provoque du plaisir. Le médecin qu'il est semble d'ailleurs n'avoir jamais entendu ses patients se plaindre de constipation.

L'asservissement sexuel des esclaves et domestiques

On sait du Marquis de Sade que son appétit sexuel était exclusivement anal [1], ce qui n'a certainement pas manqué de créer des difficultés dans sa socialisation sexuelle et contribua peut-être à expliquer sa violence. Ce n'est cependant pas uniquement dans la psychologie personnelle du Marquis de Sade qu'il faut rechercher les raisons de son comportement, mais également dans les rapports qu'entretenait la noblesse avec la domesticité. La célébrité du Marquis de Sade vient essentiellement de son emprisonnement et de la littérature qu'il produisit sous les verrous. S'il n'avait pas vécu au moment de la Révolution française, c'est-à-dire quand la bourgeoisie cessa de tolérer les exactions de la Noblesse, l'histoire aurait peut-être oublié son nom. Dans le contexte nobiliaire, ses pratiques sexuelles ne constituaient en effet pas une exception. L'esclavage, surtout féminin, fut pratiqué en Europe durant tout le Moyen Âge [2]. En outre, les différences entre le statut des servantes « libres » et celui des esclaves, qui variait selon les régions et les époques, ne garantissait parfois que fort peu de liberté aux domestiques [3] et les protégeait rarement contre l'exploitation sexuelle. Leur flagellation, avec ou sans motif punitif, parfois pour le seul plaisir du maître, relevait de la banalité [4]. Ce type de sadisme sexuel pratiqué par la classe dominante ne déclina que lentement avec l'abolition de la noblesse et n'a toujours pas disparu, comme en témoignent diverses affaires récentes impliquant des notables [5]. L'humiliation sexuelle, nous l'avons vu au chapitre 6, constitue une méthode éprouvée de torture et donc d'asservissement. La satisfaction sexuelle sadique des dominants n'était donc pas l'unique but recherché, dans le cadre de l'asservissement d'une classe par l'autre, lorsqu'ils dévêtaient et flagellaient esclaves et domestiques.

---

1. Lever (1991).
2. Heers (1981) ; Contamine, Bompaire, Lebecq et Sarrazin (1993) ; Johsua (1988).
3. Heers (1981).
4. Scott (1938, p. 70-71) ; Ariès (1973, p. 143).
5. Louf (2002) ; Lerouge (2004) ; Nicolas et Lavachery (2001) ; De Coninck (2004) ; Fanny (2004) ; Roussel (2004) ; Beneux et Garde (2001) ; Besson (2003) ; Raynaud (2004).

Cette satisfaction sexuelle fut cependant le principal objectif dans bien des cas, celui de Donatien de Sade en particulier. Mais à la différence des relations sadomasochistes pratiquées entre personnes consentantes, aucune forme de respect n'existe de la part du tortionnaire dans ce type de sévices. Dans de telles circonstances, aucun message valorisant n'est émis. La pratique érotique est purement transgressive et humiliante et elle ne joue donc aucun rôle revalorisant. Elle ne procure alors qu'une satisfaction transgressive au tortionnaire, mais qui ne réunit pas les conditions permettant de violer les tabous sans danger. Ce type de pratiques exclusivement transgressives ne procure qu'une satisfaction partielle car l'érotisme échoue à revaloriser l'image de soi. Il peut au contraire provoquer un sentiment de dévalorisation, engendrant lui-même une frustration incitant à encore plus de violence.

Les frustrations sexuelles de certains grands criminels
Il n'est pas rare de découvrir dans la biographie d'un grand criminel des traits indiquant une grande difficulté sexuelle.

André Ciavaldini affirme que la presque majorité des agresseurs sexuels furent, durant leur enfance, eux-mêmes victimes d'agressions sexuelles (que, dans son langage freudien, il appelle parfois « séductions ») perpétrées par des personnes plus âgées [1].

Dans le livre de Corrine Herrmann et Philippe Jeanne, Maryline Vinet affirme à propos de son père Émile Louis, condamné pour une série de meurtres et de violences sexuelles :

> Il est impuissant, il se sert d'objets pour violer… S'il ne peut plus se servir de ses organes, il pourra toujours utiliser des objets.

Herrmann et Jeanne ajoutent en note :

> D'autres témoins confirment cette impuissance. Voir notamment l'article de Jean Ker, Paris-Match, avril 2001 [2].

L'impuissance d'Émile Louis est cependant partielle, ou n'est survenue qu'après la naissance de ses quatre enfants, et ne l'a pas empêché d'avoir de nombreuses amantes en détresse affective, déprimées ou handicapées men-

---

1. Ciavaldini (1999, p. 89-90 et 128-129).
2. Herrmann et Jeanne (2001, p. 214).

tales. Mais l'impuissance est tout de même le signe d'une difficulté sexuelle, qui dans son cas n'est pas forcément étrangère à sa violence. Même si les événements traumatisants de son enfance en constituent la cause principale et peuvent d'ailleurs également expliquer ses difficultés sexuelles. D'après les témoignages, ses pratiques sexuelles consistaient essentiellement à torturer et violer avec divers instruments des victimes droguées ou attachées, puis parfois à les tuer. Il s'agit là encore de pratiques exclusivement transgressives et dégradantes, aucunement aptes à une quelconque revalorisation, bien au contraire. D'où le cercle infernal de violences qu'elles peuvent engendrer.

Le cas d'Adolph Hitler est plus significatif encore car dans la forme de sexualité qu'il pratiquait, c'est sa propre image qu'il dégradait.

Comme dans le cas d'Émile Louis, c'est dans ses traumatismes d'enfance que résidaient les racines de sa violence, c'est à Alice Miller que l'on doit d'en avoir synthétisé l'essentiel [1]. Ses pratiques sexuelles, influencées par une enfance particulièrement destructrice, l'étaient également. Il souffrit tout d'abord d'une carence de socialisation sexuelle puisque aucune relation ne lui fut connue tout au long de ses premières années d'adulte [2]. Les témoignages recueillis par la suite sur sa sexualité après son accession au pouvoir peuvent se résumer ainsi :

> N. Bromberg (19761) analyse comme suit les pratiques sexuelles de Hitler : « …pour arriver à la pleine satisfaction sexuelle, il fallait que Hitler regarde une jeune femme accroupie au-dessus de lui qui urinait ou déféquait sur son visage. » Il relate ensuite un épisode « de masochisme érogène au cours duquel Hitler se jeta aux pieds d'une jeune actrice allemande et lui demanda de lui donner des coups de pied » [3].

Walter Langer détaille la scène en reprenant une interview donnée en 1943 par A. Zeissler, le metteur en scène de la jeune comédienne, Renate Mueller :

> Ils se déshabillèrent donc et tout semblait devoir se passer le plus normalement du monde lorsque Hitler se laissa tomber sur le tapis et la supplia de lui donner des coups de pied. Comme elle restait désemparée, il

---

1. Miller (1980, p. 169-228).
2. Langer (1972, p. 179).
3. Helm Stierlin, Adolf Hitler, Psychologie du groupe familial, PUF, Paris, 1975, p. 41, cité par Miller (1980, p. 224-225).

revint à la charge. Il fallait l'entendre se dénigrer, s'accuser de toutes sortes de méfaits. Il se vautrait et rampait de façon si effrayante que cette scène lui devint intolérable, et qu'elle finit par faire ce que l'autre lui demandait. Les coups de pied eurent pour résultat d'exciter Hitler et il supplia Renate de le frapper encore. Il ajoutait qu'il ne méritait même pas ce traitement et qu'il n'était pas digne de se trouver en sa compagnie[1].

On le voit les pratiques transgressives de Hitler, loin de posséder un quelconque pouvoir revalorisant, dégradent au contraire violemment sa propre image. Ne parvenant pas à jouer son rôle revalorisant, cette forme d'érotisme ne peut suffire à dénouer la tension psychologique du drame de la souillure corporelle. Or il semblerait que Hitler n'en connaissait pas d'autre. Il est donc vraisemblable que l'accumulation de sa frustration sexuelle ait contribué à renforcer les violentes tensions qui l'habitaient et conduisirent le monde à son embrasement.

---

1. Langer (1972, p. 185). Il est cependant à noter que Pascal de Sutter (2007, p. 24) conteste la fiabilité de ces témoignages, qu'il considère comme issus de manœuvres d'intoxication de l'OSS visant à faire passer à tort Hitler pour un masochiste. De Sutter affirme avoir mené sa propre enquête, mais malheureusement ne cite aucune de ses sources.

La culpabilité sexuelle

9

Les causes psycho-corporelles de la culpabilité sexuelle

Si le principal concept présenté dans ce livre est exact, alors les causes psychologiques de la culpabilité sexuelle ne sont pas difficiles à comprendre ; elles n'ont cependant à ma connaissance jamais été exposées. Ce concept veut que le désir sexuel soit un désir de réconciliation avec le corps, de transgression du tabou nous interdisant de nous aimer entièrement, y compris dans ce que nous possédons de moins aimable – et de plus trivial. Ce désir de nous rapprocher de notre intimité condamnée par la souillure prend naissance parce qu'il est impossible de détester une part de soi-même sans tentative de réconciliation. Il est donc inévitable qu'une stratégie inconsciente de revalorisation se mette en place. Or cette stratégie nous conduit manifestement à aimer et revaloriser ce que nous n'avons pas le droit d'aimer, ce qui est réputé sale, le sexe et les fesses. Rien d'étonnant donc à ce que nous nous sentions coupables d'aimer ce qui est interdit, ce qui semble sale.

La culpabilité qui en résulte est fantastique. Pour la mesurer, souvenons-nous que les habitants de Sodome furent les plus grands de pécheurs de l'univers biblique. Le péché le plus grave que pouvaient imaginer les scribes qui rédigèrent l'Ancien Testament n'était ni le meurtre, ni la torture, ni le viol, par ailleurs abondamment présents dans leurs récits, mais la sodomie. Plus de deux millénaires ont passé, mais on retrouve des éléments semblables dans la censure télévisuelle et cinématographique contemporaine. La pornographie, c'est-à-dire la représentation de personnes faisant l'amour, y est considérée comme beaucoup plus dangereuse pour l'équilibre mental des populations, particulièrement enfantines, que la représentation la plus réaliste qui soit de meurtres et de tortures. Apprendre aux enfants à aimer le corps humain est toujours considéré comme beaucoup plus dangereux que leur apprendre à torturer et à tuer. Comme le fait remarquer le comédien

Klaus Kinski : « Caressez un sein, vous êtes classés X. Tranchez-le avec une épée, vous êtes tout public. » Il est difficile de trouver un indicateur montrant plus clairement l'intensité de la culpabilité sexuelle, et nous n'avons pas fini d'en mesurer les effets sur notre psychisme. La culpabilité que nous ressentons par rapport à notre désir d'aimer le corps humain est plus grande que celle que nous ressentons par rapport à un éventuel désir de meurtre.

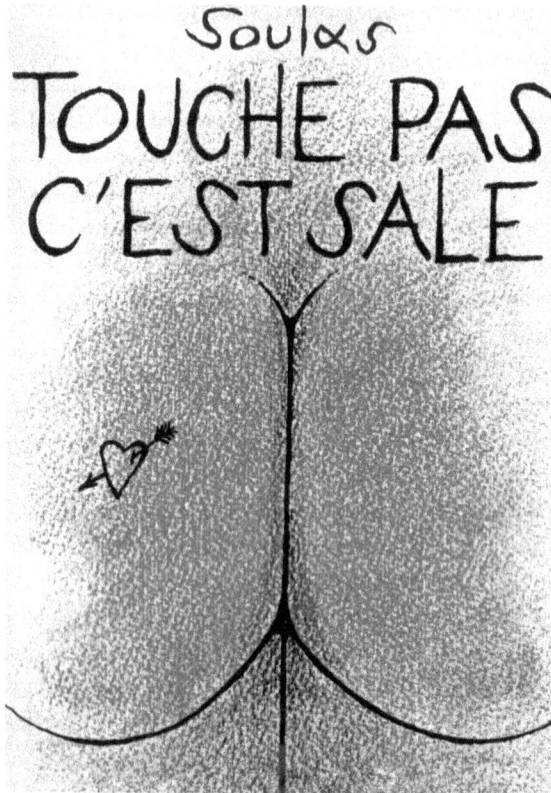

On ne saurait être plus explicite sur les raisons inconscientes nous conduisant à éprouver de la culpabilité pour l'amour de ce que nous n'avons pas le droit d'aimer, de ce qui est sale : le sexe et les fesses.' (Couverture d'un album de Philippe Soulas publié en 1977 aux éditions Jacques Glénat.)

Cette culpabilité absurde, nous l'éprouvons parce que nous ne comprenons pas notre désir sexuel. Nous ne comprenons pas qu'il n'est pas une attirance pour la souillure, comme nous semblons le croire inconsciemment. Nous ne comprenons pas que c'est au contraire parce que la souillure nous dérange, mais qu'elle fait partie de nous, que nous recherchons des stratégies inconscientes de réconciliation avec nous-mêmes, avec notre corps. Si nous avons besoin de la séduction érotique pour répondre à ce besoin de réconciliation, c'est bien parce que nous cherchons à embellir la réalité, et que la souillure en elle-même nous révulse.

Le désir sexuel n'est pas une attirance pour la souillure, mais une tentative de réconciliation avec notre corps, donc avec nous-mêmes. Le désir sexuel n'est donc pas un désir « sale ». Son existence prouve au contraire que la souillure nous indispose.

Ces idées sont simples, mais il n'est pourtant pas facile de les exprimer, car elles touchent à des questions passionnelles. J'eus l'occasion de le découvrir lorsque je commençais la rédaction de ce livre. Je compris à mes dépens, en faisant lire ses premières ébauches à des proches, combien il était difficile d'aborder la notion de souillure intime sans soulever dénégation et colère, tant les émotions que l'on débusque alors sont violentes.

10

Les causes religieuses de la culpabilité sexuelle

Les religions et la spiritualité se proposent en principe pour objectif l'accès à un monde plus subtil que le monde matériel que nous percevons avec nos cinq sens. L'accès à ce monde subtil est souvent considéré comme une ouverture libératrice de la prison constituée par l'enveloppe charnelle. Or le désir sexuel est, à l'inverse de la spiritualité, un attachement charnel. Rien d'étonnant donc à ce que la plupart des religions le condamnent.

D'abord parce qu'il constitue le plus puissant attachement charnel qui soit, et un attachement à ce que la chair contient de plus trivial.

Ensuite parce que c'est cet attachement même qui se présente comme la cause de notre incarnation, donc de notre présence dans cette prison charnelle. Si l'on considère en effet que l'âme existe indépendamment du corps, que l'existence terrestre n'est qu'un passage, on peut en conclure que l'âme de l'enfant qui naît ne s'incarne, ne pénètre dans sa prison, que lorsque ses parents désirent suffisamment la trivialité de cette chair pour se livrer à son adoration et à sa pénétration. Si un jour l'esprit humain cesse de se livrer à l'adoration et à la pénétration de sa propre chair – dans toute sa trivialité – il cessera également d'y faire pénétrer ses enfants, de s'y incarner.

Si l'enveloppe charnelle est une prison, notre présence en elle n'est qu'une conséquence de notre attirance pour ses murs exquis.

D'un point de vue spirituel, la sexualité se présente à tous égards comme le point de convergence entre esprit et matière. C'est par elle que l'esprit, attiré par la chair, s'incarne. « L'entrée en matière » de l'enfant s'effectue alors dans le sang, la souffrance et les cris, entre le canal urinaire et l'anus, à l'endroit même que le père avait pénétré. Cette idée est explicitement exprimée par Augustin qui, avant de se convertir au christianisme et de devenir évêque d'Hippone, fut pendant onze ans « auditeur » de la secte des manichéens. D'après François Decret, qui cite Augustin :

En un sens, nous pouvons regarder nos parents comme des ennemis car « ils nous ont enchaînés à la chair par leur union conjugale[1]. »

Le même Augustin, devenu chrétien et s'adressant aux manichéens, leur dit :

> N'est-ce pas vous qui considérez la procréation, qui rend l'âme prisonnière de la chair, comme un péché plus grave que l'union sexuelle[2] ?

Cette association symbolique entre pénétration sexuelle et incarnation (ou pénétration charnelle) ne semble pourtant avoir été développée par aucun mythe religieux ; de tels mythes auraient probablement été jugés trop obscènes.

Beaucoup de religieux, en guerre contre la chair, refusent l'observation de leur désir et de leur sexualité. Une telle attitude ne les en libère évidemment pas. Se considérant comme prisonniers du filet tissé par la sexualité entre esprit et matière, ils adoptent l'attitude crispée de l'animal pris au collet qui, tirant sur le nœud pour lui échapper et regardant dans la direction opposée, le resserre. Alors que seule son observation permettrait de le comprendre afin de s'en délivrer. Si le désir sexuel est vécu comme aliénant, il est probablement possible de s'en libérer par une modification de la relation au corps. Certaines formes de méditation proches du yoga impliquent une conscience aiguë du corps, une symbiose avec lui, acceptation totale de ce qu'il est, sans tabou ni conflits. Mais il faut pour y parvenir accepter de regarder le corps et la sexualité.

En Égypte puis en Inde, le lotus fut choisi comme symbole de la spiritualité parce qu'il plonge ses racines dans la vase putride et en élève la substance par le canal vertical de sa sève, afin de l'exposer à la lumière du Soleil et de la transformer en une fleur splendide. Ce travail d'élévation, d'embellissement de la matière, symbolise la transcendance spirituelle. Mais il pourrait tout aussi bien symboliser l'érotisme, qui consiste à valoriser ce qui est bas et laid, à l'embellir, l'élever et le magnifier afin de restaurer l'amour qui lui est porté. Finalement la sexualité elle aussi plonge ses racines dans la souillure, et par un travail d'embellissement la transcende en amour. Une certaine vision de la spiritualité, lorsqu'elle ne fait pas du corps un ennemi, peut donc également s'apparenter à la démarche érotique.

---

1. Decret (1974, p. 109).
2. McLaren (1990, p. 121).

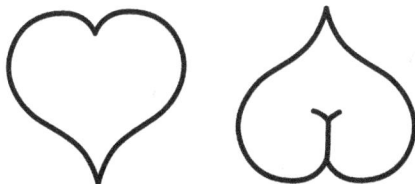

Comme le fait remarquer Desmond Morris : « Le symbole stylisé représentant un cœur ressemble fort peu au véritable cœur avec son espèce de décrochement. Inconsciemment, il paraît être plutôt fondé sur les contours des fesses [1]. » En réalité l'érotisme, par la magie de l'embellissement et de la séduction, transforme les fesses en amour.

De la même façon, le lotus fut choisi comme symbole de la spiritualité parce qu'il plonge ses racines dans la fange putride pour en élever la substance et en tirer la beauté d'une fleur.

---

1. Morris (1985, p. 206).

Certaines traditions taoïste ou tantrique (d'origine bouddhiste ou hindouiste) ont donné naissance à des pratiques religieuses positives par rapport à la sexualité. Elles sont, pour des raisons indépendantes de la spiritualité, malheureusement très minoritaires.

Les religions constituent, en effet, également un pouvoir. Elles constituent même la première forme de pouvoir culturel de quelque envergure que l'humanité ait connue. Détenu aujourd'hui par les universitaires et les ingénieurs, le pouvoir culturel resta longtemps aux mains des chamans et des religieux.

Les alliances opportunistes conduisirent donc les religions à épouser les causes des autres formes de pouvoir : familial, économique et politique. C'est pourquoi les préceptes moraux délivrés par les religions servirent souvent les intérêts des pouvoirs économique, politique et familial qui jugeaient une puissante répression sexuelle imposée à la population propice au maintien de l'ordre [1]. Les brahmanes de l'Inde antique utilisaient par exemple leur autorité spirituelle pour réglementer sévèrement la vie sexuelle de la population et assurer sa soumission, tout en favorisant la débauche sexuelle des rajahs [2].

Les religieux furent parfois également amenés à combattre la sexualité dans leur propre intérêt économique. Angus McLaren explique (en se référant à Jack Goody) que la morale sexuelle imposée par l'Église après la décadence romaine lui permet indirectement des captations d'héritages. Dans l'aristocratie de l'Empire Romain, la faible espérance de vie ne laisse que peu de temps pour procréer, d'autant plus que les hommes ne se marient qu'entre vingt et trente ans. Le désir de léguer ses biens à des héritiers afin que la famille ne soit pas dépossédée de sa fortune incite donc les Romains à accorder une grande importance à la procréation, et même à mettre en place d'autres stratégies, telles que les mères porteuses, les adoptions, les remariages et les avortements d'enfants illégitimes pour s'assurer au moins un héritier adulte malgré la forte mortalité infantile. L'Église catholique trouve un intérêt à combattre ces pratiques : en défendant l'abstinence et le célibat et en interdisant l'adultère avec une mère porteuse, les adoptions et les re-

---

1. Voir chapitres 11, 18 et 19.
2. Frischauer (1968, p. 107-114).

mariages, elle empêche souvent l'héritage de rester dans la famille. Les couples stériles, les veufs sans enfants et les célibataires n'ont alors souvent d'autre solution que de léguer leur fortune à l'Église[1].

Mais la principale raison pour le pouvoir religieux de combattre la sexualité fut cependant qu'il lui est toujours revenu de faire régner l'ordre social dans les sociétés agricoles traditionnelles, et que ce dernier passait par le respect du pouvoir familial. Or le pouvoir familial, qui arrangeait les mariages pour des raisons économiques, devait s'appuyer sur une très forte répression sexuelle pour y parvenir. C'est pourquoi non seulement le Christianisme[2], le Judaïsme[3] et l'Islam[4], mais également le Confucianisme[5], l'Hindouisme[6], le Bouddhisme[7], le Jaïnisme[8], le Manichéisme[9], le Catharisme[10] et bien d'autres religions ont toujours fait peser une chape de plomb autour de la sexualité, imposant une pudeur sans faille et prônant souvent un ascétisme sexuel total aux adeptes qui choisissaient de consacrer leur vie à la religion.

La pratique de la circoncision constitue un indice de l'attitude de beaucoup de religions à l'égard du corps et de la sexualité, un indice qui parle souvent mieux que les textes sacrés. D'après Malek Chebel, on estimait en 1992 approximativement à un milliard le nombre de circoncis dans le monde[11], soit environ un cinquième de l'humanité et donc 40 % de la population masculine mondiale. C'est dire l'importance de cette pratique qui concerne tous les continents, de nombreuses cultures, et remonte à plus de trois mille ans. Elle est pratiquée par les Égyptiens dès l'antiquité, dès les origines du judaïsme, par les peuples arabes et en Afrique noire avant l'Islam, en Australie depuis probablement des millénaires, dans les Nouvelles-Hébrides,

1. McLaren (1990, p. 78, 80-82 et 166-167).
2. Bechtel (1994) ; Brown (1988).
3. Frischauer (1968, p. 147-151) ; Rubenstein (1968, p. 212-214) ; Bishop (1996, p. 72-73 et 127) ; Weber (1920, p. 322).
4. Zeghidour (1992) ; Benkheira (2000) ; Naïm (1993) ; Chebel (1992, p. 202).
5. Van Gulik (1961, p. 73, 133-142 et 330).
6. Frischauer (1968, p. 108 et 112).
7. Frischauer (1968, p. 116-118) ; Bishop (1996, p. 70-71) ; Percheron (1956, p. 68).
8. Bishop (1996, p. 70).
9. Decret (1974, p. 102 et 108-109).
10. Brenon (1990, p. 89) ; Bishop (1996, p. 85).
11. Chebel (1992, p. 37 et quatrième de couverture).

en Mélanésie, en Polynésie… Et ses motivations profondes sont souvent celles d'éviter de toucher le pénis pour le laver. Dans le monde musulman, les motivations les plus souvent invoquées pour recourir à la circoncision sont, hormis la tradition et les prescriptions religieuses, l'hygiène, l'évitement de la masturbation et le retardement de l'éjaculation (par une diminution de la sensibilité du gland due au frottement contre les vêtements) qui favorise l'orgasme féminin.

Chebel cite un passage des *Lois secrètes de l'amour en Islam*, ouvrage attribué à Omer Haleby, érudit algérien du XIXe siècle réfugié à Constantinople pour fuir la tutelle chrétienne. Haleby recommande de pratiquer la circoncision notamment pour éviter aux enfants les démangeaisons, produites par le smegma, qui leur donneraient envie de se frotter le pénis et probablement l'idée de se masturber[1]. Haleby n'ose manifestement pas expliquer que c'est surtout la toilette du gland décalotté, bien plus que des démangeaisons, qui pourraient donner aux enfants l'idée de se masturber. Peut-être Haleby évite-t-il d'aborder le sujet de la toilette du gland pour éviter d'avoir à la déconseiller ouvertement. Car c'est bien avant tout cette toilette que la circoncision permet de rendre moins fréquente en faisant disparaître le repli de peau humide du prépuce où s'accumule le smegma. D'où l'argument de l'hygiène auquel le chirurgien Kamel Cherif-Zahar répond que si l'on devait amputer les parties du corps que l'on ne souhaite pas laver, on pourrait tout aussi bien se faire arracher les dents pour éviter les caries[2]. Cet argument de l'hygiène ne demeure donc soutenable que dans un contexte culturel culpabilisant la toilette des organes génitaux pour prévenir l'excitation sexuelle et la masturbation, comme ce fut le cas dans la culture catholique traditionnelle par exemple.

Quant à l'argument du retardement de l'éjaculation favorisant l'orgasme féminin, Chebel interroge une femme ayant eu au moins dix partenaires circoncis et dix non circoncis. Son impression est exactement inverse : pour elle, le prépuce peut recouvrir partiellement le gland pendant le coït et permettre ainsi de le prolonger. Elle déplore par contre l'hygiène parfois douteuse de certains non circoncis, alors que les circoncis sont *de facto* plus propres[3].

---

1. Chebel (1992, p. 202 et 204).
2. Chebel (1992, p. 217).
3. Chebel (1992, p. 210-211).

Un autre indice de l'attitude des religions par rapport au corps, indice aussi éloquent que les textes sacrés, est celui de la pratique des mortifications, par exemple dans le christianisme, le jaïnisme primitif et l'hindouisme[1]. Au sein de l'Église catholique par exemple, le phénomène d'autopunition remonte probablement aux premiers siècles, mais ne se développe réellement qu'avec la peur de l'an mille. Pour expier leurs fautes, les croyants se « donnent la pénitence » en frappant leur corps dénudé à coups de fouet, parfois durant des heures[2]. Cette aspiration à flageller le corps dénudé ressemble à s'y méprendre à une condamnation infligée à la chair pour la punir d'être chair. L'Église interdit partiellement ces pratiques à partir du XIIIe siècle. Mais le mouvement, parti d'Italie, gagne une bonne partie de l'Europe au XIVe siècle. L'Église combat finalement les confréries d'autopunition comme des hérétiques et les derniers flagellants sont brûlés vers 1480. Mais la pratique survit encore au XXe siècle. Une sœur raconte ses souvenirs de noviciat qui remontent au milieu des années 1930 :

> Des permissions, il en fallait pour tout : prendre un bain deux fois par mois, se laver les cheveux, changer les chemises de nuit une fois par mois [...] Il était de bon ton de demander la permission de se livrer à certaines mortifications : coups de fouet à l'aide d'une cordelette à nœuds, ou port de bracelets garnis de piquants[3].

Georges Duby remarque également que jusqu'en 1230, la peinture et la sculpture, qui sont alors exclusivement religieuses, ne figurent guère de corps dénudés qu'investis par le mal ou incitant à le faire[4].

---

1. Bishop (1996, p. 116).
2. Boileau (1701).
3. Solignac (1976, p. 39).
4. Ariès et Duby (1985, vol. 2, p. 523).

11

Les causes économiques et sociales
de la culpabilité sexuelle

Un mariage n'est pas seulement une union affective et sexuelle, mais également une association économique. Dans les sociétés agricoles traditionnelles, où les revenus ne sont pas fondés sur le salariat mais sur le patrimoine agraire, cette association ne concerne donc pas seulement les époux mais avant tout les clans familiaux.

Cet intéressement clanique fait que les unions matrimoniales sont presque toujours imposées aux conjoints par leur famille dans les sociétés traditionnelles. Les enfants reconnus étant également des bouches à nourrir, des héritiers et des travailleurs, les familles limitent souvent le nombre d'enfants en fonction de leur sexe et des règles successorales locales, par infanticide, par abandon et par des méthodes artisanales de contraception. Or les désirs sexuels spontanés des amoureux correspondent très rarement aux intérêts économiques de leur famille. C'est pourquoi le contrôle social culpabilise et réprime très fortement la spontanéité du désir dans les sociétés traditionnelles.

Avant d'esquisser un bref panorama de la culpabilité sexuelle à travers les âges et les cultures en fonction de l'organisation économique et sociale, une petite parenthèse sur la classification anthropologique des sociétés est nécessaire. Il existe différentes formes de classifications et je me référerai ici à celles de Jared Diamond, d'Alain Testart et d'Emmanuel Todd, selon les besoins auxquels elles répondent.

Celle d'Emmanuel Todd, concernant surtout les sociétés agricoles traditionnelles, se fonde sur le degré d'égalité, de libéralisme, de patriarcat et d'endogamie des structures familiales.

Celle de Jared Diamond, assez sommaire, appartient à l'école américaine et se fonde essentiellement sur l'accroissement démographique.

Celle d'Alain Testart, beaucoup plus élaborée que celle de Diamond et complémentaire de celle de Todd, se fonde sur l'organisation économique et politique.

Les critiques formulées par Alain Testart [1] contre l'école américaine ne manquent pas de portée. Elles sont entre autres liées au fait que les classifications anthropologiques américaines reposent généralement sur un critère que Testart leur reproche de ne pas définir : le « niveau social d'intégration ». D'intégration à quoi ? Ce « niveau d'intégration » serait, selon les ethnologues américains, lié pêle-mêle et sans logique à la démographie, à la complexité de l'organisation politique, à la richesse culturelle et à la concentration du pouvoir [2]. Or Testart montre que ces différents critères ne sont nullement corrélés et propose un système classificatoire nettement plus cohérent.

Dans le présent chapitre cependant, la classification sommaire de Diamond – qui à ma connaissance ne se réfère pas à cette notion d'intégration – répond néanmoins au besoin de prise en compte de l'accroissement démographique afin d'évaluer la culpabilité sexuelle. La taille d'un groupe humain joue en effet un rôle dans les comportements de pudeur. Dans un petit groupe, tous les membres entretiennent entre eux des relations d'intimité. À l'inverse, dans une grande mégalopole, où personne ne se connaît, la notion de pudeur diffère très fortement de celle qui prévaut au sein d'un groupe d'intimes.

Ce préalable posé, nous pouvons embarquer pour un survol – nécessairement schématique – de l'histoire de l'humanité sous l'angle de la liberté sexuelle.

Sphère publique et groupe de solidarité

Les documents archéologiques ne nous apprennent quasiment rien sur la liberté sexuelle des plus anciennes sociétés humaines. Cependant les observations ethnologiques portant sur des sociétés dont le niveau technologique ressemble à celui du Paléolithique permettent la formulation d'hypothèses vraisemblables.

---

1. Testart (2005, p. 12-18).

2. Cette notion « d'intégration » résonne en outre de connotations impérialistes, comme si les groupes humains étaient tous destinés à « intégrer » un modèle culturel de référence. Cette idée évoque d'ailleurs irrésistiblement la façon dont le même mot est employé par les économistes américains à propos des pays qui « s'intègrent » selon leur terme, en basculant dans la mondialisation. Qui s'intègrent à quoi ? À l'empire américain probablement, par l'adoption de son économie et de sa culture.

La première forme prise par les sociétés paléolithiques est, d'après la classification de Jared Diamond [1], celle de bandes nomades formées de quelques douzaines d'individus.

Ces bandes forment des groupes solidaires dont les membres se comportent entre eux comme ceux d'une même famille. Elles sont d'ailleurs constituées d'individus souvent apparentés. Il est, comme dans les familles, possible d'y entrer par alliance ou par adoption ; la différence avec les familles est cependant que ces bandes peuvent englober des lignées distinctes ou imparfaitement mêlées. Les ethnologues observent que l'appartenance à un même groupe est la cause d'une très forte solidarité entre individus, même sans lien de parenté. Mais ils observent également que les liens de parenté constituent un puissant facteur de solidarité. Par exemple le mariage est pour l'époux un engagement à chasser pour sa belle-famille en Australie aborigène et chez les Bochimans. Ou encore les échanges de femmes au gré des rencontres entre bandes constituent une façon de s'assurer des liens de parenté dans les bandes environnantes afin d'établir des alliances guerrières. Le groupe de solidarité formé par une bande est donc globalement homogène du point de vue de la parenté, mais il s'y dessine déjà assez nettement le prototype de ce qui deviendra au Néolithique un clan familial lorsque l'effectif augmentera.

L'erreur des philosophes marxistes et freudiens fut de croire que, puisque la famille n'existe pas encore – au sens moderne – dans les sociétés sans agriculture [2], le couple n'existe pas non plus [3]. En réalité, le couple est un modèle quasiment universel dans les sociétés sans agriculture. La polygamie et la polyandrie correspondent plutôt aux sociétés agricoles. Quant au « mariage de groupe » de Engels et à la « horde primitive » de Freud, il ne s'agit que de conceptions fantasmatiques démenties par l'ethnologie.

---

1. Diamond (1997, p. 273-275).
2. Le terme chasseurs-cueilleurs, classiquement employé pour désigner ce type de sociétés, ne reflète aucunement la réalité car la chasse et la cueillette ne représentent qu'une faible part de leur alimentation. Essentiellement fournie par les femmes, cette alimentation peut en effet comporter des fruits, mais également des racines, des champignons, des tubercules, des feuilles, des insectes, des escargots, des limaces, des coquillages, des batraciens, des reptiles, des vers, des larves... Quant à la chasse au sens propre, elle n'en fournit qu'une faible part, et peut aussi bien être remplacée par la pêche (Diamond, 1992, p. 55-56 ; Testart, 1981, p. 129 ; Delluc, 2006, p. 104-123 ; Patou-Mathis, 2006, p. 100-103).
3. Freud (1912-1913, p. 212-216) ; Engels (1884, p. 37-73).

Afin de mieux comprendre les notions de liberté et de culpabilité sexuelle au Paléolithique, il est nécessaire de s'imprégner de ce qu'est la pudeur dans les sociétés sans agriculture. Au sein d'une bande nomade du Paléolithique, la notion d'indécence est très différente de ce qu'elle est au sein de nos sociétés contemporaines puisque presque tout se déroule en commun. Même si de nombreux tabous corporels existent, la technologie disponible ne permet qu'un isolement très relatif. On fait ses besoins aux abords des campements sans pouvoir vraiment se cacher. Mais on s'efforce presque toujours et dans la mesure du possible de ne pas être vu, au moins du sexe opposé[1]. Il est parfois impossible de s'isoler pour faire l'amour.

D'après Hans Peter Duerr, même si certaines de ces populations vivent nues ou presque, de puissants tabous interdisent la plupart du temps au regard de se poser sur les parties génito-anales. Parfois ce tabou est même présent jusqu'au sein des relations sexuelles entre époux. De nombreuses sociétés ont coutume de se baigner nues dans les rivières, au moins pour se laver, mais soit sans mixité, soit sous l'emprise du tabou du regard[2].

Duerr insiste sur la recherche permanente d'intimité des membres de toutes les sociétés humaines, y compris celles qui ignorent l'agriculture. Il déconstruit point par point le mythe du « processus de civilisation » répandu par un Norbert Elias affirmant que la pudeur n'est apparue que dans l'Occident moderne et voulant y voir un critère de civilisation[3]. Duerr montre qu'au contraire le sens de la pudeur et le désir de se cacher existent depuis l'origine de l'humanité. Si l'intimité est difficile à conquérir dans les premières sociétés humaines, ce n'est pas parce que le besoin s'en fait moins sentir, mais plutôt en raison de la pauvreté des moyens technologiques.

Certes les membres d'une même bande dépendent si étroitement les uns des autres qu'ils forment une « famille » partageant tout et faisant tout en commun. L'organisation économique et sociale ne permet aucun individualisme, au sein du groupe tous sont concernés par tous car une étroite solidarité détermine la survie générale. Un individu qui tendrait à s'isoler perdrait tant d'avantages que tous préfèrent demeurer dans cette sphère publique si étroi-

---

1. Duerr (1988, p. 207-214).
2. Duerr (1988, p. 121-133).
3. Elias (1939a et 1939b) ; Elias (1987).

tement solidaire, même si le contrôle social qui en découle pèse lourdement sur le besoin d'intimité. Mais surtout les moyens matériels d'isoler des lieux clos et d'entretenir des vêtements couvrants n'ont pas été découverts.

Duerr montre en outre que, contrairement à ce qu'affirme Elias, le besoin de pudeur ne s'élève pas avec la modernité occidentale, mais qu'au contraire il décroît. En effet, dans les bandes paléolithiques, les relations impersonnelles sont inconcevables : tous se connaissent intimement et pratiquent des relations d'étroite solidarité. Dans l'Occident individualiste moderne, chacun de nous est au contraire confronté dans le métro, dans les rues, sur les plages, par courrier ou par téléphone, dans le cadre d'éphémères relations commerciales, professionnelles, administratives ou de loisir, à des inconnus dont nous ignorons parfois l'âge, le visage, la voix et le lieu de résidence, et dont nous n'entendrons plus jamais parler. Au milieu de cet océan d'échanges impersonnels, ce que nous faisons devant les autres perd beaucoup d'importance, d'où une régression des comportements pudiques [1].

Parallèlement, l'indécence a également changé de nature. Elle consiste aujourd'hui à ne pas se cacher, alors que du Paléolithique au Moyen Âge elle consistait à ne pas faire comme tout le monde. L'Inquisition punissait sévèrement la luxure, l'inceste, la sodomie, l'homosexualité, la bestialité... même commis dans le secret du Sabbat. Tout le monde avait le droit de tout savoir. La sodomie ou l'adultère ne sont en revanche plus franchement indécents aujourd'hui s'ils sont pratiqués en privé. Autrefois s'y livrer conduisait au bûcher ou à la lapidation, que ce fut en privé ou au su de tous n'y changeait pas grand-chose. Il était par contre impossible de s'enfermer dans des toilettes pour faire ses besoins, on allait baisser culotte aux abords du village.

Ce changement de nature de l'indécence s'explique d'une part par le recul du contrôle social, qui perd de sa nécessité depuis que les mariages ne sont plus arrangés par les familles, les revenus ne dépendant plus, grâce au salariat et au droit social, exclusivement de l'héritage terrien. Le changement de nature de l'indécence s'explique d'autre part par l'amélioration des technologies de l'habitat, permettant de satisfaire le besoin d'isolement au sein d'une sphère privée. Ces évolutions, combinées à la démocratisation de la contraception, ont conduit à la libération sexuelle. Chacun mène aujourd'hui sa vie sexuelle comme il l'entend, du moment qu'elle reste cachée.

Mais dans les bandes paléolithiques, malgré le besoin d'intimité, chacun est à l'inverse contraint de vivre au sein d'une sphère publique et de se soumettre au contrôle social, y compris sexuel, à chaque instant de sa vie. Les

---

1. Duerr (1988, p.2-3 et 135-148) ; voir également Morris (1969, p. 13-46).

restrictions sexuelles imposées par les contraintes économiques et sociales prennent donc, dans les sociétés sans agriculture, un visage radicalement différent de celui que nous connaissons : ce qui peut choquer tient plus à ce que l'on fait qu'à ce que l'on montre.

On a longtemps cru que dans les sociétés sans agriculture la liberté sexuelle était grande. En réalité, la contrainte démographique est déjà forte et la limitation des naissances souvent stricte. D'autre part le libre choix entre époux est souvent impossible : les mariages sont arrangés par les parents, ou alors les jeunes filles nubiles sont échangées au gré des rencontres entre bandes voisines. Enfin la coutume patriarcale d'appariement entre une jeune fille et un homme âgé est fréquente.

Au Paléolithique, le contrôle démographique est très probablement une question vitale. C'est la première contrainte économique de l'histoire humaine pesant sur la vie sexuelle. D'après Claude Masset, certains tabous sexuels sont probablement déjà utilisés, parmi d'autres méthodes, comme contrôle de la fécondité. À cette époque en effet, la mortalité infantile ne suffit pas à éviter un surpeuplement. Si rien n'entravait la fécondité hormis la durée de l'allaitement, les femmes d'une cinquantaine d'années auraient en moyenne une douzaine d'enfants. Dans les conditions de vie paléolithiques, un enfant sur deux environ meurt avant l'âge adulte. Sans contrôle démographique, les femmes du Paléolithique auraient donc eu chacune en moyenne six enfants à leur tour en âge de procréer, ce qui aurait provoqué une fantastique explosion démographique. Avec un taux de mortalité de 3 % par an et un taux de natalité de 3,5 % par an, on obtient déjà un accroissement de la population de 0,5 % par an. Une population de 35 individus qui croît de 0,5 % par an double en 139 ans et centuple en 923 ans (elle atteint donc 3 500 individus). Elle atteint mille six cents milliards en 4 923 ans [1]. Il est cependant nécessaire de relativiser la portée de ce calcul dans la mesure où il ne demeure valable que si, comme le pense Claude Masset, la longévité des mères est de l'ordre d'une cinquantaine d'années, mais l'estimation de l'âge au décès d'après l'examen des squelettes retrouvés reste pour le moment aléatoire et controversée.

Or, si l'économie « de subsistance » des populations sans agriculture a pu être décrite comme une économie d'abondance, car dans ces sociétés peu d'heures de travail suffisent à procurer plus de nourriture que néces-

---

1. Claude Masset dans Burguière et al (1986, vol. 1, p. 108-112).

saire[1], les quantités de nourriture disponibles dans les milieux naturels et sans apport agricole sont malgré tout limitées : les recherches archéologiques indiquent que partout où l'agriculture fut adoptée, cette adoption s'accompagna d'une forte croissance démographique, probablement en raison de la chute de la mortalité infantile grâce à une alimentation plus variée. Le temps que de nouveaux mécanismes de régulation se mettent en place, cette croissance démographique fut supérieure à l'accroissement de la quantité de nourriture disponible, ce qui eut finalement pour conséquence paradoxale et dramatique de faire des premières sociétés agricoles des populations moins bien nourries et en moins bonne santé que celles qui les précédèrent[2].

Les sociétés paléolithiques disposent donc inévitablement, d'une façon ou d'une autre, de moyens efficaces de contrôler leurs naissances, sur lesquels repose leur « économie d'abondance ». Ces populations ont très certainement recours à diverses méthodes telles que l'infanticide, l'avortement, les tabous sexuels et la contraception[3]. La subincision, une ouverture du pénis sur toute la longueur de sa face inférieure, pratiquée par beaucoup de tribus australiennes, peut fort bien constituer un exemple de ces méthodes anticonceptionnelles dans une société sans agriculture puisqu'elle libère le sperme avant sa réelle pénétration vaginale[4]. L'infanticide pratiqué par les Bochimans en constitue un autre. Nul ne connaît l'importance exacte du rôle joué au Paléolithique par les tabous et la culpabilité sexuelle dans ce domaine, mais ils ne constituaient vraisemblablement pas la seule méthode anticonceptionnelle.

La seconde contrainte qui pèse déjà sur l'activité sexuelle du Paléolithique est constituée par les alliances économiques entre clans familiaux. En effet, même si dans les sociétés sans agriculture la propriété terrienne est collective[5], et même si le problème de la transmission matrimoniale des terres entre clans familiaux ne se pose donc pas, les époux collectent tout de même de la nourriture afin de nourrir leur famille. Le mariage est donc déjà une alliance économique. En Australie aborigène par exemple, dans le cas géné-

---

1. Sahlins (1972) ; Diamond (1997, p. 105-106).
2. Diamond (1992, p. 218-230) ; Diamond (1997, p. 112-113) ; Jacquin (1976, p. 22).
3. Claude Masset dans Burguière et al (1986, vol. 1, p. 111-112) ; Maquet (2000a).
4. Descamps (1986, p. 105) ; Testart (1996, p. 25-26).
5. Reed (1975, p. 161-163).

ral, les mariages sont arrangés par une cérémonie liant à vie un jeune homme à sa belle-mère, alors que sa future épouse n'est parfois pas encore née. Au cours de cette cérémonie le jeune homme s'engage – à vie – à chasser pour sa belle-mère. Cet engagement à chasser existe d'ailleurs également chez les Bochimans, mais là il n'est que temporaire. L'épouse australienne, promise avant sa naissance ou dès sa petite enfance à un homme bien plus âgé, verra donc ses aspirations sexuelles spontanées violemment réprimées. Il arrive cependant parfois que deux amoureux qui se sont choisis eux-mêmes s'enfuient ensemble. Il s'agit alors d'une offense grave pour le promis et ses proches, qui les poursuivent et peuvent les mettre à mort ou les battre sévèrement. Si le jeune couple parvient à échapper aux opérations de représailles pendant suffisamment longtemps (parfois plus d'un an) des négociations peuvent s'engager. Après que le séducteur ait été blessé au cours d'une cérémonie de vengeance, les amoureux pourront éventuellement regagner le groupe qui les reconnaîtra alors comme mariés [1].

Les mariages ne sont cependant pas complètement arrangés dans toutes les sociétés sans agriculture. Chez certains Amérindiens sans agriculture du Nord comme du Sud ou chez les Pygmées, les époux se choisissent dans une *relative* liberté [2].

En outre, trois facteurs viennent encore s'ajouter aux contraintes économiques pour imposer de lourdes restrictions à la liberté sexuelle des populations paléolithiques : il s'agit des interdits liés à la parenté, de l'exogamie locale et des appariements patriarcaux entre une jeune femme et un homme âgé.

Les interdits liés à la parenté, qui constituent la préoccupation essentielle de l'anthropologie classique, sont définis par de multiples tabous limitant les alliances possibles [3].

L'exogamie locale, elle, consiste à conclure les alliances matrimoniales entre membres de groupes non apparentés. Lorsque l'effectif d'une bande est suffisant pour que des clans familiaux s'y dessinent déjà clairement, les alliances exogames peuvent se conclure en son sein, entre familles différentes. Mais

---

1. Testart (1996, p. 39-43) ; Glowczewski (1991, p. 102-106) ; Elkin (1954, p. 180-183 et 191-199) ; Maquet (2000a).
2. Jacquin (1976, p. 77-79) ; Clastres (1974, p. 101-104) ; Kroeber (1961, p. 274-276 et 280-281) ; Maquet (2000b).
3. Voir par exemple, pour l'Australie, Testart (1996).

lorsque les bandes sont si petites que les membres d'une même génération sont tous considérés comme frères et sœurs, les alliances exogames ne peuvent se conclure qu'entre membres de bandes différentes. Dans le premier cas on parle d'exogamie de lignage, dans le second cas d'exogamie locale (car conclue entre groupes localisés en des lieux différents[1]).

Or l'exogamie locale est une restriction radicale au libre choix entre époux. Si le désir amoureux peut exceptionnellement influer sur la négociation des mariages arrangés au sein d'un groupe endogame où tout le monde se connaît, en revanche lorsque deux bandes s'échangent des jeunes filles (plus souvent que des jeunes hommes) à l'occasion de rencontres occasionnelles, elles les déracinent du groupe dans lequel elles ont toujours vécu, et dans lequel elles peuvent être amoureuses de quelqu'un, pour les envoyer dans un autre groupe aux coutumes différentes où elles ne connaissent personne. La loi du groupe ne laisse donc quasiment aucune chance aux jeunes amoureux de vivre ensemble.

L'exogamie locale se pratique entre bandes paléolithiques pour deux raisons. La première est d'éviter le tabou de l'inceste entre personnes considérées comme frères et sœurs[2], la seconde est la création de liens de parenté destinés à faire des bandes voisines plutôt des alliées que des ennemies, précaution dont dépend souvent la survie des groupes la pratiquant[3].

Si l'on en juge par les coutumes des sociétés sans agriculture contemporaines ou récemment disparues comme les Vezo de Madagascar[4] ou les Tasadays des Philippines[5], l'exogamie locale n'est probablement pas rare au Paléolithique. Mais elle n'est certainement pas systématique non plus puisque d'autres sociétés contemporaines sans agriculture comme les Indiens Yana de Californie[6] ou les Indiens Guayaki d'Amérique du Sud[7] sont endogames.

---

1. Clastres (1974, p. 55).
2. Clastres (1974, p. 55) ; Reed (1975, p. 16-17).
3. Clastres (1974, p. 57) ; Zonabend dans Burguière et al (1986, vol. 1, p. 41) ; voir également Diamond (1997, p. 278).
4. Ghasarian (1996, p. 146).
5. Anonyme, *L'âge de la pierre redécouvert* (1973, p. 110).
6. Kroeber (1961, p. 54).
7. Clastres (1974, p. 101).

Enfin, la tradition patriarcale d'appariement entre un homme âgé et une jeune femme semble avoir sévi dès le Paléolithique puisqu'elle est décrite en Australie aborigène, avec une différence d'âge de quinze ans en moyenne, et pouvant atteindre trente ans [1].

Cette pratique patriarcale dans des sociétés sans agriculture ne milite pas en faveur de l'idée, avancée par Jakob Bachofen en 1861, puis reprise par Freud, Marx et Engels, d'un « matriarcat primitif [2] ». L'extraordinaire influence de ces trois penseurs sur la pensée du XXe siècle fait que cette idée fut reprise par toute une littérature, essentiellement marxiste [3]. On connaît pourtant extraordinairement peu d'exemples de sociétés qui ne soient pas franchement patriarcales en ethnologie. Et les rares sociétés qui le sont moins que les autres sont souvent agricoles, donc fort éloignées du mode de vie paléolithique, qui devrait être celui d'un « matriarcat primitif ». Il existe en effet des sociétés matrilinéaires, c'est à dire chez lesquelles le nom ou les biens se transmettent par les femmes. Cela ne signifie pourtant pas que les femmes y concentrent le pouvoir politique, économique et sexuel en administrant la région, en gagnant de l'argent ou en choisissant leur conjoint.

Par exemple dans la société matrilinéaire des Na (ou Mo-so) en Chine, les statuts de père et de mari ne sont généralement pas reconnus car les amants ne vivent pas ensemble mais chacun dans sa famille d'origine. Les hommes rendent aux femmes des visites nocturnes, qui peuvent être furtives ou ostentatoires, et que les femmes peuvent d'ailleurs refuser. En conséquence, on ignore généralement qui est le père d'un enfant et ces derniers sont élevés dans la famille de leur mère. Les femmes participent donc au choix sexuel, et c'est par elles que se transmettent le nom et les biens. Mais au sein de chaque famille, la répartition des tâches est classique : les femmes gèrent les affaires intérieures et les hommes les affaires extérieures. Les hommes exercent par ailleurs le pouvoir politique et l'essentiel du pouvoir religieux [4]. Autre exemple, les Minangkabau, en Indonésie, forment une société matri-

---

1. Elkin (1954, p. 194-195) ; Testart (1996, p. 14).
2. Freud (1912-1913, p. 216) ; Ellenberger (1970, p. 250-255) ; Engels (1884).
3 . Quelques exemple parmi bien d'autres : Reed (1975) ; d'Eaubonne (1976) ; Marcireau (1980).
4. Hua (1997).

linéaire puisque la terre et les biens se transmettent par les femmes, mais les hommes y exercent également les pouvoirs politique et religieux. Margaret Mead décrit également la société des Chambuli (des pêcheurs des marais de Nouvelle-Guinée) comme appartenant à un type intermédiaire entre matriarcat et patriarcat, c'est-à-dire plutôt égalitaire[1]. Même si les célèbres travaux de Margaret Mead sur les îles Samoa en Polynésie sont aujourd'hui sévèrement mis en cause par Derek Freeman à la suite d'une contre-enquête rigoureuse et extrêmement approfondie[2], Mead peut tout aussi bien avoir commis des erreurs dues à son inexpérience aux îles Samoa et avoir décrit objectivement les Chambuli par la suite. Cependant, là encore, il ne s'agit pas de matriarcat. Il existe également des cas de polyandrie africaine, sans pour autant qu'il s'agisse de sociétés matriarcales. Le matriarcat n'a probablement jamais existé[3], même dans les sociétés sans agriculture qui pourtant ont été observées en assez grand nombre.

En résumé, dans beaucoup de sociétés paléolithiques la vie sexuelle est déjà soumise à des restrictions parfois sévères impliquant tabous et culpabilité sexuelle : limitation des naissances, mariages arrangés, interdits liés à la parenté, exogamie locale et différences d'âges entre époux, ainsi qu'à un implacable contrôle social. Que l'indécence consiste au Paléolithique à déroger aux traditions plutôt qu'à ne pas se cacher ne diminue en rien la force de la culpabilité sexuelle.

Mais la répression sexuelle des sociétés paléolithiques n'est ni aussi sévère, ni aussi systématique que celle des sociétés agricoles qui leur succèderont au Néolithique. Il règne dans certaines sociétés sans agriculture, par exemple celle des Pygmées[4], celle des Nukaks[5] ou celle des aborigènes australiens – tolérants pour les aventures extra-conjugales[6], une certaine liberté sexuelle qui disparaîtra au Néolithique.

---

1. Mead (1928, p. 277-296).
2. Freeman (1983).
3. Ortner (1972) ; Delluc (2006, p. 101-104).
4. Maquet (2000b).
5. Bustos (2004, p. 33).
6. Testart (1996, p. et 14 et 40).

Les premières sociétés agricoles et pastorales

Schématiquement, la seconde forme prise par les sociétés humaines, toujours d'après la classification de Jared Diamond, est celle de tribus néolithiques de quelques centaines d'agriculteurs sédentaires réunis dans un village [1]. Ce passage du Paléolithique au Néolithique ne se déroule que par étapes successives, et à des époques très différentes selon les régions du monde. Dans le Croissant Fertile, berceau de la néolithisation, l'organisation en tribus sédentaires – sans agriculture mais collectant sans se déplacer dans un environnement fertile – remonte approximativement au début du ~11e millénaire. Puis l'agriculture apparaîtra au même endroit quelque 2 500 ans plus tard, soit au milieu du ~9e millénaire. En Chine, l'agriculture remonte au moins au milieu du ~8e millénaire et en Amérique Centrale au moins au milieu du ~4e millénaire [2]. En Mésopotamie, en Égypte, en Chine et en Amérique Centrale, l'apparition de l'écriture suit de quelques millénaires la néolithisation. Elle apparaît en Mésopotamie et en Égypte à la fin du ~4e millénaire, en Chine vers la fin du ~2e millénaire et en Amérique Centrale juste avant le premier millénaire [3]. Mais au moment de son apparition, l'écriture ne sert pas encore à raconter l'histoire, ce ne sont donc pas les documents écrits, mais l'archéologie, aidée de l'ethnologie, qui peuvent nous renseigner sur le Néolithique ancien.

L'essor économique induit par l'apparition de l'agriculture et la néolithisation s'accompagnent d'une forte croissance démographique. Un phénomène identique à la révolution industrielle du XVIIIe siècle se produit alors probablement : une période d'optimisme insufflé par l'essor économique entraînant une brève libération sexuelle. Mais la baisse de la mortalité infantile, consécutive elle aussi à l'essor économique et à un apport en nourriture plus régulier et plus varié, provoque une poussée démographique incontrôlée et fait des premières sociétés agricoles des populations finalement moins bien nourries et en moins bonne santé que les populations paléolithiques [4]. L'inquiétude provoquée par cette multiplication des bouches

---

1. Diamond (1997, p. 273-275).
2. Diamond (1997, p. 100, 105 et 273-279).
3. Martin (1988, p. 27, 32, 36 et 41).
4. Diamond (1992, p. 218-230) ; Diamond (1997, p. 112-113) ; Jacquin (1976, p. 22).

à nourrir entraîne alors une violente répression sexuelle, comparable à la vague de puritanisme du XIXe siècle, consécutive elle aussi à la poussée démographique de la révolution industrielle et aux inquiétudes malthusiennes qui en découlent. L'infanticide, déjà pratiqué au Paléolithique, prend probablement alors de l'ampleur. Il restera important durant toute l'Antiquité et même pendant la période médiévale [1].

Mais l'accroissement de la pression démographique conduit également à la mise en place de nouveaux tabous sexuels. Par exemple dans certaines populations africaines agricoles une interdiction est faite aux femmes de tout rapport sexuel de la grossesse au sevrage, qui n'a lieu que trois ans après la naissance de l'enfant [2]. Ces nouveaux interdits trouvent, pour les hommes, une forme de compensation avec l'apparition progressive de l'esclavage sexuel et de la prostitution.

Il y a cependant bien pire. En Afrique, la répression sexuelle accompagnant la diffusion de l'agriculture, à partir de la Péninsule Arabique, prend surtout la forme d'une pratique simultanée de l'infibulation et de la clitoridectomie. En matière de répression sexuelle systématique et à grande échelle, la cruauté n'est jamais allée plus loin. D'abominables tortures furent infligées aux sodomites par l'Inquisition et l'adultère fut souvent très cruellement réprimé, mais la fréquence de ces sévices n'a aucune commune mesure avec celle des mutilations génitales féminines. En 1980, la population féminine ayant subi infibulation ou clitoridectomie était évaluée à une quarantaine de millions dans le monde, soit plusieurs dizaines de milliers par an [3]. En 2000, Pierrette Herzberger-Fofana estime à 75 millions la population féminine ayant subi des mutilations génitales et à 2 millions le nombre de filles en subissant chaque année [4].

La clitoridectomie est une ablation du clitoris, parfois accompagnée de celle des petites lèvres, pratiquées sans anesthésie, au couteau ou par brûlure. Outre l'horrible souffrance qu'elle implique et les complications médicales qui ne sont malheureusement pas rares (tétanos, hémorragies, septicémies,

---

1. De Mause (1974a).
2. De Rachewiltz (1993, p. 243).
3. Leulliette (1980, p. 31).
4. Herzberger-Fofana (2000).

gangrènes, et bien sûr névroses sexuelles et troubles psychiques graves), elle a également pour conséquence de rendre les orgasmes, et bien souvent tout plaisir sexuel féminin, impossibles.

Quant à l'infibulation, il s'agit d'une incision du bord interne des grandes lèvres qui sont ensuite cousues ensemble pour qu'une cicatrice les referme l'une sur l'autre, ne laissant qu'une petite ouverture pour le sang et l'urine. Outre les souffrances et les complications médicales, l'infibulation a pour conséquence de rendre la pénétration sexuelle prénuptiale impossible. Le jour du mariage, le mari ouvre la cicatrice au couteau et s'acharne à pénétrer plusieurs jours de suite la plaie pour l'empêcher de se refermer. Mais l'ouverture qu'il pratique ne permet que le passage de son pénis : à chaque accouchement, la cicatrice sera réouverte au couteau, puis incisée et recousue à nouveau pour ne laisser passer que le pénis.

Or la clitoridectomie et l'infibulation firent leur apparition, comme l'agriculture et peu après elle, dans le Croissant Fertile, berceau de la néolithisation. Elles se pratiquent encore aujourd'hui dans toute la Péninsule Arabique et autour du Golfe Persique, précisément là où l'ancien mode de vie pastoral du Croissant Fertile s'est longuement maintenu [1]. À la fin du Néolithique, les relations entre l'Égypte et le Croissant Fertile donnent aux pratiques simultanées de la clitoridectomie, de l'infibulation et de l'agriculture l'occasion d'atteindre la vallée du Nil, voilà probablement plus de 5 000 ans [2], ce qui vaudra d'ailleurs à la clitoridectomie le nom impropre de circoncision pharaonique. On a retrouvé de nombreuses momies d'égyptiennes ayant subi une clitoridectomie [3]. De là, clitoridectomie et infibulation progressent, parallèlement à l'agriculture, vers le Sud le long des rives de la Mer Rouge. Jared Diamond indique à propos de la progression de l'agriculture en Afrique :

> La plupart des cultures fondatrices du Croissant Fertile ont atteint l'Égypte très tôt et se sont propagées dans le Sud jusqu'aux montagnes fraîches de l'Éthiopie, puis leur essor s'est arrêté. Le climat méditerranéen de l'Afrique du Sud eût été idéal pour elles, mais les 3 200 kilomètres de conditions tropicales régnant entre l'Éthiopie et l'Afrique du Sud constituaient une barrière infranchissable [4].

1. Leulliette (1980, p. 30) ; Herzberger-Fofana (2000) ; Auffret (1982, p. 141-142).
2. Auffret (1982, p. 145).
3. Hosken (1982, p. 75-77).
4. Diamond (1997, p. 193).

Diamond indique également que l'Éthiopie, le Sahel et l'Afrique de l'Ouest pourraient également avoir été, sans que cela soit certain, des centres d'apparition autonome de l'agriculture[1]. Mais ce n'est que 8 000 ans après son apparition dans le Croissant Fertile que la domestication du bétail atteint enfin l'Afrique du Sud, et la progression des cultures agricoles africaines est définitivement arrêtée au Sud-Ouest par la Fish River[2]. Après son apparition dans la Péninsule Arabique, l'agriculture franchit donc la Mer Rouge et, sur son rivage africain, reste longtemps cantonnée entre le Nil à l'Ouest et l'Éthiopie au Sud. Or cette localisation, sur les deux rives de la Mer Rouge, correspond justement aux régions où se pratiquent, aujourd'hui encore, simultanément clitoridectomie et infibulation[3]. Pierre Leuliette (contrairement à Boris de Rachewiltz) mentionne également la zone du Sahel et de l'Afrique de l'Ouest comme pratiquant simultanément clitoridectomie et infibulation, là justement où l'on soupçonne des foyers d'apparition autonomes de l'agriculture. Il semble donc exister en Afrique et au Proche-Orient une correspondance frappante entre les zones subissant très tôt l'influence agricole et celles adoptant simultanément clitoridectomie et infibulation. Sur la Péninsule Arabique et autour du Golfe Persique, ces pratiques se maintiennent avec la survivance de l'ancien mode de vie pastoral. Dans le reste de l'Afrique, l'infibulation est plus rare, c'est surtout la clitoridectomie qui est pratiquée. Dans la moitié Nord de l'Afrique, la clitoridectomie sévit de la Mer Rouge à l'Océan Atlantique, à l'exception du Maghreb où elle n'est plus en principe pratiquée que par les populations nomades ayant conservé un mode de vie traditionnel[4].

Dans la moitié Sud, son implantation part de la Mer Rouge au Nord-Est pour s'estomper au Sud-Ouest avec pour extrême limite dans cette direction la Fish River, justement là où l'agriculture s'est elle aussi arrêtée.

Si la localisation géographique de l'infibulation et de l'excision révèle donc une correspondance avec l'agriculture, leur répartition culturelle la confirme. Comme le remarque Séverine Auffret :

1. Diamond (1997, p. 99-100).
2. Diamond (1997, p. 194).
3. Leuliette (1980, quatrième de couverture) ; de Rachewiltz (1993, p. 287) ; Auffret (1982, p. 18 et 141-142). Pierre Leulliette mentionne également une partie du Mali et une petite région du Nigeria que ni Séverine Auffret ni Boris de Rachewiltz ne mentionnent.
4. Leulliette (1980, p. 30).

L'Afrique Centrale et Occidentale, reliée au Proche-Orient par la corne orientale, a reçu des influences par migrations mais, ce qui est plus déterminant, elle possède des structures identiques à celles de l'ancien Proche-Orient, essentiellement le maintien du pastorat comme moyen principal ou moyen important de production. Les peuples qui pratiquent l'infibulation sont surtout des peuples de pasteurs [1].

Or d'après Boris de Rachewiltz ce n'est pas seulement l'infibulation qui correspond au mode de vie pastoral, mais également la clitoridectomie [2]. Il semble donc bel et bien exister un lien entre la néolithisation et la pratique conjointe de la clitoridectomie et de l'infibulation. Ni l'une ni l'autre n'ont en outre été observées chez des populations sans agriculture. Hors d'Afrique, on ne signale des pratiques de clitoridectomie et d'infibulation qu'au Proche-Orient et en Asie, où la clitoridectomie est pratiquée par des populations musulmanes originaires de Malaisie, d'Indonésie, et même du Pakistan et de l'Inde [3]. La clitoridectomie fut également pratiquée chirurgicalement, de façon assez marginale, en Amérique du Nord et en Europe [4]. Dans aucun de ces cas, il ne s'agit de sociétés sans agriculture. Seule Séverine Auffret mentionne la pratique de la clitoridectomie chez les populations d'Australie aborigène [5], mais il s'agit probablement d'une erreur d'interprétation. Les ethnologues spécialisés dans les cultures australiennes ne parlent pas de clitoridectomie, mais d'introcision, qui consiste à entailler l'ouverture vaginale « pour faciliter l'accouchement » ou pour recueillir rituellement du sang [6]. Seuls quelques mythes australiens parlent du raccourcissement d'un clitoris trop long, mais il ne s'agit que de mythes cherchant manifestement à expliquer la différenciation sexuelle originelle entre un pénis long et un clitoris court [7].

---

1. Auffret (1982, p. 148).
2. de Rachewiltz (1993, p. 120).
3. Auffret (1982, p. 18) ; Herzberger-Fofana (2000).
4. Stengers et Van Neck (1984, p. 128-132) ; Claude Chippaux, *Des mutilations, déformations, tatouages rituels et intentionnels chez l'homme* dans Poirier (1990, tome 1, p. 558) ; Descamps (1986, p. 106).
5. Auffret (1982, p. 18).
6. Glowczewski (1991, p. 81 et 108) ; Elkin (1954, p. 233-234) ; Testart (1996, p. 33).
7. Glowczewski (1991, p. 90, 107-108, 118 et 295).

L'une des plus atroces et des plus répandues parmi les formes de répression sexuelle se développe donc en liaison avec l'agriculture. Signe que la sexualité désormais fait peur car elle multiplie les bouches à nourrir.

Mais signe également que l'apparition de la richesse agricole renforce le pouvoir familial, qui impose son contrôle sur l'activité sexuelle et la transmission patrimoniale. Le mariage néolithique devient encore bien davantage que le mariage paléolithique une alliance économique ou une alliance de clans, comme chez les Wahgi néo-guinéens par exemple. Dans cette société, les aventures sexuelles ne sont tolérées que pour les jeunes filles non encore mariées, qui absorbent alors une tisane anticonceptionnelle, avec des hommes qui paient le plaisir reçu au frère de leur partenaire. Jacques et Paule Villeminot écrivent à propos de la façon dont ces aventures sexuelles pré-maritales sont vécues par la jeune fille Wahgi :

> Elle est consciente que c'est au cours de cette période qu'elle pourra savourer les joies que donnent des amours réelles, sachant fort bien qu'elle ne pourra partager son existence avec celui qu'elle aimerait épouser, puisque les intérêts économiques et les alliances de clans interviennent dans la plupart des unions[1].

Signalons au passage que le droit français n'abolit l'obligation du consentement parental pour le mariage que par la loi Lemire, votée le 21 juin 1907. Ce consentement était toujours facultatif en 1972 et les parents disposaient d'un mois pour s'opposer à l'union[2].

Dans les structures familiales traditionnelles africaines, les conjoints ne se choisissent que rarement :

> Celui qu'on nomme l' « intermédiaire » joue un rôle considérable dans les tractations préliminaires au mariage : ce personnage est d'ailleurs en voie de disparition dans l'actuelle – et rapide – évolution des mœurs. Son existence, au sein de tous les groupes, témoigne de la rareté des mariages nés de la rencontre directe de deux jeunes gens[3].

Certaines traditions africaines laissent cependant ça et là aux amoureux la possibilité de se choisir, ou de refuser le choix familial pour s'enfuir ensemble. Mais la plupart du temps, les femmes sont achetées par le mari ou sa famille.

---

1. Villeminot (1964, p. 150-151).
2. Duroselle (1972, p. 12).
3. De Rachewiltz (1993, p. 246).

Selon la classification anthropologique d'Alain Testart, une autre modification importante induite par le Néolithique est en effet l'achat des fiancées. Parmi les sociétés sans État, toutes celles qui stockent les richesses pratiquent l'achat de la fiancée. Affirmer que cette évolution correspond à la néolithisation est une légère simplification dans la mesure où l'ensemble des sociétés accumulant les richesses ne coïncide pas parfaitement avec l'ensemble des sociétés agricoles. Il existe quelques exceptions constituées par des sociétés horticoles ne stockant pas et quelques sociétés de pêche, de chasse ou de cueillette pratiquant le stockage. Mais aucune société sans État ne pratique l'accumulation des richesses si elle n'achète pas les fiancées. Et, dans les sociétés sans État, cette pratique constitue l'essentiel des transactions. La première utilisation donnée à l'accumulation des richesses dans l'histoire humaine a donc été l'achat de femmes[1].

Si les femmes n'étaient pas encore considérées comme la propriété des pères et des maris au Paléolithique, elles le sont donc devenues avec l'apparition des sociétés pratiquant l'accumulation des richesses. Il en existe de frappantes illustrations dans l'Ancien Testament, où les pères peuvent par exemple vendre leur fille comme « servante » et où, si un homme fait avorter une femme en la bousculant, c'est à son mari qu'il doit réparation[2]. Cette assimilation du rapport matrimonial à une transaction marchande majeure plaide évidemment en faveur d'une réduction des libertés sexuelles au moment de l'apparition de l'agriculture.

Quant au multipartenariat, à partir du Néolithique et jusqu'à la révolution sexuelle du XXe siècle, il ne s'envisage plus autrement que comme un délit ou une marchandisation sexuelle. Finies les aventures sentimentales n'engageant à rien : le multipartenariat devient un signe de richesse, celui de pouvoir acheter et nourrir plusieurs épouses ou plusieurs maris[3], ou de s'acheter les services sexuels d'esclaves ou de prostituées. La polygamie, fréquente en Afrique, est signe de richesse. La polyandrie existe également, mais elle est rare. L'écart d'âge entre époux est fréquent et une veuve est souvent transmise comme épouse à l'héritier (souvent le frère) de son défunt mari[4].

---

1. Testart (2005, p. 30-38 et 130-131).
2. Voir, au chapitre 25, *Le pouvoir patriarcal et la loi du père*.
3. De Rachewiltz (1993, p. 244).
4. De Rachewiltz (1993, p. 243-251) ; Todd (1983-1984, p. 201-202).

Cette corrélation entre agriculture, excision, mariages arrangés et achats de femmes montre donc que la chute de la mortalité infantile et l'apparition du patrimoine agricole s'accompagnent probablement d'un net durcissement de la répression sexuelle.

Venons-en maintenant aux structures sociales. Elles dérivent probablement de celle du Paléolithique supérieur : plusieurs clans familiaux vivent dans un hameau ou groupe de hameaux, comme on en observait encore récemment en Nouvelle-Guinée ou en Amazonie, mais l'ensemble forme encore une tribu solidaire [1]. L'accroissement démographique consécutif à l'adoption de l'agriculture augmente la taille du groupe de solidarité initial et le divise en clans familiaux qui deviendront progressivement rivaux. Cette évolution se poursuit probablement pendant tout le Néolithique et au-delà. Pierre Clastres donne une excellente illustration du premier stade intermédiaire entre la bande paléolithique solidaire et les clans familiaux du Néolithique supérieur avec sa description des communautés amérindiennes de la forêt tropicale d'Amérique du Sud. Il ne s'agit pas encore de « familles souches » comprenant les parents, leurs enfants mariés et leurs petits-enfants, mais de groupes beaucoup plus vastes, de cent à deux cents personnes en moyenne, vivant dans une grande maison collective ou maloka [2]. Comme dans les bandes paléolithiques, l'étroite solidarité s'étend au-delà du couple et de sa progéniture : elle concerne toute la tribu. Ces communautés, exogames, échangent leurs filles nubiles et les adoptent par alliance. Elles diffèrent encore assez peu des bandes paléolithiques, elles sont simplement plus nombreuses, et sédentaires.

Selon la classification anthropologique des structures familiales développée par Emmanuel Todd, la structure nucléaire, dans laquelle les époux aussitôt mariés partent vivre sous leur propre toit, se distingue de la structure souche, dans laquelle le couple cohabite avec les parents de l'un des époux et vit sous leur autorité [3]. Il est difficile de savoir si les deux structures existent déjà au Néolithique. Les traces archéologiques laissées par les habitations du Néolithique européen ancien révèlent un habitat en hameaux, constitué de maisons de taille variable, et des sépultures collectives. Dans les Balkans, au-

---

1. Diamond (1997, p. 277) ; Villeminot (1964, p. 83-87).
2. Clastres (1974, p. 43-68).
3. Todd (1983-1984).

tour du Danube et en zone méditerranéenne, on trouve à la fois des maisons de petites et de grandes dimensions, pouvant contenir une, deux ou trois familles nucléaires[1]. Ces vestiges ne nous apprennent cependant pas si la structure familiale est communautaire ou nucléaire : l'organisation communautaire n'implique nullement un habitat collectif semblable aux malokas indiennes et il est, d'une façon générale, impossible de déduire une structure sociale du plan d'une habitation[2]. La société des Arapeshs en Nouvelle-Guinée par exemple est organisée en tribus étroitement solidaires mais vivant en hameaux dans des petites huttes séparées[3].

Le Néolithique supérieur

Le Néolithique supérieur est, toujours selon la classification de Jared Diamond, marqué par l'apparition de la troisième forme prise par les sociétés humaines, la chefferie. Elle se distingue de la tribu par sa taille (plusieurs milliers de personnes), par un accroissement et une formalisation du pouvoir du chef, et par le prélèvement d'un tribut sur la production, la force de travail et de combat d'une population soumise. Une partie du bénéfice de ce prélèvement est plus ou moins équitablement redistribuée à la population, et l'autre directement mise au service du chef et de son clan[4].

Cette évolution est toujours la conséquence de la poussée démographique permise par la maîtrise agricole, qui continue à augmenter la taille des groupes, cette fois-ci de quelques centaines à quelques milliers. La contrepartie de cette poussée démographique est une dégradation de la solidarité au sein du groupe. La solidarité régnant au sein d'un petit groupe paléolithique, ou même d'une tribu de cent ou deux cents personnes, n'est plus du même ordre que celle qui règne au sein d'une chefferie en comprenant des milliers. Une étroite solidarité – concomitante d'un étroit contrôle social – implique une confiance réciproque ne pouvant exister qu'entre personnes se connaissant intimement. Or au-delà de deux ou trois cents individus, l'intimité s'estompe, les relations deviennent moins étroites et la confiance solidaire se dégrade. Le contrôle social également.

---

1. Millotte et Thévenin (1988, p. 215-221).
2. Testart (2005, p. 17-18).
3. Mead (1928 et 1935, p. 38-45).
4. Diamond (1997, p. 279-285).

Cependant, à ce stade, le mode de vie est toujours rural, les cités antiques n'existent pas encore et l'endogamie villageoise contribue à perpétuer un esprit communautaire. Mahmout Makal rapporte que dans son village d'Anatolie centrale, on appelait « oncle » et « tante » tous les hommes et les femmes du village à qui l'on voulait témoigner du respect [1]. Dans les régions qui ne se sont jamais urbanisées, un certain degré de solidarité villageoise se maintient jusqu'au XXe siècle et le mode de vie communautaire n'est jamais loin. Il est probable que durant les périodes de dépression démographique et d'insécurité politique, les paysans sont contraints de se regrouper pour mettre en commun leur force défensive et de travail, renforçant les clans familiaux et leur autorité, tandis que durant les périodes plus prospères les liens familiaux se relâchent légèrement [2]. Jusqu'au XIe siècle dans le nord de l'Europe, les habitations, les sépultures, les impôts seigneuriaux et les patronymes restent globalement collectifs et concernent des groupes de 30 à 50 personnes [3]. Encore au XXe siècle la solidarité se manifeste dans les communautés villageoises, au sein desquelles par exemple plusieurs groupes familiaux sont parfois unis en coopérative [4].

Archéologues et historiens décrivent parfois, au Néolithique supérieur ou dans la haute Antiquité, un habitat correspondant selon eux à une structure familiale nucléaire, c'est-à-dire dans laquelle le foyer familial n'est constitué que du couple et de ses enfants encore jeunes. Dans la structure familiale nucléaire, les époux ne cohabitent pas avec les parents de l'un d'entre eux, ils sont émancipés de l'autorité parentale et donc en principe indépendants, y compris en ce qui concerne le choix entre époux. À l'opposé, dans les familles communautaires, les époux habitent généralement chez les parents de l'un d'entre eux et subissent leur autorité, y compris dans le choix du conjoint : dans les familles communautaires, les mariages sont toujours arrangés. Mais les observations archéologiques ne sont pas une indication suffisante pour savoir si la famille de la Haute Antiquité est nucléaire ou communautaire. Comme le fait remarquer André Burguière, l'observation de l'habitat ne suffit pas à décrire les relations entre habitants :

---

1. Makal (1963, p. 16).
2. Burguière (2000).
3. Robert Fossier dans Burguière et al. (1986, vol. 2, p. 141-168).
4. Sicard (2000).

Un groupe familial ne se réduit pas nécessairement aux individus qui vivent sous un même toit. Il se définit autant par les relations entre les cohabitants que par celles qu'ils entretiennent avec le voisinage. Dans la France d'Ancien Régime, les communautés paysannes du Bassin parisien, où triomphe la famille réduite, présentaient des structures familiales aussi contraignantes et aussi fortes que les grands *oustals* des campagnes du Sud-Ouest. L'importance des usages communautaires et de l'endogamie, qui rendait pratiquement indistinctes les relations de parenté et les relations de voisinage, étendait la sphère familiale aux dimensions du village [1].

Pour savoir si nous avons affaire à une véritable famille nucléaire, au sens où nous l'entendons aujourd'hui, il ne suffit donc pas de mesurer la superficie des maisons des villages à l'aube de l'Antiquité, il faut surtout lire les plus anciens documents écrits. Or, en Chine, en Inde, en Mésopotamie, à Rome, en Égypte ou en Israël [2], toute l'Antiquité célèbre à l'unisson le respect dû aux anciens et la soumission à l'autorité familiale. La famille autoritaire règne dans toutes les populations récemment converties à l'agriculture. À la fin du Néolithique, la liberté de choix entre époux n'est donc très certainement plus qu'un lointain souvenir, plus ancien que l'agriculture.

Depuis l'aube du Paléolithique, l'individu émancipé n'a pas encore fait son apparition sur la scène de l'aventure humaine. À l'époque paléolithique, son âme était celle du groupe, son comportement, y compris sexuel la plupart du temps, était celui que lui dictaient le groupe et la tradition. Depuis l'apparition de l'agriculture et l'accroissement de l'enjeu matrimonial, c'est la famille qui contrôle la vie sexuelle. Il faudra attendre la croissance économique des premières cités antiques pour que s'amorce enfin, et seulement pour certaines catégories, un début d'autonomie individuelle et de déculpabilisation sexuelle.

L'urbanisation et la croissance économique

Dans les régions dont le climat permet à l'agriculture de poursuivre son essor, l'évolution démographique débouche sur l'apparition des premières cités, et sur la quatrième forme prise par les sociétés humaines, l'État. Cette transition correspond approximativement au passage du Néolithique supé-

---

1. Burguière (2000).
2. Elisseeff (1987, p. 92-93) ; Renou (1981, p. 67-68) ; Jean-Jacques Glassner dans Burguière et al (1986, vol. 1, p. 142 et 153-155) ; Paul Veyne dans Ariès et Duby (1985, vol. 1, p. 21-56) ; Yan Thomas dans Burguière et al (1986, vol. 1, p. 253-283) ; Weber (1920, p. 322).

rieur à l'Antiquité. À ce stade, dans les deux tiers sud du bassin méditerranéen, favorisés par leur climat ensoleillé, une puissante expansion économique s'amorce. La prospérité durera jusqu'à ce que la déforestation prive ces régions de leurs ressources. L'essor des cités antiques, autorisé par un climat ensoleillé assurant la fertilité agricole, est en effet étroitement lié à la présence d'un couvert forestier. La forêt est une éponge qui absorbe les eaux pluviales en évitant ainsi leur ravinement, puis les restitue lentement par évapotranspiration, assurant la stabilité climatique et la pluviosité nécessaires à la prospérité agricole. D'autre part le bois de chauffe, unique ressource énergétique connue à l'époque, est indispensable à la sidérurgie, donc à l'armement. Le bois est également indispensable aux constructions navales des flottes de guerre et marchandes, à l'industrie du bâtiment et au chauffage des habitations. Au fur et à mesure d'une surexploitation forestière entraînant l'aridification des terres, on assistera à l'effondrement des grandes civilisations antiques et au déplacement des centres du pouvoir du Moyen-Orient (Assyrie, Babylone, Perse, Égypte et Turquie) vers la Grèce, puis Rome [1].

Pour ce qui concerne l'Europe, il faudra attendre la période du XIe au XIIIe siècle et des progrès significatifs dans les techniques agricoles des régions moins ensoleillées mais épargnées par la déforestation pour assister au retour d'une telle croissance économique. L'amélioration des rendements agricoles dégagera alors, pour la première fois dans ces régions, un excédent [2]. Un essor économique comparable à celui des cités antiques fera alors son apparition [3].

Durant toute cette période, s'étendant des premières cités antiques aux prémisses de la révolution industrielle, s'affirme une nette démarcation entre deux modes de vie : le mode urbain et le mode agricole.

Du côté du monde urbanisé, les villes de l'Antiquité, qui paraîtraient petites aux habitants des grandes mégalopoles du XXIe siècle, sont malgré tout suffisamment étendues pour qu'en Chine, en Mésopotamie, en Égypte, en Europe, en Inde, en Asie du Sud-Est ou en Amérique Centrale, leurs habitants croisent pour la première fois des concitoyens sans les reconnaître, et sans qu'il s'agisse pour autant d'étrangers. Au début du ~3ème millénaire, les

---

1. Diamond (1992, p. 387-391) ; Perlin (1989).
2. Johsua (1988).
3. Contamine, Bompaire, Lebecq et Sarrazin (1993, p. 136-267).

villes d'Uruk et de Lagash par exemple, en basse Mésopotamie, couvrent quatre à cinq cents hectares pour 10 000 à 50 000 habitants et peut-être plus [1]. Les relations impersonnelles entre voisins viennent de faire leur apparition. Il s'agit d'une révolution dont Desmond Morris demeure l'un des rares à avoir discerné l'importance psychologique [2].

Cette fois l'étroite solidarité – et le contrôle social qui l'accompagne – entre habitants d'une même agglomération, devenue une vaste chefferie impersonnelle, a perdu une bonne partie de son sens : le groupe d'étroite solidarité se réduit désormais au clan familial. Et non contente de renoncer à la solidarité, la cité antique délaisse également l'égalité. L'accroissement des compétences technologiques conduit en effet à une spécialisation des tâches. La société se subdivise en artisans, cultivateurs, bergers, soldats, aristocrates, esclaves et religieux, et devient donc inégalitaire.

L'augmentation de la taille des cités et la dislocation de la société en classes hétérogènes aboutissent donc à une subdivision du groupe original en clans familiaux qui se spécialisent et gagnent ou perdent de l'argent.

C'est avec l'apparition de cette nouvelle population de marchands, d'artisans et de propriétaires, riches ou misérables, nourris par les cultivateurs de la ceinture maraîchère, mais ayant eux-mêmes quitté cette terre agricole de leurs ancêtres, que se forment et s'agrandissent les villes, qui ressurgiront dans l'Europe du XIIIe siècle [3]. C'est dans ces bourgs qu'apparaîtra une nouvelle classe sociale, celle des bourgeois bien entendu.

Mais la spécialisation des tâches conduit également à l'apparition d'une catégorie sociale moins favorisée, et même démunie de tout mais vivant de son travail. Ce sont ses représentants qui accèdent pour la première fois à une – misérable certes – indépendance économique leur permettant d'échapper au contrôle familial. Cette frange de la population qui ne possède rien et peut donc s'unir sans que la famille s'en mêle est constituée des petits métiers, des petits artisans, des misérables colporteurs (qui portent au col) de très maigres marchandises [1]. Il est difficile de parler de liberté sexuelle pour ces travailleurs misérables, peinant à nourrir leur famille et ignorant la contraception. Mais au moins peuvent-ils choisir leur conjoint.

---

1. Roux (1985, p. 90).
2. Morris (1969, p. 13-46).
3. Braudel (1979, vol. 3 p. 102-106).

Du côté du monde rural, on pourrait également compter parmi cette catégorie les paysans médiévaux dépossédés de leur terre, devenue propriété seigneuriale[2]. Robert Muchembled, se référant à Jean-Louis Flandrin[3], écrit à leur propos :

> La volonté des pères produit parfois des mariages arrangés pour unifier des patrimoines, mais l'immense majorité de ceux et celles qui ne possèdent pas grand-chose ont presque toute liberté dans le choix du conjoint[4].

À l'autre extrémité du spectre social, la spécialisation des tâches produit également une aristocratie. Les riches marchands ou les grands propriétaires terriens de la société romaine, par exemple, profitent pleinement de l'essor économique, mais restent entièrement tributaires du patrimoine familial, donc de son contrôle. Inutile, dès lors, de s'étonner que l'aristocratie romaine soit, d'après son spécialiste Paul Veyne, puritaine et culpabilise le plaisir féminin[5]. Ou que le mot latin *pudenda* qui désigne les organes génitaux, signifie également « avoir honte[6] ».

D'après Angus McLaren, plus les familles de l'aristocratie médiévale possèdent des propriétés prospères, plus elles hésitent à fractionner leur héritage : elles ne font hériter que leur fils aîné à qui elles choisissent une épouse également propriétaire et orientent les autres enfants vers une carrière militaire ou religieuse[7].

Au sein de l'aristocratie les hommes, contrairement à leurs compagnes qui risquent la grossesse, utilisent leurs privilèges pour assouvir leurs pulsions aux dépens des esclaves, domestiques et prostituées[8].

La diversification en classes sociales correspond donc à une inégale répartition de la liberté sexuelle. Mais parallèlement à cette diversification en classes au sein d'une même société, une autre diversification influant sur la

---

1. Braudel (1979, vol. 2, p. 69-77).
2. Contamine, Bompaire, Lebecq et Sarrazin (1993, p. 57-59 et 156-159) ; Barthélemy (1990, p. 45).
3. Flandrin (1975).
4. Muchembled (2005, p. 47).
5. Veyne (2002) ; Veyne dans Ariès et Duby (1985, vol. 1, p. 187-190).
6. Tisdale (1994, p. 24).
7. McLaren (1990, p. 168).
8. Heers (1981) ; Muchembled (2005, p. 49).

liberté sexuelle s'opère également, géographique cette fois. Il s'agit de l'apparition de structures familiales différentes selon les aires géographiques. L'organisation familiale traditionnelle commence en effet à varier d'une région du monde à l'autre. Ces types familiaux, très stables dans le temps, se répartissent sur des aires géographiques généralement étendues. Emmanuel Todd les classe selon trois critères principaux : le degré d'égalité entre frères, le degré de patriarcat et le degré d'autorité, auxquels s'ajoute le caractère endogame ou exogame[1]. Todd travaille actuellement sur les origines de ces structures mais n'a malheureusement pas encore publié.

Le premier critère, celui du degré d'égalité entre frères, n'influe pas sur la répression sexuelle.

Le second critère, celui du degré de patriarcat, est en revanche étroitement corrélé à la répression sexuelle féminine. Très variable d'une région à l'autre, (Todd l'évalue statistiquement par l'écart d'âge entre époux,) il est remarquablement bas notamment dans l'Europe du Nord et en Russie.

Dans la Chine classique à l'inverse, qui pratique l'infanticide féminin et où le degré de patriarcat n'est pourtant considéré que comme moyen[2], la répression sexuelle est très forte, surtout pour les femmes. La virginité est considérée comme plus précieuse que toutes les connaissances. Les hommes en revanche bénéficient d'une grande liberté sexuelle en compagnie des « courtisanes » (prostituées) ou de leur « concubine » (maîtresse) qu'ils entretiennent ouvertement[3].

Le troisième critère, celui du degré d'autorité, combiné au degré d'exogamie, détermine la liberté de choix entre époux. La famille autoritaire exige en effet que les enfants mariés vivent sous le toit des parents de l'un des époux et sous leur autorité, le choix matrimonial revient alors aux parents. Dans la famille nucléaire par contre les jeunes mariés partent fonder leur propre foyer. Mais la liberté de choix entre époux ne leur est accordée que si la tradition est exogame. Une tradition endogame les contraint en effet à s'épouser entre cousins, ne leur laissant que très peu de choix.

Todd fait en outre observer que l'exogamie est le support de la vraie structure familiale nucléaire. En effet, sans tabou de l'inceste fort, les conjoints ont tendance à choisir la facilité et s'épouser entre cousins. Donc à ne quitter ni

---

1. Todd (1983-1984).
2. Todd (1983-1984, p. 307).
3. Yutang (1937 et 1997, p. 167 et 173-174).

le giron familial, ni l'autorité qui l'accompagne, formant ainsi la structure familiale anomique, c'est-à-dire nucléaire en théorie, mais ne s'y résolvant pas faute d'un tabou de l'inceste suffisant[1]. L'exogamie enfin implique une certaine liberté sexuelle, nécessaire à la rencontre d'un conjoint hors du cercle familial. Cette plus grande liberté sexuelle des sociétés exogames se vérifie d'ailleurs statistiquement par le plus grand nombre de naissances illégitimes[2].

En résumé, abstraction faite des contraintes économiques, seules les familles nucléaires exogames favorisent la liberté sexuelle. D'après Todd, elles formaient, en 1983, 19 % de la population mondiale et 37 % de la population européenne[3].

La combinaison des contraintes sexuelles liées aux classes sociales et aux structures familiales ne laisse donc que bien peu de liberté à la sexualité pour s'épanouir. Par exemple au moment de l'essor économique de la révolution industrielle, la tradition puritaine touchera, de 1800 à 1960, notamment les anglo-saxons (mais pas seulement eux) soit environ 8 des 19 % des populations nucléaires exogames dans le monde, et 12 des 37 % de ces populations en Europe.

L'abolition des privilèges et le décollage démographique
L'industrialisation provoque, d'abord en Grande-Bretagne puis en Europe de l'Ouest, un gigantesque bouleversement social. Après la dévastation des forêts britanniques par l'exploitation du bois de chauffe destiné à la sidérurgie du XVIIe siècle, l'invention du coke permet l'exploitation d'un combustible jusque-là inutilisable, la houille[4]. La récente invention du moteur à vapeur est alors en mesure de déclencher la révolution industrielle du XVIIIe siècle. L'industrialisation, créant des richesses considérables, fera à nouveau chuter la mortalité infantile et exploser la démographie. Elle donnera par ailleurs naissance à une nouvelle forme de pouvoir, la richesse produite, qui détrônera les privilèges nobiliaires.

Au seuil de cette révolution, la répression sexuelle est déjà forte au sein des sociétés rurales préindustrielles. Ces dernières sont, selon Robert Muchembled, composées de trois éléments séparés :

1. Todd (1983-1984, p. 43-47).
2. Todd (1983-1984, p. 152-153).
3. Todd (1983-1984, p. 50).
4. Perlin (1989, p. 163-245).

« Le groupe des hommes mariés, le groupe des femmes mariées avec les petits, et le groupe des jeunes, composé essentiellement des garçons » [...] les adultes canalisent ainsi étroitement le potentiel érotique perturbateur des générations montantes en confinant leurs membres dans un long stade d'attente. Rassemblés dans des *« royaumes »* ou des *« abbayes de jeunesse »*, qu'ils doivent tous rejoindre sous la pression des traditions, ils rongent leur frein à partir de la puberté en attendant d'accéder à la plénitude de l'existence[1].

Confinés entre eux, les jeunes hommes établissent des relations homosexuelles, relativement bien tolérées. Mais, selon Muchembled :

Tandis que le reste de l'Europe, le Sud en particulier, demeure très longtemps imprégné par la tradition paysanne des trois blocs, Paris, Amsterdam et Londres se dotent à partir de 1700 d'un modèle sexuel différent, appelé à durer jusqu'aux années 1960[2].

Le XVIIIe siècle voit en effet la sexualité masculine se libérer au sein des métropoles européennes sous l'effet émancipateur du plein essor économique. Délaissant la masturbation et l'homosexualité dans les communautés masculines, la majorité hétérosexuelle valorise soudain le recours à la prostitution, tandis que la minorité homosexuelle s'affiche :

Outre l'émergence précoce d'une minorité invertie bien visible – que Foucault et nombre d'historiens dataient seulement du siècle suivant –, les résultats les plus spectaculaires de ces mutations concernent l'expansion galopante des maladies vénériennes, ainsi que l'augmentation de l'illégitimité et des pratiques extraconjugales. Paris connaît au même moment une évolution identique, dont témoignent les patrouilles de pédérastie de la police et la fulgurante augmentation de la prostitution[3].

La morale bourgeoise adopte alors le « double standard[1] » imposant une répression sexuelle féminine, tandis que les hommes satisfont complaisamment leurs désirs auprès des prostituées ou par le viol des enfants et des domestiques.

---

1. Muchembled (2005, p. 44-45).
2. Muchembled (2005, p. 48).
3. Muchembled (2005, p. 48-49).

Quant aux hommes de l'aristocratie :

> À l'autre extrémité du spectre social, l'ancienne morale nobiliaire de l'excès et de la magnificence, de la consommation sans frein, continue à inspirer des jouisseurs qui refusent la culpabilité : Sade n'est que la partie émergée de cet univers peuplé de sybarites, également bien représenté dans l'Angleterre des Lumières, tant par Richard Payne Knight, l'inventeur du culte de Priape, que par les adhérents du Club des Dilettanti[2].

Entre l'immobilisme rural et les débordements aristocratiques, les hommes de la moyenne bourgeoisie profitent autant qu'ils le peuvent du double standard de la morale sexuelle par leur fréquentation des bordels, auxquels ils ne peuvent consacrer ni autant de temps ni autant d'argent que les riches propriétaires. Dans l'impossibilité de réserver, comme le font les aristocrates, des esclaves sexuelles à leur usage privé, ils voient également leurs ardeurs limitées par la crainte des maladies vénériennes.

Cette libération sexuelle masculine ne dure que jusqu'à la fin du XVIIIe siècle. En effet, le décollage économique, qui s'amorce entre 1700 et 1720, ne tarde pas à provoquer, avec les progrès de l'hygiène, de la médecine et de l'agriculture qui fournit désormais une alimentation plus variée, une chute de la mortalité infantile et une explosion démographique. L'augmentation de l'espérance de vie fait alors brutalement passer la population du Royaume-Uni de 6 à 21 millions d'habitants entre 1750 et 1850.

Ce phénomène nouveau inquiète bien entendu les populations tout au long du XVIIIe siècle[3], mais l'adaptation des comportements à cette modification démographique prendra quelques décennies. En 1798, Thomas Robert Malthus interpelle ses contemporains sur la multiplication des bouches à nourrir et fait campagne pour la limitation des naissances.

Comme au moment de l'adoption de l'agriculture, la société réagit alors à cette nouvelle contrainte démographique par la mise en place d'une puissante répression sexuelle qui connaîtra son apothéose lors de la période victorienne.

---

1. Jeffreys (1985, p. 6-8 et 54-71) ; Muchembled (2005 p. 50-51 et 226-227).
2. Muchembled (2005, p. 49).
3. Muchembled (2005, p. 49-50).

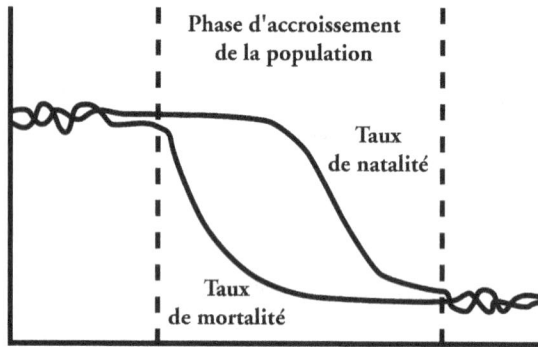

La transition démographique : alors que la chute de la mortalité s'amorce entre 1700 et 1720, la natalité ne déclinera que vers 1850[1].

Ce soudain puritanisme ne met pas fin au double standard de la morale sexuelle, mais il le tempère et lui octroie un caractère occulte. Et c'est toujours, comme par le passé, essentiellement sur les femmes et les enfants que s'abat la honte du corps et de la sexualité.

Notons au passage que la corrélation, soulignée par Max Weber, entre protestantisme et capitalisme, pourrait inciter à rechercher dans l'idéologie puritaine protestante les origines de la révolution industrielle du XVIIIe siècle au Royaume-Uni. Cependant, comme le fait remarquer Fernand Braudel, Weber ne voit qu'une simple coïncidence géographique entre protestantisme et capitalisme. Ce sont ses détracteurs qui, caricaturant son argumentation, l'accusent d'y trouver un lien de cause à effet[2]. Mais surtout, si le protestantisme est bien majoritaire en Grande-Bretagne avant la révolution industrielle, ce pays ne devient, tout comme la France catholique, réellement puritain qu'au XIXe, soit un siècle après le début de l'industrialisation. La répression sexuelle puritaine est donc plus logiquement – et comme le suggère le schéma ci-dessus – une conséquence qu'une cause de l'essor économique : c'est évidemment la rupture de l'équilibre démographique qui incite les populations à se méfier subitement de leur sexualité, quelle que soit leur religion.

---

1. McLaren (1996, p. 269-271) ; Muchembled (2005, p. 48-49).
2. Braudel (1979, vol. 2, p. 685).

Le vrai commencement de la période puritaine se situe, d'après Robert Muchembled, en 1800, et sa vraie fin en 1960, avec la démocratisation de la contraception [1].

Le mouvement puritain fait, sous la forme marginale d'une secte protestante, son apparition en Grande-Bretagne dès 1562. Persécutés au XVIIe siècle, beaucoup de puritains émigrent en Amérique du Nord. Puis un mouvement général de pudibonderie s'amorce au XVIIIe siècle [2], avant de gagner la France et l'Angleterre toutes entières au début du XIXe siècle.

À l'extrémité supérieure du spectre social, on estime qu'en 1870 le quart de l'Angleterre, encore agricole, appartient à 1 200 personnes, pour une population totale d'une trentaine de millions [3]. C'est dire si l'on a peu de chances de plaisanter avec la préservation du patrimoine familial et la répression des unions sexuelles improvisées. Le rapport Kinsey, publié en 1948, donc encore durant la période puritaine, montre que les jeunes hommes des classes supérieures sont soumis à une répression sexuelle bien plus sévère que ceux des classes moyennes et prolétariennes. La répression sexuelle diminue à la maturité pour les classes supérieures, sans toutefois rattraper l'écart avec les autres classes [4].

Du côté des classes populaires, on se baigne encore couramment nu dans les campagnes et même dans les grandes villes, comme à Cordoue dans le Guadalquivir en 1830, à l'île St Louis, en plein Paris, ou sur le vieux port de Marseille, jusqu'en 1815 [5] même si, dès 1810, le code Napoléon impose son puritanisme.

On apprend alors dans les pensionnats à se laver, à s'habiller et à se déshabiller sans se regarder. On bannit les chambres communes et on oblige certaines pensionnaires à se déshabiller à genoux pour que leurs voisines ne les voient pas nues [6].

D'après Françoise Mayeur, une enquête effectuée dans les lycées français au début de la Troisième République révèle que la toilette principale s'y limite en moyenne à des bains de pieds hebdomadaires et un bain mensuel.

---

1. Muchembled (2005, p. 219-285).
2. Bologne (1986, p. 317).
3. Malet et Isaac (1960, vol. 4, p. 164).
4. Kinsey, Pomeroy et Martin (1948, p. 489-490 et 495-496).
5. Descamps (1987, p. 112) ; voir également Muchembled (2005, p. 227).
6. Bologne (1986, p. 126-128).

Les douches ne sont généralement administrées que sur prescription médicale. Mayeur cite également ce passage des souvenirs de l'historien Ernest Lavisse à l'internat du Lycée de Laon sous le Second Empire :

> Les bains de pieds n'étaient pas prévus. De temps en temps, rarement, on nous conduisait à l'unique établissement de bains, où une demi-douzaine de baignoires suffisaient aux exigences de la propreté laonnoise. L'été, nous allions dans la plaine prendre quelques bains froids. Nous étions certainement des enfants malpropres[1].

La « chemise conjugale » chemise de nuit percée d'un opercule permettant aux époux d'accomplir le devoir conjugal sans se dévêtir, apparaît au XVIIIe siècle et elle est portée jusqu'au milieu du XXe siècle[2].
Alain Corbin écrit à propos de la période puritaine :

> Richard Sennett évoque [...] la « *maladie verte* », constipation provoquée chez les femmes par la crainte de péter en public. Les médecins dressent le tableau clinique de l'« *éreuthophobie* », pudeur au second degré, crainte morbide de ne pouvoir empêcher la rougeur de monter au front[3].

Salariat, contraception et progrès médicaux

Au milieu du XXe siècle, la généralisation des moyens contraceptifs, les progrès médicaux dans la lutte contre les maladies vénériennes, l'exode rural et la conquête du droit social déclenchent une révolution sexuelle qui met brutalement fin à 150 ans de puritanisme.

Dans le monde agricole traditionnel, la sécurité économique est assurée par la solidarité familiale. C'est la famille qui transmet le patrimoine agraire et assure les vieux jours, ainsi que les besoins en cas de maladie ou de handicap. L'autorité familiale dispose en contrepartie d'un moyen de pression efficace pour arranger les mariages et contrôler les comportements sexuels.

La disparition progressive du monde agricole au profit du monde ouvrier porte un coup fatal à cette autorité familiale. Après la Seconde Guerre Mondiale, l'ouvrier ne possède pas encore grand-chose, mais il touche un sa-

1. Ernest Lavisse, *Souvenirs*, cité par Françoise Mayeur (1981, p. 483).
2. Voir chapitre 14. Voir également Bologne (1986, p. 125) ; McLaren (1990, p.294) ; Zwang (1976, p. 65).
3. Alain Corbin dans Ariès et Duby (1987, tome 4, p. 415). Voir également Muchembled (2005, p. 223).

laire et achève la conquête de ses droits sociaux. L'assurance vieillesse, l'assurance maladie et l'assurance chômage l'émancipent de l'autorité familiale et lui permettent d'épouser la personne de son choix.

Mais lorsque de surcroît les progrès de l'hygiène et de la médecine offrent des parades efficaces contre les maladies vénériennes, puis lorsqu'au début des années 1960 la pilule contraceptive fait son apparition, c'est une explosion de liberté qui déferle sur l'Europe de l'Ouest et les États-Unis.

Désormais on ne milite plus pour l'amour libre, on le pratique. La masturbation, la sodomie ou les rapports bucco-génitaux cessent d'inspirer l'effroi. Divorces et remariages se répandent, l'homosexualité et le multipartenariat se déclarent, la nudité est à nouveau tolérée sur certaines plages. Le cinéma, la presse, le théâtre et la télévision répandent des œuvres érotiques ou pornographiques, l'éducation sexuelle apparaît à l'école.

Comme pour préfigurer un mouvement de repli, l'apparition du sida vient cependant tempérer cette vague de liberté dans les années 1980. Puis le durcissement du monde du travail, à partir des années 1990, appauvrit les jeunes générations, suivi par le recul du droit social dans les années 2000, qui contraint à nouveau au recours à la solidarité familiale, faisant craindre un retour du contrôle comportemental par la famille.

Une période de recul de la liberté sexuelle est donc à craindre pour les décennies à venir. Le degré de liberté sexuelle atteint à l'aube du second millénaire est cependant inédit dans l'histoire humaine.

12

La culpabilité sexuelle aujourd'hui

En allemand, les mêmes mots désignent la honte, la nudité et la région pubienne :

> Piers nous rappelle qu'en allemand le mot que l'on traduit par honte *(Scham)* suggère une émotion en rapport à l'exposition de la nudité et particulièrement des parties génitales. La région sexuelle elle-même est désignée par *die Scham*, ainsi que la région pubienne *(Schamhaare)* [1].

Ces indications sémantiques montrent qu'à l'époque où le sens de ces mots s'est formé, l'association entre honte et sexualité était étroite. Or le langage évolue et s'il ne correspond plus aux mentalités, les anciens mots tombent en désuétude et d'autres viennent les remplacer. C'est ainsi par exemple que les mots « éthique » et « souci » ont récemment remplacé « morale » et « problème », connotés négativement. Si cela ne s'est pas produit dans le cas des mots relatifs à la pudeur, c'est probablement que l'association entre honte et sexualité n'a pas tout perdu de son actualité.

Pourtant, parmi les trois causes de la culpabilité sexuelle (psycho-corporelle, religieuse et socio-économique) examinées dans les trois précédents chapitres, seule la cause psycho-corporelle possède réellement toutes les raisons d'avoir survécu aujourd'hui.

Les sources religieuses de la culpabilité sexuelle n'ont pu en effet que se tarir. L'élévation du niveau d'études combinée aux progrès du rationalisme en Occident – comme la publication par Charles Darwin en 1858 de la théorie sur l'évolution des espèces – n'ont cessé d'affaiblir les dogmes religieux. En France, les ordinations de prêtres passent de 2 300 par an en 1830 à environ 1 000 entre les deux grandes guerres, 595 en 1960, 285 en 1970, et

---

1. Goldberg (1985, p. 63-64).

entre 100 et 150 par an entre 1980 et 1994[1]. L'obscurantisme religieux en matière de culpabilité sexuelle – comme les campagnes criminelles de l'Église catholique contre l'usage du préservatif – ne touche plus pour l'essentiel que les populations analphabètes ou illettrées.

Les sources socio-économiques de la culpabilité sexuelle se sont également asséchées avec l'avènement du salariat et du droit social qui peuvent assurer aux jeunes couples leur autonomie financière sans recours à la solidarité familiale. Privée de ce moyen de pression, la famille n'est plus en mesure d'imposer ses mariages arrangés et la culpabilisation du désir sexuel les accompagnant. Les progrès de l'hygiène, de la médecine et de la contraception, en instaurant une liberté sexuelle sans risque, ont porté un dernier coup aux causes socio-économiques de la culpabilité.

La culpabilité sexuelle demeure pourtant. C'est donc que ses racines psycho-corporelles jouent un rôle important, puisque privée de ses deux autres raisons d'être, elle survit.

Certes, depuis la révolution sexuelle des années 1970, la culpabilité sexuelle a perdu beaucoup de terrain. Ce n'est cependant qu'en référence à la période puritaine que certains se laissent prendre à l'illusion de sa disparition.

Si cette disparition était avérée, les représentations cinématographiques de l'acte sexuel auraient cessé de faire l'objet d'une censure beaucoup plus sévère que les représentations réalistes de tortures et de meurtres.

Or il n'en est rien. Le 16 juin 2002, la philosophe Blandine Kriegel est invitée par Jean-Jacques Aillagon, alors Ministre de la Culture et de la Communication, à coordonner un rapport consacré à la violence à la télévision. Ce rapport, publié en février 2003 à grand renfort de publicité[2], renonce très vite à son sujet, pourtant plus que préoccupant, auquel il substitue une dénonciation de la pornographie, qui constitue selon lui l'essentiel de la « violence » télévisuelle. Le thème de la véritable violence télévisuelle (guerres, combats de rue, meurtres, accidents, tortures) – pourtant extrême et omniprésente – est rapidement écarté. Il n'intéresse ni la philosophe ni le Ministère de la Culture et de la Communication, qui identifient un danger bien plus grand selon eux : l'amour mêlé à la sexualité.

---

1. Bechtel (1994, p. 13).
2. Kriegel (2003).

Finalement, seules les chaînes diffusant de la pornographie sont aujourd'hui contraintes à un cryptage par la loi française, alors qu'elles figurent parmi les rares à ne pas diffuser de violence.

Pourquoi notre névrose collective nous pousse-t-elle à craindre davantage d'apprendre à nos enfants l'amour du corps humain que la torture et le meurtre gratuits, sinon parce que nous ne comprenons pas ce qu'est la sexualité ? Le côté transgressif de la sexualité nous la fait assimiler à une forme de violence. Nous ne comprenons pas que la sexualité n'est pas une attirance transgressive pour la souillure corporelle, mais au contraire une œuvre de restauration de l'image corporelle visant à la délivrer de la souillure.

Les critères faisant naître la perception d'un caractère obscène dans une production cinématographique nous éclairent sur notre culpabilité sexuelle. Sallie Tisdale remarque que si les films pornographiques paraissent immoraux, c'est parce qu'ils donnent de la sexualité une image belle, déculpabilisée et dissociée de la violence :

> Les films pornographiques américains sont rarement empreints de violence, et lorsque c'est le cas, cette violence est toujours limitée à la dramaturgie du sadomasochisme et des jeux de ligotage. Dans les films pornographiques, on ne trouve guère que des rapports sexuels non simulés entre adultes consentants. Dans *Basic Instinct*, le sexe, en plus de n'être pas particulièrement excitant, mène à la mutilation et au meurtre [...] Les gens ont beau s'accrocher à l'idée que la pornographie est fondamentalement violente, il suffit d'entrer dans un sex-shop pour se persuader du contraire : on n'y trouve tout bonnement pas d'images qui permettent d'associer le sexe à la violence [1].

De fait, *Basic Instinct*, a été vu sans mauvaise conscience par toute la société bien-pensante. Si cette même société avoue moins facilement regarder des films pornographiques, ce n'est pas en raison de leur caractère souvent sexiste : bien d'autres films ouvertement sexistes arrivent sans honte aucune dans tous les foyers. Mais c'est finalement parce que la pornographie montre la sexualité comme un plaisir décomplexé, gratuit et presque illimité qu'elle choque. De nombreuses productions cinématographiques sont en revanche diffusées à tous les publics à condition d'as-

---

1. Tisdale, 1994, p. 141.

socier le sordide et la violence à la sexualité[1]. Il en va tout autrement lorsque l'image est belle, l'ambiance harmonieuse et la culpabilité absente. C'est alors que la censure s'arme de ses ciseaux.

L'objectif de la loi sur le classement X ne fut autre que de contraindre la pornographie dans le domaine du sordide, afin d'interdire toute sensation de bonheur gratuit et libéré dans les représentations sexuelles. Le classement X imposait une telle surtaxation qu'aucun film entrant dans cette catégorie ne pouvait espérer de recettes suffisantes pour couvrir un budget de production classique, même modeste. Ce classement cantonnait par ailleurs les films dans des salles spécialisées, qui ont d'ailleurs toutes fermé depuis la diffusion des VHS. Les films pornographiques ne sont aujourd'hui même plus projetés en salle. Ils échappent ainsi au classement X, mais ne peuvent plus tirer de recettes que de la vente des DVD. Ces films sont donc tournés en trois jours, sans moyens, sans scénario, avec une équipe réduite et en vidéo, dans des conditions interdisant une photographie, une mise en scène et un jeu d'acteur de qualité qui auraient permis la production de bonnes images[2].

Parallèlement à la mise en place de cet appareil législatif, l'industrie pornographique elle-même trouva rapidement sa propre stratégie destinée à rendre acceptable l'image qu'elle diffusait de la sexualité. Les films pornographiques de la fin des années 1970 et du début des années 1980 donnaient encore, en effet, une image de la sexualité à la fois relativement belle et réaliste. À cette époque, les hardeurs avaient encore des sexes de taille normale et personne ne s'épilait. Des acteurs au physique ordinaire et une certaine spontanéité des comportements conféraient aux scènes une apparence de réalité. Par exemple si un pénis ressortait accidentellement quelques secondes, la séquence n'était pas forcément coupée. Mais cela ne pouvait pas durer, il était inacceptable pour l'inconscient collectif qu'une sexualité montrée uniquement pour le plaisir et vécue comme très agréable donne une telle apparence de réalité. L'industrie du X réorienta alors progressivement ses choix vers des hardeurs aux sexes démesurés et des hardeuses épilées et siliconées, ressemblant davantage à des poupées gonflables aseptisées qu'à des femmes. Ils imposèrent également des comportements parfaitement stéréotypés et éliminèrent tout imprévu au montage. Ils cessèrent aussi de filmer

---

1. Carlos Pardo en cite un certain nombre (Pardo, 2000), auxquels ont peut ajouter d'innombrables polars érotiques bourrés de viols et de violences.
2. Bier (2000) ; Hennebelle (1991).

les corps pour ne plus filmer que les sexes. Eux aussi avaient alors réinventé la chemise conjugale des puritains, censurant les dimensions charnelles et sensuelles de l'érotisme, pour ne plus tolérer que sa dimension génitale. La sexualité qu'ils montrèrent cessa alors de ressembler à la réalité pour ne plus ressembler qu'à un rêve irréel et stéréotypé, dont les protagonistes n'étaient que des automates en plastique et disproportionnés.

La conception que se fait notre société de la moralité est donc aujourd'hui sauvée à la fois par la stratégie adoptée (inconsciemment) par les réalisateurs et par la loi régissant la pornographie au cinéma. La loi interdit de fait la beauté dans les représentations sexuelles explicites, tandis que le comportement spontané des professionnels enlève toute apparence de réalité à ces représentations. La représentation d'une scène d'amour reste considérée comme immorale si la sexualité y apparaît réaliste, belle, décomplexée et heureuse. Si par contre la représentation est irréelle, violente ou sale, elle n'enfreint pas notre morale.

Pourquoi éprouvons-nous ce besoin inconscient d'associer au sordide toute représentation sexuelle ? L'obligation de se vêtir rend la honte corporelle obligatoire, mais alors pourquoi l'être humain éprouve-t-il ce besoin de réprimer la nudité publique plus souvent que le port d'armes, et plus sévèrement qu'un meurtre commis par inattention sur la route, sinon parce qu'il porte en lui un fond universel de culpabilité sexuelle ?

Pourquoi la jeunesse éprouve-t-elle le besoin d'effectuer sa socialisation sexuelle dans les boîtes de nuit, sous l'effet de substances toxiques telles que l'alcool, le tabac et d'autres drogues, et d'une sonorisation surpuissante destructrice pour l'organisme humain, sinon pour se désinhiber, perdre ses repères et briser ainsi la barrière d'une puissante culpabilité ?

Pourquoi les représentations, même laïques, de la crucifixion persistent-t-elles à trouver plus sordide l'exposition d'un sexe que celle d'une abominable et mortelle torture ?

Si cette culpabilité persiste, c'est bien parce que nous ne comprenons pas ce qu'est la sexualité. Son caractère transgressif nous persuade inconsciemment qu'elle est une attirance pour l'impur, la saleté, alors qu'elle est au contraire une aspiration à idéaliser l'image corporelle pour la délivrer de la souillure. Mais qui l'a compris ? Si la psychologie sexuelle n'avait pas échoué dans son rôle explicatif, elle aurait contribué à dénouer le drame de cette culpabilité. L'hégémonie du freudisme en psychologie est malheureusement la cause de cet échec.

13

La souillure corporelle existe-t-elle ?

La conclusion de cet examen des causes de la culpabilité sexuelle et de leurs survivances est que notre attirance transgressive pour les aires anatomiques atteintes par la souillure nous emplit de culpabilité. Or chaque fois que je tente cette affirmation je déclenche des protestations.

J'en fis la première expérience lorsque j'exposai à mon entourage, au tout début de la rédaction de ce livre, les premières idées qui lui donnèrent naissance. Les protestations portaient toutes sur le même point : il semblait insupportable que j'évoque le rôle de la souillure dans le processus d'élaboration du désir.

Pourquoi désirons-nous ? Je me pose cette question depuis mon premier désir sexuel, qui me surprit à l'époque beaucoup et dont je me souviens encore. Il me fallut de nombreuses années pour réaliser que je semblais être à peu près le seul à nourrir des interrogations sur l'origine de ce désir. On me répète à satiété que cette question est superflue, qu'il me serait plus profitable de m'envoyer en l'air plutôt que de me demander pourquoi j'ai envie de le faire – l'un n'empêche pourtant pas l'autre – et qu'il est bien trop normatif de proposer des causes universelles au désir sexuel. Comme si je commettais un péché en posant une question interdite.

Lorsque j'entrepris la rédaction de ce livre, il me semblait aller de soi que la plupart des cultures du monde associaient la notion de souillure aux déjections corporelles. Il me semblait donc également évident que cette notion de souillure devait s'appliquer, même inconsciemment, au désir sexuel qui prenait pour cible principale la région génito-anale. Dans ma naïveté première, je crus qu'il suffisait de fonder cette affirmation sur des formules aussi lapidaires que « le cul c'est sale » pour me faire comprendre. Je ne réalisais pas que mon affirmation était irrecevable. Chaque fois que j'évoquais cette idée, une dénégation m'était opposée, parfois avec une agressivité qui me prenait au dépourvu. Il me semblait pourtant affirmer une telle évidence qu'aucune argumentation ne lui était nécessaire. Cette argumentation, qui me semblait facile à produire, personne ne me la demanda d'ailleurs.

Je compris que j'avais touché un point extrêmement sensible. Mes interlocuteurs avaient l'impression de m'entendre dire, non seulement que leur corps était atteint par une souillure indélébile, mais encore qu'il existait quelque chose de sale dans leur désir. Ils m'entendaient dire : « Vous êtes sales et vous désirez quelque chose de sale ! » Rien d'étonnant donc à ce qu'ils se montrent fort peu réceptifs à mes propos. Tous me répondaient : « Je ne perçois ni mon corps ni mon désir comme sales. C'est plutôt de ta propre sexualité, probablement perverse, que tu parles ! » On me conseilla évidemment de n'aborder dans mon texte que ce qui me concernait personnellement. J'aurais, avec de la chance, une complaisance à la confession comparable à celle de Jean-Jacques Rousseau, les amateurs de perversités croustillantes seraient attirés et mon succès éditorial assuré.

Personne ne cherchait à comprendre ce que je disais réellement. Je n'affirmais pas que le désir sexuel était une attirance pour la saleté. L'existence même de ce désir, qui était celui d'une revalorisation de l'image corporelle, constituait au contraire la preuve que la souillure corporelle nous indisposait. Je tentais de montrer que le désir érotique n'était qu'une tentative de dénouement du drame psycho-corporel, et que ce dénouement n'était rendu indispensable que parce que l'existence de la souillure avait causé ce drame. Ce n'était donc évidemment pas elle qui nous attirait. Nous avions au contraire besoin de l'idéalisation, de la séduction et de l'embellissement du corps pour gommer la sensation de souillure. Je ne qualifiais pas, bien au contraire, le désir de pervers. Il me semblait apporter une bonne nouvelle en montrant que la nature humaine était attirée par la beauté et l'harmonie, et indisposée par la laideur et la saleté, contrairement à ce que peut faire croire le lien entre obscénité et érotisme. Cela me semblait rassurant par rapport à notre culture judéo-chrétienne postulant un péché originel et enracinant le mal dans la nature humaine. On pouvait même trouver dans l'incompréhension du désir sexuel l'explication de ce mythe fondateur inutilement culpabilisant.

Mais sans que j'en sois conscient, en tentant d'apporter cette bonne nouvelle, c'était une difficulté fondamentale à vivre notre incarnation que je réveillais crûment, et mon discours réactivait probablement de vieilles souffrances refoulées, plus grandes que je ne voulais le voir. D'où les dénégations qui m'étaient si régulièrement opposées.

Paradoxalement, la constance avec laquelle mes interlocuteurs niaient la souillure corporelle et l'obscénité du désir n'avait d'équivalent que la constance avec laquelle j'entendais, au cours de ma longue pratique du naturisme, des réflexions comme : « des nudistes qui s'assoient à tour de rôle sur la même chaise c'est sale » ; « faire ses courses tout nu, les fesses à 20 cm des laitues, ce n'est pas très hygiénique » ; « faire du vélo tout nu c'est ridicule » ; « manger nu c'est sale » ; etc. Les auteurs de telles réflexions semblaient à peine conscients que ce qu'ils qualifiaient ainsi de sale et de ridicule, c'était eux-mêmes, leur propre corps.

Cela me confirmait évidemment qu'une idée de souillure était associée, consciemment ou non, et malgré toutes les dénégations, à la région génito-anale. La condamnation du corps qui en résultait était même suffisamment sévère pour que la plupart des humains se considèrent implicitement comme sales et ridicules. À tel point qu'ils jugeaient insupportable l'idée de renoncer à la honte corporelle en cessant de se cacher sous des vêtements. La violence de cette malédiction jetée sur le corps, c'est-à-dire sur nous-mêmes, ne pouvait que me frapper.

Ma lecture du remarquable ouvrage de Hans Peter Duerr, *Nudité et pudeur*, confirma par ailleurs mon intuition première que le besoin de dissimuler et de considérer comme honteux ce qui a trait aux déjections corporelles et à la sexualité est identifiable dans toutes les cultures. Duerr détruisait le mythe, largement propagé par Norbert Elias, des sociétés sans agriculture ignorant la pudeur. Mes diverses lectures confirmaient d'ailleurs la violence de la culpabilité sexuelle dans quasiment toutes les cultures traditionnelles. Duerr me semblait beaucoup plus près de la réalité qu'Elias.

À l'époque où j'entrepris la rédaction de ce livre, l'idée qu'un dénouement du drame psycho-corporel constituait un besoin fondamental auquel répondait l'érotisme me semblait claire. Je ne compris que beaucoup plus tard, en essuyant des attaques de personnes choquées par mes propos, pourquoi cette idée, qui me semblait aussi évidente, semblait n'avoir jamais été défendue. Parler de la souillure corporelle, c'est parler de ce qui blesse et fâche, c'est mettre les pieds dans le plat et tout le monde ne le souhaite évidemment pas. Le discours freudien, consensuel, moraliste, patriarcal, assimilant les excréments à de l'argent ou à un cadeau plutôt qu'à une souillure, semblait satisfaire tout le monde.

Un autre argument qui me fut souvent opposé était celui que ma théorie pèche par le même travers que celle de Freud en ce qu'elle propose un modèle universel à l'inconscient sexuel. La fausseté du modèle freudien ayant été démontrée de multiples façons, comment pouvais-je encore oser proposer un nouveau modèle ?

Il s'agit probablement là du plus grand tort causé par Freud à la psychologie. Freud apporta une mauvaise réponse, qui connut néanmoins une immense fortune, à une excellente question : pourquoi désirons-nous ? La fausseté de sa réponse ayant par la suite été démontrée, tout le monde en conclut – pressentant que la bonne réponse risquerait d'être plus dérangeante – que ce n'était pas la réponse qui était mauvaise mais la question. On reproche aujourd'hui à Freud d'avoir cherché une explication universelle à des désirs sexuels particuliers. Comme si personne ne parvenait plus à comprendre que les multiples formes de ce désir ne l'empêchent pas de posséder une structure universelle, qui définit son caractère érotique. Lacan affirmait qu'« il n'y a pas de désir sexuel » sous prétexte que tout désir est soi-disant sexuel. Et sa tentative de nier toute spécificité au désir sexuel semble malheureusement avoir aujourd'hui porté ses fruits. Il est difficile d'aller plus loin dans la déconstruction de la pensée et de l'intelligence.

Aussi longtemps que les mots érotisme et sexualité garderont un sens, découvrir la spécificité du désir sexuel et la cause de son universalité conservera également un sens et n'interdira nullement aux désirs érotiques d'adopter de multiples formes, répondant pourtant à une même structure.

14

La condamnation de l'analité

La plupart des théoriciens de l'inconscient sexuel considèrent que le désir génital masculin plonge ses racines dans l'analité. Cette conception est d'ailleurs à l'origine d'expressions telles qu'« il y a de la fesse » pour « il y a des femmes », par exemple dans ces propos tenus par des soldats de la première guerre mondiale :

> Une ouvrière passe et nous regarde.
> Volpatte me donne un coup de coude, l'avale des yeux, le cou tendu, puis me montre plus loin deux autres femmes qui s'approchent ; et l'œil luisant, il constate que la ville abonde en élément féminin :
> « - Mon vieux, il y a de la fesse [1] ! »

Freud écrit à ce propos :

> Je puis peut-être ajouter en passant que l'intérêt qui s'éveille plus tard pour le vagin a lui aussi principalement une origine érotique anale. Il n'y a là rien de surprenant car le vagin lui-même est, selon un mot heureux de Lou Andréas-Salomé, « loué » au rectum [2].

Gérard Zwang enchaîne :

> Le désir de l'homme reste imperturbablement orienté vers les rotondités postérieures, vers cette chair d'élection, ce paradis fessier, ce friand morceau, ce « derrière de bénédiction [3] » que certaines arabes gavent inlassablement de sucreries [...] Là gît une des causes du désintérêt profond des

---

1. Henri Barbusse, *Le Feu,* Flammarion/Le Livre de Poche, Paris, 1989, p. 373, cité par Rousseau (1999, p. 264).
2. Freud (1933, p. 137). Freud se réfère à l'article *Anal et sexuel* (Andreas-Salomé, 1915, p. 107).
3. La locution fréquente des *Mille Nuits et Une Nuit* (note de Zwang).

hommes pour la configuration de l'anatomie sexuelle féminine, *invisible de dos,* ainsi que du drame qui découle de ce « point de vue primaire » : leur *méconnaissance de la fonction clitoridienne.* Dès le stade « animal » se révèle, à côté de leur exacte *complémentarité génésique,* la *dissymétrie érotique* de l'homme et de la femme. L'homme désire *le trou* des femmes et *par derrière* ; que ce trou ait besoin, pour devenir voluptueux, du catalyseur clitoridien, lui échappe de prime abord [...] Toujours est-il que pour l'homme les histoires de sexe sont des histoire *de fesses,* et l'érotisme, c'est *le cul.* Il courtise la femme, lui fait des compliments sur ses yeux, ses cheveux, son charme romantique ou piquant, mais ce qu'il veut, c'est tout simplement *lui mettre la pine au cul.*

Refuser le sens profond de cette expression « triviale » revient à refuser dès leur base naturelle l'infinie richesse des rapports entre l'homme et la femme [...] L'assouvissement, pour être le plus « satisfaisant » possible, et même dans l'atmosphère la plus « délicate », dans les raffinements les plus « exquis », ne doit rien omettre de ce qui peut apaiser le désir, et surtout ne pas le couper de ses racines. On ne peut refaire l'homme, encore moins le désincarner. C'est la chair qui peut seule assouvir la chair, si on ne satisfait pas « la bête » on ne satisfait pas l'homme – ni la femme [1].

Gérard Zwang caricature le désir anal comme le désir du vulgaire, le désir animal. Freud y voit le désir enfantin, associé au sadisme et à l'avarice, celui de la perversité primitive, de l'inculture originelle. Pour l'un comme pour l'autre, le désir devient civilisé et policé, même s'il conserve ses racines, s'il devient génital.

Freud, Zwang et Reich tiennent tous trois le même discours : c'est dans la perversité anale que le désir sexuel plonge ses racines. Aucun d'eux ne peut voir l'analité autrement que comme le fondement pervers du désir, le péché originel, le mal que l'on ne peut extirper du genre humain malgré une éducation morale. Aucun d'eux ne peut se défaire d'une éducation judéo-chrétienne postulant des racines coupables au désir.

Aucun d'eux ne peut concevoir que l'analité ne soit ni l'élément pervers du désir, ni nécessairement son fondement – même si le cas est effectivement fréquent. Aucun d'eux ne peut admettre que les processus psychologiques conduisant à l'analité comme à la génitalité suivent un chemin semblable,

---

1. Zwang (1972, vol. 1, p. 60-61).

celui de la transgression des tabous corporels, de la revanche du corps qui, pour exister entièrement, jouit de ce qui en lui n'a pas droit de cité, et que l'une et l'autre se rejoignent en un même désir génito-anal. L'analité – au sens large – est davantage prisée pour sa dimension à la fois charnelle et obscène, tandis que la génitalité l'est pour les sensations tactiles qu'elle procure. Chacune des deux peut cependant revendiquer ces deux dimensions et il n'en existe pas une bonne et une mauvaise, elles se complètent.

Freud, Reich et Zwang sont imprégnés de ce que l'on pourrait appeler la morale génitale judéo-chrétienne, qui situe l'analité au sens large dans une perversité primitive mais indélébile, un péché originel duquel l'humanité ne sera jamais lavée et avec lequel elle devra vivre. Par analité au sens large j'entends toute la dimension à la fois charnelle et obscène de l'érotisme, une dimension qui comprend aussi bien la passion pour la sodomie que l'émotion esthétique du grand couturier qui laisse deviner le dessin des fesses sous la robe du soir.

La chemise conjugale

C'est cette morale génitale qui fait naître pendant la période pré-puritaine du XVIIIe siècle les « chemises conjugales », qui seront encore portées jusqu'au milieu du XXe siècle. Anatole France nous explique qu'elles sont des

> chemises amples et longues, avec un petit pertuis qui permet aux jeunes époux de procéder chastement à l'exécution du commandement de Dieu relatif à la croissance et à la multiplication. Et pour mêler, si j'ose dire, les grâces à l'austérité, ces ouvertures sont entourées de broderies agréables[1].

Des mentions telles que « Dieu le veut » constituent les thèmes de ces broderies. Ces chemises de chanvre ou de lin sont si raides que, neuves, elles tiennent debout toutes seules. Pour les assouplir un peu on les bat contre un arbre ou on s'en revêt pour les travaux des champs. Elles couvrent le corps du cou aux chevilles et sont trop raides pour être retroussées[2]. Les chemises conjugales ménagent une ouverture pour que les sexes se rencontrent, mais

---

1. Anatole France, *Les opinions de M. Jérôme Coignard*, Calmann-Lévy, Paris, 1923, ch. XVII, p. 201, cité par Bologne (1986, p. 125).
2. Vaylet (1976) ; Bologne (1986, p. 125-126) ; McLaren (1990, p. 294) ; Zwang (1976, p. 65).

on comprend aisément que leur fonction est d'empêcher aux corps d'en faire autant, aux intimités de se mêler et à deux dimensions fondamentales de l'érotisme, la charnelle et l'obscène, d'exister.

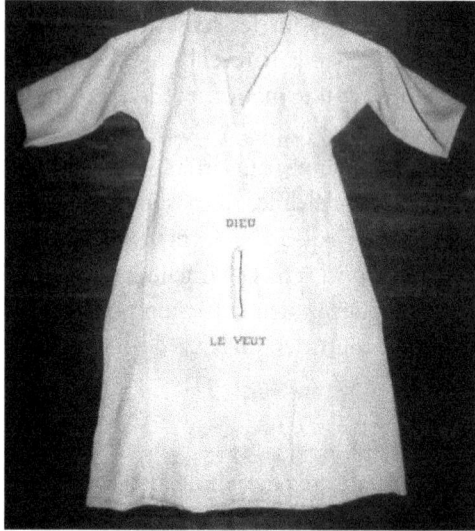

La chemise conjugale conservée au musée Joseph Vaylet, à Espalion.

Les idées puritaines rejoignent, dans leur apologie de la génitalité et l'opprobre jetée sur la chair, l'idéal génital sous-tendant malgré tout l'œuvre de Reich, Freud et Zwang. On le souligne rarement, mais cette conjonction d'une croisade pour la génitalité et d'une sévère condamnation de l'érotisme extra-génital constitue le fil conducteur de l'œuvre de chacun de ces trois auteurs, même si quelque mention de l'importance fondamentale d'un érotisme extra-génital leur échappe parfois. Ces trois noms furent pourtant successivement cités comme des étendards de la libération sexuelle.

Tous les amants savent pourtant que la volupté ne commence que lorsque les esprits se libèrent du carcan génital pour découvrir le corps, la bouche, les mains et la peau toute entière, tous sens en éveil. La révolution sexuelle prônée par Gérard Leleu [1] reste partiellement à faire, et le corps érotique à découvrir.

---

1. Leleu (1988 et 1995).

Orient et Occident

Une autre raison – typiquement occidentale – de l'obsession génitale est la prédominance de l'action sur la sensation dans nos mentalités. De tout temps, les Occidentaux firent preuve d'une incapacité récurrente à l'abandon, à l'observation, à la contemplation, à l'attention et à l'écoute, obnubilés par leur empressement à agir, à dominer et à parler. L'érotisme occidental s'en ressent en ce qu'il se révèle incapable d'une relation sexuelle vécue comme une rencontre avec le corps de l'autre, une rencontre faite d'attention et de perceptions. Au lieu de cela, les Occidentaux se focalisent sur une action, la pénétration, et la poursuite de deux objectifs, l'orgasme et l'éjaculation. La rencontre sexuelle finit alors par ressembler à un exercice de gymnastique accompli sans abandon ni émerveillement. De la même façon que l'on peut absorber des aliments sans émotion gastronomique, l'on peut ressentir un orgasme physiologique sans avoir goûté la saveur du corps de l'autre. L'obsession génitale tient à l'évidence de l'évitement d'une rencontre avec le corps : le sexe n'est évidemment pas le corps. À l'inverse, les traditions érotiques taoïste ou tantrique développent un art de l'orgasme masculin sans éjaculation, davantage fondé sur la perception du corps que sur l'obsession d'agir, de pénétrer et d'éjaculer [1]. Cette approche, beaucoup plus propice au développement d'un érotisme extra-génital est faite de caresses et de baisers, d'une rencontre et d'une redécouverte du corps.

Analité et génitalité

L'érotisme ne s'arrête donc évidemment pas à la génitalité, il est avant tout la revanche d'un corps qui jouit enfin de ce qui en lui ne possède aucun droit d'existence. Or s'affirmer dans la plénitude de son corps signifie aussi ne pas affirmer seulement son sexe. La rencontre sexuelle est une réconciliation avec le corps interdit, une transgression des tabous corporels. Si les organes génitaux font à l'évidence l'objet d'un tabou, l'anus et les fesses font avec la même évidence l'objet d'un tabou encore plus puissant, et c'est pour cette raison qu'une sexualité totalement dépourvue de génitalité serait tout aussi amputée qu'une sexualité totalement dépourvue d'analité au sens large. Ce n'est pas un hasard si des expressions comme « avoir un balai dans le cul », « cul pincé » « constipé » ou « coincé du cul » sont employées à propos des personnes af-

---

1. Chia (2000) ; Saraswati et Avinasha (1987).

fectées d'un blocage sexuel. Ces quelques expressions populaires, et bien d'autres, expriment mieux que les sexologues et les psychanalystes que l'analité ne constitue pas la part maudite, perverse ni archaïque de la sexualité, mais qu'elle appartient, au même titre que la génitalité, à une sexualité épanouie. Le tabou corporel s'abat sur toute la région génito-anale, c'est pour cette raison que toute cette région est liée à l'activité sexuelle.

Contrairement à ce que la morale génitale tente d'imposer, *cet obscur objet du désir*, c'est bien le corps charnel et obscène. Lorsque les hommes parlent d'érotisme, ils situent souvent approximativement la vulve entre les fesses, et ce n'est pas un hasard si des images de fesses moulées dans des blue-jeans sont si souvent représentées sur les emballages de préservatifs. Si le discours féminin sur le corps masculin est plus réservé, c'est parce que nous vivons dans une société patriarcale dans laquelle les hommes n'hésitent pas toujours à réduire leur image de la femme à un cul, mais supportent mal que leurs compagnes en fassent autant à leur égard.

L'implacable dénégation qui gommait, pendant la période puritaine, l'obscénité anale du langage châtié lorsqu'il évoquait l'érotisme, a fait qu'en 1948, dans le rapport Kinsey, les enquêteurs demandaient aux hommes si leur préférence allait plutôt aux seins ou aux cuisses : à l'époque, lorsqu'on pensait « fesses », on prononçait « cuisses ». Mais un rapide examen des expressions populaires et argotiques se montre en revanche beaucoup plus explicite sur la place de l'analité au sens large dans le désir. Un « magasin de fesses », par exemple, désigne un bordel [1], tandis que le « pain de fesse » désigne l'argent de la prostitution [2].

À quoi pensons-nous lorsque que nous pensons au corps ? Notre langage trahit souvent nos désirs les plus secrets, ceux dont la conscience nous trouble et que nous tentons de dissimuler. Parce que c'est toujours la spontanéité de l'usage qui instaure les règles du langage parlé, son observation, notamment dans les expressions populaires, peut servir de révélateur aux sentiments cachés.

Plutôt que des mots désignant les organes génitaux, ce sont les mots « cul » et « fesse » qui servent le plus spontanément à désigner l'activité sexuelle.

---

1. Guiraud (1978, 1984, 1993, p. 331).
2. Cardosa (2000, p. 124) ; Aimé-Blanc (2006, p. 38).

En novembre 1992, le mensuel *Actuel* publie dans son 23ᵉ numéro des extraits, enregistrés sur le vif, de la conversation de six jeunes femmes de vingt ans portant sur leur vie sexuelle :

> Ghislaine : J'ai jamais eu d'histoire avec quelqu'un de 20-30 ans. C'est pas possible ! Bon, et la quarantaine, ça va pour une histoire de cul mais alors après... bonjour ! [...]
> Sophie : Ce genre de choses, moi je veux bien les vivre mais quand il y a quelque chose au bout. Faut pas que ça reste une histoire de cul, quoi.
> Ghislaine : c'était bien pour du cul, voilà. C'est tout.

Le neurobiologiste Jean-Didier Vincent écrit :

> Drogués le gourmand, l'obsédé du chocolat, de la fesse ou de la course à pied [1] ?

D'après Pierre Merle, le mot « cul » est un

> nom tendant à devenir un adjectif synonyme de *sexuellement attirant.*
> *Elle est très cul* (il émane d'elle, de son attitude et de ses propos, une sensualité débordante). *Il parle cul* (il fait souvent allusion, dans son discours, aux choses de la sexualité [2]).

Dans les expressions suivante, c'est l'analité au sens large qui est utilisée pour désigner la sexualité : « avoir le feu au cul », « il y a une histoire de fesses entre eux », « un livre, un film, une histoire de cul », « il n'y a que le cul et le fric qui l'intéressent », « il n'y a pas que le cul dans la vie », « vendre son cul », « un pince-fesses », « un plan cul ». En anglais *« a piece of ass »* (littéralement « une partie de cul ») désigne une « baise » ou une « fille bonne à baiser [3] ». Les trois équivalents familiers les plus fréquents de l'expression « avoir de la chance » sont « avoir du bol », « avoir du pot » et « avoir du cul ». Or ces expressions sont également équivalentes étymologiquement puisque « bol » et « pot » signifient en argot « anus », « fondement », ou « cul », dont le bol a la forme arrondie [4]. Ces trois expressions ont probablement pris naissance dans des milieux au sein desquels « avoir du cul » pourrait fort bien avoir signifié « avoir des femmes ».

---

1. Vincent (1994b, p. 1874).
2. Merle (1989, p. 52).
3. Le Robert & Collins, Dictionnaires *Le Robert*, Paris, 1995.
4. Rey et Chantreau (1989, p. 122 et 968).

Ce sont donc les fesses que le langage populaire retient pour désigner la sexualité, plutôt que le sexe ou les seins. Dans toutes ces expressions des mots évoquant l'analité au sens large sont retenus en raison de leur charge émotive. Les mots évoquant la génitalité, bien qu'apparemment plus fonctionnels, sont rejetés parce que plus neutres sur le plan émotif.

Les expressions populaires, relatives non plus cette fois à la sexualité mais à la nudité, sont tout aussi révélatrices.

« Montrer son cul » signifie se montrer nu et l'expression « les culs nus » désigne les naturistes. L'équivalent anglais existe avec « *bare-assed* » (« cul nu ») qui signifie également « nu [1] ».

Les dictionnaires d'argot donnent généralement la signification de « nu, généralement féminin » au mot « académie » dans le langage populaire du début du XXe siècle, par allusion aux modèles posant aux Beaux-Arts (elle a une belle académie : elle est bien roulée). Mais l'usage du mot a souvent dérivé à cette époque vers un équivalent entre « académie » et « fessier » : « montrer son académie » c'était bien souvent montrer son derrière. Une scène du film *Polissons & galipettes* de Michel Reilhac [2] (une anthologie de films pornographiques clandestins tournés dans les années 1920 et projetés dans les salles d'attentes des bordels) en conserve le témoignage. Dans cette scène, un inspecteur d'école intervient pour une « inspection d'académie » consistant à examiner les fesses du personnel féminin.

Le langage populaire aurait pu retenir « montrer son sexe » (ou n'importe quel synonyme familier) pour « se montrer nu », « les foune au vent » pour « les naturistes » et une « académie » aurait pu désigner un sexe. Ces options auraient été retenues si le sexe avait été porteur d'une plus grande charge émotive que les fesses dans l'évocation de la nudité. Mais il faut croire que ce n'est pas le cas, à l'exception – notoire tout de même – de l'expression « à poil ».

Le langage gestuel exprime sensiblement la même chose que le langage verbal. Le geste obscène du doigt d'honneur (le majeur dressé vers le haut) signifiant « je te mets le doigt dans le cul », est l'un de ceux qui véhiculent la plus grande charge émotive, et qui n'a pas d'équivalent, loin s'en faut, avec le sexe.

1. Adrienne (1971).
2. France (2002, DVD Blaq Out).

Lorsque les hommes agressent des inconnues par des attouchements intimes, ces attouchements visent presque toujours les fesses, beaucoup plus rarement le sexe et les seins.

Enfin lorsque des instituts de sondage cherchent à savoir quelles sont les parties du corps les plus chargées d'érotisme, ils citent les yeux, la bouche, les jambes, les fesses, les seins, la démarche, les cheveux, les mains... Ils ne citent jamais le sexe, comme si celui-ci ne participait pas au processus de séduction érotique, mais ne remplissait qu'une fonction physiologique.

Le 4 septembre j'enlève le bas

« Demain, j'enlève le bas. » Cette phrase, lancée par une charmante jeune femme sur une affiche, a tenu la France en haleine pendant quelques jours. Jusqu'à ce qu'elle tienne ses promesses en se faisant photographier nue mais de dos... à la plus grande déception de ceux qui espéraient en voir plus. C'était en 1981 et la société Avenir publicité, avec cette campagne de lancement du réseau Myriam, venait de frapper un grand coup dans l'imaginaire collectif. Pourquoi ? Parce que ses concepteurs jouèrent à la perfection avec la frustration... et donc avec les tabous sexuels [1].

Par ces propos, Jean-François Vouge se déclare déçu que la merveilleuse mannequin Myriam se soit retournée avant d'enlever le bas, dévoilant ainsi ses seins puis ses fesses magnifiques, mais pas sa toison pubienne.

Pourtant, si la photo et le slogan « Le 4 septembre j'enlève le bas » devinrent un phénomène de société que personne n'a oublié plus de vingt-cinq ans après, on peut au contraire penser que ce n'est pas en raison d'une banale frustration sexuelle : les petites frustrations sexuelles sont en effet malheureusement le lot quotidien de la plupart des humains. Si tout le monde se souvient encore de ce corps somptueux et de cette affiche – si souvent reproduite depuis – comme d'un événement qui marqua profondément l'histoire de la publicité, c'est peut-être parce que les fesses de Myriam ont authentiquement plu. Il ne semble cependant pas, du point de vue de certains, opportun de l'écrire.

L'orientation du désir féminin n'est sur ce plan pas différente de celle du désir masculin. Les femmes l'expriment simplement avec encore plus de prudence. Julie Rambal écrit dans le mensuel masculin *Max* (ce qui explique qu'elle parle au masculin) :

---

1. Vouge (1999, p. 50).

Le sujet peut faire sourire. Pourtant, il n'est pas à prendre à la légère. Les relations qu'entretiennent les filles avec nos fesses tournent ces derniers temps à l'obsession. Prenez un sondage au hasard, lisez les magazines féminins, écoutez les filles aux terrasses des cafés : elles ne parlent plus que de ça. C'est certifié par les plus grandes sociétés d'études et de marketing : la première chose qu'une fille (jeune) mate chez un garçon, c'est son cul[1].

L'érotisme est une rencontre avec la chair. Or l'érotisme exclusivement génital est désincarné. Mais c'est cet érotisme décharné, purement génital, qui est dans beaucoup de cultures le seul objet autorisé du désir. Aux États-Unis, les rapports sexuels anaux ou oraux entre adultes consentants sont encore interdits et punis de peine de prison dans plusieurs États[2].

Le mythe de la rédemption génitale

Nous sommes, depuis notre attachement affectif au sein maternel, animés d'un élan affectif vers la chair. Les fesses, partie la plus charnue du corps, ressemblent à une invitation à caresser cette partie répudiée de nous-même. L'extrême proximité des régions anale et génitale conduit à une assimilation entre les deux en une même entité génito-anale. C'est cette proximité qui permettra finalement aux deux pulsions, anale et génitale, de trouver leur assouvissement dans la relation sexuelle. Que le désir soit anal ou génital, il trouve le plus souvent sa satisfaction, pour l'homme comme pour la femme, dans la pénétration génitale. Car personne n'ignore que du côté postérieur, si l'aspect extérieur est séduisant, la réalité intérieure l'est moins, ce qui limite le plus souvent le zèle des explorations intimes du corps aimé. L'orifice vulvaire par contre, si proche de l'anus mais propre, lubrifié, plus large et proche du clitoris, présente des avantages évidents. S'il se substitue parfois psychologiquement à l'anus, il permet à la rencontre avec l'intimité interdite de se dérouler miraculeusement dans un délice de volupté, au lieu de ressembler à une rechute dans la souillure.

Il est possible de voir dans ce miracle quelque chose comme la transmutation du plomb en or par les alchimistes : l'anus se mue en un orifice merveilleux ne procurant que volupté. Il ne s'agit que d'une astuce anatomique qui facilite la revalorisation de notre intimité souillée par un substitut propre,

---

1. Rambal (1999, p. 90).
2. Caen (1991, p. 34) ; Halperin (1995, p. 14).

lubrifié et pourvu d'une exquise sensibilité. Une astuce comme le monde vivant en recèle tant, semblable aux copies postérieures des signaux d'appel sexuels antérieurs des geladas et des mandrills. Mais l'illusion fonctionne tellement bien que Freud, Reich et Zwang s'y laissent prendre. Là se trouve probablement l'origine de leur croyance inconsciente à une « rédemption génitale » délivrant l'humanité du péché originel et nous lavant de nos désirs honteux, les trop fameuses « pulsions prégénitales perverses » freudiennes orientées vers l'analité et le sadisme.

Il existe donc un décalage évident entre les sentiments profonds mis en évidence par la sémantique du langage populaire et le discours réfléchi. Le premier place spontanément l'analité au centre de l'univers érotique. Le second, imprégné de culpabilité, voire d'une idéologie de la transcendance, la nie ou la condamne en raison du sentiment de culpabilité qu'elle provoque. Cette condamnation se retrouve dans les persécutions dont les sodomites sont victimes depuis des millénaires.

Homophobie et patriarcat

15

Les fondements du patriarcat

Dans les sociétés traditionnelles, la répression de la sexualité féminine constitue l'un des principaux points d'ancrage du patriarcat. Ces sociétés ignorent en effet les moyens contraceptifs efficaces et l'alliance matrimoniale constitue chez elles un enjeu économique majeur pour les familles. Contrôler la sexualité féminine c'est donc contrôler la préservation du patrimoine familial. Mais, dans les sociétés modernes, des moyens contraceptifs efficaces sont employés. D'autre part, l'indépendance économique des jeunes couples est assurée par le salariat, qui a remplacé le travail dans les exploitations familiales, et par le droit social. Les familles ont donc perdu l'essentiel de leurs moyens de pression sur la sexualité féminine, les jeunes couples subvenant à leurs besoins sans dépendre de la solidarité familiale ni de l'héritage.

Ces deux facteurs, conjoints à une nette préférence masculine pour les femmes désinhibées – beaucoup plus attrayantes sexuellement même si à partir d'un certain de degré de libération elles effraient – ont conduit à un important recul du patriarcat.

Le patriarcat n'a pourtant pas disparu, loin s'en faut. À titre d'exemple, dans les groupes mixtes, les hommes monopolisent le temps de parole[1]. Autre exemple, dans la hiérarchie des entreprises, les hommes occupent les postes de pouvoir, et à travail égal les femmes sont moins payées.

D'autres fondements du patriarcat résistent donc à l'érosion. Même avec la protection de la contraception, les femmes courent par exemple un important risque d'abandon après la fécondation, qui les rend affectivement plus dépendantes que les hommes. Ce risque peut les pousser à davantage de prudence dans les comportements de séduction, donc de pouvoir. Car séduire, c'est dominer, et cela nous conduit au second grand mécanisme fondateur du patriarcat.

---

1. Monnet (1998).

Les postes de pouvoir sont en effet attribués à qui sait plaire, inspirer la confiance, et effectuer son auto-promotion. En démocratie, comme dans la plupart des groupes humains, les leaders sont désignés au terme d'une campagne – implicite ou explicite – de séduction.

Les femmes qui tentent de répondre à cette exigence de séduction pour accéder au pouvoir s'exposent dangereusement aux agressions sexuelles. Les sécrétions hormonales spécifiques à chaque sexe dotent en effet les hommes d'une stature et d'une musculature rendant les femmes vulnérables. Les hommes utilisent cette différence anatomique pour faire une proie sexuelle de toute femme adoptant la moindre attitude pouvant être interprétée comme séductrice. Et prendre le pouvoir dans un groupe c'est monopoliser l'attention par ses discours séduisants, regarder ses interlocuteurs dans les yeux, les aborder en souriant. C'est adopter des attitudes facilement interprétables comme des avances sexuelles. Seuls les hommes sont donc en mesure de déployer ces stratégies d'accès au pouvoir sans s'exposer au danger.

De plus, la vulnérabilité féminine aux agressions sexuelles fait de tout homme un protecteur ou un agresseur potentiel, et dans les deux cas il est dominant.

Que les vulnérabilités féminines aux agressions sexuelles et aux risques de grossesses, fondées sur des différences anatomiques, constituent les grands fondements du patriarcat, ne signifie pas qu'il soit impossible de les compenser par un arsenal juridique et culturel.

À titre de comparaison, renoncer à faire progresser le droit des enfants sous prétexte que, de toutes façons, ils sont physiquement dominés, reviendrait à cautionner leur domination. L'idée selon laquelle reconnaître une vulnérabilité physique procurerait un prétexte pour perpétuer la domination est absurde. La reconnaissance d'une vulnérabilité constitue au contraire la meilleure raison de tout mettre en œuvre pour la compenser.

Postuler que femmes et enfants sont invulnérables aux agressions sexuelles reviendrait à se priver des moyens juridiques et culturels de combattre ces agressions, donc à encourager le patriarcat. Cette attitude, pourtant relativement répandue, correspond à un blocage psychologique sur l'identification de la cause du problème, blocage interdisant sa résolution.

L'assurance, un avantage sexuel

Il existe enfin un troisième pilier du patriarcat, probablement le plus subtil, constitué par l'avantage sexuel indéniable procuré par une personnalité assurée. Que l'on soit homme ou femme, cette assurance sexuelle est indispensable à une vie orgastique bien remplie. Elle consiste à se sentir séduisant, à disposer d'une certaine facilité à toucher et à regarder dans les yeux en souriant, sans se demander si l'on sera mal perçu et sans hésiter à exprimer son désir.

Or, étant donné la vulnérabilité féminine aux agressions sexuelles, exprimer son désir sans inhibition – mais sans agresser – est, de la part d'un homme hétéro, un art parfois difficile impliquant une parfaite maîtrise de la communication non verbale. Une aisance dans cet échange de signaux indiquant, si tout va bien, que l'attirance est réciproque, implique l'apprentissage compliqué et subtil de la socialisation sexuelle. Faute d'une précocité suffisante, cet apprentissage reste imparfait, à la manière de celui d'une langue décelable à un accent. Sans ce savoir-faire et cette délicatesse dans le respect des codes subtils de la communication non verbale, l'agression est inévitable de la part d'un homme hétéro exprimant son désir sans retenue.

Mais cet apprentissage de la socialisation sexuelle n'est pas meilleur chez les femmes. Celles maîtrisant imparfaitement ces codes de communication sont incapables d'exprimer leur désir. Elles sont également incapables de comprendre celui qui leur est respectueusement et discrètement exprimé, et d'y répondre. Elles en sont donc réduites à ne répondre qu'aux avances qui leur sont le moins subtilement adressées.

La conséquence en est malheureusement que l'expression sans retenue du désir masculin procure davantage de récompenses sexuelles, et plus attrayantes, qu'une expression respectueuse de ce désir. Ce sont les hommes les plus assurés et les plus dominants qui posent leur capacité de séduction comme préalable implicite à tout échange. Ils n'attendent pas les signaux leur indiquant que la porte est ouverte et obtiennent les faveurs des femmes les plus attrayantes, car sollicitées les premières, avant même qu'elles n'aient eu le temps d'émettre ces signaux. Les hommes prenant la peine d'échanger respectueusement ces signaux ont, avec les femmes les plus sollicitées, rarement le temps de tenter leur chance.

Un homme doté d'une inébranlable assurance, certain de détenir la vérité même lorsqu'il s'enferre dans l'erreur, et par conséquent incapable d'écoute comme de remise en cause, dispose donc finalement d'un avantage sexuel indéniable.

De plus, comme l'exprime en substance l'animatrice télévisuelle québécoise Jeanette Bertrand, une pionnière du féminisme : « Aujourd'hui, les femmes veulent des hommes qui déchirent leur robe le soir et la recousent le jour. » Malheureusement, ces deux caractères masculins sont rarement compatibles dans une même personnalité. Et la plupart des hommes, s'ils ont à choisir entre le rôle du confident diurne s'adonnant aux tâches ménagères et celui de l'amant nocturne passionné, préfèrent celui de l'amant. Beaucoup de femmes aiment encore coucher avec des machos, ou au moins avec des hommes très assurés, et avoir pour amis des hommes respectueux. Elles pensent : « mon choix m'appartient » et occultent volontiers les puissants encouragements ainsi apportés au patriarcat de façon inconsciente.

Christophe Deloire et Christophe Dubois rapportent, à la suite d'une enquête menée dans les cercles du pouvoir politique, l'attrait sexuel exercé sur les femmes par les homme dominants. Ils citent par exemple ces propos de Michel Charasse :

> J'ai rencontré beaucoup de créatures parfois splendides à l'Élysée et à Bercy, qui m'invitaient quelquefois à dîner avec des convives choisis. Je me suis toujours méfié [...] Tous les hommes de pouvoir sont approchés [1].

Michel Cointat, ministre des gouvernements Chaban-Delmas et Barre, s'est livré à un exercice statistique personnel :

> 82 % des femmes disent « oui » à un ministre [2].

Jean-Paul Huchon, ancien directeur de cabinet de Michel Rocard à Matignon, affirme :

> Je n'ai jamais eu autant de succès potentiel que pendant la guerre du Golfe. Certaines femmes sont fascinées par les policiers qui posent leur arme à feu sur la table de chevet, alors vous imaginez quand on parle des missiles qui décollent [3].

---

1. Deloire et Dubois (2006, p. 92).
2. Deloire et Dubois (2006, p. 95).
3. Deloire et Dubois (2006, p. 96).

Selon Jacques Georgel, ancien ministre du cabinet Savary et auteur de *Sexe et politique* :

> L'attrait du pouvoir est phénoménal. Des gens sont prêts à se rouler par terre pour le sourire d'un homme de pouvoir. Mussolini n'était pas un amant de grand talent. Un sablier de trois minutes suffisait. Mais les femmes disaient qu'elles avaient connu une extase [1].

Toujours selon nos deux enquêteurs, Philippe Sollers

> goûte les plaisir de la chair et aime à discerner le rapport des dirigeants au sexe. Car pour lui, aucun doute, le pouvoir est lié aux femmes : on le conquiert pour les avoir et il exerce sur elles un magnétisme très fort [2].

Nul ne peut choisir son désir. Les comportements sexuels répondent à des motivations inconscientes et parfois névrotiques. Certaines formes de maltraitance entre conjoints, par exemple, se renforcent de la complicité de la victime, incapable de se dégager d'un comportement tendant inconsciemment à prolonger à l'infini une souffrance subie dans le passé. C'est pourquoi une exploration de l'inconscient sexuel, débarrassée bien entendu des mensonges freudiens, possède une portée politique considérable. Cet éclairage porté sur les motivations inconscientes et névrotiques ne suffit pas, mais il apporte une aide à leur abandon au profit de motivations répondant plus rationnellement à nos réels intérêts.

Les revendications féministes peuvent donc paraître, malgré leur pertinence, de peu d'utilité si, dans l'inconscient, le sentiment général demeure que les femmes accordent une large récompense sexuelle aux hommes dominants. C'est en effet dans l'inconscient que prennent naissance les rapports de domination entre les sexes. Et le respect des femmes présente pour les hommes bien peu d'avantages et beaucoup d'inconvénients sur le plan sexuel dans la mesure où il n'est encore le fait que d'une minorité masculine (nous allons voir qu'il en va tout autrement lorsque ce respect devient majoritaire).

Il est cependant difficile pour les femmes de faire évoluer les choses, car celles souffrant de difficultés dans leur socialisation sexuelle, donc incapables

---

1. Jacques Georgel, *Sexe et politique*, Apogée, 1999, cité par Deloire et Dubois (2006, p. 96).
2. Deloire et Dubois (2006, p. 74).

d'exprimer leur désir, sont tentées de finir par céder aux hommes irrespectueux ne s'arrêtant pas au fait qu'elles ne répondent pas à leurs avances. Elles sont donc tentées de favoriser sexuellement les hommes dominants. Une meilleure socialisation sexuelle, découlant d'un apprentissage plus précoce [1], permettrait donc aux femmes de choisir des partenaires plus respectueux, et d'imposer par cette récompense sexuelle des rapports plus égalitaires entre hommes et femmes. Or il existe dans nos sociétés un décalage de plusieurs années entre la maturité sexuelle et les premiers rapports, qui retarde et complique cette socialisation. Ce décalage a heureusement tendance à régresser chez les jeunes générations, cependant que les rapports deviennent, comme par hasard, plus égalitaires.

Parallèlement, lorsqu'il devient majoritaire, un plus grand respect des femmes procure aux hommes des compagnes désinhibées, donc plus attrayantes sexuellement et capables d'exprimer leur désir, car elles ne se sentent plus mises en danger. C'est par exemple le cas en Suède ou au Québec.

En conclusion, un renoncement collectif à la domination finit par procurer aux hommes et aux femmes davantage de satisfaction sexuelle, tandis qu'une meilleure socialisation sexuelle conduit les femmes à sélectionner des partenaires plus respectueux. Le recul du patriarcat et l'amélioration de l'entente et de la satisfaction sexuelles suivent donc des chemins convergents. Il n'y a pas lieu de s'en étonner dans la mesure où une bonne entente, sexuelle ou pas, se fonde toujours sur une écoute et un respect mutuels.

---

1. Une socialisation sexuelle plus précoce ne signifie évidemment pas une initiation pédophile des enfants par les adultes, mais un apprentissage progressif et respectueux, entre jeunes de même classe d'âge, au fur et à mesure de l'éveil du désir.

16

L'homophobie

Il existe des causes spécifiques à l'homophobie masculine et à l'homophobie féminine. Mais il existe également une cause commune aux deux, involontairement illustrée par la célèbre phrase d'André Breton : « La pornographie c'est l'érotisme des autres ».

Breton exprime par là que l'érotisme des autres semble sale, et nous rappelle ainsi le potentiel culpabilisant de la sexualité. Au fond de notre inconscient, nous jugeons le désir sale lorsque nous ne le partageons pas. Nous refoulons néanmoins ce jugement s'il s'agit d'un désir que nous éprouvons nous-mêmes, ou dont nous bénéficions car il se porte sur nous. Mais lorsque, par malheur, nous ne l'éprouvons pas, et n'en bénéficions pas davantage, notre condamnation inconsciente ressort et les homosexuels en font les frais.

Cette difficulté à accepter le désir de l'autre existe d'ailleurs aussi, mais à un degré moindre, entre hommes et femmes hétéros. Aujourd'hui par exemple, seuls les hommes frustrés et les machos les plus réactionnaires parlent encore des femmes gourmandes de sexualité comme de « salopes ». Mais dans les années 1950, le terme était très courant. La frustration était alors à l'origine de cette insulte décochée par des hommes, victimes de la répression sexuelle encore forte à l'époque, aux femmes qui s'en libéraient avant eux et se donnaient donc à d'autres. Cette frustration permettait à une forme de dégoût, qui en temps normal ne s'exprime pas, de s'exprimer : le dégoût éprouvé par la majorité des hommes envers un désir qu'ils ne partageaient pas et dont ils ne profitaient pas, le désir pour le corps masculin. De la même façon, les femmes trop sollicitées sexuellement éprouvent souvent du dégoût pour le désir des hommes qui ne leur plaisent pas, et se plaignent d'avoir affaire à des « obsédés ». Il n'est pas toujours facile d'accepter que le désir de l'autre se porte sur ce que l'on considère comme sale.

L'homophobie masculine

Quant aux causes spécifiques de l'homophobie masculine, elles se focalisent depuis toujours sur la sodomie. Les préoccupations des législateurs à l'égard de l'homosexualité le montrent : cette pratique fut bien davantage condamnée par les tribunaux que l'homosexualité elle-même. La notion d'homosexualité n'apparaît d'ailleurs dans le vocabulaire médical occidental qu'à la fin du XIXe siècle [1], même si la Bible en fait déjà mention sans la nommer [2]. Pour l'Inquisition, sodomie et bestialité figurent parmi les péchés capitaux et constituent les formes les plus graves de péchés charnels. « Graves », selon Bartolomé Bennassar,

> au point que ce sont des péchés que l'on n'ose pas nommer (ainsi dans la pragmatique des Rois Catholiques de 1497), que l'on désigne par l'expression de *pecado nefando* : c'est-à-dire le péché abominable, exécrable [3].

Bennassar poursuit :

> Le Moyen Âge espagnol, sans doute influencé par le droit coutumier germanique, sanctionnait le coupable par l'ablation du membre concerné ! Il donnait ainsi la consécration juridique à la pratique populaire, à la réalité vécue [...] Le *Fuero Real* du XIIIe siècle, qui recueillit les lois des divers fueros territoriaux, infligeait aux coupables des actes de sodomie et de bestialité le châtiment suprême en donnant à la peine une publicité atroce : le condamné est châtré devant le peuple, après quoi il est pendu par les pieds jusqu'à ce que mort s'ensuive [...] Ce sont les pragmatiques des Rois Catholiques d'août 1497, promulguées à Medina del Campo qui retrouvèrent le feu. Celle du 22 août décida : « Que toute personne, quels que soient son état, condition, privilège ou dignité, qui commettrait le péché abominable *contra naturam* et qui en serait convaincue par les preuves qui, selon le droit, sont suffisantes pour prouver les délits d'hérésie ou de lèse-majesté, *soit brûlée vive dans les flammes de feu* sur le lieu du délit. » La peine était accompagnée de confiscation des biens [4].

1. Katz (1996).
2. Par exemple, Lévithique, 18,22.
3. Bennassar (1979, p. 331).
4. Bennassar (1979, p. 332-333).

Dans l'Allemagne du XIXe siècle, le célèbre article 175 punit

les homosexuels non seulement de lourdes peines de prison, mais encore d'une perte de leur statut et de leur travail – même quand la cour les a relaxés pour insuffisance de preuves [1].

La persécution de l'homosexualité se poursuit de nos jours, où de nombreux homosexuels subissent condamnations et tortures, comme en témoigne le rapport publié sur le sujet par *Amnesty International* en 2001 [2].

Dans les milieux populaires, les termes injurieux les plus répandus sont toujours *pédé*, *enculé* et *fils de pute*.

L'une des principales manifestations masculines de la phobie de l'analité consiste à faire incarner par les femmes la trivialité charnelle. C'est malheureusement cette stratégie qui conditionne une grande part de la sexualité masculine traditionnelle et des rapports hommes-femmes. L'insistance des hommes à réduire les femmes à des seins et à des fesses, ou plus généralement à la trivialité de la chair, ne date pas d'hier. Dans l'Antiquité patriarcale déjà on associait les femmes au corps, à la chair, et les hommes à l'esprit. Les principes chinois plurimillénaires du yin et du yang en constituent une illustration frappante.

Le principe féminin, le yin, est terrestre, obscur, négatif, humide, c'est l'éros, l'intuition, la nature.

Le principe masculin, le yang, est au contraire spirituel, positif, lumineux, sec, c'est l'intellect, la culture.

On sent évidemment dans cette société patriarcale une volonté masculine de se libérer de l'enveloppe charnelle et de réduire les femmes à la trivialité. Les hommes appuient leur certitude sur les écoulements menstruels, l'accouchement dans le sang et la souffrance, entre le canal urinaire et l'anus, et la lourdeur de neuf mois de grossesse, là où l'homme se contente d'une goutte de sperme. Les hommes auraient au contraire pu considérer chez les femmes le pouvoir de donner la vie, qui leur aurait conféré un pouvoir créateur extraordinaire, que l'on aurait pu considérer comme spirituel. Mais leur sentiment de supériorité les conduit à ne retenir que le côté charnel, trivial, du corps féminin, et faire porter aux femmes le poids de l'incarnation.

---

1. Wolff (1986, p. 42-43).
2. Amnesty International (2001).

Un vrai homme ne montre pas son cul

Dans ce désir de se libérer de l'enveloppe charnelle, les hommes finissent par parvenir à oublier leur corps. Dans leur description du rapport sexuel, ils se réduisent à un sexe en érection et se désincarnent du reste. S'ils réduisent leur corps à un simple phallus, c'est avant tout pour se délivrer mentalement de la souillure anale et de la trivialité charnelle. Dans ce texte du début du XXe siècle, la volonté masculine d'échapper à cette trivialité, pour s'en débarrasser sur les femmes, semble manifeste :

> Les femmes sont en réalité un pur sexe de la tête aux pieds. Nous les hommes avons concentré notre instrument en une place unique, nous l'avons extrait, séparé du reste de notre corps, parce qu'il est prêt à partir. Elles *sont* une *surface* ou cible sexuelle ; nous *avons* seulement une flèche sexuelle [...] En matière de temps notre participation à la procréation est également ciblée. Nous pouvons consacrer à cette affaire à peine dix minutes ; alors que les femmes y consacrent des mois [1].

Plus près de nous, le sexologue Gérard Zwang affirme dans le même esprit que si les zones érogènes secondaires féminines s'étendent quasiment à son corps entier, celle de l'homme se limite à son pénis [2].

C'est la femme qui est sommée d'incarner la trivialité charnelle, tandis que l'homme prétend en être délivré. Au fur et à mesure que l'homme se défait de sa retenue verbale, il ne décrit plus le corps féminin que comme une paire de fesses. Ainsi – un exemple parmi des milliers – Francis Huster écrit-il à propos du film *Équateur* de Serge Gainsbourg :

> Montrer un cul et un sexe qui bande c'est à la portée de beaucoup de gens. Faire de l'art avec ça ce n'est à la portée que des poètes, des artistes [3].

Un cul féminin et un sexe masculin, bien entendu. Le contraire ne semble pas envisageable. Dans son *Guide du français familier*, Claude Duneton confirme :

> **de la fesse** Langage masculin d'une métonymie très cavalière, dans l'expression *il y a de la fesse*, « il y a beaucoup de filles, de femmes » en principe fort séduisantes et « tentantes ».

---

1. Citation anonyme de Iwan Bloch dans *The Sexual Life of Our Time*, London, Heinemann, 1909, p. 84, reprise par Jeffreys (1985, p. 138-139).

2. Zwang (1972, vol. 1, p. 80-89).

3. Francis Huster sur la jaquette VHS du film *Équateur* de Serge Gainsbourg, Proserpine, 1984.

T'aurais dû venir à la fête de Bruno l'autre jour, je t'assure qu'il y avait de la fesse !
ORIGINE Début 19ᵉ siècle. H. France note en 1907 : « Ma fesse, ma femme. »

C'est pour cette raison que les féministes ne se plaignent pas d'être réduites à un sexe, mais plutôt à des fesses et à des seins, qui incarnent plus explicitement la trivialité charnelle. Ainsi s'exprime par exemple Gaëlle, féministe militante :

> Bandez donc, mouillez donc, mais ne réduisez pas mon corps à mon cul et à mes seins. Exigence déplaisante [1] ?...

Parallèlement à cette stratégie réduisant les femmes à un corps, les hommes ont le plus grand mal à accepter la triviale réalité du leur :

> « Un homme – un vrai ne montre pas son cul » : c'est Robert Mitchum qui a craché ça à la figure d'un cinéaste qui voulait innover en montrant enfin la virilité postérieure du vieux Bob [2].

On pourrait interpréter d'une façon semblable l'affiche du film *L'homme est une femme comme les autres* de Jean-Jacques Zilbermann (1998), montrant Antoine de Caunes nu et de dos. Le message visuel, ambigu, semble laisser entendre qu'un homme qui montre ses fesses est une femme. Heureusement, le film se joue sur une registre plus subtil. Les mentalités évoluent au cinéma, dans la photographie publicitaire et dans les comportements amoureux des jeunes générations, mais le tabou est long à tomber. Ces propos, tenus en 2001, mais dont on rencontre l'équivalent en 2009 sur les forums ayant trait à la sexualité, en témoignent :

> *Sophie :* Un jour, je caressais les fesses de mon mec de l'époque, il m'a tout de suite dit : « Non, mais moi je suis pas du tout anal. » Le type, direct ! Il me l'a dit clash, comme ça. Tu vois le mur. Comme quoi c'est dans l'esprit des gens, si tu caresses les fesses d'un mec, il y a quelque chose de louche.
> *Estelle :* C'est vrai que la plupart des mecs, c'est « Touche pas à mes fesses [3]. »

1. Gaëlle (1997, p. 9).
2. Rambal (1999, p. 90).
3. Nova Magazine, mars 2001, p. 23.

On en trouve une transposition chez les Chagga, une société africaine traditionnelle dans laquelle les adolescents masculins se bouchent l'anus au cours de la cérémonie initiatique de la circoncision. Ils tentent alors de faire croire aux femmes et aux enfants qu'à la suite de cette initiation, ils cessent définitivement de déféquer[1].

> Un groupe de populations de l'Afrique de l'Est a instauré un ensemble très complexe, mythologique et rituel, sur ce que les nourrices appelaient au siècle dernier la « clé du cul ».
> Chez les Chagga, cette clé du cul est l'objet d'une véritable initiation pour les jeunes gens et le support symbolique de la différenciation mythique des sexes. Dans la vie quotidienne la femme doit prendre sur elle tout ce qui peut embarrasser le mari devant les étrangers ou les enfants. S'il pète *(irasa)* c'est elle qui s'en accuse et accepte d'être tancée à ce propos[2].

Dans le même ordre d'idées, de nombreuses sociétés traditionnelles cultivent des tabous relatifs à « l'impureté » féminine au moins durant certaines périodes liées à la menstruation.

Wolfgang Lederer, quant à lui, n'hésite pas à poser

> l'équation obsessionnelle *«corps = femme = pourriture*[3] ».

Dans les sociétés industrialisées, ces croyances populaires restent souvent vigoureuses. Gérard Zwang par exemple proclame sans hésiter le pénis propre et le vagin sale :

> Toutes les apparences sont contre le sexe de la femme, marécageux, saignotant, puant : que l'on songe à ce que devait être le remugle vulvo-vaginal aux temps où n'existaient ni bidets, ni eau courante, ni antibiotiques, ni désinfectants gynécologiques, ni curetage instrumental des fausses couches, ni suture des déchirures obstétricales, etc. On sait la désagréable habitude de l'odeur vaginale de tourner à l'aigre (de « s'enfromager ») lorsque ne sont pas réalisées ces conditions de bonne santé. Tremper là-dedans un organe aussi propre que le pénis ne peut qu'avilir, dégrader la perfection virile[4].

---

1. Duerr (1988, p. 210).
2. Claude Gaignebet et Marie-Claude Périer dans Poirier (1990, tome 1, vol. 1, p. 864-865).
3. Lederer (1968, p. 40).
4. Gérad Zwang cité sans autre référence par Gauthier (1976, p. 55-56).

Les industriels parviennent à convaincre beaucoup de femmes de porter des protège-slips tous les jours et pas seulement en période de menstruation, ou de porter des cuissards de cyclisme « modèle femme » imprégnés d'antiseptique. Toute une gamme de débouchés industriels a également été créée avec des produits spéciaux pour la toilette intime des femmes, alors que rien de tel n'existe pour les hommes.

Le folklore populaire grivois recèle nombre d'histoires « drôles » faisant référence à la mauvaise odeur du sexe féminin. Dans l'une d'elles par exemple, après avoir croqué la pomme avec Adam, Eve se lave dans la mer alors qu'Adam lui dit : « Les poissons vont puer à tout jamais ! »

Sandor Ferenczi affirme dans *Thalassa* que le sexe féminin émet une hormone également présente dans le corps des poissons en décomposition[1].

En réalité, le manque d'hygiène du sexe masculin produit un résultat olfactif en tous points semblable à celui produit par le manque d'hygiène féminin. Comme nous l'avons vu[2], Malek Chebel rappelle que le but de la circoncision est précisément d'éviter au smegma de s'accumuler entre le gland et le prépuce. Chebel cite d'ailleurs des témoignages féminins sur l'hygiène douteuse de certains hommes, mais ce genre de témoignages reçoit beaucoup moins de publicité que ceux concernant les femmes.

L'anus, c'est la femme

Dans les films pornographiques « *straights*[3] », la seule partie du corps masculin que les femmes sont autorisées à caresser est, à de rares exceptions près, le pénis. Comme le remarque Marie-Hélène Bourcier à propos d'un article indigné du *Nouvel Observateur* sur le film *Baise-moi* :

> Ce qui émeut profondément notre sergent du sexe est la transgression de la frontière sexe/genre : une passivité féminine insupportable infligée à un homme. Par un autre homme, ce serait déjà dommageable, mais se faire enculer par une ou deux femmes est impensable. Cette scène est impossible parce qu'elle renverse symboliquement les rôles que l'on retrouve dans la grande majorité des pornos straights[4].

---

1. Ferenczi (1924, p. 97).
2. Au chapitre 10.
3. *Straight* : droit, rectiligne, hétérosexuel.
4. Bourcier (2001, p. 30).

Remarquons au passage que, comme tous les discours imprégnés de sociologie bien plus que de psychologie, celui de Marie-Hélène Bourcier n'envisage la sexualité que comme une relation à l'autre et pas comme une relation au corps. C'est en effet sur l'inversion des rôles masculin et féminin qu'elle met l'accent (pénétrant ou pénétré), mais elle se garde d'évoquer le refus masculin d'être considéré comme un corps, comme de la chair triviale et salie, comme un orifice anal. Ne considérer la sexualité que comme un jeu de rôles (actif ou passif), c'est éviter de parler du corps. Cette censure systématique de tout ce qui touche au corps a pour conséquence que, un siècle après Freud, le discours sur la sexualité se montre toujours aussi incapable d'envisager la sexualité non seulement comme un rapport à l'autre, mais également comme un rapport au corps et à sa souillure, ce qu'elle est pourtant à l'évidence, en plus d'être un rapport à l'autre.

Cette dénégation, tentée par les hommes, de l'obscénité de leur propre corps explique donc en grande partie l'homophobie masculine : par leur violation du tabou de l'occultation du corps masculin, les gays rendent furieux beaucoup d'hommes hétéros incapables d'assumer leur réalité corporelle. Les gays revendiquent leur plaisir de se laisser pénétrer l'anus, de se laisser caresser les fesses et les mamelons, ce qui, dans l'idéologie patriarcale, est réservé aux femmes. Cela dévalorise l'imagerie virile aux yeux des machos. Comme le note très justement Jean-Paul Sartre à propos de Jean Genet :

La croupe est la féminité secrète des mâles[1].

La plupart des hommes hétéros conventionnels éprouvent, lorsqu'un gay leur met une main aux fesses, un sentiment de révolte et d'humiliation bien supérieur à tout ce qu'ils pourraient éprouver si la même chose arrivait à leur compagne. Le regard que portent les gays sur les autres hommes les remet terriblement en question dans leur certitude d'être libérés de l'enveloppe charnelle. Être considéré comme un corps souillé est le rôle qu'ils assignent aux femmes et dont ils ne veulent à aucun prix. Dit-on jamais qu'un homme est bien roulé ou bien balancé ? On dira plutôt bien monté, pour ne pas faire référence à son corps, mais seulement à son sexe.

La thématique scatologique de beaucoup de courriers reçus à la Mairie de Bègles par Noël Mamère, après sa célébration d'un mariage homosexuel[2], ne

---

1. Jean-Paul Sartre, *St-Genet*, Gallimard, 1988, cité par Welzer-Lang (1996, p. 35).
2. Les plus significatifs de ces courriers sont reproduits dans Simon (2004).

laisse aucun doute sur le sentiment de souillure éprouvé par beaucoup d'hommes – qui ignorent d'ailleurs que tous les gays ne pratiquent pas la sodomie – à l'idée d'un rapport homosexuel. Ce n'est pourtant pas l'idée de se salir en pénétrant un anus qui les choque, ni même d'en retirer de la jouissance. Car l'idée de sodomiser une femme, loin de provoquer chez eux de pareilles réactions, les excite au contraire la plupart du temps. C'est l'idée que cet anus soit celui d'un homme, et surtout que le corps de cet homme soit assimilé à cela. Il est extrêmement significatif que leur homophobie n'empêche pas les machos de violer d'autres hommes par l'anus : le rôle qui leur fait peur est celui d'être considérés comme un simple orifice anal, comme cette chair irrémédiablement entachée de souillure. Désirer cette chair souillée et y pénétrer semble inconsciemment considéré comme beaucoup moins compromettant. Les viols d'hommes dans des milieux exclusivement masculins et aussi homophobes que l'armée ou les prisons sont en effet monnaie courante [1]. Ce n'est pas le fait de bander pour un cul masculin, donc d'éprouver un désir pour ce qui est considéré comme sale, qui choque les machos : c'est d'être réduits à ce cul. Ces deux témoignages d'ex-détenus interrogés sur les violences sexuelles en prison le montrent très clairement :

> Il y a un truc chez les beurs qui dit que « le pédé, ce n'est pas celui qui encule, c'est celui qui se fait enculer. »
>
> En général ce sont chez des personnes très très macho que j'ai rencontré ça [les pratiques homosexuelles], c'est-à-dire des types qui disent « moi j'aime que les femmes » et ainsi de suite, « non je suis pas pédé » mais par contre quand tu les connais un peu mieux, ils te disent à l'occasion que bon ben, à l'occasion ça le dérangera pas d'enculer un mec [...] Ce sont les plus grandes gueules pour dire qu'ils ne sont pas pédés, ce sont les premiers aussi pour aller enculer un mec [2].

Le message exprimé par les images verbales telles que « enculé ! », ou gestuelles comme le doigt d'honneur (le majeur pointé vers le haut), c'est : « la bite c'est moi, l'anus c'est toi ! ». Le rôle humiliant est d'être assimilé à un cul. Ce que les hommes hétérosexuels traditionnels ne supportent pas chez les gays, c'est donc avant tout que ces derniers puissent les regarder comme eux-mêmes regardent les femmes.

---

1. Welzer-Lang et al (1996, p. 34, 151 et 184).
2. Welzer-Lang et al (1996, p. 143 et 146).

Lorsque des hommes hétéros sont dragués par des gays, ils peuvent également se montrer surpris d'avoir été choisis pour cible uniquement sur des critères physiques. Ils n'y sont pas habitués, car les femmes ne se comportent pas ouvertement ainsi avec eux. Ils en déduisent que si les gays le font, c'est parce que l'homosexualité est une tare : « Ils ne pensent qu'au cul » concluent-ils parfois. Ils ne se demandent pas si ce comportement caractérise seulement les gays ou plus généralement les hommes. Sûrs de leur supériorité, ils ne se demandent pas si eux-mêmes se comportent différemment avec les femmes et si ces dernières n'ont pas toutes les raisons de penser d'eux ce qu'ils pensent des gays.

Nous touchons là au cœur même de la culpabilité sexuelle. Les sanctions infligées par les sociétés à quiconque refuse les codes de la déculpabilisation masculine (rejet de la honte sur les femmes et négation de l'analité) sont d'une incroyable cruauté. Simplement parce que les homosexuels font toucher aux autres hommes le cœur de leur honte et de leur culpabilité inconscientes.

La lesbophobie

L'homosexualité féminine a toujours été moins persécutée que l'homosexualité masculine. D'abord parce que les lesbiennes ont toujours su se montrer plus discrètes. Ensuite parce qu'une conception sommaire, mais malheureusement répandue, du rapport sexuel, le réduit à une pénétration pratiquée avec le pénis. Les homosexuelles n'en disposant pas, les adeptes de cette conception en viennent à supposer que la sexualité entre femmes n'en est pas vraiment une, et ne met donc pas l'ordre hétérosexuel en danger. Ensuite encore, parce que les scènes d'amour entre femmes sont une source de fantasmes érotiques très appréciée par les hommes. Le cinéma pornographique l'exploite d'ailleurs abondamment. Et ces scènes se terminent souvent par l'intervention d'un homme, comme si, là encore, la sexualité entre femmes ne pouvait pas être quelque chose de plus sérieux qu'un prélude. Enfin, parce que les lesbiennes ne subissent pas les persécutions frappant les sodomites. C'est ce qui les sauva presque toujours de la condamnation. D'après Vernon A. Rosario :

Bien que la sodomie entre femmes (avec des godemichés ou des clitoris hypertrophiés) ait été un souci de légistes et de moralistes depuis le Moyen Âge, Tardieu considérait la sodomie comme une action perpétrée exclusivement par des hommes sur des femmes ou d'autres hommes [1].

En Allemagne, en 1912, le Reichstag envisage l'extension au lesbianisme de l'article 175, qui réprime déjà très sévèrement l'homosexualité masculine. Mais la commission préparatoire à ce projet s'y montre peu favorable car, selon elle, les lesbiennes ne pratiquent entre elles que la masturbation et pas la sodomie, ainsi que cette commission le mentionne dans son rapport :

> La menace de la loi créerait une nouvelle source de délation et de chantage, particulièrement à l'encontre des prostituées, ces créatures inférieures qui s'adonnent à l'amour avec d'autres femmes. La procédure légale serait très incertaine de toutes façons, puisque l'intimité physique entre femmes ne pourrait que se limiter à la masturbation. Et la masturbation n'était pas répréhensible selon l'article 175 [2].

Ce que condamnait explicitement l'article 175 était en effet uniquement la sodomie.

Mais, même si le lesbianisme fut moins condamné par les tribunaux que l'homosexualité masculine, la lesbophobie existe également. Parmi ses causes, on retiendra tout d'abord, de la part des femmes, le phénomène déjà mentionné – et qui alimente symétriquement l'homophobie masculine – voulant qu'un désir sexuel apparaisse sale à qui ne l'éprouve pas.

La lesbophobie possède également ses causes spécifiques. L'une d'elles serait la réprobation de certaines femmes hétérosexuelles tentant inconsciemment de rejeter sur les hommes la culpabilité du désir. Les femmes qui assument seules la responsabilité de ce désir semblent les en empêcher.

Mais surtout, certains hommes voient dans le lesbianisme un double défi et la perte d'une illusion.

Les lesbiennes sont en premier lieu des proies sexuelles qui leur échappent. En second lieu, elles constituent un défi à leur virilité puisqu'elles n'ont besoin d'eux ni pour jouir, ni pour aimer, ni pour vivre. Ce défi involontairement lancé à des hommes se croyant indispensables aux femmes est très

---

1. Rosario (1997, p. 130).
2. Wolff (1986, p. 97).

certainement le plus déstabilisant pour eux, et celui qu'ils leurs pardonnent le moins. Le ressentiment qui en découle dans leur inconscient constitue probablement la principale motivation des viols parfois commis par des machos à l'encontre de lesbiennes, comme une tentative de remettre les choses dans un ordre qui leur sied.

En troisième lieu, elles représentent enfin la perte de leurs illusions sur la pureté féminine puisqu'ils doivent eux aussi admettre que les femmes n'ont pas besoin de la sexualité masculine pour éprouver ce désir considéré comme impur.

17

La théorie queer

La pensée *queer*[1] est parfois considérée comme la

> seule réflexion théorique originale sur la sexualité que le XXe siècle ait produite après Freud. Et la seule réflexion sur la sexualité qui puisse rivaliser avec celle de Freud, ouvrant ainsi d'autres possibilités que le discours normalisateur de la psychanalyse conventionnelle. Plus spécifiquement, l'approche anti-psychanalytique de la sexualité par Foucault rend possible et nécessaire d'aborder l'homophobie comme un problème politique et non psychologique[2].

C'est ce qu'écrit David Halperin à propos de *La volonté de savoir*, l'ouvrage emblématique de Michel Foucault, fréquemment considéré comme fondateur de la théorie *queer*.

Cette théorie appartient, malgré ses références à Lacan, à la sociologie et non à la psychologie, jugée trop normative. Selon la pensée *queer*, tout s'explique par le conditionnement culturel, ou « construction sociale », et rien ne s'explique par la structure psychologique interne de l'individu. Pour la théorie *queer*, l'esprit humain est à la naissance une page blanche non structurée sur laquelle toute culture peut s'imprimer librement. Seul le conditionnement venu de l'extérieur lui confère un profil psychologique.

Cette conception rejoint celle de la psychologie comportementale, pour qui l'esprit est une boîte noire au contenu mystérieux, duquel le psychologue comportementaliste ne souhaite d'ailleurs rien savoir. Cette boîte noire n'est connue que de l'extérieur, par le conditionnement reçu et la réponse comportementale obtenue.

---

1. En français, on peut par exemple lire sur le sujet Preciado (2000), Bourcier (2001), Bourcier (2005), Butler (1990), Butler (2006), Rubin et Butler (2001), Califia (1997), Halperin (1995), Foucault (1976) et Wittig (2001).
2. Halperin (1995, p. 132).

Page blanche ou boîte noire, voilà deux façons d'exprimer le même refus absolu de reconnaître une structure psychologique innée à l'esprit humain. Par ailleurs, dans le vocabulaire constructionniste, l'identité est collective : elle correspond à celle du groupe social. On parle d'identité sexuelle, d'identité musulmane, d'identité basque espagnole, etc. L'identité individuelle n'existe pas. Ce qu'*est* l'individu n'intéresse pas les comportementalistes puisqu'il n'est à leurs yeux qu'un espace vacant. Seul un conditionnement culturel permettra de lui donner corps en lui attribuant un contenu. Ce qui se déroule au sein de son esprit ne les intéresse pas davantage, seule sa réponse comportementale retient leur attention. Entre deux personnes au comportement identique, ni la psychologie comportementale ni la sociologie ne désirent savoir si l'une souffre et l'autre pas.

La psychologie comportementale, qui se désintéresse de ce qui se trame au sein de l'esprit et ne souhaite le connaître que par son conditionnement et ses réponses comportementales, usurpe sa soi-disant appartenance à la psychologie.

La théorie *queer* quant à elle, née dans le mouvement homosexuel, transgenre et féministe lesbien, est fondée sur une négation du genre biologique. Selon elle, les distinctions de genre résultent d'une construction sociale.

Ces idées se sont constituées en réaction aux discours essentialistes des psychanalystes et des sexologues, selon lesquels l'homosexualité serait un dysfonctionnement biologique ou psychologique. Pour déconstruire ce que ces derniers tiennent pour acquis, et par là même libérer les membres des minorités sexuelles des carcans comportementaux, la phrase de Simone de Beauvoir « on ne naît pas femme, on le devient » est réécrite par la communauté *queer* en « on ne naît pas homo ou hétéro, on le devient ». Si notre genre masculin ou féminin, ou si notre orientation sexuelle, peuvent ainsi être induits par la société, c'est qu'ils peuvent également être reconstruits autrement, de façon moins rigide et tout aussi légitime. C'est aussi que vivre des expériences homosexuelles peut être accepté comme la réalisation d'une aspiration épanouissante et non comme le résultat d'une névrose ou d'une maladie mentale.

Il est effectivement indéniable que l'éducation et le conditionnement social induisent des différences vestimentaires et comportementales indûment associées au genre biologique, alors qu'elle sont culturelles. La crédibilité de la pensée *queer* est cependant desservie par certains excès. Les différences anatomiques entre genres, (organes génitaux, largeur des hanches et des épaules, musculature, stature, voix, etc.) si elles peuvent être modifiées par la chirurgie et la prise d'hormones, sont cependant liées à la génétique. L'énoncé de postulats classant la sexualité toute entière, et pas seulement l'orientation sexuelle, voire le corps lui-même, dans les constructions sociales, fait partie de ces excès irréfléchis, plus nocifs que réellement utiles à la cause des minorités sexuelles.

Je me limiterai ici à une critique des textes *queers* disponibles à ce jour en français, qu'ils aient été écrits directement dans la langue de Voltaire ou traduits de l'américain. Il en existe paraît-il de meilleurs, malheureusement non encore traduits. Si ma critique se limite à ce qui circule en France, c'est dans le but de souligner les faiblesses de l'école française, causées à mon sens par sa focalisation sur le langage. En France les pratiques militantes du mouvement *queer* ont, de mon point de vue, apporté bien davantage que la théorie.

Une négation du corps

Le projet théorique de Beatriz Preciado est celui d'un rapport sexuel dans lequel chaque partenaire abandonne toute référence à son genre et utilise tous les moyens de le déconstruire [1]. La relation sexuelle idéale a lieu selon elle entre deux êtres dépourvus de schémas mentaux genrés, voire dépourvus de toute une image mentale du corps, égaux quels que soient leurs caractères physiques. N'existant plus que par la sensation procurée par le contact sexuel. Ce projet n'est pas sans rappeler, involontairement sans aucun doute, Krishnamurti décrivant son esprit en méditation [2]. Sa personnalité n'existe plus, il n'est qu'une conscience dépourvue de mémoire et de pensée, entièrement abandonnée dans la contemplation. À tel point qu'il n'a plus la sensation d'être autre chose que ce qu'il observe. Faire l'amour comme on médite, s'abandonner au point de n'être plus que la sensation éprouvée, le projet ne manque pas de charme.

---

1. Preciado (2000).
2 Krishnamurti (1970).

La proposition de Preciado, et la pensée *queer* en général, pour intéressantes qu'elles soient, ne parviennent cependant pas selon moi à éviter pour le moment certaines contradictions.

En premier lieu, le rejet de toute image mentale du corps, et donc des émotions érotiques liées à cette image, désérotise la sexualité. Une sexualité se limitant à la stimulation des zones érogènes ignorerait la dimension fondamentale de l'érotisme, sa raison d'être : une restauration transgressive de l'image corporelle.

Une négation du désir

En second lieu, le projet de Preciado moralise le rapport sexuel au point de bannir tout désir s'écartant du dogme proposé. Le mouvement *queer* prit naissance au sein de minorités sexuelles opprimées s'insurgeant contre les normes que la société tentait de leur imposer. Mais Preciado définit une série d'autres normes tout aussi contraignantes. Parmi elles, la célébration d'un geste sexuel de référence (dans un premier temps du moins) : la pénétration anale au moyen de godes, d'objets ou de parties du corps. Ceci afin d'abolir les différences entre ceux qui possèdent un pénis et celles qui n'en possèdent pas, entre ceux qui ne peuvent que pénétrer et celles qui ne peuvent qu'être pénétrées. Dans son *Manifeste contra-sexuel*, elle imagine en effet un contrat passé entre volontaires décidés à en finir avec l'oppression hétérocentrée :

> article 1
> La société contra-sexuelle décrète l'abolition des dénominations « masculin » et « féminin » correspondant à des catégories biologiques [...]
> article 2
> Pour éviter la réappropriation des corps comme féminin ou masculin dans le système social, chaque corps nouveau (c'est-à-dire chaque nouveau contractant) portera un nom nouveau qui échappe aux marques du genre [...]
> article 3
> Suite à l'invalidation du système de reproduction hétérocentrée, la société contra-sexuelle déclare :
> • l'abolition des privilèges sociaux et économiques dérivés de la condition masculine ou féminine – soi-disant naturelle – des corps ou des sujets parlants dans le cadre du régime hétérocentré [...]
> article 4
> La re-signification contra-sexuelle du corps deviendra opérante avec l'introduction graduelle de certaines politiques contra-sexuelles. Un, l'uni-

versalisation des pratiques qui ont été stigmatisées comme abjectes dans le cadre de l'hétérocentrisme. Deux, il sera nécessaire de mettre en œuvre des équipes de recherche contra-sexuelles high-tech de manière à trouver et à proposer de nouvelles formes de sensibilité et d'affection.

Plusieurs pratiques contra-sexuelles seront socialement mises en œuvre de manière à ce que le système contra-sexuel prenne effet :

• resexualiser l'anus (une zone du corps qui a été exclue des pratiques hétérocentrées comme étant la plus sale et la plus abjecte) en tant que centre contra-sexuel universel

• [...] La centralité du pénis comme axe de signification du pouvoir dans le cadre du système hétérocentré requiert un immense travail de re-signification et de déconstruction. C'est pourquoi, pendant la première période d'établissement de la société contra-sexuelle, le gode et toutes ses variations syntaxiques – telles que les doigts, les langues, les vibromasseurs, les concombres, les carottes, les bras, les jambes, les corps entiers, etc. – ainsi que ses variations sémantiques – telles que les cigares, les flingues, les bâtons, l'argent, etc. – seront utilisés par tous les corps ou sujets parlants dans le cadre de contrats contra-sexuels réversibles et consensuels[1].

Les genres sont ainsi déconstruits, tout le monde pénètre tout le monde. Pour les personnes aimant la pénétration anale et les godemichés c'est parfait, mais pour les autres, bernique. Le désir sexuel spontané n'est pas invité au bal, aucune initiative ne lui est permise en dehors de la voie balisée.

Dans un premier temps la pensée *queer* nie donc le corps, et dans un second temps la voilà qui nie également le désir, ce dernier devant se conformer à un but politique. Pour un mouvement qui se revendique comme pionnier de l'émancipation sexuelle, l'objectif semble manqué. Dépossédée du désir et de l'excitation mentale liée au corps, la sexualité semble étrangement revenue à l'époque puritaine. En réalité la sexualité selon Preciado est tout aussi normée que la sexualité traditionnelle, les normes en sont simplement décalées. La sexualité qu'elle prône devient d'autre part un acte purement technique, physiologique. Aucun espace ne permet au désir ni à l'émotion d'exister au cas où ils ne se conformeraient pas aux normes nouvellement édictées.

---

1. Preciado (2000, p. 32-34).

Une incapacité à se dégager des idées combattues

En troisième lieu, et c'est plus grave, le projet de Preciado ne se dégage pas du schéma mental qu'il se propose de combattre. Il prétend en effet s'opposer aux discriminations fondées sur les catégories masculine et féminine, malheureusement ce n'est pas directement à ces discriminations qu'il s'en prend, mais au caractère biologique de ces catégories. S'en prendre réellement aux discriminations consisterait à les combattre quelle que soit leur origine, naturelle ou artificielle.

Mais dans la logique qui sous-tend le mouvement *queer*, une discrimination issue d'une inégalité naturelle ne peut être combattue. Le seul recours restant consiste donc à contester le caractère biologique de toutes les inégalités. Selon cette logique, si par malheur la supériorité biologique d'une catégorie sur une autre venait à être prouvée, comme celle des adultes sur les nourrissons, toute discrimination entre adultes et nourrissons serait aussitôt légitimée et ne pourrait plus être combattue. Or se dégager réellement de cette logique discriminatoire consisterait à proclamer que si les nourrissons sont biologiquement incapables de se défendre, cela ne peut en aucun cas justifier leur maltraitance. Ce que se garde bien de faire le *Manifeste contrasexuel*, qui se borne à nier le caractère biologique des catégories qu'il envisage.

Beatriz Preciado cautionne en outre une imposture patriarcale lorsqu'elle renonce à dénoncer l'attribution d'une prétendue supériorité biologique à l'organe pénétrant sur l'organe pénétré. Si une inégalité biologique existe entre hommes et femmes, elle est en effet liée à la vulnérabilité féminine aux agressions sexuelles et au risque de grossesse[1]. Elle n'a en revanche, comme nous allons le voir, strictement aucun lien avec le fait que le pénis soit un organe pénétrant et le vagin un organe pénétré.

Pourtant, dans le *Manifeste contra-sexuel*, l'attribution d'un pouvoir intrinsèque au pénis est déclarée incontournable dans l'immédiat. La stratégie envisagée par le *Manifeste* ne consiste donc même pas à dénoncer cette imposture biologique conférant un pouvoir à l'organe pénétrant, mais à s'en confectionner un postiche afin de pénétrer un orifice commun aux deux sexes, l'anus. L'influence lacanienne se fait malheureusement sentir dans

---

1. Voir chapitre 15.

beaucoup de textes *queer* et cette idée d'une supériorité de l'organe pénétrant semble directement issue de la littérature phallocrate de Freud et de Lacan. Comme Lacan qui ramène tout au langage, Preciado assimile en effet la sexualité à la grammaire avec des expressions comme « variations syntaxiques » ou « variations sémantiques » pour désigner diverses pratiques sexuelles. Elle assimile même l'être humain tout entier à son langage en le désignant comme un « sujet parlant » (afin de le désigner sans lui attribuer de genre) plutôt que comme un « être désirant » par exemple. Elle ne propose donc pas, « pendant la première période d'établissement de la société contra-sexuelle » d'abandonner le principe patriarcal d'attribution du pouvoir au pénis – ce serait renier toute la culture lacanienne – mais de s'approprier ce vecteur supposé du pouvoir. De la même façon que Luce Irigaray proposait de remplacer « l'instance phallique » de Lacan par « l'instance matricielle » (l'utérus) sans sortir du contexte culturel lacanien [1].

Pourtant le principe d'attribution d'un pouvoir à l'organe pénétrant, et d'infériorisation de la personne pénétrée, ne s'appuie sur rien d'autre que des fantasmes misogynes. Accepter cette idée, c'est cautionner les schémas mentaux de Freud et de Lacan. L'attribution d'un rôle passif, donc soumis, à la personne pénétrée, et d'un rôle actif, donc dominant, à la personne qui pénètre, constitue en effet un raccourci patriarcal hâtif et mensonger.

Certes, en cas de viol, le dominant pénètre et le dominé est pénétré. Ce sont généralement les hommes qui violent et même lorsqu'ils violent d'autres hommes, c'est encore en leur pénétrant l'anus. Les hommes ne tirent pourtant pas leur aptitude au viol de la faculté de pénétrer, mais de leurs systèmes musculaire et hormonal, et de leur conditionnement social, poussant aux agressions. Il n'existe aucun lien de cause à effet entre la faculté de pénétrer et la propension au viol. Les deux sont simplement présents chez les mêmes personnes, sans que l'un soit la conséquence de l'autre. Le pénis ne détient évidemment aucun pouvoir intrinsèque, le pouvoir se trouve ailleurs, dans la faculté de séduire, donc de prendre le pouvoir, sans se mettre en danger [2].

Dans le cas d'une pénétration mutuellement consentie et pratiquée dans la position du missionnaire, le rôle actif revient, là encore, à l'homme car

---

1. Irigaray (1974).
2. Voir chapitre 15, p. 147-148.

c'est lui qui guide le mouvement. Mais, là non plus, aucun lien de cause à effet n'existe entre la faculté de pénétrer et l'attribution de ce rôle actif. Le rôle actif ne dépend que de la position adoptée, dans la position d'Andromaque – la même mais avec une inversion des rôles – c'est au contraire la femme qui mène la danse bien qu'elle soit pénétrée, car c'est elle qui dispose de sa liberté de mouvements.

Se dégager réellement de la logique patriarcale que Preciado prétend combattre impliquerait une rupture radicale avec les idées archaïques défendues par les théories irrationnelles et misogynes de Freud et de Lacan.

L'écueil du constructionnisme social dans son ensemble est de ne pas parvenir à s'inscrire dans une logique réellement différente de celle qu'il prétend combattre. Le problème se posait déjà en ces termes lors de son apparition.

La genèse des thèses constructionnistes

L'idéologie constructionniste se développa dans les premières décennies du XXe siècle, en opposition à l'eugénisme alors triomphant. Derek Freeman relate quelques moments marquants de la violente polémique qui opposait alors les eugénistes à l'école constructionniste de l'anthropologue Franz Boas :

> Les préparatifs du Congrès International d'Eugénique de New York en 1921 et du centenaire de Galton en 1922 allaient bon train. Dans les États-Unis des débuts des années 1920, l'eugénique avait donc, comme l'affirmait Lowie, le vent en poupe [...] Les boasiens, dans leur toute nouvelle indépendance, répondaient à ces événements avec une vigueur redoublée [...] La discorde s'amplifia avec la parution en 1921 de la quatrième édition révisée de *The Passing of the Great Race*, dans laquelle Grant exaltait une fois de plus la supériorité de la race nordique [...] Les boasiens et les essentialistes étaient maintenant plus violemment en désaccord que jamais auparavant [...] En juillet 1920, Lowie [...] [disserta] sur l'ignorance de Galton à propos de *« l'influence de l'environnement social »*, quand il réitéra les réflexions de Boas voulant que *« les différences culturelles n'ont aucune commune mesure avec les différences raciales »* et déclara catégoriquement que *« des différences culturelles considérables peuvent advenir sans changement fondamental de la constitution physiologique. »* En 1911 Boas était quasiment seul dans son opposition au déterminisme biologique de Galton et Davenport, mais une décennie plus tard, la situation avait significativement changé. En 1921 une

école d'anthropologie culturelle, reconnaissant Boas comme son maître à penser, avait été formée, et au sein de la discipline apparentée de la psychologie, un mouvement majeur appelé comportementalisme l'avait rejointe dans le combat contre les idées essentialistes[1].

À un « argument » stupide : « les Blancs possèdent un cerveau biologiquement supérieur à celui des Noirs », le constructionnisme finira, avec le temps, par répondre par un argument d'une stupidité équivalente : « La biologie du cerveau n'existe pas et l'esprit est d'ailleurs une page blanche sur laquelle la culture peut programmer ce qu'elle veut ». Or ce n'est pas parce que les eugénistes se sont appuyés sur des différences biologiques imaginaires entre Blancs et Noirs pour fourbir leurs théories racistes que la biologie du cerveau n'existe pas. Non seulement la neurobiologie existe bel et bien, mais chaque espèce, y compris la nôtre, possède ses comportements spécifiques génétiquement programmés. Si par exemple Frans de Waal a pu mettre en évidence les extraordinaires similitudes entre nos comportements sociaux et ceux des chimpanzés[2], c'est évidemment en raison de l'extrême proximité biologique entre le cerveau humain et celui du chimpanzé. La page de notre esprit n'est donc pas aussi vierge que cela. Cette simplification abusive de la réalité ne peut déboucher que sur des impasses et des erreurs.

Naturel ne signifie pas légitime

Dès son origine, le constructionnisme a échoué à s'inscrire dans une logique fondamentalement différente de celle qu'il prétendait combattre : il a toujours soutenu implicitement l'idée que ce qui était naturel possédait une légitimité et ne pouvait être modifié. Et lorsque ce qui lui semblait relever de la biologie lui déplaisait, il a toujours contesté l'importance de la biologie. Or refuser la logique « naturaliste » (ou essentialiste) de l'eugéniste Francis Galton consisterait tout simplement à refuser l'idée que ce qui est naturel possède une légitimité et ne peut être modifié. Ce refus d'une logique « naturaliste » – en réalité pseudo naturaliste car elle s'appuie sur une biologie fantaisiste et approximative – consisterait ensuite à corriger les erreurs biologiques manifestes, telles que celles attribuant un pouvoir au pénis ou à

---

1. Freeman (1983, p. 51-54).
2. De Waal (1982).

la couleur de la peau, puisque le pouvoir réside en réalité ailleurs [1]. Ce refus ne consiste pas, en revanche, à nier l'existence de différences entre les catégories biologiques lorsqu'elles existent réellement.

Lorsque la nature accorde réellement un avantage à un groupe biologique sur un autre, par exemple à celui des grands sur celui des petits, ou à celui des surdoués sur celui des handicapés mentaux, une logique réellement anti-naturaliste consisterait à affirmer : « cette injustice naturelle donne lieu à des abus, nous allons la compenser par un arsenal juridique et culturel ». Elle ne consiste pas à nier l'injustice naturelle, mais à la combattre.

Or classer la différence entre adultes et enfants dans la catégorie des « constructions sociales » ne combat ni le fléau des pères violeurs, ni celui de la maltraitance infantile. Bien au contraire, classer systématiquement dans les « constructions sociales » les injustices que l'on souhaite abolir, cautionne l'idée qu'une injustice dont l'origine biologique serait avérée ne pourrait être combattue. Ce qui correspond à la logique de Galton.

L'utilisation de pénis artificiels dans le but de s'approprier le pouvoir relève, au même titre que la décoloration cutanée de Michael Jackson, de cette même logique.

D'une part, cette attitude implique la croyance à des absurdités biologiques dignes de Galton : l'attribution d'un pouvoir à l'organe pénétrant ou à la blancheur de la peau.

D'autre part, ces deux attitudes légitiment les injustices biologiques puisqu'elles ne consistent pas à les combattre mais à se ranger du côté du plus fort.

Dans le cas des genres, le raisonnement constructionniste est identique : « le patriarcat ne pouvant être déconstruit que s'il est entièrement artificiel, attribuons aux genres la mention *construction sociale*, puis déconstruisons-les. »

Ce raisonnement s'appuie sur le postulat qu'il ne peut exister de genres que patriarcaux, ce qui, au contraire de combattre l'idéologie patriarcale, la renforce. Il ne parvient pas à se dégager de cette idée qu'une inégalité naturelle avantageant un groupe sur l'autre soit inéluctablement utilisée par les plus forts – ou les plus nombreux dans le cas de l'hétérosexualité – pour asservir les plus faibles – ou les moins nombreux.

---

1. Voir chapitre 15, p. 147-148.

Pourquoi demeurer à tout prix dans une logique aussi simpliste que celle que l'on prétend combattre ? Si cela doit conduire à des affirmations tout aussi contestables, parce que simplistes et fausses, que celles contre lesquelles on lutte, le débat ne peut avancer. Est-il si difficile de refuser cette logique binaire, aujourd'hui complètement dépassée, voulant que tout soit naturel, ou que tout soit culturel [1] ?

En réalité, les comportements sexuels ou de communication langagière apparaissent dans tout groupe humain, quelle que soit sa culture. Cela prouve tout simplement que ces comportements sociaux sont, en partie au moins, biologiquement programmés. L'affirmation que le désir sexuel n'est qu'une construction sociale dissociée de toute programmation génétique n'est donc pas recevable. Cette programmation génétique est cependant suffisamment souple et ouverte pour que les comportements sociaux auxquels elle donne lieu adoptent des formes très variées. C'est ainsi que chaque groupe élabore une langue différente et une sexualité différente.

Pourquoi la théorie *queer* s'enferre-t-elle dans cette logique sommaire de la construction sociale à tout prix ? Reprenons l'affirmation de David Halperin, déjà citée en ouverture de ce chapitre, et pour qui la pensée foucaldienne serait

> la seule réflexion sur la sexualité qui puisse rivaliser avec celle de Freud, ouvrant ainsi d'autres possibilités que le discours normalisateur de la psychanalyse conventionnelle. Plus spécifiquement, l'approche anti-psychanalytique de la sexualité par Foucault rend possible et nécessaire d'aborder l'homophobie comme un problème politique et non psychologique [2].

Foucauld et Halperin craignent de découvrir des causes psychologiques à l'homophobie, de peur que cette psychologie ne présente un caractère inné, donc biologique. Ils ne veulent lui trouver que des causes sociales, donc politiques.

Pourtant, l'homophobie possède bel et bien certaines causes psychologiques, même mineures, liées au dégoût du corps. En effet, nous l'avons vu au chapitre précédent : un désir sexuel que l'on ne partage pas et dont on ne bénéficie pas est souvent considéré comme sale. Et ce dégoût du corps pré-

---

1. Pour une critique philosophique et scientifique du constructionnisme, voir Hacking (1999).
2. Halperin (1995, p. 132).

sente effectivement un caractère inné et universel. Mais ce n'est pas pour autant que l'homophobie est biologiquement inéluctable, puisqu'elle, par contre, dépend du contexte culturel. La raison en est que, dans un contexte respectueux, lorsque les émotions liées au corps sont suffisamment ténues, la compréhension de l'autre passe largement au premier plan. Et un éclairage psychologique avisé peut même y contribuer. Que la biologie existe ne signifie pas qu'elle détermine tout.

Et ce n'est pas non plus parce que la théorie freudienne est erronée que l'approche psychologique produira toujours de mauvais résultats. Face aux insuffisances de la physique newtonienne, Einstein n'a pas conclu au caractère erroné de la physique, il l'a fait progresser.

Freud considère l'homosexualité comme une conséquence de l'arrêt du développement sexuel à un stade infantile, autrement dit comme le résultat d'un dysfonctionnement. Or la théorie sur la structure de l'inconscient sexuel proposée dans le présent ouvrage, qui constitue une alternative à la théorie freudienne, ne fait pas de l'homosexualité le résultat d'un quelconque dysfonctionnement. Elle présente une structure générale de l'inconscient sexuel, fondée sur un conflit avec le corps, et sur un besoin de réconciliation avec lui, passant par l'idéalisation d'un partenaire. Elle explique pourquoi il est souvent plus facile d'idéaliser des partenaires complémentaires que des partenaires vous ressemblant trop. Elle fait appel à la diversité humaine pour expliquer que, ne se reconnaissant que dans certains des caractères habituellement associés à leur propre sexe, les homosexuels idéalisent des partenaires de même sexe, mais présentant d'autres caractères, complémentaires des leurs, mais également associés à leur propre sexe. Les raisons faisant que l'on ne se reconnaît pas dans toutes les normes associées à son propre sexe, ou à quelque norme que ce soit, ne manquent pas, et ne sont pas toujours mauvais signe. Si le fait de ne pas se reconnaître dans les majorités devait être considéré comme une tare, les artistes, les génies, les pacifistes et les personnes talentueuses en général seraient toutes tarées. Les exemples sont légion où la passivité conformiste a conduit des majorités ordinaires à tremper dans des infanticides, des guerres, des colonisations, l'esclavage ou le patriarcat. Vue sous cet angle psychologique, l'homosexualité n'a donc rien d'un dysfonctionnement.

Ce rejet de la psychologie et de la biologie au profit du constructionnisme à tout prix n'est donc pas toujours justifié.

Minorités naturelles et minorités culturelles

Par ailleurs, que les comportements hétérosexuels soient les plus nombreux pour des raisons biologiques ou culturelles, ne signifie pas qu'ils soient meilleurs ou moins bons. Ni que les majorités doivent plus ou moins de respect aux minorités. Il est temps, me semble-t-il, de sortir de cette logique biaisée. Devrait-on, en France, moins de respect à un français noir qu'à un étranger blanc sous prétexte que son caractère minoritaire serait d'origine biologique plutôt que culturelle ? Une telle façon de penser serait scandaleuse et s'inscrirait dans une logique de ségrégation implicite, dont la pensée constructionniste ne parvient visiblement pas à se dégager. Un transgenre ou un homosexuel mérite-t-il plus ou moins de respect s'il l'est en raison d'une configuration génétique plutôt qu'en raison de son éducation ? La théorie *queer* commettrait une erreur manifeste en cherchant à relier l'origine d'un particularisme au respect dû à la minorité correspondante.

Les représentants de la pensée *queer* finissent d'ailleurs peut-être par s'en rendre compte puisque, après avoir exploré jusqu'à son terme l'impasse de la négation du corps et de la biologie, ils se réorientent aujourd'hui vers une timide et tardive « découverte » du corps. Il était temps. Ajoutons par ailleurs que si la sexualité est bien une relation à autrui, elle est également une relation au corps. Et qu'un modèle théorique de la sexualité niant le corps ignorerait évidemment la dimension fondamentale de la sexualité.

Foucault, Lacan et l'école française

David Halperin, témoin engagé de la cause homosexuelle américaine des années 1980, et aujourd'hui théoricien *queer*, se réfère à l'école française (Lacan, Foucault, Barthes et Derrida) pour désigner l'idéologie qu'il considère comme progressiste, c'est-à-dire constructionniste [1]. Et selon lui, la plupart des représentants de la grande époque d'*Act Up-New York* considèrent encore *La volonté de savoir*, de Michel Foucault, comme leur livre de référence [2]. Le même constat sur l'importance de Foucault dans l'idéologie *queer* pourrait très certainement être effectué en France.

Halperin explique le succès de la pensée de Foucault dans le mouvement gay par l'aide intellectuelle qu'elle a représentée dans les négociations avec les ins-

---

1. Halperin (1995, p. 13).
2. Halperin (1995, p. 31-32).

titutions pendant l'épidémie de sida. Foucault a en effet montré, dans *La volonté de savoir*, comment résister à l'omniprésente mauvaise foi des discours homophobes qui n'hésitent jamais à se contredire pour se retourner invariablement contre l'homosexualité. Sa méthode consiste à renoncer, dans un premier temps, au combat perdu d'une argumentation classique pour une stratégie plus avisée. Il se place en observateur extérieur des discours sur la sexualité, et se livre à une analyse critique des méthodes et des intentions de leurs auteurs. Une analyse critique qui se révèle plus efficace qu'une naïve participation à un débat truqué. Car c'est cette attitude qui a permis de révéler au grand jour la partialité et le caractère raciste et homophobe du discours des autorités médicales et gouvernementales, lesquelles souhaitaient rester passives face à l'épidémie de sida tant qu'elle ne touchait que les Noirs et les homosexuels. Cette mise en évidence des enjeux de pouvoir et des méthodes discursives des institutions a permis aux militants d'*Act-Up* de sortir de leur rôle de victimes, pour se placer en interlocuteurs capables de déstabiliser les médecins et les élus racistes et homophobes, et de déverouiller ainsi la lutte contre l'épidémie.

Le seul reproche qui pourrait, à mon sens, être aujourd'hui adressé à cette stratégie est que, dans le contexte culturel français, la tentation est grande de s'installer trop durablement dans l'analyse du discours. Car les français aiment le langage, et préfèrent s'intéresser à lui plutôt qu'à la réalité qu'il est censé décrire.

Autre point critique, les clés proposées par Michel Foucault dans son *Histoire de la sexualité* ne permettent pas de comprendre quels faits matériels provoquent les changements sociaux. Or cette ignorance délibérée des ressorts provoquant les changements sociaux n'aide pas à les provoquer lorsque l'on cherche, par exemple à faire reculer l'homophobie. Pire, la description donnée par Foucault de ces changements est biaisée. Lorsqu'il décrit par exemple la période victorienne [1], il affirme que la répression sexuelle n'est qu'une vue de l'esprit car, durant cette période, les textes évoquant sexualité se multiplient. Leur objectif apparent est pourtant la codification des rituels quotidiens en fonction de l'évitement de la sexualité. Mais le résultat obtenu serait, selon Foucault, une érotisation de chaque instant de la vie par ces évocations sexuelles permanentes. L'objectif de ce discours répressif, tenu

1. Foucault (1976, p. 25-67).

par le pouvoir, serait de canaliser la sexualité vers un objectif de reproduction, car les États, en se modernisant, chercheraient à contrôler ce moyen d'augmenter leur population, donc leur puissance.

Foucault se désintéresse de la réalité de la répression puritaine, pour ne considérer que ce qui s'écrit sur la sexualité durant cette période. Il détourne son regard des faits historiques concrets, comme par exemple, à partir de la fin du XVIIIe siècle, la ligature des mains des enfants afin d'éviter la masturbation nocturne[1], l'usage de la chemise conjugale, la pénalisation, par le code Napoléon à partir de 1810, de la nudité sur les plages là où elle était tolérée auparavant, la soudaine pratique, par les médecins et les chirurgiens, de la clitoridectomie, de l'infibulation et de la cautérisation pour prévenir la masturbation[2], ou la dramatique limitation de la toilette dans les pensionnats, les monastères et les couvents afin d'éviter aux élèves, aux moines et aux sœurs, la vue du corps humain.

Il ignore également le fait que l'explosion démographique, causée par la révolution industrielle, constitue la vraie cause de cette soudaine défiance envers la sexualité, une défiance qui ne prendra fin qu'au cours des années 1960, avec la pilule.

Sa thèse, par sa focalisation sur l'étude des discours et l'occultation de faits matériels évidents, conduit à des absurdités. La période puritaine commence au moment où les États, nouvellement industrialisés, viennent de rendre la scolarité obligatoire[3]. Dans un pays qui s'industrialise et dans lequel tout le monde sait désormais lire et écrire, on écrit soudain davantage, et sur des sujets plus variés. Que l'on écrive davantage sur la sexualité ne signifie donc pas que la société s'érotise, mais que le niveau culturel augmente. Et dans le contexte d'une explosion démographique, rendant soudainement la sexualité problématique, alors qu'elle l'était beaucoup moins auparavant, c'est bien pour la réprimer, et pas pour la canaliser vers des pratiques exclusivement reproductives, que tout le monde se met à écrire à son sujet.

---

1. Stengers et Van Neck (1984, p. 132-133).
2. Stengers et Van Neck (1984, p. 128-132) ; Claude Chippaux, *Des mutilations, déformations, tatouages rituels et intentionnels chez l'homme* dans Poirier (1990, tome 1, p. 558) ; Descamps (1986, p. 106).
3. Voir, au chapitre 11, *L'abolition des privilèges et le décollage démographique*, p. 115-120.

Le travail de Foucault ne permet ni de mieux connaître ni de mieux comprendre l'histoire de la sexualité. Foucault appartient, comme Lacan, à la culture française, qui aime tant la rhétorique et si peu la réalité. Cependant, si son intérêt s'arrête à avoir fourni aux militants *queers* des outils pour répondre aux discours racistes et homophobes des autorités, il est déjà énorme, et peut-être ne faut-il pas le chercher ailleurs.

Quant à la position de Michel Foucault à propos des thèses constructionnistes en matière de sexualité, Halperin la résume ainsi :

> D'abord, pour autant que je sache, Foucault n'a jamais pris position sur un problème aussi empirique que celui des causes de l'homosexualité et il ne s'est pas prononcé sur la question de savoir si elle est de nature sociale ou biologique. Il s'est contenté d'étudier l'histoire des conditions qui ont rendu possible la formation institutionnelle et discursive de l'homosexualité (aussi bien que des autres « formes » de « sexualité »). Bien qu'il ait voulu jeter le discrédit sur l'idée selon laquelle l'homosexualité aurait toujours existé, et bien que sa décision d'écrire l'histoire de la sexualité « du point de vue de l'histoire des discours », plutôt que du point de vue de l'histoire des sciences, ait eu pour effet de privilégier un mode d'explication historique et culturel plutôt que scientifique, il n'a jamais explicitement « épousé », contrairement à ce qu'affirme Mohr, l'idée que l'homosexualité est socialement construite. Lorsqu'on l'interrogea un jour sur « la distinction entre prédisposition innée à l'homosexualité et conditionnement social », et qu'on lui demanda s'il avait une « conviction dans ce domaine », il répondit catégoriquement : « Je n'ai strictement rien à dire sur ce point. *No comment*[1]. »

Même si Foucault se refuse à prendre ouvertement position sur la question, ce qui séduit les constructionnistes dans son approche est que – comme Freud – il ne s'intéresse pas aux faits mais aux discours tenus sur les faits. À propos de Freud, il considère cependant – à juste titre – la psychanalyse comme partie intégrante du mécanisme mis en place par le pouvoir afin de normaliser la sexualité[2]. Nous verrons en effet aux chapitres 20 à 26 que les théories freudiennes doivent leur succès à une trahison : elles n'ont feint de renverser l'ordre moral que pour mieux le restaurer à l'identique, mais dans un langage plus contemporain, médical et laïc.

---

1. Halperin (1995, p. 20).
2. Foucault (1976, p. 169-173).

Malgré le caractère réactionnaire des idées freudiennes, rejeter toute approche psychologique sous prétexte que la psychanalyse est conservatrice, c'est confondre Freud avec la psychologie toute entière, et lui accorder ainsi une importance qu'il ne mérite pas.

Paradoxalement, un autre psychologue célèbre, Jacques Lacan, tout aussi attaché au patriarcat que Freud, bénéficie d'un certain crédit au sein du mouvement *queer*. Le retentissement intellectuel des idées lacaniennes est d'ailleurs lui aussi considérable Outre-Atlantique, même s'il a été dénoncé avec brio par Alan Sokal et Jean Bricmont[1].

Les idées de Lacan sur la sexualité ne sont pourtant pas éloignées de celles de Freud. Jamais Lacan n'a critiqué ni modifié la théorie des pulsions, une théorie qui remonte à une époque où le constructionnisme n'existait pas. Les conceptions freudiennes sont même franchement naturalistes, Freud postule par exemple un moindre sens moral aux femmes et une perversion inhérente à l'enfance. Son biologisme a par ailleurs fait l'objet d'un important ouvrage de référence, *Freud biologiste de l'esprit*[2].

Mais Freud et Lacan travaillent à la manière des philosophes : sur les idées et sur la culture plutôt que sur les faits, ce qui ne peut que flatter le mouvement constructionniste. Et l'interprétation lacanienne des théories psychanalytiques n'a fait qu'exacerber encore l'importance du langage.

Les idées lacaniennes appartiennent elles aussi à une grande tradition intellectuelle française, dont l'une des principales caractéristiques consiste à ignorer les faits matériels ayant pu induire les changements sociaux, pour rechercher les causes de ces changements dans le discours et dans la culture.

À titre d'exemple de cette tradition, dans le domaine de l'histoire de l'enfance, Philippe Ariès est aussi souvent cité en France que Lloyd de Mause est ignoré. En résumé, de Mause soutient que l'enfance est un stade biologique, auquel correspondent des besoins spécifiques, qui ne furent reconnus qu'au fur et à mesure des progrès techniques favorisant un accroissement du confort général. Ariès soutient que l'enfance serait une construction sociale sans existence biologique, qui se serait mise en place peu à peu dans l'histoire. Les Français préfèrent retenir l'idée que les conditions technologiques ne sont pour rien dans l'évolution des mentalités ayant permis une reconnais-

---

1. Sokal et Bricmont (1997).
2. Sulloway (1979).

sance des besoins infantiles et que la notion d'enfance a été créée par un changement de discours. De façon similaire, dans le domaine de l'histoire de la pudeur, Norbert Elias est aussi souvent cité en France que Hans Peter Duerr est ignoré. Elias soutient que la pudeur est une création culturelle apparue peu à peu dans l'histoire, surtout en Occident. Duerr soutient au contraire qu'elle est un besoin inhérent à la nature humaine, qui n'a pu être progressivement satisfait qu'avec les progrès techniques. Les Français préfèrent retenir que les évolutions comportementales ne doivent rien aux progrès techniques ayant permis l'apparition des vêtements, des murs et du tout-à-l'égout, et sont uniquement imputables à l'évolution des discours. De façon encore similaire, Margaret Mead est aussi souvent citée en France que Derek Freeman est ignoré. Mead soutient que les conflits entre parents et enfants liés à l'éveil de la sexualité adolescente sont une particularité culturelle occidentale inconnue aux îles Samoa. Freeman, au terme d'une enquête beaucoup plus poussée que Mead auprès des mêmes populations, arrive à la conclusion que la célèbre ethnologue a pris les désirs de son directeur de recherches, Franz Boas, pour des réalités. Les Français préfèrent retenir que les conflits générationnels liés à l'adolescence ne doivent rien à la maturation biologique, mais qu'en revanche ils doivent tout aux particularités du discours occidental.

Ce puissant parti-pris divinisant le langage et la culture, qui seraient la cause de tout mais ne seraient eux-mêmes causés par rien, séduit évidemment l'idéologie constructionniste. Mais il ne fait hélas pas avancer la cause des minorités sexuelles.

Fort heureusement, quelques représentants de la pensée *queer* commencent, même en France, à réagir contre les influences négatives de Lacan, comme en témoigne l'intervention de Marie-Hélène Bourcier dans une manifestation co-organisée par l'EPEL, (les Éditions et Publications de l'École Lacanienne, qui traduisent des textes *queer* influencés par Lacan) le 23 novembre 2003[1]. Il était temps. La théorie psychanalytique ayant constitué l'un des plus solides piliers du patriarcat durant tout le XXe siècle[2], il était difficile de continuer à tolérer sa désastreuse influence au sein d'un mouvement antipatriarcal comme le mouvement *queer*.

---

1. Bourcier (2005, p. 251-271).
2. Voir les chapitres 21 à 25.

La pratique plus efficace que la théorie

Que ces reproches adressés aux constructions théoriques circulant au sein du mouvement *queer* français ne fassent pas oublier que dans l'Hexagone, ce sont les pratiques militantes qui contribuent, de mon point de vue, bien davantage que la théorie, à la reconnaissance des minorités sexuelles et au recul du patriarcat. Ces pratiques militantes ont en effet ouvert aux minorités sexuelles et aux personnes adoptant un comportement antipatriarcal des espaces de rencontre, de débat, de reconnaissance et tout simplement de vie, et c'est bien là l'essentiel. Elles ont en outre marginalisé le mouvement lesbien séparatiste ou fait évoluer ses membres.

Selon les lesbiennes séparatistes, les seules vraies féministes sont lesbiennes, car une hétéro ne peut accepter le plaisir sexuel sans subir la domination qui l'accompagne. La seule solution consiste donc à refuser tout rapport sexuel avec un homme. Cette proposition est à la fois sexiste, pseudo naturaliste et patriarcale. Elle postule en effet une perversion inhérente à la biologie masculine et inscrit la domination masculine dans un ordre immuable des choses.

Or depuis le développement du mouvement *queer*, le refus de toute ségrégation biologique en son sein – la prise en compte du comportement plutôt que du physique – a au moins eu pour conséquence une ouverture par rapport aux hommes n'adoptant aucune attitude patriarcale et donc fait reculer le mouvement séparatiste lesbien.

Certes il est vrai que la seule façon efficace de lutter contre la domination masculine est effectivement d'infliger des échecs sexuels répétés aux hommes dominants. Sur ce point, les lesbiennes séparatistes voient juste, car la récompense sexuelle est de très loin l'argument auquel les hommes se montrent les plus sensibles. Plaire aux femmes demeurera toujours la première préoccupation masculine, et si les dragueurs pleins d'assurance prennent subitement davantage de râteaux que les hommes respectueux, le patriarcat s'effondrera bientôt. Éviter les contacts sexuels avec les hommes dominants ne peut donc que s'avérer extrêmement efficace. Malheureusement, nous l'avons vu au chapitre 15, cette stratégie n'est pas aisée à mettre en œuvre.

Par contre, imaginer que la domination masculine prendra fin si les rapports sexuels cessent totalement entre hommes et femmes est une absurdité. Dans les actions menées en commun par des gays et des lesbiennes, ce sont encore les gays qui dominent. Il est surprenant que cet argument ne soit pas pris en compte par les lesbiennes séparatistes qui ont pourtant connaissance du problème. Défendre une telle idée revient à affirmer que lors de la Seconde Guerre Mondiale, les seuls vrais résistants furent ceux qui prirent la fuite en Angleterre. Si tout le monde en avait fait autant, le pouvoir totalitaire nazi n'aurait rencontré aucune résistance. De la même façon, si les femmes fuient tout contact avec les hommes, elles les laisseront s'emparer de la société sans résistance.

Le point de vue défendu dans ce livre est que le patriarcat se fonde sur la vulnérabilité féminine aux agressions sexuelles et sur la récompense sexuelle accordée par les femmes aux hommes pleins d'assurance, donc dominants [1]. Si la domination masculine existe quand même entre gays et lesbiennes, alors que les agressions sexuelles y sont hors de propos, c'est parce que ces communautés vivent en relation avec la majorité hétéro. Les lesbiennes sont en effet vulnérables aux agressions sexuelles perpétrées par des hétéros, d'autre part, leur communauté étant moins reconnue que celle des gays, elles sont habituées à davantage de discrétion dans leurs attitudes. Mais si les femmes se refusaient soudain à tous les hommes, comme le préconisent les lesbiennes séparatistes, cela ne les rendrait absolument pas invulnérables aux agressions sexuelles. Cela aiguiserait bien davantage l'appétit de la gent masculine mise en état de famine sexuelle, augmenterait le nombre d'agressions et renforcerait donc le patriarcat.

---

1. Voir chapitre 15.

Sexualité et politique

18

Le caractère aliénant de la culpabilité sexuelle

Le mot aliénation est, d'après Paul Ricœur, devenu difficile à employer en raison d'une « surcharge sémantique » : tant de sens différents lui ont été attribués qu'il risque de finir par ne plus en avoir du tout[1]. Le sens dans lequel il sera employé ici correspond à peu de choses près à celui suggéré par Ludwig Feuerbach, pour qui l'aliénation d'un groupe humain est sa soumission à une entité, éventuellement fictive, et extérieure au groupe[2]. C'est au pouvoir aliénant des religions que s'intéresse Feuerbach, mais le concept qu'il développe s'applique aussi bien dans d'autres structures. Un groupe aliéné ne situe pas en lui-même la cause de ses actes, mais dans une entité extérieure, et le danger suggéré par Feuerbach est que cette entité n'existe pas, auquel cas le groupe se soumettrait au néant. L'évacuation de la cause des actes du groupe vers l'extérieur aboutit alors apparemment à une disparition pure et simple de toute cause réelle aux actes accomplis, et conduit le groupe à un comportement chaotique.

On trouve une conception assez proche chez Cornélius Castoriadis, avec sa notion d'individu hétéronome, c'est-à-dire qui se soumet à une autorité faussement extérieure à l'humanité, et adopte par rapport à elle une attitude fataliste, par opposition à l'individu autonome capable de volonté et d'action motivées par un projet. L'individu hétéronome se laisse aller à l'illusion que les autorités institutionnelles, abstraites et impersonnelles, sont extérieures à l'humanité, inaccessibles, ce qui constitue une façon d'évacuer toute possibilité d'agir sur son propre destin[3].

---

1. Ricœur (2000).
2. Feuerbach (1841, voir par exemple p. 377-381).
3. Castoriadis (1975, p. 161-164) ; Castoriadis (1986, p. 42-45).

Les religions ne sont pas les seules à nous inciter à nous considérer nous-mêmes comme des pions manipulés par une puissance extérieure et inaccessible. Bien des entités plus ou moins définies, comme le « système », la morale, l'éthique, le droit naturel, le droit humain ou les traditions, endossent souvent la responsabilité des comportements humains, sans qu'il soit toujours possible de savoir si ces comportements correspondent finalement à la volonté de quelqu'un, et si oui, de qui.

Aimé Hamann et Fernande Richard décrivent la difficulté – observée lors de leur pratique psychothérapeutique – pour chacun à accepter ce qu'il est, à accepter son désir, à accepter que ce désir soit la cause de ses actes. Hamann et Richard décrivent alors les efforts déployés par les humains pour évacuer vers l'extérieur d'eux-mêmes les causes de leurs actes, lorsqu'ils se sentent incapables de les assumer, de s'en considérer comme les auteurs. Hamann et Richard suggèrent même que les institutions ont peut-être été créées par l'humanité avant tout pour répondre à son incapacité à assumer ses actes. Pour se donner l'illusion que leur cause ne se trouve pas dans sa volonté de les accomplir, mais dans une mystérieuse entité impersonnelle : une institution, une tradition, la fameuse « main invisible du marché », ou une figure divine [1].

Être la cause de ses actes c'est les désirer

Si un jour l'humanité devient capable de poser un désir devant un acte, d'en assumer la responsabilité, elle aura accompli un grand pas vers la maturité. Si un jour elle se découvre capable de poser sa volonté au centre de ses projets plutôt que de n'agir que par fuite et par peur, elle deviendra peut-être capable d'envisager l'avenir autrement que comme une série de guerres et de catastrophes.

Mais depuis toujours, nous craignons notre désir. Nous le croyons malsain, nous nous croyons attirés par le mal. Comment pourrions-nous avoir confiance dans la direction que nous indique notre volonté, comment pourrions-nous élaborer des projets de société, si nous nous croyons attirés par le mal ? Nous nous considérons comme des arbres qui pousseraient tordus s'ils suivaient leurs penchants naturels, et qui ont besoin de tuteurs pour dé-

---

1. Hamann (1993, p. 33-49 et 71-74) ; Hamann (1996, p. 53-55).

couvrir le droit chemin. Nous préférons nous soumettre à n'importe quelle autorité vaguement rassurante. C'est cela l'aliénation, et c'est ainsi que se soumettent les peuples. Étienne de la Boétie s'en étonnait déjà en 1576 dans son *Discours de la servitude volontaire*, toujours d'actualité.

Ces divers tuteurs que sont les lois, les institutions, les traditions, les morales et les croyances ne sont eux-mêmes que des constructions humaines. Par quel miracle la direction qu'ils indiquent serait-elle alors meilleure que celle de la volonté humaine, que celle de notre propre volonté de citoyens ? Par la grâce de la Vérité révélée par les Écritures Saintes ? Par la sagesse d'un despote éclairé veillant sur le destin de son peuple aimé ? Par la clairvoyante lucidité de la « main invisible du marché » ?

La culpabilité sexuelle rejaillit nécessairement sur la culpabilisation du désir tout entier. L'un des plus puissants et des plus persistants de nos désirs est le désir sexuel. Or l'aire anatomique servant de principale cible à ce désir est dévalorisée par la souillure corporelle. De là à déduire que nos désirs ne nous attirent que vers la perversion et la saleté, il n'y a qu'un pas. Et ce pas, nous le franchissons parfois inconsciemment. Tapie au fond de nous se trouve peut-être la conviction que nous ne pourrons jamais rien désirer de bon et que nous serions bien avisés de nous soumettre à n'importe quelle entité capable de nous inspirer quelque confiance.

Cela parce que nous ne comprenons pas notre désir sexuel. Et ce n'est certainement pas Freud qui nous y aidera : Freud a toujours clamé la perversité du désir sexuel[1]. Ce n'est pas Freud bien sûr qui le premier décréta le désir pervers, les religions affirment cela depuis des millénaires. Freud a simplement transposé l'ordre religieux en morale laïque pour un Occident devenu agnostique.

C'est une des raisons – pas la seule bien entendu – pour lesquelles nous sommes aussi paresseux devant toute implication politique, et pour lesquelles nous préférons nous soumettre à une autorité.

Ce n'est donc pas un hasard si les morales, les religions et les dictatures insistent tant sur la culpabilité sexuelle. Elles sont à un certain degré conscientes que leur pouvoir s'en trouve renforcé. La culpabilisation sexuelle augmente considérablement la puissance du dressage social.

---

1. Freud (1905, p. 88-89, 119 et 179).

À force de nous croire attirés par le mal et de considérer que la cause de nos actes sera meilleure si elle est extérieure, nous finissons par renoncer totalement à toute participation politique, à tout projet de société. Nous nous positionnons en objets plutôt qu'en sujets des comportements collectifs. Nous adressons au néant notre pathétique prière d'être pris en charge par une puissance extérieure. L'humanité finit par tellement bien évacuer les causes de ses actes qu'ils ne correspondent plus au désir de personne, sinon à ceux d'une poignée de dominants psychopathes, de marchands d'armes, de pillards et de mercenaires qui n'éprouvent, eux, aucun scrupule à assumer leurs désirs, réellement pervers ceux-là.

Les physiciens appellent chaos un système dans lequel les événements n'ont pas de cause. Quelle description correspond mieux au monde que nous construisons ? Nous vivons une période de cataclysmes planétaires dont nous sommes nous-mêmes la cause faute de n'avoir pas su réguler nos comportements. Si nous demeurons dans l'attente passive qu'une aide descende du haut des cieux la situation ne peut que s'aggraver.

Nous croyons tous que quelque part des puissances plus ou moins occultes tirent les ficelles dans l'ombre et tiennent le gouvernail du monde. Et si ce gouvernail n'avait jamais existé ? Si nous voguions à la dérive depuis toujours ? Si ces puissances occultes étaient surtout un fantasme qui ne prend vie qu'en l'absence de tout dessein, de tout projet, de toute volonté propre guidant nos comportements ? L'humanité court à sa perte si elle ne se résout pas à prendre enfin la responsabilité de ses actes, à en devenir la cause, à les désirer. Peut-être le monde qu'elle construit correspondra-t-il alors enfin à ce qu'elle désire qu'il soit. Mais encore faudrait-il qu'elle désire quelque chose.

19

Mai 68, une révolution politique et sexuelle

Ce n'est donc pas un hasard si l'un des mouvements politiques les plus puissants du XXe siècle, celui qui culmina en France et en Italie en 1968 puis produisit des répliques un peu partout dans le monde jusqu'au milieu des années 1970, fut une insurrection sexuelle autant que politique. Une déculpabilisation du désir sexuel libère le désir tout entier, donc également le désir politique. Le mouvement, qui avait pris naissance en Californie et au Japon au début des années 1960, s'amorça en France à partir de revendications sexuelles : le premier incident, qui remonte à mars 1967, fut une occupation du bâtiment des filles de l'Université de Nanterre par un groupe de garçons pour protester contre l'interdiction qui leur était faite de s'y rendre. Moins d'un an plus tard, en janvier 1968, l'un des événements qui mirent le feu aux poudres eut lieu au cours de l'inauguration de la piscine du complexe universitaire de Nanterre. Daniel Cohn-Bendit, alors étudiant, interpella en cette occasion le ministre de la Jeunesse et des Sports François Missoffe en ces termes : « J'ai lu votre livre blanc sur la jeunesse, on n'y parle pas de sexualité. » Le ministre lui répondit : « Si vous avez des problèmes de ce genre, vous n'avez qu'à plonger dans la piscine pour vous défouler [1]. » La réponse du ministre fut considérée comme une provocation. Quatre mois plus tard, Mai 1968 explosait et le slogan « Faites l'amour pas le guerre » fleurissait sur les murs. Aucun mouvement de conscience ne modifia la France du XXe siècle davantage que celui-là, hormis le mouvement de résistance à l'occupation allemande de la Seconde Guerre Mondiale et la pression de la rue qui imposa ses réformes sociales au Front Populaire entre 1936 et 1938.

Des événements politiques d'une telle ampleur ne surviennent évidemment pas sans cause. La Résistance et l'action du Front Populaire sont issues de forces réactionnelles aux dangers fasciste et pré-fasciste. En revanche Mai

1. Le Goff (1998, p. 51).

1968 émerge spontanément, hors de toute situation d'urgence, uniquement en raison de la libération d'une énergie sexuelle jusque-là contenue. La démocratisation de la contraception, partie des États-Unis, remonte en effet au début des années 1960. Le taux de natalité amorce sa chute en 1964 et les minijupes apparaissent en 1966. En France, c'est en 1967 que la loi Neuwirth autorise enfin la contraception. Cette possibilité nouvellement conquise de dissocier la sexualité de la reproduction mettra fin à plus d'un siècle et demi d'un puritanisme apparu à l'aube du XIXe siècle en réaction au choc démographique de la révolution industrielle [1].

La jeunesse, en brisant les chaînes, devenues fragiles, de l'aliénation sexuelle, libère une énergie qui brise aussi celles de l'aliénation politique.

Larzac, 1973 : manifestation d'opposition à l'extension du camp militaire.

---

1. Voir, au chapitre 11, *L'abolition des privilèges et le décollage démographique.*

En 1917, au lendemain de la révolution russe, c'est à l'inverse la destruction des chaînes de l'aliénation politique qui entraîne la rupture des chaînes de l'aliénation sexuelle. Les membres d'un groupe anarchiste, *Les Amis de la Nature et du Soleil*, défilent alors nus dans les rues de Moscou en criant : « À bas la honte [1] ! »

Ces points de convergence entre émancipations politique et sexuelle trouvent un écho dans l'immense célébrité rencontrée par le tableau d'Eugène Delacroix commémorant la Révolution de Juillet 1830. Ce tableau représente une révolutionnaire aux seins nus brandissant le drapeau tricolore. C'est l'image même de la révolution qu'il incarne aujourd'hui.

La Liberté Guidant le peuple,
Eugène Delacroix, 1830

Bordeaux, le 28 mars 2006, lors
d'une manifestation contre le
contrat première embauche (CPE)

1. Bagrianski (sans date).

20

Reich, Marcuse, Castoriadis
ou l'impasse freudo-marxiste

Il semble donc qu'un mouvement social réellement émancipateur ait besoin d'une conception de la sexualité moins culpabilisante pour libérer son désir politique. C'est ce qu'a parfois cru comprendre le mouvement freudo-marxiste, qui fut essentiellement représenté par Alfred Adler, Wilhelm Reich, Herbert Marcuse, Cornélius Castoriadis et quelques autres comme Reuben Osborn et, en France, Gérard Mendel à ses débuts, la revue *Sexpol*, Jean-Marie Brohm et les premiers numéros de la revue *Quel Corps ?*, ou Roger Dadoun.

Ce mouvement, s'il a donné lieu à des contributions intéressantes, achoppe sur une conception culpabilisante de la sexualité directement héritée de Freud. Or la culpabilité sexuelle rejaillit sur tout le champ du désir, y compris politique. L'échec de ce mouvement tient à sa croyance au pouvoir émancipateur de la psychanalyse alors que cette dernière se positionne dès son apparition comme une idéologie réactionnaire, culpabilisante et patriarcale, doublée d'une formidable imposture.

Le caractère réactionnaire des idées freudiennes
Pour comprendre que Freud n'a jamais pu constituer un allié, mais au contraire un ennemi de l'idéal subversif marxiste, il faut réaliser à quel point ses conceptions n'apparaissent pas seulement réactionnaires à nos propres yeux, mais qu'elles le sont déjà pleinement lors de leur formation, dans le contexte social et politique qui leur est contemporain. Dès cet instant le ver est dans le fruit. La période durant laquelle Freud publie ses travaux psychanalytiques s'étend sur quarante-deux ans, de 1897 à 1939. Cette période, bien que puritaine, est marquée par de grands bouleversements sociaux et idéologiques. D'un côté, c'est bien sûr la Première Guerre Mondiale et la

Révolution Conservatrice (la révolution pré-fasciste allemande [1]). Mais de l'autre ce sont aussi les Années Folles et l'apparition du jazz. Vienne est à ce moment-là une capitale des arts musicaux et picturaux, dont certaines tendances, comme la peinture de Gustav Klimt et d'Egon Schiele, respirent une sensualité à laquelle Freud se montre aussi obstinément hermétique qu'aux bouleversements sociaux.

Gustav Klimt, Judith I, 1901
Vienne, Österreichische Galerie

Ces bouleversements, ce sont la Révolution Russe ou l'apparition des méthodes pédagogiques révolutionnaires de Francisco Ferrer, de Sébastien Faure, de Paul Robin, de Maria Montessori ou d'Alfred Adler. Ce sont encore les grandes avancées scientifiques : la mécanique quantique et la relativité voient le jour, et Karl Popper fonde la méthode scientifique moderne avec sa *Logique de la découverte scientifique*. La sexologie apparaît en tant que discipline médicale.

1. Dupeux (1992).

Vienne la rouge

À Vienne même, de 1918 à 1934, entre la fin de la Première Guerre Mondiale et l'arrivée au pouvoir de l'austro-fascisme, une coalition de sociaux-démocrates et de chrétiens-sociaux instaure pour la première fois la démocratie au sein de la municipalité et met en place une ambitieuse politique d'aide sociale, qui vaudra temporairement à la capitale autrichienne le surnom de *Vienne la Rouge*. À partir de 1922, les services d'assistance sociale offrent des consultations gratuites pour les femmes enceintes, les mères de famille et les nourrissons. Ils informent également les jeunes fiancés sur les maladies vénériennes, la tuberculose et les troubles psychosomatiques, ce qui scandalise quelque peu la bourgeoisie conservatrice. Alfred Adler ouvre dans ce cadre des consultations pour les enseignants, les parents et les élèves. Il assume ainsi la charge 26 écoles en 1929, faisant de Vienne la première ville au monde où tous les enfants d'âge scolaire peuvent bénéficier de consultations psycho-éducatives gratuites. Pionnier de la pédagogie non autoritaire, il crée en outre une école expérimentale en 1931, dans l'un des quartiers les plus pauvres de Vienne, qui obtient malgré tout d'excellents résultats[1]. Contrairement aux freudiens, Adler prône un face à face avec le patient sur des sièges de même hauteur, de même forme et de mêmes dimensions. Il n'hésite pas à s'entretenir avec la famille et les amis du patient, et ne s'oppose pas à la gratuité du traitement[2].

Freud participe-t-il à ces extraordinaires innovations se produisant sous ses yeux et dans sa propre ville ? Il combat bien au contraire vigoureusement l'engagement social d'Adler. Il traite par le mépris la psychologie scolaire et l'éducation non autoritaire, s'oppose à la gratuité du traitement et n'exerce lui-même que dans des quartiers bourgeois auprès d'une clientèle choisie[3]. Il reproche à Adler son intérêt pour les causes concrètes des névroses constituées par l'oppression familiale et les frustrations sociales. Il ne tolère pas que l'on s'éloigne du seul champ d'étude qu'il a lui-même balisé : les fantasmes inconscients, particulièrement les fantasmes œdipiens de la petite enfance[4].

1. Ellenberger (1970, p. 609 et 644-645) ; Bertin (1989, p. 165-170).
2. Ellenberger (1970, p. 642-643) ; Jaccard (1982, p. 271).
3. Ellenberger (1970, p. 592 et 603-605) ; Jaccard (1982, p. 269 et 271) ; Bénesteau (2002, p. 232-233).
4. Roazen (1971, p. 122).

Féminisme, naturisme et communautés anarchistes

La période durant laquelle Freud se consacre à la psychanalyse correspond en outre presque parfaitement à celle pendant laquelle trois mouvements de grande ampleur, mais dont l'histoire retiendra peu de choses, posent les premières pierres de la révolution sexuelle et de la révolution féministe.

Le premier de ces mouvements, c'est la grande vague féministe qui agite l'Europe et les États-Unis de 1880 à 1930, et dont l'histoire officielle ne retiendra que les suffragettes, mais qui comporte également de grandes campagnes de revendications sexuelles. Les féministes de cette époque lancent déjà des défis aux comportements sexuels masculins en matière de recours à la prostitution, d'inceste et de viol conjugal, elles luttent pour la dépénalisation de l'avortement et de l'homosexualité masculine et féminine, et pour l'amour libre[1].

En Grande-Bretagne, John Stuart Mill, l'un des fondateurs, avec Jeremy Bentham, de la philosophie utilitariste, présente aux Communes le 7 juin 1866 une pétition pour le suffrage féminin. En 1867, une loi de réforme vient en discussion aux Communes et Mill présente un amendement qui accorderait le droit de vote aux femmes[2].

En 1867, il publie *L'assujettissement des femmes*[3] qui était rédigé depuis 1861. Les partisans de l'inégalité des sexes à l'époque en appellent à des arguments irrationnels et sentimentaux, et à un esprit de galanterie chevaleresque qui prétend flatter les femmes pourvu qu'elles restent à leur place. Mill au contraire s'attache à déployer une argumentation rationnelle et objective pour défendre l'égalité juridique et sociale entre les sexes. Les réalités qu'il expose crûment sont de celles qui scandalisent le plus la mentalité victorienne selon laquelle l'inégalité entre les sexes fait partie de l'ordre des choses et n'a pas davantage à être justifiée que le cycle des saisons. Lorsque Mill conteste l'objectivité des fondements de cette inégalité, il ébranle des certitudes millénaires que la bourgeoisie conservatrice ne s'attend même pas à devoir défendre[4].

---

1. Jeffreys (1985).
2. Lloyd (1970, p. 120).
3. Mill (1867).
4. Millet (1969, p. 106-125).

Or c'est le jeune Sigmund Freud qui, encore étudiant, traduit l'édition allemande de *l'Assujettissement des femmes* pour gagner un peu d'argent. Il écrira plus tard à propos de ce livre :

> Mill manquait sur bien des points du sens de l'absurde. Ainsi en ce qui concerne la condition et l'émancipation des femmes. Dans l'essai que j'ai traduit, je me le rappelle, l'un de ses arguments principaux était que la femme mariée pouvait gagner autant d'argent que son mari. Nous voyons que les travaux ménagers, les soins et l'éducation donnés aux enfants accaparent entièrement un être humain et excluent toute possibilité de gain, même lorsque les travaux de ménage sont simplifiés, et que la femme se trouve débarrassée du balayage, du nettoyage, de la cuisine, etc. Mill avait simplement oublié cela, comme tout ce qui concerne les relations entre sexes différents[1].

Le second de ces mouvements, c'est la grande vague des communautés alternatives et anarchistes, les *milieux libres*, qui prend son essor en 1890 et s'effondre en 1939 avec la Seconde Guerre Mondiale. Cette vague de communautés et de revendications a bien des points communs avec la vague hippie des années 1970. Elle ne dispose pas des mêmes facilités anticonceptionnelles, mais l'amour libre et le nudisme en constituent déjà l'un des pôles, aux côtés de l'anarchisme, du végétarisme, du mysticisme ou de retour à la nature[2].

Le troisième de ces mouvements, c'est l'essor du naturisme qui se propage à partir de Berlin en 1900 pour gagner progressivement l'Europe et les États-Unis. Il sera combattu par le nazisme et renaîtra après la guerre sous une forme beaucoup plus consensuelle et dépouillée de toute idéologie[3].

L'histoire n'a retenu de cette première grande vague féministe que les revendications sur le suffrage féminin et elle en a occulté les revendications sexuelles. Des Années Folles, elle a retenu la mode vestimentaire et le jazz, mais pas les communautés anarchistes ni l'essor du naturisme. Les historiens s'intéressent encore peu aux mouvements marginaux, ce sont pourtant eux qui portent les avancées idéologiques.

---

1. Freud, cité par Jones (1953, p. 194). Voir également Jones p. 61-62 et 195, ainsi que Rodrigué (1996, vol. 1, p. 145).
2. Petitfils (1982) ; Creagh (1983) ; Beaudet (2006) ; Legendre (2006) ; Maitron (1975, vol. 1, p. 382-408) ; Felici (2001) ; Bochet (1994).
3. Descamps (1987, p. 111-136) ; Descamps (1972, p. 125-139) ; Braud (1999).

Ascona

Ces trois mouvements sont en réalité étroitement imbriqués : la révolution sexuelle est aussi une révolution politique et les innovations des
anarchistes, des féministes, des artistes et des mystiques trouvent une
forme d'émulation et d'enrichissement mutuel dans leur confrontation.
Nous avons par exemple vu au chapitre précédent qu'en 1917, au lendemain de la Révolution Russe, les *Amis de la Nature et du Soleil* défilent nus
dans les rues de Moscou en criant : « À bas la honte ! ». Autre exemple
l'année suivante, en 1918, Alexandra Kollontaï, première femme de l'histoire à porter le titre d'ambassadrice, et première femme élue au Comité
exécutif du soviet de Pétrograd en 1917, publie *La nouvelle morale de la
classe ouvrière,* qui revendique l'amour libre[1]. Ou encore en Grande-
Bretagne Annie Besant, avant de succéder à Helena Petrovna Blavatsky à
la tête de la *Société Théosophique,* une importante école spirituelle d'inspiration orientale, s'illustre dans la lutte féministe[2]. Toutes ces idées, on
le voit, se mêlent les unes aux autres.

La communauté partiellement naturiste et végétarienne du *Monte Verità,*
à Ascona, voit défiler dans ses murs au début du XXe siècle le célèbre anarchiste Erich Müsham, qui sera torturé à mort par les nazis, le mystique
Krishnamurti (issu de la *Société Théosophique),* qui défend une spiritualité
sans autorité, sans maître et sans gourou, Rudolph Steiner, fondateur de
l'anthroposophie et promoteur de nouvelles méthodes pédagogiques fondées
sur la clairvoyance spirituelle, Magnus Hirschfeld, pionnier de la sexologie
et courageux opposant au nazisme, le psychanalyste Otto Gross, ardent partisan de l'amour libre, ou Isadora Duncan, qui révolutionne la danse par sa
liberté de mouvements et se produit presque nue. Ce jaillissement bouillon-
nant d'idées et de pratiques nouvelles évoque irrésistiblement celui des
années 1970 et tous les représentants importants de ces mouvements en
Europe défilent au *Monte Verità*[3]. Le seul qui n'y mettra jamais les pieds
s'appelle Sigmund Freud.

---

1. Kollontaï (1973, p. 155-182).
2. Jeffreys (1985, p. 44-45 et 51). Voir également McLaren (1990, p. 284).
3. Collectif, *Monte Verità* (1978).

Un homme du XIXe siècle

Lui se tiendra tout au long de son existence aux antipodes de cette effervescence. Alors que beaucoup d'historiens de la psychanalyse le présentent comme un courageux pionnier défrichant seul la voie de la révolution sexuelle, il se méfie comme de la peste des idées farfelues défendues par ces précurseurs, qui pourtant s'intéressent à lui et tentent de l'approcher. Mais il ne craint rien autant qu'une marginalisation de la psychanalyse si elle se compromet avec ces milieux et il adopte à leur endroit des positions ouvertement réactionnaires.

Face à cette modernité Freud, né en 1856, reste un homme du XIXe siècle. Il croit jusqu'à son dernier souffle au caractère pathogène de la masturbation alors que de grands sexologues et certains de ses disciples psychanalystes le démentent fermement.

Il ne renoncera jamais non plus à sa croyance au caractère pervers de la sexualité infantile, et même de la sexualité toute entière. En réalité, les idées de Freud sont non seulement réactionnaires par rapport à celles des sexologues de l'époque comme Havelock Ellis ou Magnus Hirschfeld, mais encore par rapport à celles d'autres psychanalystes comme Sandor Ferenczi et Alfred Adler, sans même parler d'Otto Gross ou de Wilhelm Reich. Le mouvement psychanalytique dans son ensemble est prêt à l'adoption d'une direction progressiste. C'est Freud qui, entre autre avec la complicité du fameux *Comité Secret*[1], la lui interdira. Tous les psychanalystes progressistes seront diffamés et exclus du mouvement. Freud fera bien de la psychanalyse une révolution, mais une révolution conservatrice.

Les premières expériences de pédagogie alternative inspirées du mouvement psychanalytique sont celles menées par l'équipe de Véra Schmidt au jardin d'enfants de Moscou de 1921 à 1924. D'après les récits qu'elle en fait, les principes éducatifs mis en application y sont directement inspirés de l'école psychanalytique[2]. Mais seuls l'éloignement entre Moscou et

---

1. Voir chapitre 25.
2. Schmidt et Reich (1979). Sabina Spielrein, membre de la Société Psychanalytique Russe et disciple de Freud et Jung, fonda également une maison d'enfants dans les années 1920 en Russie, mais il ne semble pas qu'il s'agisse du jardin d'enfants de Vera Schmidt. Voir Spielrein (1980 p. 80-81 et 84), ainsi que *L'âme en jeu*, un film réalisé par Roberto Faenza en 2002.

Vienne et l'esprit révolutionnaire qui souffle encore en Russie au début des années 1920 peut la tromper à ce point sur ce qu'est réellement l'esprit des psychanalystes viennois. Ces derniers se montrent d'ailleurs très réservés sur l'expérience moscovite [1].

Véra Schmidt n'a accès qu'aux publications de Freud, elle ignore tout des contradictions entre certains de ses écrits et sa pratique quotidienne. Dans *Les explications sexuelles données aux enfants* [2] et *Les théories sexuelles infantiles* [3], Freud défend en effet passionnément la nécessité de donner aux enfants toutes les informations qu'ils demandent sur la sexualité, tandis que dans *La morale sexuelle « civilisée » et la maladie nerveuse des temps modernes* [4] il dénonce les méfaits de la répression sexuelle, y compris infantile. C'est sur ces textes que s'appuie Véra Schmidt pour fournir ces informations aux enfants, ainsi que pour les laisser se masturber à leur guise [5]. Véra Schmidt aurait probablement été aussi vivement surprise que déçue d'apprendre que Freud ne mettait aucun de ses beaux discours en application.

Freud se montre en réalité incapable de parler de sexualité avec ses propres enfants, comme en témoigne son fils Martin :

> Nous avions parlé en famille des bêtes d'élevage et père s'était rendu compte qu'aucun de ses enfants ne savait la différence entre un bœuf et un taureau. « Il faut que l'on vous parle de ces choses », s'était-il alors exclamé ; mais, suivant en cela la conduite de la majorité des pères, il n'en avait rien fait [6].

Ou plutôt, il ne se montre capable d'aborder le sujet qu'en une seule occasion, et uniquement pour condamner la masturbation, comme en témoigne son autre fils Oliver :

> Oliver se souvenait d'avoir eu une seule discussion avec son père, sur le sexe, concernant la masturbation. Cela se passait en 1907, lorsque Oliver était âgé de seize ans. Son père l'avait mis en garde contre cette pratique. Quelles pouvaient bien être les objections de Freud ? Malgré l'insistance de

1. Marti (1976).
2. Freud (1907-1931, p. 7-13).
3. Freud (1907-1931, p. 14-27).
4. Freud (1907-1931, p. 28-46).
5. Schmidt et Reich (1979).
6. Martin Freud (1958, p. 97).

mes questions, Oliver ne put s'en souvenir. Il se rappelait fort bien, en revanche, le retentissement affectif de cette discussion, à la suite de laquelle
il avait été « durablement bouleversé ». Il pensait que cette conversation
avait creusé un fossé entre lui et son père, l'empêchant d'être aussi proche
de lui que l'était Martin [1].

C'est même pour « guérir » Emma Ekstein de la masturbation que Freud la
fait opérer par un charlatan qui la défigure et manque de la tuer. Cette jeune
et jolie patiente se plaint en effet de règles douloureuses et d'une certaine neu-
rasthénie. Freud parvient alors à obtenir d'elle des aveux sur sa pratique de la
masturbation, à laquelle il attribue immédiatement ces symptômes ! Wilhelm
Fliess, avec la complicité de Freud, manque de la tuer pour la « guérir » de
cette habitude qui effraie et fascine les deux compères [2].

En 1760, Simon Tissot avait publié *L'onanisme, dissertation sur les maladies provoquées par la masturbation* qui fit autorité pendant plus d'un siècle
et inspira d'invraisemblables et douloureux appareils de contention imposés
aux enfants de la bourgeoisie (en raison de leur coût), tandis que les familles
moins aisées se contentaient de lier les mains de leurs enfants au lit [3]. En
1908, la menace de castration proférée aux garçons surpris en train de se
masturber est encore classique [4]. En 1852, les médecins anglais tiennent la
masturbation pour responsable d'hystérie, d'asthme, de mélancolie, de manies, de suicide, de démences et de paralysie générale. La phobie de la masturbation est telle que de nombreux chirurgiens vont jusqu'à pratiquer des
interventions comme la clitoridectomie, la cautérisation et l'infibulation,
ou à imposer une ceinture de chasteté pour en venir à bout [5] !

Freud ne fait malheureusement pas exception. Il affirme publiquement
en 1911 sa croyance à la nocivité de la masturbation [6]. Dans un autre essai
rédigé en 1895, *De l'esquisse d'une psychologie scientifique*, qui ne fera l'objet
que d'une publication posthume, il accuse la masturbation de provoquer

---

1. Roazen (1993, p. 224) ; voir aussi Roazen (1971, p. 17).
2. Masson (1984, p. 73 -122) ; Gay (1988, vol. 1, p. 161-165) ; Krüll (1979, p. 44-
48) ; Schur (1972, p. 107-117) ; Sulloway (1979, p. 134) ; Webster (1995, p. 255-256) ;
Bénesteau (2002, p. 124-128) ; Balmary (1986, p. 69).
3. Stengers et Van Neck (1984, p. 132-133).
4. Stengers et Van Neck (1984, p. 160).
5. Stengers et Van Neck (1984, p. 128-132).
6. Freud (1890-1920, p. 183-184).

l'hystérie [1]. Il réitère cette accusation dans une lettre adressée le 22 décembre 1897 à son ami Fliess [2] (deux ans après la dramatique opération d'Emma Ekstein). Il ne révisera jamais son opinion et finira par éviter le sujet [3].

L'idée de la nocivité de la masturbation est en revanche combattue dès 1875 par Sir James Paget, puis en 1877 par Charles Mauriac, puis encore en 1881 par Jules Christian [4]. Au lendemain du procès d'Oscar Wilde, le sexologue Havelock Ellis refuse dans ses *Études de psychologie sexuelle* de condamner l'homosexualité et démystifie la masturbation ; son livre est attaqué par les tribunaux [5]. Wilhelm Stekel [6] et Otto Rank, d'autres psychanalystes plus progressistes que Freud ne craignent pas de l'affronter sur ce thème [7].

Des pionniers de la sexologie tels que Havelock Ellis et Magnus Hirschfeld sont aussi – selon les critères de l'époque – féministes que Freud est misogyne. Ellis, et bien plus encore Hirschfeld, prennent ouvertement position pour une émancipation – même relative – des femmes. Hirschfeld lutte même activement contre la pénalisation de l'avortement et de l'homosexualité masculine et féminine [8].

En matière artistique, les goûts de Freud s'orientent exclusivement vers la littérature et le théâtre. Il passe pourtant soixante-dix-huit ans de sa longue existence à Vienne, capitale d'une véritable révolution culturelle avec la jeune école de peinture et les merveilleuses toiles de Gustav Klimt, la naissance de l'Art Nouveau entre 1895 et 1900 et les grands noms de la musique. Gustav Mahler, Arnold Schönberg, Alban Berg et Anton von Webern font en effet à ce moment-là de Vienne la capitale mondiale de la musique moderne. Mais Freud reste obstinément aveugle et sourd à cette effervescence. Les peintures du grand Klimt ou d'Egon Schiele (prématurément emporté par

---

1. Freud (1950, p. 367) ; voir également Rosario (1997, p. 201) et Sulloway (1979, p. 107-123).
2. Freud (1950, p. 211-212).
3. Stengers et Van Neck (1984, p. 155-157, voir notes 17 et 20 p. 246).
4. Stengers et Van Neck (1984, p. 139-152).
5. Stengers et Van Neck (1984, p. 149-152).
6. Roazen (1971, p. 150-152).
7. Stengers et Van Neck (1984, p. 134-137 et note p. 242).
8. Wolff (1986, p. 44 et p. 86-99).

la grippe espagnole à l'âge de vingt-huit ans en 1918) débordent de sensualité. Freud se montre ostensiblement hostile à cette modernité, qu'il fuit
comme la peste[1]. Roland Jaccard écrit à ce propos :

> Ernest Jones rapporte qu'un jour, ayant observé qu'il devait être passionnant
> de vivre dans une ville pleine d'idées nouvelles, Freud se leva d'un bond et ré-
> pondit avec colère : « Voilà cinquante ans que je vis ici, mais quant aux idées
> nouvelles, je n'en ai jamais rencontré une seule ! » Freud ne manquait jamais
> une occasion de proclamer sa haine à l'égard de Vienne[2].

Une fois établie l'appartenance de Freud à un courant réactionnaire –
non seulement selon nos critères modernes, mais également aux yeux des
idéologies qui lui étaient contemporaines – examinons en quoi la soumission de Reich, Marcuse et Castoriadis aux théories freudiennes a sapé le
potentiel du freudo-marxisme.

Wilhelm Reich
Avant la Seconde Guerre Mondiale Wilhelm Reich, partisan de la révolution sexuelle, juif et communiste en pleine montée du nazisme, est trop radical et trop en avance pour toucher un large public. D'abord disciple aimé
de Freud, il est ensuite exclu de la *Société Internationale de Psychanalyse* puis
du *Parti Communiste Autrichien*. Il se réfugie dans divers pays d'Europe pendant la montée du nazisme et ne trouve juste avant la guerre qu'un refuge
précaire aux États-Unis où il est finalement victime du puritanisme et du
maccarthysme des années 1950. Il meurt le 3 novembre 1957 au péniten-
cier de Lewisburg, en Pennsylvanie, probablement à la suite d'expériences
pharmaceutiques effectuées sur les détenus qui, comme lui, les avaient ac-
ceptées dans l'espoir de réduire leur peine[3].
En 1928, il fonde à Vienne, en collaboration avec le *Parti Communiste
Autrichien, l'Association Socialiste de Consultations et de Recherches Sexuelles.*
Cette initiative permet d'ouvrir six dispensaires à Vienne, qui offrent aide et
information sexologique gratuites[4]. Puis il fonde le *Sex-Pol Bewegung*

---

1. Jaccard (1982, p. 139-155). Voir également Freud (1906-1927, p. 87) et Krüll (1979,
p. 170).
2. Jaccard (1982, p. 140).
3. De Marchi (1973).
4. Ollendorf Reich (1969, pages 37-50).

(Mouvement pour la politique sexuelle) qui publie de 1934 à 1938 la *Internationale Zeitschrift für Politische Psychologie und Sexualökonomie* (Revue internationale de psychologie politique et d'économie sexuelle [1]). Il est amené, au sein du Parti Communiste, à prendre position pour la légalisation de l'avortement et participe à des campagnes de propagande en faveur des moyens contraceptifs et de l'abrogation des sanctions pénales contre l'homosexualité. Il publie *L'irruption de la morale sexuelle* en 1931, et *La révolution sexuelle* en 1936.

À partir de 1932, Freud et le mouvement psychanalytique cherchent un compromis avec le fascisme allemand et autrichien en pleine expansion. Ils entrent alors en conflit ouvert avec Wilhelm Reich en raison de son engagement au Parti Communiste. Lorsque Hitler arrive au pouvoir en Allemagne en 1933, Reich maintient courageusement sa position dans ses conférences. Selon lui la lutte sociopolitique est un prolongement de la prise de conscience amenée par la psychanalyse. Pris de panique, les psychanalystes viennois le somment de cesser toute allusion politique lors de ses conférences. Mais Reich, qui n'a que faire de l'opportunisme politique de ses collègues, demande à défendre ses positions sur le plan théorique devant la *Société Internationale de Psychanalyse.* Ce débat lui est refusé et les psychanalystes viennois deviennent de jour en jour si violemment hostiles à Reich qu'il décide de quitter l'Autriche pour le Danemark où il a déjà noué des amitiés. Il précisera plus tard que ce n'est ni en raison des persécutions de la police autrichienne ni du manque de travail qu'il est poussé à abandonner son pays natal, mais bien en raison de la soudaine et violente hostilité du mouvement psychanalytique [2].

Malgré son intense engagement en faveur du communisme et de la révolution sexuelle, Reich ne perçoit pas le caractère résolument réactionnaire de Freud ni de ses théories. Enthousiasmé par le fait que Freud affirme le caractère névrosant de la frustration sexuelle, il se borne à penser que Freud et ses disciples ne vont pas assez loin. Il n'envisage pas que la psychanalyse s'engage toute entière dans une direction répressive.

---

1. Voir *Partisans,* n° 66-67, juillet octobre 1972, p. 28-52, pour un dossier sur le mouvement *Sexpol* en Allemagne.
2. De Marchi (1973, p. 242).

Reich dit de Freud :

> Quand Freud découvrit la sexualité infantile, il fut bassement attaqué
> [...] Il y a donc cette première crise après la découverte de la sexualité in-
> fantile. Logiquement, Freud devait aboutir au problème de la génitalité où
> j'ai abouti moi-même à peu près quinze ans plus tard. Quant à Freud, il
> n'y aboutit pas. Dans les *Trois Essais* il a bien avancé dans cette direction.
> Mais déjà dans cet ouvrage, on voit apparaître un élément négatif.
> L'élément négatif, c'est cette génitalité « au service de la procréation ».
> Freud en parle dans les *Trois Essais*. Voyez-vous, c'est là un concept erroné.
> Freud en avait en quelque sorte conscience. Nos discussions ont montré
> qu'il était gêné par les gens qui ne voulaient pas qu'il abordât le problème
> de la génitalité des bébés, des enfants, des adolescents, parce qu'elle ris-
> quait de mettre le monde sens dessus dessous. Freud en avait conscience
> [...] Freud n'avait pas le choix. Il se trouvait tragiquement pris au piège
> [...] Par la faute de ses nombreux étudiants, disciples et adeptes [...] Ils ont
> gêné Freud. Ils l'ont gêné au point d'entraver son épanouissement. C'est
> ainsi qu'il s'est enfoncé dans sa théorie de la « pulsion de mort » [...] Il fu-
> mait beaucoup, beaucoup. J'avais toujours l'impression qu'il ne fumait pas
> par nervosité, mais parce qu'il avait quelque chose à dire qui ne pouvait
> pas passer par ses lèvres [...] D'abord, il s'était enferré avec ses disciples et
> son Association. Il avait perdu sa liberté d'action [...] Ce qui importe, par
> contre, c'est ce qu'ils ont fait, eux – les psychanalystes comme Adler,
> Stekel et Jung. Ils se sont emparés de la théorie de Freud, ils en ont retiré
> ce qu'elle comportait de plus important [...] Et c'est toujours la sexualité
> qu'ils ont éliminée. Je puis vous assurer sur la foi des discussions que j'ai
> eues avec Freud qu'il n'a jamais abandonné la théorie sexuelle, la théorie
> de la libido. Jamais ! [...] Mais je crois que Freud savait pertinemment
> qu'on avait trahi sa théorie sexuelle. La théorie de la libido a été trahie,
> vendue. Il est certain que de nos jours le mouvement psychanalytique ne
> fait plus aucun cas de la libido [1].

Selon Reich, Freud ne parvient donc pas à développer un discours émancipateur sur la sexualité en raison des résistances opposées par ses disciples et
étudiants, trop réactionnaires. Sur quoi Reich fonde-t-il cette conviction ? Il
est certain aujourd'hui, grâce aux nombreux témoignages recueillis par les
historiens de la psychanalyse, qu'au contraire Freud diffame et exclut de son

---

1. Reich (1967, p. 34 à 42).

mouvement les sexologues et psychanalystes développant des idées plus pro-gressistes que les siennes, et que ce sont ces idées qui provoquent la rupture. Ce n'est pas le cas de Reich lui-même, exclu pour des raisons purement po-litiques, mais c'est celui par exemple de Magnus Hirschfeld, qui consacre toute son énergie à la lutte pour la dépénalisation de l'homosexualité mascu-line et féminine et de l'avortement [1], d'Otto Gross qui milite pour la révolu-tion sexuelle et l'amour libre [2], de Wilhelm Stekel qui combat la croyance au caractère pathogène de la masturbation [3] et de Sandor Ferenczi qui lutte pour la reconnaissance des agressions sexuelles infantiles [4]. Reich se laisse-t-il ber-ner par Freud, qu'il n'aurait pas eu le temps de fréquenter suffisamment pour découvrir sa mauvaise foi ? Là ne réside pas la raison principale de sa loyauté envers lui. Reich est, plus vraisemblablement, en accord avec Freud sur la condamnation de toute forme de sexualité non conventionnelle. On connaît par exemple son homophobie. Malgré ses prises de position publiques en fa-veur de la dépénalisation de l'homosexualité, sa compagne Ilse Ollendorff rapporte qu'il refusa toujours de prendre en connaissance de cause un ho-mosexuel en thérapie. Il ajoute même en une occasion :

> *Ich will mit solchen Schweinereien nichts zu tun haben* [5]. (Je ne veux rien avoir à faire avec de telles cochonneries).

Que Reich consacre sa vie à la libération sexuelle ne l'empêche malheu-reusement pas d'affirmer, à la suite de Freud, l'existence de « pulsions anti-sociales » reliées, selon lui, aux « racines prégénitales » du désir sexuel. Contrairement à une opinion répandue, Reich ne rompt aucunement avec la théorie freudienne postulant des racines coupables au désir. Ses écrits ne permettent aucun doute sur le sujet. La seule différence entre Freud et Reich est que là où le premier suggère un renoncement aux pulsions coupables [6],

---

1. Wolff (1986, p. 44 et p. 86-99).
2. Green (1974, p. 46-83) ; Bénesteau (2002, p. 158) ; Roazen (1971, p. 194 et 211) ; Jones (1955, p. 32 et 35).
3. Roazen (1971, p. 149-160) ; voir également Webster (1995, p. 385-387).
4. Ferenczi (1982, p. 125-135) ; Masson (1984, p. 159-198). Voir également Roazen (1971, p. 292-301 et 1993, p. 123).
5. Ollendorf (1969, p. 119).
6. Freud (1929).

le second propose leur sublimation dans la génitalité. Ce qui condamne implicitement non seulement l'homosexualité masculine, mais quasiment toute forme de sexualité non conventionnelle.

On ne saurait être plus explicite que Reich dans sa condamnation des pulsions sexuelles :

> La découverte de la nature antisociale de l'inconscient était exacte ; tout de même que celle de la nécessité du renoncement à l'instinct pour l'adaptation à l'existence sociale [1].

Dans ce texte, Reich affirme qu'en tout homme sommeillent des fantasmes de meurtre du père afin de ravir sa place auprès de la mère, que beaucoup d'hommes désirent blesser et transpercer les femmes dans l'acte sexuel et que la plupart des femmes désirent inconsciemment châtrer les hommes pour s'approprier leur pénis par exemple en l'avalant. Chacun de ces fantasmes peut, selon Reich, aisément se sublimer dans la sexualité génitale [2].

L'essentiel de la morale reichienne pourrait se résumer par une condamnation du désir non génital et par la célébration de la rédemption génitale :

> L'analité est élevée au stade génital comme tendance au coït *a tergo* ou comme érotisme olfactif.
>
> Dans le baiser, ce but [la succion] est haussé au stade génital de la satisfaction.
>
> Il est invraisemblable que les aspirations prégénitales et autres, n'appartenant pas à la génitalité, puissent participer, sans être soumises à une modification (c'est-à-dire sans être influencées par la tendance génitale), à la satisfaction sexuelle générale [3].

Reich exprime positivement ce que Freud exprime négativement. Là où Freud insiste sur la perversité des pulsions non génitales, Reich chante les louanges de la génitalité. Mais tous deux tombent d'accord pour postuler une culpabilité originelle inhérente au désir sexuel.

---

1. Reich (1936, p. 57).
2. Reich (1936, p. 56 à 62).
3. Reich (1927, p.168 et 169).

Herbert Marcuse

À la fin des années 1920, l'École de Francfort réunit des philosophes et des sociologues (Erich Fromm, Jürgen Habermas, Max Horkheimer, Theodor W. Adorno, Walter Benjamin, Herbert Marcuse...) qui, à la suite de Reich, tentent de jeter un pont entre marxisme et psychanalyse [1]. L'une de leurs productions les plus intéressantes est, en 1950, *The authoritarian personality* [2], malheureusement jamais traduite en français et tombée dans l'oubli, hormis de Friedrich Liebling, un disciple d'Adler d'inspiration libertaire [3]. Il s'agit d'une vaste étude statistique destinée à déceler, dans l'après-guerre traumatisé par le nazisme, le rôle d'une éducation autoritaire – et le rôle de la répression sexuelle n'y est pas occulté – sur la formation d'une personnalité raciste et antidémocratique.

Mais c'est surtout Herbert Marcuse que l'on retiendra comme figure marquante du courant freudo-marxiste au sein de l'école de Francfort, sans oublier un détour par les reproches qu'il adresse aux conceptions d'Erich Fromm.

Marcuse n'est guère critique lui non plus vis-à-vis des théories freudiennes :

> Notre but n'est pas d'apporter une interprétation corrigée ou améliorée des concepts freudiens, mais de définir leurs implications philosophiques et sociologiques [4].

Pour Marcuse, la civilisation capitaliste exerce un effet répressif et destructeur sur l'individu et les théories freudiennes sont l'acte d'accusation le plus irréfutable qui soit contre cette civilisation puisque Freud raconte l'histoire de l'être humain comme celle de sa répression [5]. Pour Freud cependant, cette répression est indissociable de la notion même de civilisation, elle en constitue la réalité immuable. Freud va même jusqu'à baptiser cette répression « principe de réalité ». Marcuse accepte sans réserves cette assimilation entre répression et réalité dans la société capitaliste.

---

1. On trouve un dossier consacré à l'école de Francfort dans le n° 5 (mai 1978) de la revue *Esprit*, p. 43 à 158.
2. Adorno, Frenkel-Brunswik, Levinson et Sanford (1950).
3. Fellay (1997) ; Fellay (2004).
4. Marcuse (1955, p. 19).
5. Marcuse (1955, p. 23, 220 et 225-226).

Mais le seul et unique point de la théorie freudienne qu'il récuse, c'est que ce « principe de réalité » soit inéluctablement répressif. Freud affirme avec insistance que la civilisation est nécessairement répressive et que si elle ne l'était pas, elle ne serait pas civilisée[1]. Pour Marcuse au contraire, le « principe de réalité » pourrait fort bien, dans un système économique et politique différent, ne plus être répressif. La mécanisation du travail permettant théoriquement à l'humanité de se libérer des tâches aliénantes, le « principe de réalité » pourrait cesser de s'opposer au « principe de plaisir » et même le satisfaire. Marcuse ne cherche en rien à dissimuler le caractère utopique d'une telle hypothèse. Mais pour lui cette seule possibilité, même ténue, associée à la démonstration que fait la psychanalyse du caractère répressif de la civilisation, confère aux théories freudiennes un caractère hautement subversif.

Pourtant, ce caractère hautement subversif est toujours passé inaperçu et Marcuse se fixe pour objectif de le faire sortir de l'ombre. Selon lui, Freud l'occulte en raison de ses opinions politiques personnelles, lui interdisant de croire aux idéaux humanitaires du socialisme.

Après la mort de Freud, Marcuse accuse le « révisionnisme néo-freudien » d'avoir gommé ce caractère subversif de la psychanalyse au moment où il aurait pu devenir évident.

Pour lui, ce révisionnisme se divise en trois branches : à gauche de l'échiquier politique, une aile représentée par Wilhelm Reich, à droite une aile représentée par Carl Gustav Jung, et au centre une aile représentée par Karen Horney, Erich Fromm et l'école culturaliste. Il écarte rapidement Jung pour son « mysticisme obscurantiste », puis Reich pour son « primitivisme radical qui annonce les manies fantastiques et débridées du Reich des dernières années[2] », pour ne s'intéresser qu'aux thèses de Horney, Fromm et de l'école culturaliste[3]. Notons au passage que l'école culturaliste se situe en réalité plus à gauche qu'à droite.

Cette école considère que la culture peut modeler la personnalité humaine quasiment à son gré. Ainsi modifiée, la théorie freudienne perd évidemment aux yeux de Marcuse toute sa valeur subversive : la psychanalyse ne peut

---

1. Freud (1929).
2. Marcuse (1955, p. 219-220).
3. Ou constructionniste (voir chapitre 17).

plus démontrer que les tendances innées de la personnalité sont réprimées par le conditionnement social puisque toute tendance innée est niée. Les seules tendances de la personnalité reconnues par les culturalistes sont celles ayant été inculquées à l'individu par son conditionnement. Il devient donc difficile de soutenir, comme le fait Freud, que la civilisation exerce un effet répressif sur l'individu.

Ce n'est donc pas à Freud que Marcuse adresse ses critiques : c'est aux écoles psychanalytiques lui ayant succédé.

Pour Marcuse, le héros freudien reste donc intouchable. Comme Juliet Mitchell [1], comme Reich d'une certaine façon, il reste persuadé que Freud a établi les fondements de la libération psychologique et que ses successeurs les ont sapés.

Marcuse est tellement aveuglé par le mythe du héros freudien que les aspects répressifs et culpabilisants de la théorie psychanalytique lui échappent. Il commente sans la moindre réserve le fait que dans son énoncé du « principe de réalité » Freud réduit la réalité toute entière à la loi du père, la loi patriarcale. Bien qu'il se montre constamment soucieux de traquer l'histoire de la répression, Marcuse demeure de marbre face à celle des femmes (position sur laquelle il évoluera tardivement en 1974 [2]) et des enfants. Il n'hésite pas à emboîter le pas de Freud écrivant l'histoire au masculin, diabolisant les femmes tentatrices ou les réduisant à des biens de consommation sexuelle. Marcuse considère même comme une « réussite » le triomphe du despotisme paternel dans l'Œdipe, puisqu'il assure au fils la survie et lui promet l'opportunité d'accéder un jour au fauteuil du patriarche [3]. Freud proclamant l'autorité paternelle « biologiquement justifiée » ne heurte pas davantage Marcuse que lorsqu'il postule une culpabilité inhérente à l'enfance et à la sexualité toute entière avec ses « pulsions prégénitales perverses [4]. »

Le reproche qu'adresse Marcuse aux culturalistes est pertinent. Cependant il ne perçoit qu'un seul des aspects répressifs de la théorie freudienne : celui de l'opposition entre plaisir et réalité. Reich et Marcuse adoptent parfois des positions antipatriarcales, mais au fond d'eux ils restent tous deux des pa-

---

1. Mitchell (1974).
2. Marcuse (1974, p. 317-325).
3. Marcuse (1955, p. 66, 71 et 77).
4. Marcuse (1955, p. 61 et 68).

triarches aveugles sur l'aliénation imposée aux femmes et aux enfants. Marcuse est, comme Reich, heurté par le fait que le plaisir s'oppose à la réalité, mais que cette réalité se confonde avec la loi patriarcale ne trouble en rien sa sérénité. Il suffit selon lui de réformer cette loi afin de la rendre encore plus favorable aux hommes en levant certains interdits sexuels et tout ira pour le mieux. Et l'idée que la confrontation de l'enfant avec la réalité ne soit pas constituée uniquement par sa rencontre avec la loi du père, mais également par des expériences effectuées de façon autonome, ne l'effleure pas.

Cornélius Castoriadis

Cornélius Castoriadis est certainement le plus intéressant des penseurs freudo-marxistes, même s'il n'est possible de le classer dans cette catégorie qu'avant sa rupture avec la théorie de Karl Marx.

Son plus grand mérite est probablement de soulever clairement le problème – que même la pensée anarchiste aborde rarement – posé par cette tendance universelle à évacuer la responsabilité des choix de gestion collective :

> Les constitutions modernes commencent par des déclarations des droits dont la première phrase est soit un credo théologique, soit une analogie : « La Nature a ordonné que... », ou « Dieu a ordonné que... », ou « Nous croyons que les hommes ont été créés égaux » – cette dernière assertion étant fausse, d'ailleurs : l'égalité est une création des hommes agissant politiquement. Par comparaison, les lois athéniennes recèlent un élément d'une profondeur indépassable : elles commencent toujours en disant : « *Edoxe tè boulè kai tô dèmô* », « Il a semblé bon, ça a été l'opinion bien pesée du Conseil et du peuple que... », puis suit le texte de la loi. Cet *exode* est fantastique, c'est vraiment la pierre angulaire de la démocratie. Nous n'avons pas de science de ce qui est bon pour l'humanité, et nous n'en aurons jamais. S'il y en avait une, ce n'est pas la démocratie qu'il nous faudrait rechercher, mais plutôt la tyrannie de celui qui posséderait cette science. On essaierait de le trouver pour lui dire : « Bon, tu vas gouverner puisque tu possèdes la science politique. » C'est d'ailleurs ce que disent explicitement Platon et beaucoup d'autres ; et ce que disaient aussi les flatteurs de Staline : « Puisque tu connais l'histoire, l'économie, la musique, la linguistique... Et vive le secrétaire général ! » Or les Athéniens, eux, disaient : « C'est l'opinion bien pesée du Conseil et du peuple de décréter ceci[1]... »

---

1. Castoriadis (2005, p. 155).

Castoriadis revient tout au long de son œuvre sur l'autonomisation de l'individu. Il a l'immense mérite de poser correctement le problème politique fondamental de ce qu'il appelle ici un *exode*, une externalisation de la responsabilité de nos choix. Il s'agit de notre empressement à ne pas assumer ces choix en décrétant que nous n'en sommes pas les auteurs, mais qu'ils relèvent de la volonté divine, ou du « droit naturel ». Ce problème politique soulevé par Castoriadis ne concerne pas la nature des décisions politiques mais la façon de les prendre. Il n'existe en effet pas de science absolue du bien et du mal ailleurs que dans les systèmes de pensée totalitaires. La seule façon équitable de prendre une décision politique est donc de la confier aux personnes concernées, en toute liberté, hors de toute référence à tout dogme, et sans oublier les personnes indirectement concernées. Comme l'écrit Castoriadis :

> La philosophie n'est pas philosophie si elle n'exprime pas une pensée autonome. Que signifie « autonome » ? Cela veut dire *autonomos*, « qui se donne à soi-même sa loi ». En philosophie, c'est clair : se donner à soi-même sa loi, cela veut dire qu'on pose des questions et qu'on n'accepte aucune autorité. Pas même l'autorité de sa propre pensée antérieure [1].

Cela implique, et toute la difficulté se trouve là, que les personnes concernées deviennent capables de proclamer par exemple : « nous, habitants de cette ville, avons décidé que le port d'armes, les ventes d'armes et la chasse sont interdits sur le territoire communal ». Et cela implique que si une autorité tente de leur imposer une décision les concernant et s'opposant à leur volonté, ces habitants fassent respecter leur propre choix. Aucune autorité ne peut résister à la détermination populaire, malheureusement la population est rarement déterminée.

Là n'est pas le seul mérite de Castoriadis. Il comprend également que ce sont nos névroses qui créent en nous le besoin d'externaliser ces choix vers une chefferie, un commandement. Ou de les évacuer vers une entité abstraite comme un dogme, une éthique, une morale, une religion ou le « droit naturel », censés connaître à la place de l'individu le juste choix qui lui convient, la nature du bien et du mal pour lui et ses semblables.

---

1. Castoriadis (2000, p. 14).

Là où malheureusement la pensée de Castoriadis perd en clarté, c'est lorsqu'il prétend avoir recours à la psychanalyse pour résoudre ces névroses et réaliser l'individu autonome :

> C'est cet individu autonome qui est la fin, (au sens de la finalité, de la terminaison) du processus psychanalytique[1].

La psychanalyse apprend, selon Castoriadis, à filtrer ses pulsions et agir avec discernement :

> Une psychanalyse implique que l'individu, moyennant le processus psychanalytique, est amené à pénétrer cette barrière de l'inconscient, à explorer autant que possible cet inconscient, à filtrer ses pulsions inconscientes et à ne pas agir sans réflexion et délibération[2].

Le point faible de sa pensée se trouve là : ses explications sur la capacité de la psychanalyse à rendre l'individu autonome sont moins claires que le reste de son œuvre.

Ce que Castoriadis ne dit pas en effet, c'est que notre incapacité à assumer nos choix fondamentaux – qui nous conduit à les externaliser – nous vient de notre culpabilité à l'égard de notre propre désir. Un individu inconsciemment persuadé de sa propre perversion, éprouvant pour elle de la culpabilité, ne peut proclamer sa volonté comme fondement légitime d'une décision le concernant, car il croit sa volonté entachée de perversité.

Si la psychanalyse nous aidait à comprendre que la culpabilisation de notre désir nous interdit d'assumer nos responsabilités, elle jouerait pleinement son rôle d'émancipateur politique comme l'affirme Castoriadis, malheureusement ce n'est pas le cas. La théorie freudienne est culpabilisante, elle postule une perversité innée et universelle, reflet non seulement de l'héritage judéochrétien laïcisé par Freud[3], mais également de la misanthropie dont il ne se cache pas. Selon Richard Webster :

> Dans une lettre à Lou Andreas-Salomé, Freud fit même la confession explicite qu'un de ses pires traits de caractère était « une certaine indifférence au monde... En mon tréfonds, je ne puis m'empêcher de penser que mes compagnons humains, à quelques exceptions près, ne valent rien[4]. »

1. Castoriadis, 1997, p. 394.
2. Castoriadis, 1997, p. 394.
3. Voir chapitres 24 et 25.
4. Webster, 1995, p. 367-368.

Castoriadis reprend à son compte ce postulat d'une perversité innée et universelle :

> Nous naissons, par exemple, comme monades psychiques, qui se vivent dans la toute-puissance, qui ne connaissent pas de limites, ou ne reconnaissent pas de limites à la satisfaction de leurs désirs, devant lesquels, si l'autre est un obstacle, il doit disparaître [1].

Castoriadis ne peut donc pas réellement étayer sa thèse sur la capacité de la psychanalyse à proclamer le désir comme fondement légitime de l'action, à poser une volonté devant un acte comme fondement de l'acte :

> Le désir, comme tel, ne saurait être une force sociale ; pour qu'il le devienne, il faut qu'il cesse d'être du désir, qu'il se métabolise. Si l'on parle du désir au vrai sens du terme, le désir inconscient, c'est évidemment un monstre, anti-social et même a-social. Première description, superficielle : je désire cela, je le prends. Je désire untel ou unetelle, je le ou la prends. Je déteste untel, je le tue. Le « règne du désir » ce serait cela. Mais c'est encore superficiel, car ce « désir » est déjà immensément « civilisé », médiatisé par une reconnaissance de la réalité, etc. [...] Contre les absurdités des chantres du désir depuis vingt ans, on voit immédiatement que le désir c'est la mort, pas seulement des autres, mais d'abord de son propre sujet. Mais le désir lui-même n'est que le premier éclatement de la monade psychique [...] complètement fermé sur lui-même. De cette monade dérivent les traits décisifs de l'inconscient [...] Ces traits rendent évidemment radicalement inapte à la vie l'être qui les porte [2].

Le désir lui inspire l'horreur. À Daniel Mermet qui lui évoque le titre d'un livre de Raoul Vaneigem, *Nous qui désirons sans fin*, Castoriadis répond : « Nous qui délirons ? Oh ça oui ! Nous qui délirons ! » Puis il se lance dans une tirade très freudienne sur le fantasme de toute-puissance du nourrisson et la nécessité de limiter le désir [3]. Or si ce n'est pas sur son élan, son désir, sa volonté que l'individu fonde ses choix autonomes, sur quoi les fondera-t-il ?

Castoriadis répond que c'est « l'imagination radicale du sujet humain singulier » qui crée les institutions permettant la vie. L'imagination du sujet humain, pas son désir. Mais pourquoi le sujet imaginerait-il, puis institue-

---

1. Castoriadis (1997, p. 394).
2. Castoriadis (1977-1986, p. 123-124).
3. Castoriadis (1998, p. 10).

rait-il quelque chose qu'il ne désire pas ? Lorsque les congés payés, l'assurance vieillesse, l'assurance maladie, l'éducation nationale ou même la police sont institués, ils sont ardemment désirés par leurs promoteurs. C'est le premier illogisme de la pensée de Castoriadis.

Mais il prétend en outre que c'est la socialisation qui rend l'individu apte à la vie, malgré la direction mortifère prise par son désir, et que cette socialisation contredit de front ses exigences les plus élémentaires [1].

Ce serait donc la socialisation, c'est-à-dire la confrontation de cet être – selon ses propres termes monstrueux et inapte à la vie – avec ses semblables, également monstrueux et inaptes, qui rendrait l'individu vertueux. Cette logique est absurde : en vertu de quoi une confrontation désespérante avec des individus monstrueux et inaptes, ne cherchant qu'à nuire, nous inciterait-elle à vivre une vie vertueuse que nous ne désirerions pas et à construire une société vertueuse que personne ne désirerait ? Cette thèse ne résiste à aucune analyse.

En réalité, la socialisation s'effectue dans l'amour des parents pour leur enfant et c'est cet amour réciproque qui permet à l'enfant de se construire. Sans cette capacité innée, universelle et spontanée à aimer et à coopérer, aucune société ne peut se construire. Un certain degré de maltraitance infantile, qui n'empêche pourtant ni les soins ni l'alimentation de l'enfant, suffit déjà à construire des sociétés violentes, génocidaires, délinquantes et totalitaires. Lloyd de Mause [2], Alice Miller [3], Glenn Davis [4], Adorno, Frenkel-Brunswik, Levinson et Sanford [5], et Emmanuel Todd [6] l'ont suffisamment démontré.

La confrontation avec la pègre n'a jamais rendu vertueux. Rassemblez des individus inaptes à la vie parce qu'incapables de se prendre en charge, habités de désirs de meurtres et de viols, ils vont se dépouiller et s'entre-tuer, ne prendront pas en charge leur destinée commune et mourront dans un bain de sang. S'ils ne le font pas, c'est qu'à l'évidence ils sont animés d'un désir de cohabitation pacifique, de communication et de négociation. Il n'est déjà

---

1. Castoriadis (1977-1986, p. 124).
2. De Mause (1974a ; 1974b).
3. Miller (1990, p. 107-125).
4. Davis (1976).
5. Adorno, Frenkel-Brunswik, Levinson et Sanford (1950).
6. Todd (1979, p. 18-19 et 79).

pas toujours facile à des personnes s'aimant et se comprenant de vivre ensemble, mais lorsqu'elles ne connaissent que des désirs de viol et de meurtre et qu'elles sont de surcroît inaptes à se prendre en charge, leurs chances de cohabiter dans une paix même précaire disparaissent définitivement.

La pensée de Castoriadis, pourtant riche et féconde, bute sur ce point aveugle pour lui, en raison de sa croyance indéfectible au dogme freudien de la perversité innée et universelle du désir humain. Il ne semble pas le voir, mais cette croyance dogmatique mine sa thèse sur l'autonomie. Sa logique absurde d'individus haineux et inaptes qui construisent néanmoins une société viable s'opposant à leurs désirs les plus élémentaires, ne s'explique que si elle s'inscrit dans la croyance inavouée que quelque chose d'étranger à l'individu, et présent dans l'institution, le rend vertueux. Quelque chose qui ne peut avoir été mis en place par cette pègre inapte à la vie, quelque chose comme la loi divine dictée à Moïse sur le Mont Sinaï. Castoriadis ne parvient pas à se l'avouer, mais sa foi dans le dogme freudien d'une nature humaine fondamentalement perverse et même handicapée le pousse lui aussi à externaliser le fondement des institutions et des actes humains.

Castoriadis écrit à propos des théories sur la naissance des institutions :

> Elles ne résistent pas au moindre examen, qu'il s'agisse de Freud dans *Totem et Tabou*, de Hobbes, ou de n'importe qui d'autre. La plupart de ces théories présupposent que ceux qui créent ces institutions sont des êtres humains déjà hominisés. Elles refusent de voir que chacun de ces êtres est d'abord et avant tout une *psyché* et que chacune de ces psychés vit dans la mégalomanie, dans la toute-puissance fantastique et ne tend à accomplir que son désir, pour lequel tout obstacle est à éliminer[1].

Castoriadis ne se départira jamais de son angoisse freudienne face au désir et au soi-disant fantasme de toute-puissance du nourrisson. Il y a quelque chose d'incompréhensible dans sa pensée : si l'individu autonome ne fonde pas son action sur sa propre volonté d'agir et de coopérer, sur quoi peut-il bien la fonder ? Castoriadis construit un discours au départ très pertinent sur l'autonomisation de l'individu devenant l'auteur de ses actes, tout en écartant totalement la volonté d'agir comme fondement de l'acte. De quelle autonomie serait capable un individu impuissant à poser sa volonté comme fondement de son acte ?

---

1. Castoriadis (1997, p. 389-390).

Ma thèse est inverse : le désir d'agir n'est pas un danger menaçant l'humanité. Lorsque l'être humain ne se contente pas de réagir par peur mais qu'il agit pleinement et passionnément, son désir est sa seule motivation, le seul fondement de son acte. Sans espoir et sans désir, l'humain comme l'animal n'agit plus et se laisse dépérir.

Psychanalyse et politique

Bien que le mouvement *Psychanalyse et politique* ne s'apparente que partiellement au courant freudo-marxiste, il est intéressant d'évoquer brièvement son rôle dans le féminisme français, comme autre exemple d'échec d'un mouvement politique se voulant émancipateur, en raison de son enracinement psychanalytique.

La psychanalyse joua en effet en France un rôle important et très ambigu, par l'intermédiaire du groupe *Psychanalyse et politique,* dans l'histoire du féminisme. Ce groupe est fondé en octobre 1968 par la psychanalyste Antoinette Fouque, elle-même analysée par Jacques Lacan. *Psychanalyse et politique* se réunit pour discuter beaucoup plus que pour agir (contrairement aux autres groupes de la mouvance féministe), et ce jusqu'à la création en 1974 de la maison d'éditions *Des femmes* par les membres du groupe, qui les obligera à rendre leurs réunions plus productives. Leurs discussions se donnent pour objectif de développer, modifier ou compléter les théories freudiennes et lacaniennes pour les rendre aptes à décrire la réalité de l'inconscient féminin [1]. La pratique de l'analyse et l'adoption du langage lacanien sont indispensables pour se maintenir dans le groupe [2]. Les éditions *Des Femmes* traduisent et publient en 1975 le très freudien *Psychanalyse et féminisme* de Juliet Mitchell en 1975.

Psychanalyse et politique (ou *Psychepo*) laisse peu traces écrites de ses développements théoriques, qui sont néanmoins repris par Luce Irigaray [3], ce que le groupe lui reprochera vivement [4], ainsi que par Hélène Cixous [5].

---

1. Guadilla (1981 p. 37, 39, 72, 83 et 88) ; Picq (1993 p. 211-212) ; Irigaray (1974).
2. Thomas (1986 p. 183) ; Guadilla (1981, p. 82-83).
3. Irigaray (1974).
4. Picq (1993 p. 128, 210 et 214-215) ; Fouque (1995, p. 204).
5. Guadilla (1981, p. 75).

Le groupe se désintéresse des problèmes de l'insatisfaction sexuelle féminine pour ne considérer que l'utérus : la jouissance féminine est finalement ramenée à la maternité, ce qui convient parfaitement au patriarcat [1].

En outre, le comportement de *Psychanalyse et politique* au sein du mouvement féministe ne se distingue guère que par son ambiguïté, son inefficacité et son agressivité à l'égard des autres tendances. *Psychepo* se désolidarise du féminisme en refusant le qualificatif de féministe [2], ce qui ne l'empêche pas d'être présent dans la presse et les manifestations féministes, ni surtout de confisquer le sigle MLF en 1979 en le déposant comme marque à l'*Institut National de la Propriété Industrielle* [3]. Ce sigle, inventé par la presse et non par les féministes désigne, jusqu'à sa confiscation, toute la mouvance féministe et il est utilisé par tous les groupes de cette tendance depuis plusieurs années. Ce dépôt à l'INPI est alors universellement reconnu comme usurpateur.

Avec le recul, le résultat de l'action de *Psychepo* est perceptible dans l'image laissée par le féminisme français aux États-Unis qui est donnée par les figures de Hélène Cixous, de Luce Irigaray et de Julia Kristeva [4]. Cette image correspond à celle d'un féminisme abscons, dépolitisé et essentialiste, qui met l'accent sur la maternité et glorifie finalement le rôle traditionnel féminin. Rien de subversif à cela bien entendu, par opposition au féminisme politique radical de Christine Delphy et de Monique Wittig par exemple, que le retentissement de l'action commerciale de la maison d'édition *Des femmes* parvient à éclipser [5].

---

1. Guadilla (1981 p. 52-53 et 58) ; voir l'insistance de Luce Irigaray (1974) sur « l'instance matricielle » (l'utérus) défiant « l'instance phallique » de Lacan.

2. Picq (1993, p. 35, note 21) ; Guadilla (1981, p. 38-39).

3. *Chroniques d'une imposture* (Collectif, 1981) ; Picq (1993, p. 297-304) ; Guadilla (1981, p. 105-109) ; Wittig (2001, p. 31).

4. Wittig (2001, p. 32).

5. Wittig (2001, p. 31-32) ; Delphy (1998, p. 217-254).

Sigmund Freud ou la révolution conservatrice

21

La théorie des pulsions

La théorie des pulsions est celle par laquelle Freud prétend expliquer la sexualité humaine. Cette théorie n'a jamais été modifiée par ses successeurs, hormis par Reich avec son étrange « orgonomie [1] ».

Aucun modèle théorique de l'inconscient sexuel n'a jamais été proposé en Occident par des psychologues non freudiens. Plus personne, en réalité, ne s'intéresse à la psychologie sexuelle aujourd'hui. Les neurologues espèrent pouvoir tout expliquer par les hormones et les neuromédiateurs ; les sociologues et les comportementalistes par la « construction sociale », mais la psychologie authentique, celle dont l'objet est de comprendre le psychisme, les émotions, occulte toute recherche sur l'origine de la motivation sexuelle. Pour les psychologues non freudiens, cette motivation est une donnée tombant du ciel à laquelle toute tentative d'explication semblerait incongrue.

Il est donc important de connaître la théorie des pulsions, car il n'existe jusqu'à présent en Occident aucune autre base de réflexion sur la formation du désir sexuel ni sur la culpabilité que nous en éprouvons.

D'après la théorie des pulsions, le désir sexuel s'éveille dès le stade oral, c'est-à-dire dès la naissance. La première zone érogène découverte est la bouche, stimulée par la tétée, et le premier objet érotique est le sein maternel.

Le sevrage et les débuts du contrôle sphinctérien donnent naissance au second stade : le stade sadique-anal. La seconde zone érogène découverte est alors la muqueuse sphinctérienne, tandis que le second objet érotique découvert est l'excrément. À ce stade, une première tendance à anéantir et à perdre l'objet érotique se développe, suivie d'une seconde tendance à le dominer et à le posséder avarement [2]. Ses tendances égoïstes et négatives n'empêchent pas

---

1. Reich (1940) ; Raknes (1970).
2. Freud (1933, p. 134) ; Freud (1946, p. 14-15).

l'enfant de considérer l'excrément comme un cadeau [1] car il remarque que ses éducateurs sont heureux de s'en emparer. Cependant les tendances du nourrisson sont essentiellement sadiques [2], il ignore le plaisir d'offrir et ses plaisirs se limitent à détruire et à posséder avarement. Son plaisir est censé venir tantôt de l'expulsion de la merde, (mais uniquement pour satisfaire son plaisir de destruction et de perte, jamais pour celui d'offrir ce fameux cadeau) tantôt de sa rétention (comme si se retenir était agréable... mais ce qui est censé être agréable, c'est son sadisme à l'égard des éducateurs attendant le cadeau).

La dépréciation de l'ordure intestinale entraîne une phase transitoire entre le stade sadique-anal et le stade phallique. Durant cette phase l'intérêt se retire de l'ordure dépréciée pour se reporter sur des objets de substitution qui comme elle peuvent être donnés en cadeaux : le pénis et l'enfant [3].

Au stade phallique, la zone érogène génitale devient prééminente et le troisième objet érotique découvert est donc le pénis ou le clitoris.

C'est lors de la survenue du complexe de castration que se séparent les destins psychologiques des filles et des garçons. Les garçons découvrent l'absence de pénis des filles et croient qu'il leur a été coupé en guise de punition, ils craignent alors que la même chose ne leur arrive et en conçoivent une vive horreur accompagnée d'effroi pour la région génitale féminine [4].

Mais les garçons se désintéressent des filles : seule leur mère les intéresse. Ils désirent alors lui offrir leur précieux pénis, mais leur père s'y oppose et les menace de castration. Ils tentent également de se faire aimer de leur père en se substituant fantasmatiquement à leur mère, mais ne peuvent pour cela se résoudre à renoncer symboliquement à leur précieux pénis. Chacune des deux stratégies les conduisant à la perte du pénis, ils renoncent à leur amour Œdipien et à toute sexualité, c'est la phase de latence qui ne prendra fin qu'à la puberté, lorsque leur intérêt se portera (enfin) sur les filles de leur âge [5].

Pendant ce temps, les filles découvrent aux garçons un pénis qu'elles envient parce qu'il est plus grand que leur clitoris. Mais elles aussi se désintéressent mystérieusement des garçons, seul leur père les attire. La menace de

1. Freud (1905, p. 112).
2. Freud (1894-1924, p. 196).
3. Freud (1933, p. 136-137) ; Freud (1907-1931, p. 107-108).
4. Freud (1907-1931, p.118-119).
5. Freud (1907-1931, p. 119-120) ; Freud (1933, p. 173).

castration ne peut pas leur être adressée pour les retenir dans leur amour illicite pour leur père. Le complexe de castration (la souffrance provoquée par la petitesse du clitoris considéré comme un pénis atrophié) renforce au contraire la fille dans son dessein de s'approprier le pénis paternel. Le complexe d'Œdipe féminin ne rencontre donc pas, hormis la rivalité de la mère, autant d'obstacles que le complexe d'Œdipe masculin. Il ne se résout donc que tardivement et imparfaitement. L'amour des filles pour leur père se révélant quand même impossible, elles entrent elles aussi dans la période de latence, et renoncent à la sexualité jusqu'à la puberté, lorsque leur intérêt se porte (enfin) sur des garçons de leur âge [1].

Pourquoi les filles, qui connaissent le plaisir obtenu du clitoris, supposent-elles qu'un pénis lui serait préférable ? Il est plus gros, certes, mais cela indique-t-il qu'il leur procurait davantage de plaisir si elles en étaient pourvues ? Freud évite soigneusement cette question. La plupart des femmes adultes sont effectivement attirées par le pénis. Il s'agit de celles qui ont expérimenté la pénétration et l'ont trouvée agréable. Mais il ne s'agit pas de petites filles de 3 ou 4 ans. Et il ne s'agit pas non plus pour elles de souhaiter être pourvues de l'instrument, ce mythe a été lancé par Freud sans argument recevable.

Sur quoi Freud se fonde-t-il pour affirmer l'équation entre excrément et cadeau ? Sur l'attente des éducateurs de la précieuse production. Freud a besoin que l'excrément soit un cadeau pour expliquer le report d'intérêt de l'ordure intestinale vers le pénis qui, selon lui, est aussi justement un cadeau (ça tombe bien). À aucun moment pourtant, lorsqu'il évoque le stade sadique-anal, il ne parle du désir d'offrir éprouvé par l'enfant. Bien au contraire, il présente ce dernier comme un petit salaud ne pensant qu'à nuire, détruire et posséder avarement. Freud ne parle de ce désir d'offrir que plus tard, à propos du transfert de la pulsion sadique-anale en pulsion génitale. Comme à ce moment-là l'enfant ne peut plus s'intéresser à la merde qui vient de subir une dépréciation, il reporte son intérêt sur la nouvelle zone érogène qu'il vient de découvrir : le pénis, qui serait – selon Freud – comme l'excrément, un cadeau.

Pour quelle raison le pénis serait-il un cadeau ? Parce que Freud nous fait part de sa conviction que l'enfant croit le pénis détachable du corps dans son angoisse de castration, ce qui le ferait ressembler à une colonne d'excrément – et donc à un enfant (n'est-ce pas ?) – elle aussi détachable du corps.

1. Freud (1907-1931, p. 121) ; Freud (1933, p. 171-173).

L'analogie est fort audacieuse mais aucun indice de preuve ne vient l'étayer. Et surtout, l'enchaînement n'est pas logique : si la théorie était cohérente, voir son pénis comme un cadeau devrait impliquer que l'enfant l'imagine détachable de son corps, ce qui est censé l'effrayer et lui faire horreur (angoisse de castration). Comme il est également censé éprouver crainte et horreur devant la région génitale féminine[1], tout devrait le pousser à fuir la relation sexuelle au lieu de la désirer. Comme souvent, la logique freudienne est absurde.

Quel est alors le destin de ce nouveau cadeau (le pénis) ? Freud tente une explication au transfert de la pulsion anale en pulsion génitale. Cette explication est fondée sur un postulat lui-même inexplicable : celui d'un changement radical de la psychologie masculine lorsque le plaisir sadique de détruire ou de retenir le cadeau se mue subitement et sans raison aucune en plaisir de l'offrir. Le jeune garçon pourrait prolonger son plaisir sadique ou avare en le refusant à sa mère (car n'oublions pas qu'il se désintéresse des filles de son âge) qui justement en est privée. Mais non, voilà que tout à coup, il ne prend plus aucun plaisir à le garder ni à le détruire, il veut maintenant l'offrir. Bien que la plus grande de ses craintes soit de s'en séparer.

Pourquoi cette réorientation radicale de la psychologie masculine qui bondit prestement du vice à la vertu ? Freud n'en a pas la moindre idée, il se borne à des considérations sur une prétendue analogie entre la colonne d'excrément qui excite la muqueuse sphinctérienne et le pénis qui excite le vagin, car le vagin serait « loué » à l'anus et pourrait donc lui être substitué[2]. Cela n'explique en rien pourquoi le seul plaisir de l'enfant, qui était de faire souffrir, devient subitement de faire plaisir. Mais avec Freud, l'autorité du Maître remplace la logique des explications. Le plaisir de l'offrande vient donc remplacer la jouissance sphinctérienne anale et le plaisir de faire souffrir. Freud ajoute un ingrédient au désir féminin : une analogie entre excrément, pénis et enfant pour compléter sa conception de la génitalisation du désir féminin.

Sur quoi Freud se fonde-t-il pour prolonger son équation entre excrément, cadeau, pénis et enfant ? Sur sa certitude, maintes fois répétée, que tous les enfants croient que les bébés naissent des intestins de leur mère[3]. Il ne tire

---

1. Freud (1907-1931, p.118-119).
2. Freud (1907-1931, p. 110-112) ; Freud (1933, p. 137).
3. Freud (1907-1931, p. 21, 109 et 116).

visiblement cette certitude que d'un seul cas – largement remis en cause depuis – celui du petit Hans[1], puisqu'il ne cite aucun autre exemple[2]. Il n'envisage pas que le petit Hans soit un cas particulier influencé par son analyste – son propre père – proche ami de Freud. Marcel Pagnol, lui, raconte qu'enfant il était déconcerté d'entendre à la messe que le fruit des entrailles de Marie était béni. Pour lui le fruit des entrailles n'était pas du tout un enfant mais le contenu habituel des intestins. Il n'avait malheureusement pas fréquenté le même psychanalyste que le petit Hans.

Revenons à la réorientation vertueuse du petit garçon. Son plaisir de détruire, de retenir ou de posséder se mue sans raison en plaisir d'offrir. Étrange mystère déjà qui ne reçoit aucune explication. Étrange encore son idée d'offrir son pénis alors que sa plus grande crainte et sa plus grande horreur sont de s'en séparer. Mais plus étrange encore est cette idée de l'offrir aux êtres qu'il déteste et méprise le plus : les femmes. Freud insiste en effet lourdement sur

> la dépréciation de la femme, l'horreur de la femme, la prédisposition à l'homosexualité qui découlent de cette conviction finale que la femme n'a pas de pénis. Ferenczi a récemment rapporté très justement le symbole mythologique de l'horreur, la tête de Méduse, à l'impression produite par l'organe génital féminin dépourvu de pénis[3].

Freud avait un sérieux problème avec les femmes...

---

1. Freud (1905-1918, p. 93-198) ; Bénesteau (2002, p. 268-276) ; Millot (1979, p. 66-67) ; Gay (1988, vol. 1, p. 404 à 412) ; Webster (1995, p. 293) ; Bergeret (1987).

2. Freud (1907-1931, p. 109).

3. Freud (1907-1931, p. 115 et 116). Voir également Freud (1921-1938, p. 49 et 50).

De cette rencontre [avec la région génitale féminine] naîtront deux réactions qui peuvent se fixer et détermineront alors [...] son comportement durable à l'égard des femmes : horreur de ces créatures mutilées ou mépris triomphant à leur égard [1].

Voilà un bien singulier revirement pour un jeune homme jusque là sadique, destructeur et avare, non seulement de soudain préférer le plaisir d'offrir à celui de détruire et de conserver, et d'offrir ce dont il redoute le plus de se séparer, mais encore de l'offrir aux êtres qui lui font le plus horreur. Toute logique semble donc absente de l'esprit du jeune garçon. À moins que ce ne soit de l'esprit de Sigmund Freud.

La seule logique par contre à laquelle ne manque pas de répondre ce point de la théorie des pulsions est bien celle de la culpabilisation judéo-chrétienne de la sexualité infantile et de l'érotisme anal. La génitalisation du désir, qui prépare la puberté, amorce la transition entre l'enfance et l'âge adulte et mettra donc bientôt fin, pour la morale judéo-chrétienne, à la culpabilité de la sexualité infantile. Freud en prépare le terrain : le phallus est le rédempteur qui viendra sauver l'enfant du péché pour en faire un adulte. Par sa grâce, ce qui était plaisir de détruire et de conserver avarement au stade sadique-anal devient sans autre explication plaisir d'offrir au stade génital.

Pour Freud, l'enfant est un pervers polymorphe [2] et ne sort de la perversité qu'à la puberté, au moment de la génitalisation du désir. Freud n'aurait pas pu postuler ses fameuses « perversions prégénitales » si le stade anal avait été placé sous le signe de la générosité et du plaisir d'offrir. Insister sur le sadisme et l'avarice du stade anal rejette la culpabilité sur les enfants et l'analité pour mieux en délivrer les adultes et la génitalité. Karl Abraham, un disciple de Freud, l'a, comme Reich, compris :

Ce n'est qu'à l'étape génitale du développement de la libido que l'aptitude pleine et entière à l'amour est acquise [3].

Quant à Erich Fromm, il reproche à Freud de ne pas avoir suffisamment établi de

1. Freud (1907-1931, p. 127).
2. Freud (1905, p. 118-119).
3. Abraham (1924) dans Grunberger, Chasseguet-Smirgel et Parenti (1978, p. 120).

polarité entre la sexualité prégénitale (sadisme oral et anal) en tant que source de la destructivité, et la sexualité génitale, en tant que source de l'amour[1].

Freud ne ménage aucune critique à l'érotisme anal : il en qualifie les adeptes de querelleurs, tracassiers, ergoteurs, mesquins, avares et constate le primat frappant du sadisme dans l'érotisme anal[2]. Comment expliquer alors qu'une tradition érotique aussi raffinée gravite autour de l'esthétique des fesses dans la peinture, la sculpture, la couture, la littérature, le cinéma et la danse ? Comment une orientation aussi affirmée vers la beauté dans l'érotisme anal serait-elle compatible avec un goût exclusif pour le sadisme, la destruction, la mesquinerie et l'avarice pourtant martelé par Freud ? Hostile à l'art comme à la sensualité, ce dernier n'entrevoit là aucune contradiction.

Mais ce n'est pas tout. Depuis quand les garçons et les filles du même âge se désintéressent-ils les uns des autres ? Le Docteur Freud ignore-t-il que garçons et filles jouent, eux aussi, au docteur ? Comment croire un instant à une « phase de latence » et à un renoncement à toute sexualité sous prétexte que l'amour pour le parent de sexe opposé est menacé, alors qu'à la pré-puberté l'activité sexuelle, déjà intense, s'oriente, on le sait, vers des partenaires du même âge ?

Pourquoi encore le pénis devient-il soudain indispensable aux filles, alors qu'il leur est étranger, qu'il ne leur avait jamais manqué et qu'elles ignorent encore qu'elles pourront plus tard en tirer du plaisir ? Parce que d'après Freud, il est plus grand que leur clitoris érogène, parce qu'il ressemble à une colonne d'excrément, donc à un cadeau, et à un enfant. Pourquoi sa taille supérieure à celle du clitoris lui conférerait-elle davantage de propriétés érogènes ? Quelle relation entre la taille d'une aire anatomique et son pouvoir érogène, où Freud a-t-il vu jouer cette fable ? Et pourquoi alors les enfants ne jalouseraient-ils pas également les seins maternels, eux aussi bien plus gros que leurs petits tétons, eux aussi érogènes, et qui sont, eux, un vrai « cadeau », (l'allaitement) ? Pourquoi l'envie de pénis ne serait-elle pas plutôt une envie de seins ? L'hypothèse de l'envie de seins présente au moins autant d'indices de vraisemblance que celle de l'envie de pénis, car les seins peuvent être qualifiés de « cadeaux » avec beaucoup plus de vraisemblance que le pé-

---

1. Fromm (1980, p. 187).
2. Freud (1894-1924, p. 195-196).

nis. Pourquoi alors Freud n'en a-t-il pas parlé ? Probablement pour deux raisons. D'abord parce que cette hypothèse aurait conduit Freud à postuler
une attirance sexuelle des filles pour leur mère, dont il n'aurait peut-être pas
su comment se dépêtrer par la suite. Ensuite et surtout parce qu'elle aurait
détourné sa théorie de son but génital, seul but véritablement admis par la
morale judéo-chrétienne et les chemises conjugales puritaines.

La théorie freudienne est donc décidément bien étrange. Si son pouvoir
explicatif se réduit à si peu de choses, en quoi peut bien constituer son
intérêt ? Elle fonctionne comme un dogme : elle a l'air cohérente à condition de ne jamais poser les questions que son auteur a lui-même évitées.

Que la théorie freudienne comporte de graves incohérences et qu'elle n'explique pas tout, soit. Mais explique-t-elle quand même quelque chose ? À
quelles questions répond-elle ? Après l'avoir lue, savons-nous maintenant
un peu plus pourquoi nous désirons ?

Nous avons cru comprendre que les femmes désirent le pénis parce qu'il
est plus grand que le clitoris érogène et parce qu'il ressemble à la fois à un
cadeau et à un enfant, mais c'est – pour le moins – douteux et alambiqué.

Nous avons cru comprendre que les enfants désirent leurs parents plutôt
que les enfants de leur âge, mais nous ne savons pas pourquoi.

Nous n'avons absolument pas compris pourquoi les hommes désirent les
femmes. Nous avons appris qu'ils ont horreur de ces créatures mutilées (sans
pénis) ou qu'ils éprouvent un mépris triomphant à leur égard, et qu'ils ne
sont pas intéressés par leur région génitale [1]. Nous ne comprenons absolument pas comment ils peuvent les désirer, ni désirer leur donner ce qu'ils re-
doutent le plus de perdre, leur pénis, et encore moins comment ils peuvent
les aimer. Peut-être pouvons-nous tout au plus imaginer que leur seul motif de désirer les femmes pourrait tenir à une survivance du stade oral les incitant à téter leurs seins... mais nous savons que l'érotisme ne se borne
évidemment pas à cela, d'ailleurs Freud n'en parle jamais.

Il apparaît donc que le succès mondial de la théorie des pulsions ne tient
aucunement à son pouvoir explicatif. Nous pouvons pressentir qu'il tient
plutôt à une habile laïcisation de la morale judéo-chrétienne, ce qui se confir-
mera aux chapitres 24 et 25.

---

1. Freud (1907-1931, p. 127).

22

Freud, un pionnier ?

Freud est parvenu à se forger une célébrité mondiale pour avoir soi-disant découvert la sexualité infantile et l'inconscient. Performance hors du commun pour quelqu'un qui ne découvrit ni l'une ni l'autre. En revanche, il révolutionne réellement la psychiatrie en fondant une méthode thérapeutique exclusivement basée sur l'écoute et le dialogue avec les névrosés. C'est en cela, et en cela seulement, qu'il est pionnier et mérite la célébrité. Cependant, si Freud avait réellement écouté les névrosés au lieu d'interpréter leurs paroles de façon erronée, il aurait mieux mérité la postérité aujourd'hui attachée à son nom. Mais ce n'est pas le cas. De plus ce n'est pas, de son propre aveu cette fois, lui qui a l'idée de la méthode de cure par la parole, qu'il emprunte à Joseph Breuer et à Berthe Pappenheim (Anna O.[1]).

Certes, écouter les névrosés et accorder un sens à leur parole n'est pas un acte nouveau à l'époque de Freud. Cette première brèche dans le mur d'incompréhension qui sépare les psychiatres des patients, Philippe Pinel l'a ouverte bien avant lui. Depuis la fondation de la psychiatrie moderne et l'enlèvement, au début du XIXe siècle, de leurs chaînes aux aliénés, plusieurs médecins, à la suite de Pinel, établissent un vrai dialogue avec leurs patients[2]. Esprit et Emile Blanche par exemple, père et fils, tiennent de 1821 à 1872 une maison de soins pour aliénés à Montmartre, puis à Passy, dans laquelle ils entretiennent de véritables échanges intellectuels avec certains patients, à côté d'autres formes de soins plus classiques : bains, purges, saignées, promenades et travail[3]. Il faut cependant reconnaître à Freud la primeur d'une méthode thérapeutique fondée exclusivement sur l'écoute et le dialogue.

---

1. Freud (1909-1914 p. 9-16 et 69-70) ; Freud et Breuer (1895 ; Ferenczi, 1985 p. 147) ; Borch-Jacobsen (1995, p. 17) ; Balmary (1979, p. 143-159) ; Webster (1995, p. 119-150).
2. Murat (2001, p. 17-19) ; Postel et Quetel (2004, p. 153-156).
3. Murat (2001).

L'adaptation de cette méthode permettra par la suite à Ronald D. Laing, à Alice Miller, à J. Konrad Stettbacher et à bien d'autres, de pousser beaucoup plus loin – et surtout sans interprétation erronée – le travail d'écoute et la compréhension des mécanismes créateurs de névroses.

La sexualité infantile

Freud n'a certainement pas découvert la sexualité infantile puisque les manuels pédagogiques du XIXe siècle s'attardent longuement sur la prévention de la masturbation [1]. En revanche, la médecine considère encore la sexualité infantile comme anormale jusqu'à la fin du XIXe siècle.

Mais dès 1894, soit onze ans avant la première publication freudienne sur le sujet en 1905, les idées évoluent. De nombreux chercheurs, (Max Dessoir en 1894, Karl Groos en 1899, Albert Moll en 1897, Havelock Ellis de 1898 à 1903, Sanford Bell en 1902 et G. Stanley Hall en 1904) affirment que la sexualité infantile n'a rien d'anormal et citent de nombreux exemples de sexualité infantile précoce chez des individus sains. Après la mort de Krafft-Ebing en 1902, Albert Moll est sans doute le spécialiste de la pathologie sexuelle le plus connu d'Europe, Freud ne peut donc l'ignorer. Il lui voue même une haine tenace depuis les critiques acerbes adressées par Moll à la psychanalyse à partir de 1900. Freud n'ignore pas non plus les travaux de Havelock Ellis avec qui il correspond régulièrement à peu près à partir de 1889 et qu'il cite dans ses *Trois essais sur la théorie sexuelle* [2]. Il ne publie ses *Trois essais* qu'en 1905, mais il y affirme pourtant :

> Il est vrai qu'on trouve, dans la littérature, quelques notes sur l'activité sexuelle précoce chez de petits enfants, sur les érections, la masturbation et même sur des pratiques comparables au coït, mais qui ne sont jamais présentées que comme des phénomènes exceptionnels, des curiosités ou des exemples effrayants de dépravation précoce [3].

Il précise cependant en note que l'étude scientifique de la sexualité en est à ses balbutiements et cite, dans sa première édition des *Trois essais* en 1905, Bell, Groos et Ellis auxquels il ajoute Hall et Moll dans l'édition de

---

1. Stengers et Van Neck (1984) ; Miller (1980, p. 15-112).
2. Sulloway (1979, p. 283-296 et 494-496).
3. Freud (1905, p. 94).

1910, mais sans reconnaître à Moll d'avoir abordé le sujet. Dans *Cinq leçons sur la psychanalyse,* il cite plus en détails un article de Sanford Bell paru en 1902, soit trois ans avant ses *Trois essais,* et reconnaît nettement l'antériorité des travaux de Bell sur ce sujet[1].

Non seulement les idées de Freud sur les pulsions infantiles sont purement spéculatives et ne s'appuient sur aucune argumentation sérieuse, mais elles sont en grande partie empruntées à Havelock Ellis qui en publie d'étonnamment semblables en 1900, soit cinq ans avant Freud[2].

Il est donc complètement inexact de voir en Freud un pionnier dans la découverte, comme dans la réhabilitation de la sexualité infantile : il est sur le sujet en accord avec les idées de nombreux grands médecins de l'époque. Par ailleurs, il ne cessera jamais d'insister sur le caractère pervers de la sexualité infantile. Il défendra également jusqu'à son dernier souffle l'idée de la nocivité de la masturbation, à une époque où cette idée est déjà franchement réactionnaire.

Mais surtout, Freud nie la sexualité infantile là où elle existe, c'est-à-dire durant ce qu'il nomme la « période de latence », et il l'invente là où elle n'existe pas, pendant ce qu'il appelle « l'âge œdipien ».

Il ne postule en effet un désir sexuel infantile à un âge où il n'existe pas, ce fameux âge « œdipien », que pour camoufler en fantasmes sexuels les récits de viols incestueux. S'il insiste tant sur la sexualité infantile précoce, c'est uniquement pour pouvoir situer la formation du complexe d'Œdipe à l'âge de quatre ans. Étant donné l'âge très précoce auquel ses patientes font remonter leurs plus anciens souvenirs de viols incestueux, il tente d'imposer l'idée d'un désir sexuel infantile tout aussi précoce afin d'accuser les victimes d'inceste d'avoir désiré le viol qu'elles ont subi. Personne, parmi les magistrats de l'époque, qui défendent eux aussi les pères incestueux[3], n'avait encore osé aller aussi loin pour disculper les pères. À un âge aussi précoce, on se contentait ordinairement d'affirmer que l'enfant mentait, pas que les filles désiraient leur père. Mais selon Alice Miller, Freud situe le commencement de « l'âge œdipien » justement vers la quatrième année parce que c'est à cet âge que les viols incestueux commencent. C'est l'âge où les enfants

1. Freud (1909-1914, p. 49-50).
2. Sulloway (1979, p. 293).
3. Jeffreys (1985).

sont vulnérables et où leurs pères supposent qu'on ne les croira pas s'ils racontent le viol. Alice Miller et Pierre Bourdier expliquent que l'enfant a des besoins affectifs très importants. La demande sexuelle des adultes les déconcerte, ils ne la comprennent pas mais si c'est la seule forme d'affection qu'ils peuvent obtenir, ils cherchent un moyen d'y répondre [1].

1. Miller (1981, p. 143-146 et 225-253) ; Bourdier (1972).

Les affirmations freudiennes concernant le complexe d'Œdipe ne reposent sur rien de concret et des travaux plus récents invalident très sérieusement cette notion[1].

Ce que l'on observe chez les très jeunes enfants est une simple stimulation des zones érogènes, la plupart du temps génitales, qui conduit même parfois à un orgasme, l'exemple le plus précoce d'un orgasme féminin rapporté par Kinsey remontant à l'âge de trois ans. Mais cela ne présume en aucune façon que ces stimulations s'accompagnent de fantasmes prenant une tierce personne pour objet, et encore moins un adulte. Les zones érogènes le sont dès la naissance et il n'y a rien d'étonnant à ce que les enfants les stimulent aussitôt qu'ils en remarquent l'effet agréable.

Le lundi 26 novembre 2001, à la barre des assises de Melun, au cours du procès de Guy-Claude Burger, accusé de viol de mineure, Audrey est interrogée sur un éventuel désir sexuel qu'elle aurait pu éprouver pour son agresseur :

> Audrey a-t-elle enfin éprouvé une pulsion sexuel pour l'adulte, comme le soutient Guy-Claude Burger, qui se souvient qu'elle lui a demandé, le soir, de pouvoir dormir avec lui ? *« Je lui disais non, répond la jeune femme. Un enfant de dix ans a une sexualité à lui. Il n'a pas de pulsions sexuelles envers un adulte. Le problème, c'est qu'il peut y avoir un certain plaisir physique, et c'est pour ça qu'on culpabilise. Si on masturbe un enfant, il a du plaisir. Mais il ne faut pas l'aider. Il n'a besoin de personne pour ça. Il peut se débrouiller tout seul*[2]. »

Par contre à l'âge où le désir sexuel s'éveille réellement, (six-sept ans, mais cela peut varier assez considérablement selon les individus) Freud postule le commencement d'une « phase de latence ». Il décrétera alors hystérique tout enfant manifestant un désir sexuel après six ans, parce que n'ayant « pas encore résolu son complexe d'Œdipe ».

Freud n'omet pas de rappeler qu'à l'âge de latence, l'énergie économisée par la « cessation des préoccupation sexuelles » permet judicieusement à l'enfant de se consacrer à ses études, comme cela se doit d'être souligné par l'ardent défenseur de l'ordre moral qu'il n'a jamais cessé d'être :

---

1. Sherman (p. 144-145) ; Greve et Roos (1996) ; Masson (1984) ; Webster (1995, p. 277 à 295).
2. *Le Monde*, 29 novembre 2001.

[Freud] pensait qu'il n'était pas fortuit que le début de la période de latence, six ans, coïncide avec le début de la formation scolaire[1].

Bien d'autres auteurs plus progressistes soutiennent au contraire que le développement de la curiosité sexuelle va de pair avec celui de la curiosité intellectuelle. Le droit des mineurs à la sexualité n'est pourtant, aujourd'hui encore, pas reconnu. D'interminables années s'écoulent, encore aujourd'hui, entre l'intensification des premiers besoins sexuels et le moment où est enfin accordée aux jeunes l'autorisation de découvrir le plaisir qui leur correspond. Divers prétextes, aussi fallacieux les uns que les autres, sont utilisés pour interdire la sexualité aux mineurs. À l'époque de Freud, l'inefficacité des moyens contraceptifs posait un réel problème face à la durée des études dans une société industrialisée. S'adonner à des activités sexuelles ne pouvait être envisagé que très longtemps après l'apparition du désir, quand il devenait enfin possible de subvenir aux besoins de sa progéniture.

Mais aujourd'hui, alors que des moyens contraceptifs efficaces peuvent être employés dès l'adolescence, le prétexte de « se consacrer à ses études » continue à être employé pour interdire aux plus jeunes l'assouvissement de leurs besoins sexuels pourtant intenses. Pourquoi, alors, ne pas exiger également des couples adultes qu'ils attendent l'âge de la retraite pour convoler puisqu'ils doivent, jusqu'à cette date, se consacrer à leur travail ?

Le danger, bien réel, de la prédation sexuelle exercée par certains adultes sur des enfants, est lui aussi scandaleusement détourné afin d'interdire aux adolescents de s'initier entre eux aux plaisirs charnels. Le réel danger pédophile est insidieusement confondu avec celui, imaginaire, d'une sexualité entre adolescents consentants et du même âge.

En réalité nos mentalités patriarcales, qui ne reconnaissaient à l'origine de droits qu'aux hommes adultes, ne sont pas encore parvenues à reconnaître le droit des enfants à la libération sexuelle, pourtant rendue possible par la contraception. Ce droit sera probablement l'un des derniers qui seront accordés à l'enfance – s'il l'est un jour – et l'influence réactionnaire des idées freudienne, issues de la mentalité du XIXe siècle, n'aura pas joué en sa faveur.

Rien dans le mythe trompeur d'un Freud découvreur ou émancipateur de la sexualité infantile ne mérite donc d'être retenu.

---

1. Sherman (1971, p. 85).

L'inconscient

L'inconscient n'est pas non plus une découverte freudienne. Joseph Breuer et Sigmund Freud ne publient leurs *Mécanismes psychiques des phénomènes hystériques*, première allusion freudienne à l'inconscient, qu'en 1893, alors que Pierre Janet a déjà publié *Automatisme psychologique* depuis quatre ans, en 1889. Mieux, au cours de la même année 1889, Héricourt fait déjà le point sur les publications relatives à l'inconscient. Il déclare alors que l'activité inconsciente de l'esprit est une vérité scientifique dont la réalité ne fait aucun doute, et attribue à Chevreul le mérite d'en avoir fourni la preuve expérimentale [1].

Le mythe selon lequel Freud aurait découvert l'inconscient est une imposture dont Freud lui-même est à l'origine. Mais le plus grave est en réalité l'utilisation qu'il fait de cette découverte après se l'être injustement appropriée.

Freud recherche en effet systématiquement la cause de toute névrose dans les « fantasmes inconscients » plutôt que dans l'environnement familial ou social. Cela lui permet de respecter l'ordre bourgeois en évitant d'accuser la famille et la société. Seul le névrosé est responsable de ses souffrances auxquelles sont ainsi attribuées des causes internes... mais invérifiables. Les « fantasmes inconscients » sont pour Freud un outil fantastique auquel il peut faire dire n'importe quoi.

Comme l'écrit Jeffrey Moussaieff Masson :

> Freud dit à Eitingon que Ferenczi ne devait pas croire ses patients, parce que « ce que l'on obtient réellement, ce sont les fantasmes des patients sur leur enfance, et non l'histoire [réelle] ». Comment Freud pouvait-il savoir ce qui était arrivé ou non aux patients de Ferenczi dans leur enfance ? À moins, bien sûr, d'avoir décidé que rien n'était jamais arrivé à personne, et que toute opinion contraire était le produit de l'imagination ou, pis encore, de la paranoïa. Freud n'a jamais rencontré Madame Severn. Comment peut-il savoir, ainsi qu'il l'écrit à Jones, que « ce qu'elle racontait à propos de traumatismes de l'enfance extrêmement étranges » n'était pas vrai. Lorsqu'il l'accuse d'avoir provoqué chez Ferenczi une *pseudologia phantastica*, c'est-à-dire la croyance à des contes bizarres ou à des mensonges, il revient aux idées de la psychiatrie du 19ᵉ siècle : chaque fois qu'un patient

---

1. Ellenberger, 1970, p. 345-346.

parle de quelque chose d'intrinsèquement répugnant, dérangeant (pour l'idée que le médecin se fait de l'ordre social), cette « histoire » doit être attribuée à une maladie, la *pseudologia phantastica*. Les psychiatres allemands et français ont décrit, à propos de la *pseudologia phantastica* des enfants, le curieux besoin qu'ils ont d'accuser leurs parents de crimes étranges, c'est-à-dire d'agressions sexuelles [1].

Masson ajoute avec justesse :

> Ce qui rend les gens malades, c'est ce qui leur est arrivé, non ce qu'ils imaginent leur être arrivé [2].

L'archétype du fantasme inconscient accusé par Freud d'être à l'origine de toute névrose est le désir œdipien, il s'agit en effet selon lui du désir universel toujours inassouvi, car son objet est interdit.

Freud se désintéresse très tôt de ce qu'il nomme les « névroses actuelles », c'est-à-dire les névroses dont la cause, souvent consciente, réside dans une angoisse ou une frustration le plus souvent infligée par un environnement oppressant contemporain de la névrose.

Sur ce point, Freud ne se distingue en rien de la psychiatrie classique. Pour la psychanalyse comme pour la psychiatrie, les causes des troubles sont forcément internes ; la famille et la société constituent les références saines et inattaquables.

Cette règle qui fonde tacitement la psychanalyse, Freud ne l'énoncera jamais. Mais beaucoup parmi ses disciples subiront sa terrible opprobre pour ne pas l'avoir appliquée. François Roustang écrit à ce propos :

> Il serait fastidieux, mais possible, de montrer que Tausk est le seul disciple à respecter la spécificité de la théorie analytique, parce qu'il centre ses exposés sur les fantasmes et, en conséquence, sur les mécanismes inconscients. La lecture des autres n'est pas sans intérêt, mais on a toujours l'impression de se retrouver en deçà du discours analytique. Il serait facile de faire apparaître, par exemple, que Ferenczi n'échappe pas à ce verdict. [...] Il est également significatif de voir comment Tausk critique un travail d'Abraham sur l'éjaculation précoce : alors qu'Abraham interprète celle-ci comme l'effet d'un manque d'amour objectal, Tausk y perçoit le terme d'un fantasme d'onanisme [3].

---

1. Masson (1984, p. 195).
2. Masson (1984, p. 197).
3. Roustang (1976, p. 125).

Bien des disciples de Freud tenteront en effet d'ouvrir les yeux, malgré l'interdit implicite du Maître, sur le rôle névrosant de l'oppression familiale ou sociale, parfois décelable sans recours à l'inconscient. Tous seront châtiés pour cette hérésie ; les plus célèbres demeureront Sandor Ferenczi et Alfred Adler.

Même en postulant une origine toujours inconsciente et toujours infantile à toute névrose, Freud aurait tout de même pu rechercher la cause de certains traumatismes inconscients dans les agressions subies par l'enfant. Mais cela, il l'évite également, d'une part en ne pratiquant pas la psychanalyse d'enfants, d'autre part en postulant que les causes des névroses infantiles ne se situent jamais dans les agressions subies par l'enfant, mais dans ses fantasmes, de préférence œdipiens.

L'un des exemples les plus célèbres et les plus flagrants dans ce domaine est celui du « Président Schreber [1] ». Le diagnostic proposé par Freud est effarant. Confronté au récit de Paul Schreber [2], rendu paranoïaque par un père notoirement sadique, Freud occulte totalement la responsabilité paternelle, qu'il ne peut pourtant ignorer. Fidèle à sa logique du complexe d'Œdipe, il nie les causes réelles de la névrose et lui en attribue de fausses, constituées par des fantasmes sexuels inassouvis ayant le père pour objet.

La responsabilité du sadisme du Docteur Moritz Schreber, père de Paul, dans la paranoïa de son fils n'a pourtant pas échappé à Freud puisqu'il s'en ouvre dans une lettre adressée à Ferenczi [3]. Mais comme dans le cas de la théorie de la séduction [4], il s'empresse d'abandonner cette « fausse piste ». Pour se faire une idée de l'éducation que le fils a reçue, Freud ne se donne même pas la peine de lire les manuels de pédagogie publiés par le père. Il n'aurait pourtant aucun mal à se les procurer : ils rencontrent un tel succès que la presse s'en fait l'écho, et que certains connaissent quarante rééditions successives et sont traduits en plusieurs langues. L'inconcevable cruauté paternelle y transparaît de façon plus qu'évidente [5].

---

1. Freud (1905-1918, p. 265-324) ; Freud (1906-1927, p. 296) ; Miller (1981, p. 227-228).
2. Schreber (1903).
3. Gay (1988, vol. 1 page 445). Voir également Krüll (1979, p. 246-247 et, p. 326, note 35).
4. Voir, au chapitre 23, *Freud et son père*, ainsi que, au chapitre 25, *La disculpation des pères incestueux*.
5. Miller (1980, p. 16-112) ; Israëls (1981).

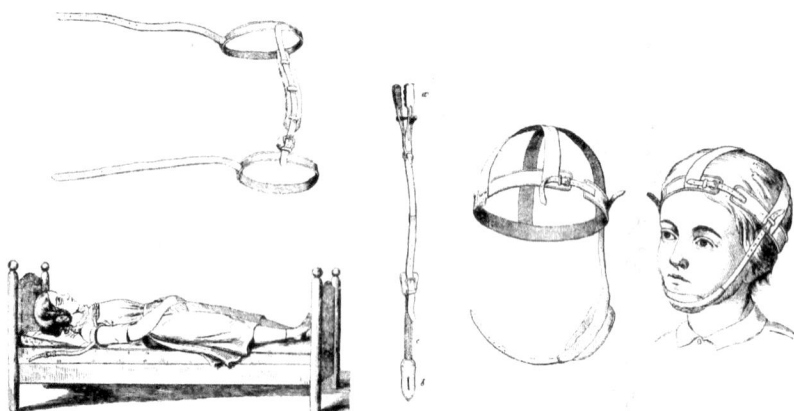

Quelques illustrations extraites des manuels pédagogiques du Docteur Moritz Schreber, père de Paul. Les courroies de lit contraignent l'enfant à dormir sur le dos. Le redresse-tête (au centre) est une courroie de cuir munie, à une extrémité, d'une pince à ressorts fixée aux cheveux, et à l'autre extrémité d'une boutonnière, fixée dans le dos à un bouton des sous-vêtements. Si l'enfant ne maintient pas la tête assez relevée, la pince lui tire les cheveux. La mentonnière sert à limiter la croissance de la mâchoire inférieure, jugée excessive par le Docteur Schreber[1].

Gilles Deleuze et Félix Guattari écrivent à ce propos :

Le père de Schreber inventait et fabriquait d'étonnantes petites machines, sadico-paranoïaques, à l'usage contraint des enfants pour qu'ils se tiennent bien droits, par exemple des serre-têtes à tige métallique et courroies de cuir[2].

Ses méthodes éducatives conduiront ses deux fils à des maladies mentales avec délire de persécution, et l'un d'eux au suicide[3].

---

1. Israëls (1981, p. 115-117).
2. Deleuze et Guattari (1972-1973, p. 353), qui se réfèrent notamment à l'article de W. G. Nierderland, *Schreber, Father and Son*, paru dans *Psychoanalytic Quaterly*, 1959, tome 28, p. 151-169.
3. Miller (1980, p. 18).

Mais le plus étonnant est encore que ces faits sont connus des biographes orthodoxes de Freud [1]. Dans l'aveuglement de leur fidélité au « grand homme », ils n'y voient cependant rien qui puisse endommager son prestige. Peter Gay remarque incidemment que Freud ne s'est pas donné la peine de lire les manuels d'éducation du Docteur Schreber, et même que ce dernier était plus ou moins directement responsable des tourments du fils. Il suggère tout au plus que :

> Une connaissance des monographies du vieux Schreber aurait sans doute permis à Freud d'ajouter quelques nuances supplémentaires à l'analyse de son impressionnant paranoïaque.

Mais il conclut aussitôt avec aplomb que :

> Le diagnostic de Freud demeure, pour l'essentiel, inattaquable [2].

Il n'en donne pas la raison. Pourquoi un héros est-il inattaquable ? Parce qu'il est héroïque, tout simplement. On ne remet pas aussi aisément en cause le dogme freudien qui dissimule toujours la faute paternelle. Cela équivaudrait à invalider l'acte de naissance même de la psychanalyse, c'est-à-dire le renoncement de Freud à la théorie de la séduction au profit de l'invention du complexe d'Œdipe.

Si Freud tient tant à l'Œdipe, à l'inconscient et à la sexualité infantile, c'est parce que ces trois outils lui permettent toujours d'attribuer des causes internes et imaginaires aux névroses. Comme il nie les causes réelles et souvent conscientes que sont les agressions subies, il faut bien qu'il en invente ailleurs. Proclamer qu'elles sont inconscientes et fantasmatiques, donc invérifiables, rendra plus difficile leur réfutation. En psychanalyse, tout est une question de foi.

4 000 ans d'hystérie

Wilhelm Reich et derrière lui l'Occident tout entier ont cru que Freud avait joué le rôle d'un pionnier en parlant de l'origine sexuelle des névroses, il s'agit pourtant d'une grossière erreur.

---

1. Israëls (1981).
2. Gay (1988, vol. 1, p. 446-447).

Les médecins de l'Égypte antique étaient en effet déjà persuadés que les troubles féminins les plus variés (douleurs du cou et troubles de la vue, douleurs des dents et des mâchoires, douleurs de tous les muscles et de l'orbite oculaire etc.) avaient pour cause un dérèglement sexuel qu'ils imaginaient comme le déplacement dans diverses directions de l'utérus, ce qui comprimait, croyait-on, les organes voisins. Parfois même ce dérèglement n'était pas imaginé autrement que comme une... « inanition » de l'utérus, quelque 4 000 ans avant Wilhelm Reich [1] !

Les médecins égyptiens tentaient donc de faire redescendre l'utérus vagabond à sa place. Très logiquement, ils s'appliquaient à le repousser du haut du corps en prescrivant l'absorption de mets désagréables par la bouche (goudron de bois d'un bateau et résidus de bière par exemple). Ou alors ils tentaient d'attirer l'utérus vers le pelvis par des parfums agréables imprégnant des draps sur lesquels la patiente devait s'asseoir, ou dont les fumigations devaient pénétrer sa vulve [2].

Ilza Veith écrit à propos de Freud :

> En examinant les écrits qui constituent l'histoire de l'hystérie, l'attention de l'auteur a été attirée par le nombre étonnant d'idées conçues et même formulées effectivement, bien avant Sigmund Freud, contrairement à l'opinion qui veut qu'elles aient pris naissance dans son esprit.
>
> Freud lui-même avait d'ailleurs parfaitement pris conscience des nombreux fils, souvent moins que ténus, qui reliaient sa pensée non seulement à celle du dix-neuvième siècle, mais même à celle de Platon. Il a toujours montré une certaine complaisance envers ses lacunes en matière philosophique et littéraire ; en fait, il sentait que celles-ci contribuaient à son originalité et l'absolvaient de l'accusation de plagiat [3].

Freud affirme avoir pris conscience de la ressemblance entre ses théories et celles de Platon à la lecture d'un essai de Havelock Ellis [4].

Le terme *hystérie* vient d'ailleurs du mot grec *hystera* qui signifie utérus. Pour les Grecs de l'Antiquité, la frustration sexuelle féminine est, encore plus nettement que chez les Égyptiens, identifiée comme la cause de l'hystérie [5]. Et, selon Ilza Veith, le mythe de l'hystérie persista

---

1. Veith (1965, p. 13 et, p. 16, note 2).
2. Veith (1965, p. 14), voir également Postel et Quetel (1994, p. 284, 285).
3. Veith (1965, 1965, p.7).
4. Freud (1925-1935, p. 42).
5. Veith (1965, 1965, p.18-21).

avec de légères modifications, dans toutes les cultures occidentales et à travers toutes les époques, jusqu'au sein du dix-neuvième siècle [1].

Mais les fumigations d'encens ou l'absorption de goudron de bateau sont loin d'avoir été les seuls remèdes imaginés par la médecine masculine pour « guérir » l'hystérie féminine. D'après Marc-Alain Descamps, la clitoridectomie, ou excision,

> a été pratiquée en Europe et aux États-Unis pendant des siècles. Bien des médecins, comme Garnier, la recommandaient comme traitement de l'hystéro-épilepsie et de la masturbation tardive ou compulsive [2].

Les médecins de l'Antiquité se sont probablement gardés de dévoiler quels fantasmes secrets firent naître en eux cette ferme conviction de l'origine « hystérique », c'est-à-dire sexuelle, de tant de troubles féminins. Ces fantasmes secrets n'en demeurent pas moins évidents. Dans un contexte patriarcal, la peur masculine du plaisir sexuel féminin est en effet l'une des plus répandues : dès l'instant où les hommes se soucient davantage de posséder les femmes que de les satisfaire, leur crainte est forcément qu'elles aillent chercher du plaisir ailleurs. Toute manifestation d'un plaisir féminin, surtout sexuel, éveille donc en eux jalousie et crainte que leur précieuse proie ne leur échappe.

D'où cette idée que la revendication du plaisir sexuel féminin est une maladie, une déviance à combattre. Et par extension, toute femme osant formuler quelque revendication que ce soit est également qualifiée « d'hystérique », bien des féministes en font l'expérience [3].

D'où encore cette idée que l'hystérie peut être due à une insatisfaction sexuelle (« l'inanition » de l'utérus). Les féministes en font également l'expérience chaque fois que quelqu'un les traite de « mal baisées » : dans l'idéologie patriarcale, les féministes sont des femmes insatisfaites parce que leur partenaire n'est pas à la hauteur. S'il était plus viril, le plaisir sexuel qu'il leur procurerait suffirait à les satisfaire et elles n'auraient rien de plus à revendiquer.

Ce n'est pas un hasard si les insultes machistes les plus souvent lancées aux féministes sont « hystérique » et « mal baisée ».

1. Veith, 1965, p. 12. Voir également Postel et Quetel, 1994, p. 283-294.
2. Descamps, 1986, p. 106.
3. Clément et Cixous, 1975, p. 9-78.

On ne peut pas dire que les idées freudiennes soient éloignées de cet état d'esprit, ni qu'il ait inventé grand-chose dans ce domaine. L'idée que l'hystérie est due à une insatisfaction sexuelle est présente depuis des millénaires dans notre culture. La seule innovation freudienne est de l'exprimer dans un langage médical.

Lorsque Freud fait opérer Emma Ekstein par Fliess pour la « guérir » de la masturbation et de douleurs « hystériques » (en réalité des règles douloureuses) il se comporte comme les médecins de l'Égypte antique 4 000 ans plus tôt. Freud éprouve exactement les mêmes craintes que les médecins de l'Égypte antique devant la sexualité féminine et ses diagnostics sont parfois aussi fantaisistes. Richard Webster consacre un chapitre entier au réexamen, avec l'aide de médecins contemporains, de nombreux cas présentés par Freud comme hystériques [1]. Il y montre que Freud fait souvent preuve d'une grande légèreté pour attribuer des causes purement psycho-sexuelles à des symptômes qui méritent un examen clinique plus poussé. De plus, l'attrait sexuel de ses patientes, tout comme celui des « belles hystériques » photographiées par Charcot à la Salpêtrière [2], ne semble absolument pas étranger à l'empressement de Freud à qualifier d'hystériques les troubles dont elles se plaignent.

Si Freud avait été le pionnier que l'on croit, il aurait au contraire démystifié l'hystérie, mais il n'a fait qu'en renforcer le mythe :

> À la suite de Freud, les psychanalystes n'ont cessé de considérer la névrose hystérique et la névrose obsessionnelle comme les deux versants majeurs du champ des névroses [3].

Selon Freud, la sexualité infantile féminine est orientée sur la masturbation clitoridienne, puis avec la pratique du coït, l'excitation clitoridienne doit être abandonnée au profit d'une excitation vaginale :

> Lorsque la stimulabilité érogène a été transférée avec succès du clitoris à l'orifice vaginal, la femme a changé sa zone directrice contre celle qui régit son activité sexuelle ultérieure, alors que l'homme a conservé la sienne depuis l'enfance. Dans cet échange de zones érogènes directrices, de même que dans la vague de refoulement de la puberté qui, pour ainsi dire, met à

---

1. Webster (1995, p. 171-185).
2. Didi-Hubermann (1982).
3. Laplanche et Pontalis (1967, p. 178).

l'écart la virilité infantile, résident les conditions principales de la disposition de la femme aux névroses, en particulier à l'hystérie. Ces conditions sont donc liées intimement à l'essence de la féminité[1].

Les femmes qui éprouvent des difficultés à effectuer cet « échange de zones érogènes directrices » sont donc, selon le Maître viennois, hystériques. Autrement dit les femmes qui, par leur demande de stimulation clitoridienne, ralentissent les hommes dans leur pressant besoin de se vider les couilles, souffrent d'hystérie. D'après Didier Dumas, Freud pousse même Marie Bonaparte à l'ablation du clitoris afin de réduire ses difficultés dans cet « échange de zones érogènes directrices » :

> La princesse Marie Bonaparte choisit de se faire opérer du clitoris, car la psychanalyse qu'elle avait faite avec Freud ne l'avait pas guérie de sa frigidité[2].

Depuis Freud, le mythe de l'orgasme vaginal a été dénoncé[3] et la plupart des hommes savent aujourd'hui que l'excitation clitoridienne est indispensable à l'orgasme féminin. Freud le sait d'ailleurs également : les médecins de cette époque, qui tiennent la masturbation pour pathogène, ne manquent pas d'interroger leurs patientes sur leurs pratiques sexuelles solitaires. Freud n'échappe pas à cette règle, et le fait que ses centres d'intérêts théoriques gravitent autour des comportements sexuels l'incite très certainement à pousser plus avant encore ce genre d'investigations. Ce qu'il écrit de la masturbation clitoridienne prouve que les confidences qu'il a exigées de ses patientes lui ont enseigné le rôle joué par le clitoris, bien qu'il reste toute sa vie persuadé que le plaisir retiré d'une masturbation clitoridienne ne peut égaler celui d'une masturbation phallique[4]. Mais sa misogynie est telle qu'il ne supporte pas le moindre effort pour satisfaire les femmes. Il préfère qualifier d'hystériques et pousser à la clitoridectomie celles qui expriment un quelconque besoin.

---

1. Freud (1905, p. 164).
2. Dumas (1990, p. 116).
3. Hyte (1976) ; Koedt (1970).
4. Freud (1946, p. 64) ; Freud (1907-1931, p. 129-130).

23

La personnalité de Freud

Je ne me casse pas beaucoup la tête sur le
bien et le mal, mais, en moyenne, je n'ai découvert
que fort peu de « bien » chez les hommes. D'après ce que
j'en sais, ils ne sont pour la plupart que de la racaille qu'ils se
réclament de l'éthique de telle ou telle doctrine - ou d'aucune[1].

En mon tréfonds, je ne puis m'empêcher de penser que mes
compagnons humains, à quelques exceptions près, ne valent rien[2].

Le regrettable Dr. Freud

Sigmund Freud est incontestablement un homme d'envergure. D'une exceptionnelle vitalité et d'une vive intelligence, il subjugue son entourage.
Mais le bilan de sa vie ne montre que trop à quel point il met plus volontiers son talent au service de son ambition qu'à celui de la recherche dé-
sintéressée. L'histoire de sa vie se confond avec celle d'une quête de gloire sur
fond de règlements de comptes avec ses rivaux et dissidents.

Rares sont pourtant les détracteurs de Freud qui mettent en doute son
honnêteté, et tous ceux qui l'ont connu semblent fascinés par sa personnalité. Ses disciples dissidents envers qui il nourrit pourtant une haine tenace
gardent pour lui un étrange respect. Freud est un grand séducteur.

Les deux grands dissidents de l'école freudienne, Reich et Jung, ne font pas
exception. Ilse Ollendorff rapporte que son compagnon Wilhelm Reich n'a
jamais cessé d'admirer Freud et lui est resté attaché, même après que celui-

---

1. Freud (1909-1939, p. 103).
2. Freud, cité par Webster (1995, p. 367-368).

ci l'eut désavoué. Toute sa vie, Reich estima grande sa dette envers Freud. Ilse Ollendorff pense même que Reich, qui avait été assez tôt orphelin de père et de mère, ce qui les laissa lui et son frère dans le besoin, voyait en Freud un substitut de son propre père [1].

Il en va de même de Carl Gustav Jung, qui malgré son conflit ouvert avec Freud, continue au moment de dresser le bilan de sa vie à le considérer comme un être d'exception :

> Freud était la première personnalité vraiment importante que je rencontrais. Nul autre parmi mes relations d'alors ne pouvait se mesurer à lui. Dans son attitude il n'y avait rien de trivial. Je le trouvai extraordinairement intelligent, pénétrant, remarquable à tous points de vue [2].

Freud a cependant trop d'influence sur la pensée du XXe siècle pour que notre jugement sur son œuvre s'arrête à l'effet produit par son charisme. Trop d'idées fausses circulent à son sujet pour que notre compréhension de la culpabilité sexuelle n'en soit pas brouillée. Bien des historiens de la psychanalyse voient encore en Freud un héros qui renversa seul l'ordre moral en luttant contre les idées réactionnaires de la bourgeoisie victorienne. C'est également ainsi que le public se représente l'inventeur de la psychanalyse. De nombreuses personnes croient encore que Freud fut un pionnier qui découvrit seul l'inconscient et la sexualité infantile, puis déculpabilisa la sexualité. Ce mythe du héros freudien a d'ailleurs finement été analysé par Frank J. Sulloway [3].

La structure familiale

L'analyse de la structure familiale dans laquelle Freud naît et grandit apporte bien des lumières sur sa personnalité si particulière. Comme le remarque Emmanuel Todd :

> C'est en se fondant sur les exemples des familles autoritaires juives et allemandes que Freud a élaboré le gros de ses théories. Exaltant consciemment le pouvoir du père et inconsciemment le respect de la mère,

---

1. Ollendorff Reich (1969, p. 32-33).
2. Jung (1961, p. 176).
3. Sulloway (1979).

combinant discipline et individualisme, rejetant tous les enfants sauf un, incapable de définir clairement le statut de la femme, la famille autoritaire est une machine à fabriquer de la névrose [1].

D'après la vaste étude d'Emmanuel Todd sur les structures familiales, la famille juive traditionnelle est de type autoritaire, inégalitaire et patriarcal [2]. Inégalitaire parce que ses règles successorales imposent la transmission intégrale du patrimoine à un seul enfant privilégié, généralement un fils, autoritaire parce que l'héritier unique demeure après son mariage chez ses parents et sous leur autorité avec son épouse, et patriarcal parce que l'âge des hommes au mariage est nettement plus élevé que celui des femmes. Le passionnant travail ethnologique effectué par Todd montre comment des valeurs comme l'égalité ou l'inégalité, l'autorité ou le libéralisme et le féminisme ou le patriarcat, incarnées depuis des siècles par les structures familiales traditionnelles, influencent la culture et le comportement des populations.

Les cultures associées aux structures familiales fondées sur l'autorité et l'inégalité entre frères, dans lesquelles le fils élu hérite seul du patrimoine, celles auxquelles appartient la famille juive traditionnelle, s'appuient sur le culte d'une différence « naturelle » entre élus et exclus.

Les Freud ne respectent pas à la lettre le schéma toddien de la famille autoritaire, inégalitaire et patriarcale, mais ils en sont extrêmement proches. Peut-être le type familial local présente-t-il une légère variante, ou peut-être les Freud s'en écartent-ils légèrement. Toujours est-il que le jour de son mariage Freud a déjà quitté le domicile parental et qu'il n'envisage aucunement de s'y installer avec son épouse sous l'autorité de ses parents comme le voudrait le type autoritaire classique. Mais même vivant sous leur propre toit, les nouveaux époux Freud reconnaissent néanmoins l'autorité des parents de Sigmund. Ce dernier considère en effet comme allant de soi que dès son mariage son épouse devienne la propriété de sa propre famille sur laquelle règne en vieux patriarche son père Jacob. D'après Ernest Jones, Freud avait en effet déjà prévenu son épouse Martha avant son mariage

---

1. Todd (1983-1984, p. 83).
2. Todd (1983-1984, p. 73-113 et 269-271).

qu'elle devait s'attendre à appartenir entièrement à sa famille à lui et non plus aux siens. Freud a cité, un an plus tard, une phrase de Meynert où celui-ci dit que « dans toutes les unions, la condition première devrait être le droit de chasser la belle-famille ». Pour Freud cette phrase avait un sens unilatéral [1].

Par ailleurs, Freud n'avait pas envisagé de se marier sans le consentement paternel puisque dans *L'interprétation des rêves* il loue la bonté de son père qui n'a pas rompu les fiançailles en apprenant que Freud s'est fiancé sans lui en demander l'autorisation [2].

Même si le schéma familial autoritaire classique n'est pas formellement respecté, l'esprit de Sigmund Freud s'y conforme parfaitement. Chez les Freud, l'autorité parentale n'est pas quelque chose que l'on prend à la légère. Encore enfant, le petit Sigismund est le fils préféré de son père, mais il lui est néanmoins totalement soumis, comme en témoigne cette anecdote rapportée par Fritz Wittels :

> Jacob Freud, entendant un jeune garçon exprimer une opinion diffé-rente de l'opinion paternelle, se serait écrié : « Comment ? Contredire son père ? Mon Sigismund a plus d'intelligence dans son petit doigt de pied que moi dans la tête, mais il n'oserait jamais me contredire [3]. »

Nous verrons au chapitre 25 que dans ses écrits Freud reste profondément imprégné de cette culture autoritaire biblique dans laquelle les enfants doi-vent honorer père et mère : dans la théorie psychanalytique la souffrance des enfants n'est jamais reconnue et leurs intérêts sont toujours sacrifiés à ceux des adultes.

En ce qui concerne le patriarcat, les époux Freud respectent la tradition puisque Martha Bernays, l'épouse de Sigmund, est de cinq ans plus jeune que lui. Les parents de Sigmund accusent un écart d'âge beaucoup plus mar-qué encore puisque Jacob Freud épouse en troisièmes noces la belle Amalia Nathanson, de vingt ans plus jeune que lui !

L'indicateur choisi par Todd pour évaluer le degré de patriarcat – la diffé-rence d'âge – l'a probablement été parce que pour le démographe statisticien qu'il est, elle était la quantité mesurable la plus universellement significative

---

1. Jones (1953, p. 153).
2. Freud (1900, p. 372).
3. Krüll (1979, p. 213).

à l'échelle mondiale. Il n'en reste pas moins que dans les traditions familiales, le patriarcat s'exprime de bien d'autres façons que par la différence d'âge entre époux : elle s'exprime également par les différences de niveaux d'études, de revenus ou de pouvoir. Et il est indéniable que ces différences sont également considérables dans la famille de Freud. Tout au long de son existence, Freud en restera profondément imprégné. Nous verrons, également au chapitre 25, à quel point le caractère non seulement patriarcal mais aussi incroyablement misogyne des écrits freudiens correspond en tous points à la culture de la famille traditionnelle juive de l'Ancien Testament.

Mais un des traits les plus marquants de la structure familiale de Freud et celui qui laissera peut-être la plus forte empreinte sur sa personnalité, c'est le traitement de faveur qu'il reçoit de ses parents, et même de ses professeurs, en tant que fils élu. Le puissant sentiment de supériorité qu'il en retire ne le quittera jamais, même face au grand Albert Einstein. Très tôt, il manifeste une ambition peu commune. En avril 1885, âgé de vingt-huit ans et alors qu'il n'est encore que médecin débutant à l'hôpital de Vienne, il évoque dans une lettre à sa fiancée Martha Bernays son avenir de grand homme comme une affaire entendue et se préoccupe déjà de ce qu'il cachera à ses biographes :

> Étant donné que tu ne devineras pas de quelles gens je veux parler, je vais te le dire tout de suite : il s'agit de mes biographes [...] Je n'aurais pu vieillir ni mourir sans m'inquiéter de ce que seraient devenus ces vieux écrits. [...] Quant aux biographes, laissons-les se morfondre, nous n'avons aucun désir de leur rendre la tâche trop aisée. Chacun d'eux aura raison dans ce qu'il pensera de la « formation du héros », et je suis déjà impatient de les voir s'égarer [1].

L'arrogance du jeune Sigmund laisse pantois. Il emploie le « nous » de Majesté, il est déjà certain que non pas un mais plusieurs biographes lui consacreront leurs travaux et qu'ils s'empoigneront à propos des diverses hypothèses expliquant son génie. Le moins que l'on puisse dire est que la plus grande de ses qualités n'est pas la modestie. L'origine de ce fantastique sentiment de supériorité lui vient de son intelligence exceptionnelle, sur la-

---

1. Lettre de Freud à Martha Bernays, datant du 28 avril 1885, et citée par Webster (1995, p. 58) et par Sulloway (1979, p. 5).

quelle il ne nourrit aucune espèce de doute, mais surtout de l'attitude de ses parents et professeurs à son égard. Dès son plus jeune âge, ses parents remarquent ses dons et lui promettent un grand avenir. Ils en font dès lors leur fils élu et lui accordent d'étonnants privilèges. Le fils aîné de Sigmund Freud, Martin, évoque ainsi l'enfance de son père :

> Cependant, quand mon grand-père et ma grand-mère s'aperçurent que leur fils n'était pas un enfant ordinaire, ils s'occupèrent tout spécialement de lui ; ainsi notamment, dès son entrée à l'école et pendant tout le temps que durèrent ses études universitaires jusqu'à ce qu'il devienne interne à l'hôpital général de Vienne, il disposa d'une chambre personnelle, privilège dont il était le seul à jouir dans la famille.
>
> Ces égards prodigués à l'un des membres de la famille aux dépens des autres, étaient simplement fondés sur la ferme conviction de Jakob et d'Amalia que leur Sigmund avait reçu en partage des dons exceptionnels et qu'il était destiné à devenir célèbre. C'est pourquoi aucun sacrifice fait pour lui n'était trop grand. [...] Mon père n'abandonna pas, quand il partit vivre à l'hôpital de Vienne, la petite pièce qui avait été réservée dans le modeste appartement de Leopoldstadt au fils favori. Il y retournait pendant les week-ends et, selon tante Anna, beaucoup d'amis venaient le voir là[1].

Marianne Krüll ajoute :

> Grâce à Anna Bernays, la sœur de Freud, nous avons une description d'un des logements de la famille Freud, probablement celui de la « Kaiser-Joseph-Strasse », qu'elle n'habita qu'à partir de 1875. Ce logement était composé d'une salle de séjour, d'une salle à manger, de trois chambres occupées par les parents et les six frères et sœurs de Freud, alors que lui-même disposait d'un « cabinet », « long et étroit, avec une fenêtre donnant sur la rue » (Bernays 1940, p. 336[2]). Nous n'avons aucun renseignement sur les logements précédents, sinon que, selon Anna Bernays, Sigmund aurait toujours eu une chambre, même lorsque la famille était logée très à l'étroit *(ibid.)*[3].

---

1. Martin Freud (1958, p. 19-21).
2. Anna Bernays, 1940, *My Brother Sigmund Freud*, dans *American Mercury*, p. 335-342 (nda).
3. Krüll (1979, p. 208-209).

Citons enfin Peter Gay, qui confirme :

> Alexandre, le cadet, ainsi que ses cinq sœurs et leurs parents se serraient dans trois chambres à coucher. Freud seul avait son « domaine privé », son « bureau », « une chambre longue et étroite avec une fenêtre donnant sur la rue », où s'amoncelaient ses livres, seul luxe de son adolescence. Là, il travaillait, dormait et souvent prenait seul ses repas, afin de gagner du temps pour la lecture. [...] Freud était un grand frère attentif, bien qu'un peu impérieux, qui aidait ses sœurs à faire leurs devoirs et les sermonnait sur les choses de la vie. [...] La famille admettait tranquillement l'autoritarisme du jeune garçon et s'appliquait à le confirmer dans son sentiment d'être quelqu'un d'exceptionnel. Quand ses exigences se heurtaient à celles d'Anna ou des autres, on lui donnait sans discuter la préférence. Ainsi, lorsque, plongé dans ses livres de classe, il se plaignit d'être dérangé par les leçons de piano d'Anna, le piano disparut à jamais. Sa sœur et sa mère le regrettèrent amèrement, mais sans vraiment lui en vouloir. Les Freud devaient compter parmi les très rares familles bourgeoises d'Europe centrale à ne pas posséder de piano, mais ce sacrifice n'était rien en regard du glorieux avenir promis à l'élève studieux et brillant [1].

Nous l'avons vu, privilégier l'un de ses fils fait, dans la structure familiale traditionnelle juive, partie de la norme. Mais le plus étonnant est que les professeurs de Freud se livrent également à ce jeu. Citons une nouvelle fois Peter Gay :

> Ambitieux, apparemment plein d'assurance, excellent élève et lecteur vorace, Freud adolescent avait toutes les raisons de croire que s'ouvrait devant lui une carrière brillante, à la mesure de ce que la réalité lui permettrait d'accomplir. « Au lycée, écrit-il, résumant brièvement ses années d'études, j'ai été le premier de ma classe, sept ans d'affilée, jouissant d'une position privilégiée et n'étant pratiquement jamais soumis à un examen [2]. » Les bulletins de notes qu'il a gardés rendent régulièrement hommage à sa conduite exemplaire et à son remarquable travail. Ses parents lui prédisaient naturellement un illustre avenir et d'autres, comme son professeur de religion, Samuel Hammerschlag, abondaient volontiers dans leur sens, confirmant leurs tendres et extravagants espoirs [3].

---

1. Gay (1988, vol. 1, p. 59-60).
2. Freud (1925-1935, p. 15 – note de Gay).
3. Gay (1988, vol. 1, p. 71).

Ainsi les parents et professeurs de Freud, tout en lui imposant l'implacable autorité paternelle, lui inculquent dès son plus jeune âge l'idée de sa propre supériorité. Ils le bercent de l'idée que de nombreux privilèges lui reviennent de droit par rapport aux autres membres de sa famille et aux autres élèves de sa classe, ainsi que de l'idée que les hommes sont supérieurs aux femmes.

De nombreux éléments de sa personnalité s'expliquent par cette attitude de ses éducateurs : son incroyable ambition, son autoritarisme, ses relations paternalistes avec les autres psychanalystes et sa formidable misogynie. Sa personnalité mégalomane jouera un grand rôle dans le développement ultérieur de la psychanalyse qui prendra dès le début l'aspect d'une religion révélée. Les paroles du maître incontesté seront instantanément muées en dogmes sur la pureté desquels veilleront fidèlement les disciples.

Mais l'éducation reçue par Freud n'explique pas seulement sa personnalité, elle explique également ses idées. D'exorbitants privilèges reviennent de droit au fils élu, les hommes règnent en tyrans sur les femmes, tout cela constitue les éléments du décor dans lequel s'est constituée la pensée freudienne. Rien d'étonnant à ce qu'avec une telle éducation, des idées comme celle de l'octroi de privilèges aux détenteurs d'un pénis aient germé dans son esprit. Son explication des relations inégalitaires entre les hommes et les femmes par la détention d'un privilège symbolique, le pénis, est absurde dans l'absolu, mais satisfaisante dans le contexte d'une culture patriarcale et inégalitaire, où les privilèges arbitraires vont de soi. D'ailleurs Freud, après avoir affirmé que le privilège masculin du patriarcat est un progrès, admet aussitôt qu'il n'est pas justifié :

> D'autre part, dans maints progrès de la vie de l'esprit, par exemple s'agissant de la victoire du patriarcat, il n'est pas possible de désigner l'autorité qui donne l'étalon de mesure de ce qui doit être considéré comme supérieur [...] Les hommes se sentent fiers de tout progrès de cette sorte, élevés à un niveau supérieur. Nous ne saurions dire cependant pourquoi il dut en être ainsi [1].

Freud n'a jamais rien fait d'autre que raconter ses propres névroses. Elles sont révélatrices du pouvoir névrosant de la structure familiale autoritaire. Mais le retentissement de tels témoignages n'aurait jamais dû dépasser celui

---

1. Freud (1939, p. 218).

de récits autobiographiques ou d'auto analyses comme le dramatique témoignage de Fritz Zorn [1], qui lui n'a pas l'immodestie d'accorder une dimension universelle à son infortune, hors des limites ethnologiques de la structure familiale autoritaire, inégalitaire et patriarcale.

Freud et son père
Jacob Freud occupe dans la vie de son fils Sigmund une place prépondérante, mais leurs rapports sont d'une extrême ambivalence. Peu d'hommes ont exprimé avec autant de conviction que Sigmund Freud dans sa théorie du complexe d'Œdipe le désir de tuer leur père.

Il se dit pourtant très attaché à son vieux père. Au cours de l'été 1908, soit douze ans après la mort de Jacob survenue le 23 octobre 1896, en préfaçant la seconde édition de *L'Interprétation des rêves,* Freud écrit :

> [Ce livre est] un morceau de mon auto-analyse, ma réaction à la mort de mon père, l'événement le plus important, la perte la plus déchirante d'une vie d'homme [2].

Au lendemain de la mort de son père, Freud écrivait à son ami Wilhelm Fliess :

> La mort de mon vieux père m'a profondément affecté. [...] Il a joué un grand rôle dans ma vie [3].

Mais on lit quelques lignes plus loin :

> Il faut que je te raconte un joli rêve que j'ai fait pendant la nuit qui a suivi l'enterrement. Je me trouvai dans une boutique où je lisais l'inscription suivante :
> ON EST PRIÉ DE FERMER LES YEUX
> J'ai tout de suite reconnu l'endroit, c'était la boutique du coiffeur chez qui je vais tous les jours. Le jour de l'enterrement, j'avais dû attendre mon tour et étais, à cause de cela, arrivé un peu en retard à la maison mortuaire. [...] La phrase de l'écriteau a un double sens [4].

---

1. Zorn (1977).
2. Freud (1900, p. 4).
3. Freud (1950, p. 151).
4. Freud (1950, p. 152).

Ce double sens, Freud le donne dans *L'interprétation des rêves* où, revenant sur ce rêve, il écrit la phrase de deux façons : *On est prié de fermer les yeux* et *On est prié de fermer un œil.* Il précise la signification de l'expression allemande *fermer un œil* : user d'indulgence[1].

Le puissant attachement filial de Freud le conduit donc à éprouver le besoin de fermer les yeux sur les fautes paternelles. Jacob Freud est en effet coupable d'avoir imposé à plusieurs de ses enfants de pratiquer des fellations sur lui, comme Freud l'écrit à Fliess le 11 février 1897 :

> La migraine hystérique accompagnée d'une sensation de pression au sommet du crâne, aux tempes etc., est caractéristique des scènes où la tête est maintenue aux fins d'une action dans la bouche. (Plus tard une répulsion envers les photographes qui immobilisent la tête[2]).
>
> Malheureusement mon propre père était un de ces pervers, il est responsable de l'hystérie de mon frère (dont les symptômes sont dans l'ensemble des processus d'identification) et de certaines de mes sœurs cadettes. La fréquence de ce phénomène me donne souvent à réfléchir[3].

Freud pense à ce moment-là avoir découvert la solution d'un problème médical plusieurs fois millénaire en identifiant la cause de l'hystérie, jusque là mystérieuse. Cette cause réside selon lui dans abus sexuels subis du père ou d'un oncle pendant l'enfance.

Mais après s'être heurté à l'hostilité de la profession médicale face à son hypothèse sur la cause de l'hystérie, il change son fusil d'épaule. Il affirme soudain à son ami Fliess cesser de croire que la cause de l'hystérie réside dans des abus sexuels subis pendant l'enfance, car cela l'obligerait à accuser trop de pères, y compris le sien :

> Je vais donc commencer par le commencement et t'exposer la façon dont se sont présentés les motifs de ne plus y croire [...] Puis la surprise de constater que, dans tous les cas, il fallait accuser le *père* de perversion, le mien non exclu[4].

---

1. Freud (1900 p. 273-274).
2. Les photographes d'alors immobilisaient la tête de leurs sujets en raison de la faible sensibilité des émulsions photographiques et de la longueur des temps de pose qui en découlait. Georges Didi-Huberman par exemple (1982, p. 277-278), mentionne l'utilisation d'appuis-tête dans la photographie médicale à la Salpêtrière.
3. Freud (1985, p. 230-231, lettre des 8 et 11 février 1897).
4. Freud (1985, p. 264, lettre du 21 septembre 1897).

La phrase de Freud sur la nécessité de fermer les yeux sur les fautes de son père prend ici tout son sens.

Freud ne le sait pas, mais sa première hypothèse aurait d'ailleurs également pu l'obliger à accuser son ami Wilhelm Fliess. D'après Jeffrey Moussaieff Masson, Robert Fliess, le fils de Wilhelm, aurait en effet été, avant l'âge de quatre ans, victime d'abus sexuels perpétrés par son père[1].

Il est donc plausible que Wilhelm Fliess ait exercé une influence sur Freud pour le faire renoncer à sa croyance au rôle des abus sexuels dans la genèse des névroses. On sait que les réactions de Fliess par rapport à cette théorie sont négatives et l'affaire Emma Ekstein témoigne de la très grande influence de Fliess sur Freud.

Ce que confie Freud sur son père à son ami Fliess est en tous cas dépourvu d'ambiguïté : il accuse son père d'abus sexuels sur ses frères et sœurs, et peut-être sur lui-même. Ce fait est resté relativement peu connu en France car la correspondance Freud-Fliess n'y est publiée dans sa version intégrale que depuis 2006, dans une édition relativement confidentielle en raison de son coût, et amputée des précieuses notes de Jeffrey Moussaieff Masson figurant dans les éditions allemande et américaine.

Jacob Freud, le père de Sigmund, est également soupçonné par certains historiens de la psychanalyse d'une autre faute, celle d'avoir abandonné sa seconde épouse Rebekka et peut-être même de l'avoir conduite au suicide, pour épouser la jeune et belle Amalia Nathansohn – de vingt ans plus jeune que lui – qui deviendra la mère de Sigmund.

Jacob Freud naît le 18 décembre 1815 à Tysmenitz en Galicie. On ignore la date de son premier mariage avec Sally Kanner, ainsi que la date de naissance de Sally. On sait seulement que leur premier fils Emmanuel naît en avril 1833, alors que son père Jacob n'a que dix-sept ans. La vie sexuelle

---

1. Masson (1984, p. 152-156, et note 34 p. 244-245). Voir aussi Miller (1988, p. 73), même si ce qu'elle prétend que Robert Fliess révèle dans *Symbol, Dream and Psychosis*, (Fliess, 1973) n'y figure pas de façon explicite et correspond plutôt à l'interprétation qu'en tire Masson. Voir également Bénesteau (2002, p. 138, et note 60 p. 141), qui accuse presque Masson de mensonge. Mais n'oublions pas que d'une part Masson écrit lui-même qu'il ne s'agit que d'une interprétation recoupant deux livres de Robert Fliess, et surtout, d'autre part, que Bénesteau répugne lui aussi à accuser les pères. On le voit avec son interprétation du cas Schreber et avec son silence sur le rôle du complexe d'Œdipe dans la dissimulation des viols incestueux.

et amoureuse de Jacob Freud commence donc très tôt, et il n'est pas exclu que ce soit de façon aventureuse avec une femme plus âgée qu'il épouse après l'avoir mise enceinte.

Jacob Freud effectue ensuite de fréquents voyages commerciaux à Freiberg en Moravie et finit par s'y installer à partir de 1840 avec ses deux enfants. Cependant il n'existe aucun indice de la présence de son épouse Sally à Freiberg. On sait par contre par un registre de recensement de Freiberg qu'en 1852 Jacob épouse une autre femme, Rebekka. Le biographe officiel de Freud, Ernest Jones, affirme que la raison de la séparation entre Jacob et Sally est le décès de cette dernière en 1852, mais Max Schur et Wladimir Granoff affirment que les indices manquent pour le prouver[1]. Il n'est donc pas exclu non plus que le couple se sépare pour une autre raison : peut-être Jacob rencontre-t-il Rebekka au cours de ses voyages à Freiberg et abandonne-t-il tout simplement Sally lorsqu'il vient s'y installer.

On ne sait presque rien de Rebekka la seconde épouse de Jacob. Le registre de recensement de Freiberg indique seulement qu'elle est de cinq ans plus jeune que lui. La biographie officielle de Freud établie par Jones fait abstraction de l'existence de Rebekka, mais rares sont aujourd'hui les historiens de la psychanalyse qui doutent encore de son existence et un certain nombre interprètent sa disparition des registres de recensement de Freiberg en 1854 alors qu'elle aurait dû avoir trente-quatre ans, comme le signe de son décès[2]. Elle peut avoir été répudiée par Jacob qui épouse en troisièmes noces en 1855 une femme fort belle[3] et de vingt ans plus jeune que lui, Amalia Nathansohn, qui donnera naissance à Sigmund.

C'est à Marie Balmary que l'on doit la mise au jour de certains indice de la possible répudiation de Rebekka par Jacob, et peut-être de son suicide après cette répudiation[4] ; il ne s'agit que d'indices, mais suffisamment troublants pour être mentionnés.

1. Jones (1953, p. 2) ; Schur (1972, p. 38) ; Krüll (1979, p. 134-145) ; Gay (1988, vol. 1, p. 48) ; Rodrigué (1996, vol. 1, p. 54) ; Balmary (1979, p. 53 et 66-67) ; Ellenberger (1970, p. 444).

2. Balmary (1979) ; Krüll (1979, p. 144-145) ; Rodrigué (1996, vol. 1, p. 58-59) ; Schur (1972, p. 38-39) ; Jones (1953, p. 2) ; Gay (1988, vol. 1, p. 48) ; Roazen (1971, p. 40) ; Ellenberger (1970, p. 444).

3. Martin Freud (1958, p. 9) ; Krüll (1979, p. 147 et 169) ; Rodrigué (1996, vol. 1, p. 67) ; Flem (1986, p. 170).

4. Balmary (1979).

Le premier de ces indices, c'est l'étrange geste de Jacob Freud à l'occasion des trente-cinq ans de son fils Sigmund, âge considéré comme celui de la maturité chez les juifs de l'Est. Il décide en effet à cette occasion de lui offrir un volume de la Bible familiale Philippson (que Sigmund lisait enfant) et qui en comporte trois, après en avoir fait refaire la reliure. Mais le relieur effectue un bien étrange travail : il place au début quelques livres du second volume de l'édition Philippson (la moitié du second livre de Samuel et les deux livres des Rois) qu'il fait suivre par une grande partie du premier (la Thora). Jacob offre alors cet étrange assemblage à son fils avec une dédicace en hébreu[1].

Théo Pfrimmer pense que Jacob acheta la première édition de la Bible Philippson en fascicules qu'il demanda ensuite d'assembler à un relieur distrait. Il aurait cependant fallu qu'il s'agisse d'un relieur exécrable car d'après Anna Freud qui hérita de ce volume les pages étaient numérotées (de 423 à 672 pour les livres de Samuel et des Rois puis 1 à 966 pour la Thora[2]). Il s'agit donc beaucoup plus vraisemblablement d'un geste intentionnellement exigé par Jacob pour une raison lui appartenant, surtout eu égard à la valeur d'une Bible chez les Juifs.

Les pages que Jacob fait placer par son relieur au début de l'assemblage commencent en plein milieu du second livre de Samuel (chapitre 11, verset 10), au milieu d'une phrase. C'est particulièrement étrange, tous les autres livres étant complets. Il ne peut s'agir d'un hasard. Or ce onzième chapitre du second livre de Samuel relate l'histoire du Roi David et de Bethsabée. David, se promenant de nuit sur la terrasse de la demeure royale, aperçoit une femme au bain. Frappé par sa beauté, il demande des informations sur elle : c'est Bethsabée, l'épouse d'Urie le Héthéen, alors au combat. Il l'envoie chercher, couche avec elle et la renvoie. Peu de temps après elle fait dire à David qu'elle est enceinte. David fait alors rappeler Urie du combat pour qu'il couche avec sa femme et croie être le père de l'enfant. Mais Urie refuse de prendre du plaisir alors que ses hommes sont au combat. David l'envoie alors à l'endroit le plus dangereux pour qu'il meure au combat, puis épouse

1. Balmary (1979, p. 283-293) ; Pfrimmer (1982, p. 12-14) ; Krüll (1979, p. 143) ; Rodrigué (1996, vol. 1, p. 57-58 et 61) ; Jones (1953, p. 21-22).
2. Pfrimmer (1982, p. 14).

sa veuve Bethsabée. Mais l'action de David déplaît à Dieu qui frappe de mort l'enfant du péché. Un second fils naît alors, celui-ci aimé du Seigneur, que sa mère nomme Schlomo (en français Salomon).

Or dans la dédicace qu'il porte sur cette Bible, Jacob appelle son fils Schlomo. Sigmund a en effet reçu le prénom allemand Sigismund, abrégé en Sigmund, qui est la traduction du prénom juif Schlomo, (en souvenir de son grand-père suivant la coutume).

L'étrange assemblage demandé par Jacob à son relieur semble donc prendre une signification. Jacob peut vouloir ainsi indiquer à son fils que comme David, il a commis une faute sexuelle, que quelqu'un en est mort et que le prénom Schlomo que ses parents lui ont donné a un rapport avec l'histoire de David et de Bethsabée. Il est possible que Jacob ait répudié son épouse Rebekka pour la jeune et belle Amalia qu'il avait mise enceinte ou qui craignait de l'être et que Rebekka se soit suicidée. Le prénom de leur premier enfant Sigmund-Shlomo peut avoir été choisi selon la tradition en mémoire de Schlomo le père de Jacob, mais également pour qu'il soit aimé de Dieu, comme le second fils du Roi David, malgré la faute de ses parents.

Il ne s'agit que d'une hypothèse, mais qui n'a rien d'improbable, il semble en effet impossible que le relieur auquel s'adresse Jacob effectue son travail de cette façon sans autre raison qu'un invraisemblable manque de professionnalisme. Il n'en est probablement pas à sa première Bible et celle-là, destinée à être solennellement offerte à Sigmund, a suffisamment d'importance dans l'esprit de Jacob pour qu'il exige un travail soigné. Jacob Freud, très imprégné de culture biblique, accorde nécessairement une grande importance à ce genre de geste symbolique.

Le second indice mis au jour par Marie Balmary, c'est la bien étrange habitude de Sigmund Freud d'inviter à sa table les statuettes archéologiques qu'il collectionne. Comme le mentionne Ernest Jones :

> Il avait coutume d'apporter à table la dernière de ses acquisitions – généralement une petite statuette – et de la placer devant lui comme un convive. Après quoi, l'objet était remis en place puis rapporté pendant un jour ou deux [1].

---

1. Jones (1955, p. 417).

Or Freud, qui déteste la musique, fait une exception pour l'opéra de Mozart *Don Juan* pour lequel il éprouve une grande passion. Dans cet opéra Don Juan tente de séduire et de violer Anna, la fille du Commandeur. Son père défie Don Juan et meurt au cours du combat. Plus tard, alors que ce dernier traverse le cimetière, la statue érigée sur la tombe du Commandeur s'adresse à lui et lui reproche sa faute. Par défi, Don Juan l'invite à dîner chez lui. La statue se rend à l'invitation, provoquant la terreur. Lorsque la statue prend la main de Don Juan, la terre s'ouvre et Don Juan est emporté dans les tourments de l'enfer.

Là encore, il est difficile de croire que cette étrange habitude n'a aucune signification pour Freud, l'auteur de la *Psychopathologie de la vie quotidienne*, qui accorde la plus grande importance à la signification symbolique des actes quotidiens et qui écrit lui-même :

> C'est en observant les gens pendant qu'ils sont à table qu'on a l'occasion de surprendre les actes symptomatiques les plus beaux et les plus instructifs [1].

Instructive, cette habitude de Freud semble effectivement l'être. Inviter quotidiennement des statuettes à sa table n'est pas un geste courant et il est difficile de ne pas rapprocher cette étrange habitude de Freud de sa passion pour l'opéra de Mozart dans lequel une statue vient à la table de Don Juan lui reprocher une faute sexuelle qui entraîna la mort de quelqu'un, comme dans le cas du Roi David et de Bethsabée.

Marie Balmary attire également l'attention sur un troisième indice. Il s'agit d'une allusion de Freud à une histoire juive dans la lettre qu'il adresse à Fliess pour lui annoncer qu'il cesse de croire à la culpabilité des pères violeurs dans la genèse des névroses de leurs filles. Nous l'avons vu, Freud dans un premier temps pense avoir fait une importante découverte en attribuant la cause de l'hystérie à des agressions sexuelles subies, la plupart du temps du père ou d'un oncle, pendant l'enfance. Puis devant l'hostilité de la profession médicale à son hypothèse, il y renonce. Il écrit alors à son ami Wilhelm Fliess qu'une des raisons le conduisant à renoncer à cette idée serait la nécessité d'accuser trop de pères, y compris le sien. Il termine sa lettre en disant son dépit de devoir renoncer à une hypothèse dont il attendait qu'elle lui apporte argent et célébrité :

---

1. Freud, *Psychopathologie de la vie quotidienne*, Petite Bibliothèque Payot, p. 216, cité par Balmary (1979, p. 104).

Une célébrité éternelle, la fortune assurée, l'indépendance totale, les voyages, la certitude d'éviter aux enfants tous les graves soucis qui ont accablé ma jeunesse, voilà quel était mon bel espoir. Tout dépendait de la réussite ou de l'échec de l'hystérie. Me voilà obligé de me tenir tranquille, de rester dans la médiocrité, de faire des économies, d'être harcelé par les soucis et alors une des histoires de mon anthologie [1] me revient à l'esprit : « Rebekka, ôte ta robe, tu n'es plus mariée [2] ! »

Au moment où Freud renonce à accuser les pères de leurs fautes sexuelles, l'histoire qui lui revient en mémoire concerne une Rebekka qui doit renoncer à son bien-être matériel car son mariage est annulé. Pense-t-il à ce moment à la Rebekka que son père aurait répudiée, privée ainsi de toute subsistance et finalement conduite au suicide, pour en épouser une plus jeune et plus belle ?

En résumé, de nombreux indices convergent pour affirmer que Jacob Freud n'hésite pas à sacrifier son entourage pour satisfaire ses passions sexuelles. Dès l'âge de seize ans il met une femme enceinte qu'il abandonne ensuite pour une autre probablement plus jeune. Il abandonne à son tour cette seconde épouse, la privant probablement ainsi de tout moyen de subsistance et la poussant peut-être au suicide pour une troisième encore plus jeune par rapport à lui. Il contraint alors ses enfants à pratiquer sur lui des fellations. Par l'histoire symbolique de David et de Bethsabée, il avoue à Sigmund, son fils préféré, les conséquences dramatiques de son comportement sexuel passé et lui demande peut-être une forme de pardon ou de disculpation. Tout d'abord tenté de dénoncer ces fautes par la publication de sa théorie sur le rôle des agressions sexuelles dans la genèse des névroses, Sigmund éprouve à la mort de son père le besoin de fermer les yeux sur ses fautes sexuelles. Il choisit alors de couvrir les fautes sexuelles des pères incestueux par la publication de sa théorie du complexe d'Œdipe qui affirme que ces agressions n'ont pas eu lieu mais ne sont que des faux souvenirs fantasmés par les filles amoureuses de leur père. Dans un cérémonial

---

1. Une collection d'histoires juives réunies par Freud (nda).

2. Freud (1950, p. 193, lettre du 21 septembre 1897). L'édition PUF des lettres de Freud à Fliess donne pour traduction « tu n'es plus fiancée » mais Marie Balmary (1979, p. 244) fait observer que le texte original allemand *« Du bist keine Kalle mehr »* utilise le mot Kalle, une expression juive pour mariée.

presque quotidien dont lui seul connaît la signification, il invite alors à sa table des statuettes qui viennent secrètement lui reprocher sa complicité dans les crimes sexuels commis par les pères.

Mais par cette même théorie œdipienne qui disculpe les pères, Freud parvient à annoncer au monde son insoutenable désir de tuer le sien. Toute sa vie, il restera tenaillé par ce désir.

Sigmund Freud voit dans le Diable un substitut du père. Dans *Une névrose diabolique au XVIIe siècle*, il écrit :

> Le père primitif des origines était un être à la méchanceté illimitée, moins semblable à Dieu qu'au diable.
>
> Bien sûr, il n'est pas si facile de dévoiler dans la vie psychique de l'individu la trace de la conception satanique du père [...] Quand des personnes des deux sexes s'effraient nuitamment de brigands et de cambrioleurs, il n'est pas difficile de reconnaître en ces derniers des dédoublements du père. De même, les animaux qui prennent place dans les phobies animales des enfants sont le plus souvent des substituts du père [1].

Dans le même essai, Freud écrit deux pages plus haut :

> À partir de l'histoire secrète de l'individu que l'analyse met au jour, nous savons aussi que la relation au père était sans doute dès le début [...] ambivalente, c'est-à-dire qu'elle renfermait en elle les deux motions affectives opposées, pas seulement une motion de soumission tendre, mais aussi une motion de défi hostile [2].

Freud n'a jamais caché son ardent désir de tuer son père. Il le clame même à la face du monde en érigeant son mythe œdipien comme édifice central de l'architecture psychanalytique. Il semble même intimement persuadé de l'universalité du désir masculin de tuer le père. Or il assimile ses relations avec les autres psychanalystes, dont il se considère comme le patriarche, à des relations père-fils. Il projette sur cette famille recomposée formée par lui et ses disciples la structure familiale juive autoritaire et inégalitaire, dans laquelle l'un des fils est élu par le père. Ce fils jouit de privilèges qui sont refusés à ses frères et sera le seul héritier. Ce futur héritier peut dès lors entrer en rivalité avec le père et souhaiter sa mort, jusqu'au jour où il le détrônera.

---

1. Freud (1906-1927, p. 289).
2. Même source, p. 287.

La certitude de Freud quant à l'universalité de ce sentiment de rivalité ne peut que surprendre. Carl Gustav Jung sera le premier à jouer, selon les propres termes de Freud, ce rôle de prince héritier. Freud écrit alors à Jung :

> Il est remarquable que le soir même où je vous adoptai formellement comme mon fils aîné, où je vous oignis comme successeur et prince héritier – *in partibus infidelium* –, qu'alors vous m'ayez dépouillé de ma dignité paternelle et que ce dépouillement ait paru vous avoir plu autant qu'à moi le revêtement de votre personne [1].

Freud fantasme avec une rare conviction le désir de Jung de le tuer. Jung raconte dans ses mémoires qu'en 1909 à Brême, alors qu'il est – en compagnie de Freud et de Ferenczi – en partance pour les États-Unis, il en vient à parler de cadavres momifiés que l'on retrouve parfois dans la tourbe des marais du Holstein, du Danemark ou de Suède, sous l'effet de l'acidité des tourbières. Jung confond au cours de la conversation ces cadavres avec les momies des plombières de Brême :

> Mon intérêt énerva Freud. « Que vous importent ces cadavres ? » me demanda-t-il à plusieurs reprises. Il était manifeste que ce sujet le mettait en colère et, pendant une conversation là-dessus, à table, il eut une syncope. Plus tard, il me dit avoir été persuadé que ce bavardage à propos des cadavres signifiait que je souhaitais sa mort. Je fus plus que surpris de cette opinion ! J'étais effrayé surtout à cause de l'intensité de ses imaginations qui pouvaient le mettre en syncope [2].

Jung poursuit son récit avec une seconde anecdote, qui survient cette fois au congrès psychanalytique de Munich de 1912. La conversation porte sur les motivations qui poussèrent Aménophis IV à faire détruire les cartouches de son père sur les stèles : la plupart des psychanalystes présents soutiennent qu'il s'agissait là d'une manifestation du désir œdipien de tuer son père et que sa création d'une religion monothéiste trahissait son désir d'endosser lui-même ce rôle de père et une rivalité avec son propre père. Cette interprétation irrite Jung qui soutient que les mobiles d'Aménophis IV étaient plus élevés et qu'il était au contraire un homme créateur et profondément religieux :

---

1. Lettre de Freud à Jung du 16 avril 1909, dans Jung (1961, p. 419).
2. Jung (1961, p. 184).

À ce moment Freud s'écroula de sa chaise, sans connaissance. Nous l'entourâmes sans savoir que faire. Alors je le pris dans mes bras, le portai dans la chambre voisine et l'allongeai sur un sofa. Déjà, tandis que je le portais, il reprit à moitié connaissance et me jeta un regard que je n'oublierai jamais, du fond de sa détresse [1].

Les théories de Freud sont un reflet de ses propres névroses qu'il croit universelles. Il accepte de fermer les yeux sur les fautes sexuelles des pères, le sien compris. Il soutient une théorie, celle du complexe d'Œdipe, lui permettant de répondre aux femmes qui se souviennent avoir été violées par leur père alors qu'elles étaient enfants, que leur souvenir ne se rapporte pas à un événement réel mais à des fantasmes sexuels ayant leur père pour objet. Freud n'est pas allé chercher bien loin son complexe d'Œdipe. Ce mensonge, c'est celui de tous les violeurs du monde qui affirment que la femme violée ment, ou, en dernier recours, que c'est elle qui était porteuse du désir. C'est trop facile !

Freud est donc un fils soumis car il accepte de dissimuler la faute paternelle, mais cette soumission lui coûte. Son invention du complexe d'Œdipe, édifice central de la psychanalyse, celle de ses théories à laquelle Freud tient par dessus tout et pour cause, est une magnifique réponse à la névrose qui le ronge : l'honneur est sauf, les pères sont disculpés, mais l'instrument qui les disculpe est un porte voix par lequel Freud annonce au monde son désir de tuer le sien par aversion pour son comportement sexuel.

Si l'on peut affirmer que Freud est génial, c'est bien d'être parvenu à faire de l'instrument même par lequel il disculpe les pères un porte voix annonçant au monde son désir de les tuer !

L'ambition et le goût du pouvoir

Freud est-il un découvreur désintéressé ou un homme de pouvoir ? C'est à Paul Roazen que l'on doit d'avoir relevé les nombreux traits de la personnalité de Freud qui en font un guerrier, un dictateur militaire plus qu'un chercheur. Freud lui-même affirme à son ami Fliess dans une lettre du 1er février 1900 n'être pas un véritable homme de science mais un *conquistador* :

---

1. Même source.

Tu te fais de moi souvent une trop haute opinion. [...] Je ne suis ni un véritable homme de science, ni un observateur, ni un expérimentateur, ni un penseur. Par tempérament je ne suis qu'un conquistador, un aventurier, si tu préfères ce terme ; je possède toute la curiosité, la hardiesse et la ténacité qui sont les apanages de ces sortes d'individus. En cas de réussite, s'ils découvrent vraiment quelque chose, ces gens-là sont quelquefois portés au pinacle ; sinon, on les écarte, ce qui n'est pas entièrement injuste[1].

Il vénère de nombreux héros guerriers tels Hannibal, Napoléon et Guillaume le Conquérant ou s'identifie à eux[2]. Comme l'écrit Paul Roazen :

Le système de pensée de Freud reflète son attitude combative : d'un bout à l'autre, il se servit du langage militaire et d'images guerrières – attaque, défense, combat, ennemi, résistance, ressources, triomphe, conquête, lutte[3].

Et plus loin :

Freud aimait que l'on s'oppose à lui. [...] « Beaucoup d'ennemis, beaucoup d'honneurs », écrivit-il[4].

Freud ne se considère pas comme un chercheur mais comme un fondateur d'Empire. Le 14 mars 1911, il écrit à son ami Ludwig Binswanger :

Si l'empire fondé par moi devient orphelin, nul autre que Jung doit hériter du tout. Vous voyez, ma politique poursuit inlassablement cet objectif[5]...

Imagine-t-on Charles Darwin ou Albert Einstein se proclamant fondateurs d'Empire et nommant un héritier devant leur succéder pour l'administrer après leur mort ? L'Empereur Freud ne s'exprime pas ici comme un homme de science mais comme un homme politique.

Nous avons vu que l'ambition démesurée de Freud plonge ses racines dans la promesse que lui font très tôt ses parents d'un destin de grand homme et du sentiment de supériorité dont ils l'abreuvent. Ce sentiment trouve, comme l'écrit Paul Roazen, d'autres occasions de se renforcer :

1. Freud (1985, p. 398), lettre du 1ᵉʳ février 1900. Également citée par Jones, (1953, p. 382).
2. Roazen (1971, p. 30-32) ; Bénesteau (2002, p. 177).
3. Roazen (1971, p. 120).
4. Roazen (1971, p. 135).
5. Lettre de Freud à Binswanger du 14 mars 1911, citée par Schur (1972, p. 316).

Tout au long de la vie de Freud, on trouve beaucoup de preuves de sa profonde impulsion à devenir un puissant guerrier. Au début de la quarantaine, il eut un rêve qui lui rappela d'anciennes prophéties faites à son propos. « Lors de ma naissance, une vieille paysanne avait prédit à ma mère, fière de son premier enfant, que ce serait un grand homme. » « Ma soif de grandeur viendrait-elle de là ? » se demanda Freud ? Lorsqu'il était un garçon d'onze ou douze ans, un poète lui avait prédit dans un parc que l'enfant qu'il était deviendrait ministre d'État. (Il y avait alors quelques ministres juifs.) De telles prédictions au sujet d'un enfant ne sont pas inhabituelles ; il est frappant, toutefois, qu'elles aient encore tenu une place dans la vie onirique de Freud après tant d'années [1].

Alors qu'il est étudiant, Freud s'abreuve de fantasmes concernant sa grandeur future comme le révélera plus tard une anecdote survenue lors de son cinquantième anniversaire. À cette occasion ses amis lui offrent une médaille gravée par le sculpteur Karl Maria Schwerdtner portant sur une face Œdipe répondant au Sphinx et sur l'autre ce vers de l'*Œdipe Roi* de Sophocle : « Il résolut l'énigme du Sphinx et fut un homme tout puissant. » Ernest Jones raconte :

En lisant l'inscription, Freud pâlit, s'agita et, d'une voix étranglée, demanda qui y avait songé. Il se comporta comme s'il avait rencontré quelque revenant et c'est bien ce qui était arrivé. Federn dit à Freud que c'était lui qui avait choisi la citation, alors ce dernier révéla que, jeune étudiant à l'Université de Vienne, il avait coutume de déambuler dans la grande Cour et de regarder les bustes d'anciens professeurs célèbres. C'est alors que, non seulement il avait eu le fantasme d'y voir son propre buste futur, ce qui n'avait rien de surprenant chez un étudiant ambitieux, mais encore qu'il avait imaginé ce buste *portant exactement les mots* qui se trouvaient sur le médaillon [2].

Le sentiment de supériorité de Freud le pousse à faire subir sa triste arrogance même à Albert Einstein. Dès leur première rencontre, qui date de 1926, Freud tente de prendre Einstein de haut en lui écrivant une carte dans laquelle il le qualifie de chanceux parce qu'il a pu s'appuyer sur le travail d'illustres prédécesseurs comme Newton, tandis que Freud s'attribue le mé-

1. Roazen (1971, p. 30) ; voir également Sulloway (1979, p. 454-455).
2. Jones (1955, p. 14-15).

rite d'avoir défriché seul une jungle enchevêtrée[1]. Même si cela avait été vrai, d'autres que lui auraient eu la délicatesse de ne pas le mentionner eux-mêmes. Mais cela n'est vrai en aucune façon.

Lorsqu'il publie en 1905 dans les *Annalen der Physik* les cinq articles révolutionnaires exposant ses grandes théories, Einstein n'est encore qu'un obscur employé du Bureau des brevets de Berne, totalement inconnu, isolé et incompris du monde de la physique[2]. Freud, lui, n'a jamais su travailler seul. C'est à Breuer qu'il emprunte la méthode psychanalytique et c'est avec lui qu'il publie sa première contribution sur l'hystérie. Il ne pourra jamais se passer d'un soutien intellectuel, après Breuer ce sera Fliess, puis toute la cour de ses disciples.

D'autre part, les contributions apportées par Einstein en matière de physique relativiste et même quantique constituent une révolution radicale dans la manière de concevoir le monde. Freud certes révolutionne lui aussi la psychiatrie en accordant pour la première fois un sens à la parole des névrosés, mais contrairement à Einstein l'idée ne vient pas de lui, elle vient de Breuer et de Berthe Pappenheim[3].

Nous l'avons vu, il ne découvre pas non plus l'inconscient, pas davantage qu'il ne découvre ni ne déculpabilise la sexualité infantile. Il ne défriche donc pas là non plus « seul un territoire vierge », loin s'en faut.

Enfin sa science de l'interprétation des rêves n'a rien d'une nouveauté, elle peut sans aucune exagération être considérée comme inspirée par les traditions talmudiques :

> Le marchand de livres ambulant était une figure traditionnelle dans la communauté juive d'Europe occidentale. Parmi les articles les plus demandés se trouvaient les clefs des songes, donnant la signification de tous les rêves qu'on peut faire. La clef des songes de Solomon B. Jacob Almoli, *Pitron Chalomot*, était un des plus recherchés. Freud fait une allusion à Almoli dans une note qu'il ajoute à *La Science des rêves* dans l'édition de 1914[4].

---

1. Jones (1957, p. 176 et 149).
2. Hoffmann (1972, p. 51-94).
3. Freud (1909-1914, p. 9-16 et 69-70) ; Freud et Breuer (1895) ; Ferenczi (1985, p. 147) ; Borch-Jacobsen (1995, p. 17) ; Balmary (1979, p. 143-159) ; Webster (1995, p. 119-150).
4. Bakan, 1958, p. 281. La note de Freud se trouve à la page 4.

Mais rien de tout cela ne l'empêche d'écrire à Einstein pour le traiter de veinard parce qu'il aurait pu, contrairement au grand Sigmund Freud, s'appuyer sur les travaux de ses prédécesseurs.

En 1936, Freud écrit dans une lettre à Einstein, qui est sceptique vis à vis des théories psychanalytiques :

> Vous êtes tellement plus jeune que moi ; quand vous aurez atteint mon âge, j'ose espérer que vous serez devenu un de mes disciples. Comme je ne serai plus là pour l'apprendre, je m'offre maintenant à l'avance cette satisfaction[1].

L'arrogance de Freud semble dépourvue de limites. Il n'hésite d'ailleurs pas s'attribuer lui-même la place qu'il revendique dans l'histoire des idées à la suite de Nicolas Copernic et de Charles Darwin[2].

Bien des exemples indiquent que la recherche de pouvoir, de gloire ou d'argent prime dans l'esprit de Freud sur une quête objective de la vérité. Cette priorité transparaît déjà dans sa façon d'exprimer sa déception à son ami Fliess lorsqu'il renonce à croire au rôle des agressions sexuelles subies pendant l'enfance dans la genèse de l'hystérie. Nous l'avons vu, c'est la fortune et la célébrité éternelle qu'il regrette, pas d'avoir commis une erreur scientifique.

Carl Gustav Jung mentionne également la façon dont il découvrit que Freud accordait la priorité à sa propre autorité sur l'objectivité de la recherche. C'est cette découverte qui fut à l'origine du discrédit de Freud dans l'esprit de Jung. En 1909, durant les sept semaines de leur voyage commun aux États-Unis, Freud et Jung analysent mutuellement leurs rêves. Les rêves de Freud, qui le troublent beaucoup, sont selon Jung liés aux relations que ce dernier suppose entre Freud et sa belle-sœur Minna :

> Freud eut un rêve, dont je ne suis pas autorisé à dévoiler le thème. Je l'interprétai tant bien que mal et j'ajoutai qu'il serait possible d'en dire bien davantage s'il voulait me communiquer quelques détails supplémentaires relatifs à sa vie privée. À ces mots, Freud me lança un regard singulier – plein de méfiance – et dit : « Je ne puis pourtant pas risquer mon autorité ! » À ce moment même, il l'avait perdue ! Cette phrase est restée gravée dans ma mémoire. Elle préfigurait déjà pour moi la fin imminente de nos relations. Freud plaçait l'autorité personnelle au-dessus de la vérité[3].

---

1. Jones (1957, p. 233).
2. *Une difficulté de la psychanalyse*, 1917, dans Freud (1906-1927, p. 181-183). Voir également Roazen (1971, p. 138-139) et Bénesteau (2002, p. 177).
3. Jung (1961, p. 185) ; Webster (1995, p. 405).

Dans le livre qu'il consacre à son père, Martin Freud brosse le portrait d'un homme gai, dynamique et parfois chaleureux. Mais de nombreux détails trahissent également ses attitudes de patriarche dont le pouvoir ne saurait être contesté. Martin Freud écrit en effet :

> Mon père haïssait le téléphone et autant que possible, il évitait de s'en servir. Comme, chez nous, tout était aménagé de façon à ne heurter aucun de ses désirs, nous prenions toutes précautions pour qu'il en soit dispensé [1].

Parce que Sigmund Freud aime le bœuf bouilli, toute la famille en mange trois ou quatre fois par semaine et leur cuisinière doit apprendre à l'accommoder d'au moins sept façons différentes [2].

Parce que Sigmund Freud n'aime pas la musique, son fils Martin écrira dans ses mémoires :

> Il ne permit jamais que l'on joue du piano dans l'appartement. Il était inflexible sur ce point [...] Il avait la même position vis à vis de tous les instruments de musique et il la garda toute sa vie. Il n'y eut jamais de piano à la Bergasse et aucun de ses enfants n'apprit à en jouer. C'était alors inhabituel à Vienne et cela le serait encore probablement aujourd'hui : la bourgeoisie considère en effet que savoir jouer du piano est une partie essentielle de la bonne éducation [3].

Sigmund Freud a le sentiment d'appartenir à une caste supérieure et ses manières sont celles d'un aristocrate devant être servi au gré de sa fantaisie et de ses caprices. À l'automne 1895, au cours de ses vacances, Freud séjourne sur la côte Adriatique en compagnie de sa famille et de son frère Alexandre. Martin se souvient :

> Père et oncle Alexandre s'éloignaient naturellement plus du rivage qu'il ne nous était permis de le faire ; aussi, quand ils refusaient, comme cela arrivait parfois, de revenir pour déjeuner, tant ils appréciaient les minutes qu'ils passaient dans cette eau salée et tiède, un garçon devait marcher dans l'eau ou même nager pour leur apporter un plateau avec des rafraîchissements et parfois des cigares et des allumettes [4].

---

1. Martin Freud (1958, p. 45).
2. Martin Freud (1958, p. 38).
3. Martin Freud (1958, p. 20).
4. Martin Freud (1958, p. 55).

Les Freud emploient quotidiennement cinq domestiques et en emmènent deux pendant leurs longues vacances d'été [1]. Martin Freud affirme qu'un homme de la condition de son père n'entre pas chez l'épicier pour faire ses courses lui-même. L'unique fois de sa vie où son père s'y résout, c'est parce que toute la région est noyée par une inondation et que lui seul est physiquement en mesure d'entreprendre une expédition de ravitaillement [2]. Le mouvement psychanalytique dans son ensemble ne peut que se ressentir du caractère despotique de Freud. D'après Paul Roazen :

> Il était difficile d'être en désaccord avec Freud, non tant parce qu'il avait coutume d'attaquer sèchement les idées déviantes, mais surtout parce que vu la puissance de son intelligence et de sa personnalité il était toujours prêt à démolir la moindre contre formulation [3].

Jacques Bénesteau montre le poids formidable exercé par cette tyrannie sur les idées diffusées dans les revues psychanalytiques, sur les articles présentés aux congrès et sur le déroulement de carrière des psychanalystes viennois. Freud exerce un contrôle sans partage sur *Zentralblatt für Psychoanalyse* puis sur *Imago* et *Internationale Zeitschrift für Psychoanalyse* les trois revues du mouvement, ainsi que sur *Internationale psychoanalytischer Verlag*, sa maison d'édition. Il exerce également un contrôle économique déterminant sur la carrière des analystes en dispensant des bourses et en leur fournissant une clientèle, ce qui lui permet d'étouffer efficacement toute indiscipline [4].

Le messianisme

La religiosité du mouvement psychanalytique est remarquée dès son apparition par nombre de ses protagonistes. D'après Paul Roazen, Hanns Sachs (l'un des premiers à recevoir des mains de Freud la bague qui marque l'appartenance au fameux *Comité Secret* [5]) considère la psychanalyse comme une religion révélée. Sachs écrit d'ailleurs des psychanalyses didactiques :

---

1. Martin Freud (1958, p. 37).
2. Martin Freud (1958, p. 74-75).
3. Roazen (1971, p. 116-117).
4. Bénesteau (2002, p. 43-46).
5. Voir chapitre 25.

Les religions ont toujours exigé une période d'essai, de noviciat, de ceux de leurs adeptes qui désiraient vouer leur vie entière au service du supra-terrestre et du surnaturel, de ceux qui, en d'autres termes, devaient devenir prêtres ou moines... Il en est de même pour l'analyse qui a besoin d'un équivalent à ce noviciat dans l'Église[1].

Wilhelm Stekel écrira plus tard dans son autobiographie :

Je fus l'apôtre de Freud, qui était mon Christ[2] !

Il ajoute dix pages plus loin que pour lui, les réunions de la Société de Psychologie du mercredi chez Freud étaient « une révélation[3] ».

Les sentiments de Max Graf, un autre membre de cette Société, et père du fameux Petit Hans, ne diffèrent guère puisqu'il écrit :

Il régnait dans la pièce l'atmosphère qui baigne la naissance d'une reli-gion. Freud lui-même était le nouveau prophète qui faisait paraître super-ficielles les méthodes d'investigation psychologique qu'on employait jusque là : les élèves de Freud – tous inspirés et convaincus – étaient ses apôtres. [...] Freud – en tant que chef de l'Église – bannit Adler ; il le re-jeta à l'extérieur de l'Église officielle. En l'espace de quelques années, je vis se dérouler toute l'histoire d'une Église[4].

Carl Gustav Jung raconte lui aussi dans ses mémoires :

Sans le bien comprendre alors, j'avais observé chez Freud une ir-ruption de facteurs religieux inconscients. [...] Pour Freud, la sexualité avait apparemment plus d'importance significative que pour qui-conque. Elle était pour lui une *res religiose observanda*, une chose à ob-server religieusement[5].

Or il advient parfois qu'un disciple perde la foi. C'est le cas lorsqu'en 1932 Ferenczi affirme qu'il a cessé de croire que l'origine des névroses se trouve dans les fantasmes œdipiens inconscients et inassouvis. Sa pratique théra-peutique l'a convaincu que beaucoup de névroses sont causées par les agres-

---

1. Cité par Roazen (1971, p. 257).
2. Cité par Webster (1995, p. 351) et par Sulloway (1979, p. 458).
3. Sulloway (1979, p. 458).
4. Cité par Sulloway (1979, p. 458-459).
5. Jung (1961, p. 178).

sions sexuelles subies dans l'enfance et que la perception de ces agressions est souvent restée consciente. Un autre disciple, Ernest Jones, écrit alors une lettre compatissante à Freud :

> Vous êtes entouré à la fois d'affection et de disciples dont la croyance en l'inconscient est indéfectible. Je peux néanmoins imaginer combien ce doit être pénible [1].

Dans cette lettre de Jones à Freud, l'objectivité scientifique n'est même pas envisagée, le problème est directement posé en termes religieux. Jones compatit mais assure le vieux prophète dont la mort approche qu'il est encore entouré de fidèles disciples dont la croyance est indéfectible.

C'est finalement en Grand Inquisiteur que Freud chasse l'hérésie du Temple psychanalytique, en expulse les dissidents et déclenche contre eux des campagnes de calomnies.

---

1. Cité par Masson (1984, p. 185).

24

L'ordre moral rénové

Freud révolutionne la psychiatrie en popularisant une méthode thérapeutique qui accorde enfin un sens à la parole des névrosés, mais ce n'est pas cela qui le rend célèbre. Il comprend fort bien que la méthode de cure psychanalytique dont il se fait le promoteur ne lui apportera jamais la gloire dont il rêve si elle n'est rien de plus qu'une spécialité psychiatrique. Il réussit donc à faire de la psychanalyse bien autre chose : le nouveau mythe fondateur de l'ordre moral occidental.

Il est aidé en cela par la période charnière au cours de laquelle il exerce sa profession de médecin. Depuis le Siècle des Lumières et les progrès du rationalisme, l'Église ne cesse en effet de perdre de l'influence. Le public éprouve le besoin de se tourner vers la médecine pour les questions de sexualité. Ce sont maintenant les sexologues et les psychiatres, et non plus les évêques, qui balisent la frontière entre normalité et perversion. Le médecin remplace progressivement le prêtre dans le rôle de conseiller familial [1].

Freud a la chance de vivre cette période charnière et le génie d'en tirer parti. Il saisit le moment où la société recherche auprès de la psychiatrie de nouveaux fondements à sa morale pour transposer habilement en termes médicaux les grands mythes judéo-chrétiens. La psychanalyse est un prodigieux réservoir de légendes à la richesse biblique – comme celle du complexe d'Œdipe, de l'interprétation des rêves ou du stade sadique-anal – peuplées d'êtres fabuleux comme l'homme aux loups, le petit Hans, le Président Schreber, Dora ou la horde primitive, qui hantent l'imagination de tous les lecteurs de Freud. Et nous allons voir que la morale des grands mythes psychanalytiques est une authentique transcription de la morale biblique.

---

1. Murat (2001, p. 23).

La tendance de la médecine et de la psychiatrie à se substituer à la religion pour contrôler les mœurs sexuelles s'amorce dès le XVIIIe siècle et s'amplifie pendant tout le XIXe. L'autorité de l'Église en la matière commence en effet à reculer à partir du XVIIIe.

Le Siècle des Lumières, avec les progrès de la psychiatrie et de la médecine, rationalise progressivement son approche de la sexualité aux dépens de l'Église et au profit de la médecine. Les progrès de la science et du rationalisme portent d'ailleurs atteinte à l'importance de la religion dans son ensemble. Charles Darwin publie sa théorie sur l'évolution des espèces en 1858, deux ans après la naissance de Freud, qui a lieu le 6 mai 1856 à Frieberg (Moravie). Lorsque Freud décède à Londres quatre-vingt-trois ans plus tard, le 23 décembre 1939 après avoir habité presque toute sa vie à Vienne, le nombre annuel d'ordination de prêtres en France a chuté de moitié [1]. Il est donc pleinement concerné par ce transfert de pouvoir entre la religion et la médecine en matière de contrôle sexuel.

Mais bien avant cela Alfred de Vigny écrivait déjà dans *Stello* en 1832 :

> Les médecins jouent à présent dans la société le rôle des prêtres dans le Moyen Âge. Ils reçoivent les confidences des ménages troublés, des parentés bouleversées par les fautes et les passions de famille. L'Abbé a cédé la ruelle au Docteur, comme si cette société, en devenant matérialiste, avait jugé que la cure de l'âme devait dépendre désormais de celle du corps [2].

Signe des temps, l'Église elle-même, à la fin du XIXe siècle, recourt de plus en plus à des arguments médicaux, plutôt que moraux, pour combattre la contraception [3].

Mais en quoi ce que recommande désormais le médecin diffère-t-il de ce que conseillait autrefois le curé ? En matière de contraception par exemple, le discours est identique : le corps médical réprouve la contraception [4] et cette politique nataliste est aussi évidemment celle de l'Église. Freud, jamais en reste, s'inquiète également des « désordres psychiques » occa-

1. Bechtel (1994, p. 13).
2. Alfred de Vigny, *Stello*, 1832, cité par Alain de Mijolla dans Jaccard (1982, vol. 1, p. 11).
3. McLaren (1990, p. 295).
4. McLaren (1990, p. 276, 283-286 et 295-297).

sionnés selon lui par la méthode contraceptive la plus employée : celle du retrait [1]. Le discours clérical est également identique, on l'a vu, au discours freudien en matière de masturbation.

À travers des comparaisons entre les grands mythes bibliques et les grands mythes psychanalytiques, tels la naissance d'Eve d'une côte d'Adam et la structure mentale féminine issue d'une matrice masculine, la tentation d'Eve par le serpent et l'assertion freudienne du moindre sens moral des femmes, la disculpation des pères incestueux par la Bible comme par la psychanalyse, le pouvoir des patriarche bibliques et la loi du père, le péché de Sodome et le stade sadique-anal, l'état de péché originel et la proclamation freudienne d'une perversion originelle infantile, ou la rédemption messianique et la rédemption génitale, nous verrons dans le prochain chapitre les surprenantes correspondances qui les relient.

Loin d'apparaître comme révolutionnaire – excepté en ce qu'elle nomme la répression sexuelle, mais pour la proclamer indispensable, – la psychanalyse perpétue l'ordre moral obscurantiste régnant depuis des siècles. C'est là que réside la clé de son succès. Elle ne simule un renversement de l'ordre moral que pour mieux en restaurer une version laïque. La ficelle est grosse mais devant son succès mondial on ne peut qu'admettre qu'elle répond au double besoin de proclamer une libération sexuelle en perpétuant la répression en sous-main.

---

1. Freud (1925-1935, p. 43) ; McLaren (1990, p. 284-285).

25

Transposition psychanalytique du patriarcat biblique

Freud se dit agnostique et considère la religion comme une névrose collective[1]. Cela ne l'empêche ni d'être très attaché à sa judéité ni d'être profondément imprégné de culture biblique. Il écrit dans son autobiographie :

> Le fait que je me plongeai très tôt, à peine terminé l'apprentissage de la lecture, dans l'étude de l'histoire biblique, a déterminé d'une manière durable, comme je m'en suis aperçu par la suite, l'orientation de mes intérêts[2].

Freud enfant étudiait la Bible sous la direction paternelle. Ce qu'il révèle de son univers intérieur dans *L'interprétation des rêves* montre que cette étude a laissé en lui un souvenir très présent. Il déclare par exemple s'identifier au personnage biblique de Joseph, lui aussi interprète des rêves[3]. Il révèle également que les gravures de la Bible Philippson qu'il lisait enfant l'ont profondément marqué[4].

Son œuvre porte effectivement de nombreuses traces de l'influence biblique, les plus marquantes sont ses abondantes citations de l'Ancien et du Nouveau Testament. Théo Pfrimmer, qui en a découvert près de quatre cents, affirme :

> Ces citations qui apparaissent la plupart du temps spontanément et sans introduction, semblent à tel point faire partie de son bagage culturel qu'elles s'intègrent dans son propre texte, et font corps avec lui[5].

1. *Actions compulsionnelles et exercices religieux* (1907) dans Freud (1894-1924, p. 133-142) ; Freud (1925-1935, p. 112) ; Freud (1927).
2. Freud (1925-1935, p. 15). Voir également Bénesteau (2002, p. 112 et notes 70-71 p. 120) ; Bailey (1965, p. 162-220).
3. Krüll (1979, p. 216).
4. Krüll (1979, p. 217).
5. Pfrimmer (1982, p. 6, voir également p. 379-380).

L'intérêt de Freud pour Moïse, le législateur des Juifs, auquel il consacre un essai et son dernier livre[1], témoigne également de l'influence considérable que la culture biblique exerce sur sa pensée. Il décrit en ces termes l'impression que produit sur lui le Moïse de Michel-Ange qu'il va voir dans l'église de Saint-Pierre-aux-Liens à Rome :

> Aucune œuvre plastique n'a jamais produit sur moi un effet plus intense. Combien de fois ai-je gravi l'escalier abrupt qui mène du cours Cavour, si dépourvu de charme, à la place solitaire sur laquelle se dresse l'église abandonnée, essayant toujours de soutenir le regard dédaigneux et courroucé du héros ; et parfois, je me suis alors faufilé précautionneusement hors de la pénombre de la nef, comme si je faisais moi aussi partie de la populace sur laquelle se darde son œil [...]
>
> Il n'y pas le moindre doute quant au fait [que cette œuvre] représente Moïse, le législateur des juifs, qui tient les tables où sont inscrits les commandements sacrés[2].

David Bakan montre que non content de se montrer très attaché à sa judéité (dans laquelle il considère la nécessité de faire face aux persécutions comme une précieuse stimulation), Freud ne fréquente quasiment que des Juifs et vit dans un ghetto virtuel[3].

Similitudes avec la Kabbale

Bakan décèle de nombreuses similitudes entre la psychanalyse et la tradition mystique juive, particulièrement la Kabbale. Léon Poliakov juge les rapprochements opérés par Bakan hasardeux car Freud ne connaît selon lui ni l'hébreu ni la Kabbale[4], mais le point de vue de Poliakov semble faussement simplificateur. Selon Théo Pfrimmer en effet, si Freud connaît probablement peu les différents courants du judaïsme, il a cependant appris, enfant, suffisamment d'hébreu (comme le mentionne son biographe « officiel » Ernest Jones[5]) pour lire la Bible dans la langue de ses ancêtres. Devenu adulte, en revanche, il ne lui en resterait que quelques rudiments[6]. Mais probablement as-

---

1. *Le Moïse de Michel-Ange,* 1914, dans Freud (1906-1927, p. 85-125) et Freud (1939).
2. *Le Moïse de Michel-Ange,* 1914 dans Freud (1906-1927, p. 90).
3. Bakan (1958, p. 71-92).
4. Léon Poliakov dans sa préface à Rubenstein (1968, p. 9).
5. Jones (1953, p. 24).
6. Pfrimmer (1982, p. 22-23).

sez tout de même pour comprendre la dédicace en hébreu portée par son père sur la Bible qu'il lui offre pour son trente-cinquième anniversaire. Cette Bible, celle-là même que Freud lisait avidement durant son enfance, comporte sur une page le texte hébreu et sur l'autre une traduction en allemand dans laquelle ni les noms des personnages ni les noms des lieux ne sont transposés en caractères latins, ce qui exige du lecteur une certaine familiarité avec la langue hébraïque[1]. Freud se montre en outre capable de réciter, non sans les avoir répétées la nuit précédente, les prières hébraïques le jour de son mariage[2]. Bakan fait également remarquer qu'on trouve un grand nombre de mots hébreux et yiddish dispersés dans les écrits freudiens[3].

Quant à la Kabbale, sans en être exégète, Freud, ne fréquentant quasiment que des Juifs, en subit nécessairement l'influence. De fait, les ressemblances entre la Kabbale et la psychanalyse sont nombreuses :

> La tradition kabbalistique elle-même est, par nature, en partie secrète et traite de choses secrètes, elle pose en principe que ses enseignements secrets ne doivent être transmis qu'oralement et à une seule personne à la fois et, de plus, à des esprits choisis et par allusions. C'est ce que Freud faisait effectivement dans la pratique de la psychanalyse, et *cet aspect de la tradition kabbalistique est encore maintenu dans l'enseignement donné au psychanalyste moderne. Il doit recevoir la tradition oralement (dans l'analyse didactique).* Comme l'actuel praticien psychanalyste est prompt à le dire à quiconque : la psychanalyse ne s'apprend pas dans les livres[4] !

Le Comité Secret

L'existence, au sein du mouvement psychanalytique naissant, du fameux *Comité Secret* atteste également cette volonté freudienne de faire de la psychanalyse un savoir transmis secrètement et oralement. Ce *Comité secret* créé en 1912 et composé des plus proches disciples de Freud, est chargé de veiller secrètement sur l'orthodoxie psychanalytique :

> Ferenczi [avait dit à Jones] qu'il souhaitait qu'un petit groupe de personnes puisse être personnellement analysées par Freud « *de sorte qu'ils puissent représenter la théorie pure, non dénaturée par les complexes personnels, et*

---

1. Pfrimmer (1982, p. 217).
2. Jones (1953, p. 165).
3. Bakan (1958, p. 75-77) ; Kohn (2005).
4. Bakan (1958, p. 61-62).

constituer ainsi un cercle officiel interne dans la Verein *(association) et servir ainsi de centre où les autres (les débutants), pourraient venir et apprendre à travailler ».* En même temps que Jones envisageait cela comme une solution idéale, il se rendait compte que ce n'était pas vraiment pratique.

En guise d'alternative, il proposait de former un comité secret comme une garde prétorienne autour de Freud [1].

Freud bondit sur l'occasion et répond à Jones :

> Ce qui s'est immédiatement imposé à mon imagination, c'est votre idée d'un conseil secret composé des meilleurs et des plus dignes de confiance d'entre nos amis. Il surveillerait le développement futur de la psychanalyse et défendrait notre cause contre les gens et les accidents lorsque je n'y serai plus... [...]
>
> Et tout d'abord, l'existence comme l'action de ce comité devraient rester *absolument secrets* [2].

Ce *Comité Secret* est aussitôt mis sur pied. Freud remettra solennellement une médaille à chacun de ses membres lors de son intronisation. Tous les biographes de Freud – jusqu'à Jones – ont, depuis, révélé l'existence de ce Comité installant un pouvoir occulte au sein d'un mouvement se prétendant ouvert. Phyllis Grosskurth a consacré un ouvrage entier à en détailler l'histoire [3]. Quelle meilleure évocation d'un Messie fondateur d'une religion ésotérique, soucieux de la pureté d'un dogme réservé aux initiés et de l'installation d'un pouvoir occulte, que ces rituels et ces consignes secrètement échangés entre Freud et ses disciples ? Pourquoi entourer de mystère une conception naissante en psychologie ? La science de la psychologie repose-t-elle sur des dogmes hermétiques et un pouvoir dissimulé par des rituels cachés ou sur un savoir objectif et des observations reproductibles ? Le monde de la psychanalyse s'en va dès le début de son histoire aux antipodes de la méthode scientifique, qui n'a, elle, rien à dissimuler, ne s'appuie que sur des faits vérifiables et reproductibles et voit dans l'occultisme un ennemi de l'objectivité.

Cette pratique du secret ne concerne pas seulement l'histoire ancienne de la psychanalyse, les héritiers de Freud la perpétuent fidèlement. Les Archives Freud interdisent en effet toujours, près de soixante-dix ans après la mort de

---

1. Grosskurth (1991, p. 36).
2. Jones (1955, p. 163).
3. Grosskurth (1991) ; Bénesteau (2002, p. 46-50) ; Jones (1955, p. 162-178) ; Webster (1995, p. 421-434).

Freud, l'accès à la majorité des documents relatif à l'histoire de la psychanalyse, notamment la correspondance. La consultation de certains documents ne sera autorisée qu'en 2113, soit 174 ans après la mort de Freud ! Et souvent en dépit de la volonté des donateurs, qui confient naïvement aux archives leur correspondance avec Freud, et s'étonnent par la suite de se voir refuser le droit de la consulter eux-mêmes[1] ! Comme l'écrit Pierre Sabourin :

> L'interdit de publication qui frappe ces lettres démontre assez que la lumière qu'elles jetteraient sur les origines de la psychanalyse est encore beaucoup trop violente[2].

La libre association d'idées
Second point commun – d'importance – entre la psychanalyse et la Kabbale : la technique de la libre association d'idées qui caractérise la psychanalyse ressemble étrangement à une technique de méditation mise au point au XIIIe siècle par le Kabbaliste Abulafia. Freud a très probablement connaissance de la méthode d'Abulafia par le prédicateur Adolf Jellinek, auteur de nombreux travaux sur Abulafia, exerçant à Vienne en même temps que Freud, et dont les sermons font l'objet de débats dans toute la communauté juive viennoise[3].

L'interprétation des rêves
La tradition mystique juive comporte également des techniques d'interprétation du texte biblique et des rêves. Certaines d'entre elles évoquent indubitablement les techniques d'interprétations que la psychanalyse applique aux rêves, aux lapsus et aux actes manqués, et que Freud expose dans *L'interprétation des rêves* et *Psychopathologie de la vie quotidienne*. Le traité talmudique *Berakoth* renferme une technique d'interprétation des rêves qui professe que les rêves sont l'expression d'un désir, qu'ils peuvent s'interpréter par des jeux de mots, qu'ils ont une signification sexuelle, qu'ils sont symboliques et qu'ils impliquent un conflit entre les bonnes et les mauvaises pulsions[4].

1. Bénesteau (2002, p. 13-26) ; Grosskurth (1991, p. 227-229) ; Borch-Jacobsen et Shamdasani (2006, p. 416-432) ; Ellenberger (1970, p. 446-447).
2. Pierre Sabourin dans sa préface à Ferenczi (1982, p. 9).
3. Bakan (1958, p. 101-108).
4. Bakan (1958, p. 280-283).

Les jeux de mots

Dans la Kabbale comme dans la psychanalyse, les rêves ne sont pas les seuls à faire l'objet d'une interprétation. Le Zohar, un commentaire de la Thora, utilise la même méthode de décomposition des mots et des nombres que Freud et Lacan pour leur trouver un sens caché : les mots sont décomposés en groupes de syllabes qui prennent un sens autonome, ou les nombres sont décomposés en groupes de chiffres et assemblés différemment. Bakan met en parallèles quelques exemples de ces jeux de mots et de chiffres, tirés du Zohar et des écrits freudiens, qui présentent entre eux de frappantes similitudes[1]. Jacques Lacan développe bien davantage encore que Freud l'art du jeu de mots, jusqu'à faire de la psychanalyse une pseudo branche de la linguistique plus que de la psychologie. C'est l'intelligence de Lacan de comprendre le parti qu'il peut tirer de l'attrait des Français pour le langage. Il profite de la vague porteuse de la linguistique structuraliste des années 1970 pour donner à la psychanalyse française un rayonnement mondial au moyen de ses développements linguistiques. Par exemple la mise entre parenthèse de sections de mots ou de mots entiers, *in(dé)fini, (re)production,* ou *qui n'a pas (de) lieu,* donne un second sens kabbalistique à la phrase, comme si l'inconscient ne s'exprimait que par des jeux de mots douteux. Les écrits sacrés de Lacan sont d'ailleurs incompréhensibles au profane sans recours à un dictionnaire encyclopédique des lacaneries, encore à écrire. La psychanalyste lacanienne Corinne Maier en propose, non sans un certain humour, une première ébauche avec *Le Lacan dira-t-on. Guide français-lacanien*[2]. François Georges consacre un livre savoureux à l'imposture lacanienne, *L'effet 'Yau de poële*[3] dénonçant cette méthode consistant à inventer un sens ésotérique à n'importe quoi au moyen de jeux de mots hasardeux. Le génial canular lancé par Alan Sokal porte en 1996 un coup spectaculaire au lacanisme Outre-Atlantique, avant qu'un livre écrit en collaboration avec Jean Bricmont ne vienne démontrer plus systématiquement la vacuité des idées véhiculées par cette mode pseudo intellectuelle[4].

---

1. Bakan (1958, p. 286-292).
2. Maier (2003).
3. Georges (1979).
4. Sokal et Bricmont (1997).

La psychanalyste Marie Balmary, qui applique à la lecture de la Bible les méthodes d'interprétation psychanalytiques, écrit à propos de l'importance des mots :

> La méconnaissance des textes bibliques paraît tout de même surprenante de la part des psychanalystes, particulièrement avertis de l'importance des mots qui doivent être entendus dans la langue même de celui qui parle ou qui écrit. Ceci est tellement fondamental que, freudiens, jungiens, lacaniens, pas un psychanalyste n'accepterait d'étudier et d'interpréter un rêve qui serait entièrement traduit dans une autre langue que celle du rêveur [1].

Ces affirmations montrent à quel point les psychanalystes se désintéressent du sens propre de ce qu'ils voient et entendent, pour n'en rechercher qu'une interprétation par des jeux de mots. Le langage constitue pourtant un écran entre la perception directe et la compréhension qui en découle. Les rêves, dont parle Marie Balmary, ne sont pas des textes. Un rêve est une suite d'idées, d'émotions, de sensations, de peurs ou d'espoirs exprimés à travers des scènes imaginaires et des souvenirs immédiats déformés, avec leur logique interne, différente de celle de l'état de veille, et différente de celle du langage. La transposition d'un rêve en mots peut se révéler tout aussi trompeuse et réductrice que la transposition en deux dimensions d'un univers en possédant trois. Mais pour les psychanalystes, le rêve n'est qu'un texte, et seuls comptent les mots choisis par le rêveur pour le retranscrire sous forme verbale, car le langage et les jeux de mots sont les outils à partir desquels ils peuvent se livrer à leurs interprétations. Le Zohar accorde lui aussi une grande importance aux mots et aux interprétations des textes. Et il affirme également que l'interprétation de l'Écriture Sainte prime sur son sens littéral :

> Les mystères contenus dans l'Écriture, à l'aide desquels tous les mondes furent créés, ne pouvaient-ils descendre ici-bas que revêtus d'une enveloppe. Le sens littéral de l'Écriture c'est l'enveloppe et malheur à celui qui prend cette enveloppe pour l'Écriture même ! Un tel homme n'aura pas de part dans le monde futur. C'est pourquoi David a dit : « *Ôte le voile qui est sur mes yeux, afin que je considère les merveilles qui sont enfermées dans la Loi* » (Ps. CXIX, 18). David voulait voir ce qui est caché au-dessous de l'enveloppe [2].

---

1. Balmary (1986, p. 37).
2. *Le Zohar*, III, tome V, cité par Bakan (1958, p. 270).

Cette tendance, amenée à son paroxysme, à interpréter les textes et les rêves et à prendre cette interprétation pour leur sens véritable, est donc à la fois une caractéristique de la Kabbale et de la psychanalyse, comme le sont également la transmission orale d'une doctrine secrète et la technique de libre association des idées.

Une influence judéo-chrétienne diffuse

La Kabbale accorde également une grande importance à la vie sexuelle et professe à son propos des vues très proches de la théorie psychanalytique. Par exemple elle voit à travers la notion de neuvième Sephira l'idée que la sexualité est le fondement secret de toute chose [1]. Ou encore elle associe toujours la sexualité à l'image de l'union avec la Shekhina, la Mère Céleste, et donne ainsi une base œdipienne au plaisir sexuel [2]. Le Zohar condamne a plusieurs reprises l'abstinence sexuelle, mais décrit la forme idéale de la sexualité comme hétérosexuelle, matrimoniale et sans luxure, ce qui correspond parfaitement à l'esprit des écrits freudiens sur la sexualité.

Enfin, Richard L. Rubenstein remarque que dans le folklore rabbinique de l'époque talmudique (l'Agadah), les mobiles du serpent de la Genèse sont identiques à ceux des fils de la horde primitive de *Totem et tabou* : prendre la place du père auprès de la femme interdite, et le châtiment qu'il reçoit, la mutilation de tous ses membres, évoque également la castration dont use le père primitif de Freud pour punir ceux de ses fils qui convoitent ses épouses [3]. Gérard Haddad développe par ailleurs lui aussi longuement l'idée d'une influence talmudique dans l'œuvre de Freud [4].

Il est impossible de savoir jusqu'à quel point les similitudes décelées par David Bakan, Richard L. Rubenstein et Gérard Haddad entre la tradition mystique juive et la psychanalyse sont fortuites, mais il est indéniable qu'une influence existe. Il aurait d'ailleurs été impossible que Freud, en ne fréquentant quasiment que des Juifs, ne subisse aucune influence culturelle judaïque.

---

1. Bakan (1958, p. 300 et 301).
2. Bakan (1958, p. 297, 313-314).
3. Rubenstein (1968, p. 139-140).
4. Haddad (1981).

Il est également probable que la tradition chrétienne exerce une influence sur Freud. Enfant, il est en effet parfois confié à Monika Zajíc, une bonne d'enfant tchèque et catholique, qui se prend d'affection pour lui. Les parents de Freud, libéraux, laissent s'exercer sur lui l'influence chrétienne de Monika Zajíc. Comme le raconte Marianne Krüll :

> Manifestement, elle se prit d'affection pour le petit Sigmund. Freud suppose que lui-même l'aimait beaucoup (1900a, p. 216). Peut-être voulut-elle l'amener au catholicisme. Elle faisait avec lui le tour des églises ; lui parlait du Bon Dieu et de l'enfer, et l'enfant en était si impressionné que de retour à la maison, devant ses parents, il imitait le prêtre et faisait des sermons où il racontait « tout ce que faisait le Bon Dieu [1] ».

Et de fait, les parallèles entre la psychanalyse et le christianisme sont également nombreux, à commencer par la ressemblance entre les aveux obtenus au confessionnal et sur le divan [2].

D'autre part, parmi les citations bibliques relevées par Théo Pfrimmer, et dont Freud parsème son œuvre, environ le quart se rapporte au Nouveau Testament [3].

Mentionnons enfin au passage les travaux d'Yvon Brès [4], également consacrés aux parallèles existant entre religion et psychanalyse.

Les influences de l'Ancien et du Nouveau Testament sur la psychanalyse sont donc fort nombreuses, malgré l'insistance de Freud à proclamer son irréligiosité. Rien n'interdit de penser que l'irréligiosité proclamée de Freud ne correspond en réalité qu'à sa tendance messianique avérée [5], qui le pousse à renverser les anciennes croyances afin d'en lancer de nouvelles.

L'aveuglement des exégètes sur le patriarcat

Bien que de nombreux auteurs aient déjà signalé ces rapprochements évidents entre la Bible et la psychanalyse, le patriarcat, le plus visible de tous, semble avoir été le moins remarqué. Ce point aveugle s'explique manifestement par le fait que les études comparatives entre la Bible et la psychanalyse

---

1. Krüll (1979, p. 171) ; voir également Martin Freud (1958, p. 41).
2. Sur ce thème, voir par exemple Goldberg (1985).
3. Pfrimmer (1982, p. 379-380).
4. Brès (1982).
5. Bakan (1958, p. 193-206) ; Webster (1995, p. 343-372).

sont l'œuvre d'exégètes, psychanalystes ou rabbins par exemple, au point de vue circonscrit au sein d'un cadre patriarcal. On nomme rarement son propre référent culturel.

Ainsi par exemple la psychanalyste Marie Balmary se livre à une lecture comparée de Freud et de la Bible, sans se dégager de sa propre foi dans l'un comme dans l'autre. Son regard sur la psychanalyse est pourtant critique. Elle contribue, avec d'autres auteurs, à éroder patiemment le mythe du complexe d'Œdipe, qu'elle identifie très justement à une théorie-écran permettant de protéger la faute secrète des pères incestueux. À l'orée de sa carrière, elle tente même de soutenir une thèse sur le sujet, mais se heurte au veto de son université :

> Rien ne pouvait mieux m'alerter sur l'importance et la pertinence de cette recherche qu'un refus de l'Université, refus dont l'argumentation était, étonnamment, faite en termes religieux (« …vous jetez l'anathème sur la psychanalyse [1] »…).

Ce refus de son Université ne la décourage pas d'embrasser la profession de psychanalyste ; elle affirme simplement en avoir gardé une méfiance pour la théorie [2] et fait, il faut le reconnaître, évoluer la psychanalyse de l'intérieur en publiant ses travaux.

Sa lecture de la Bible est un peu semblable à sa lecture de Freud : elle ignore les parties qu'elle juge obscurantistes et on sent transparaître sa certitude que la Bible est au fond le Livre des livres, et que tout s'y trouve pour qui sait l'interpréter. Elle rejoint finalement René Girard [3] : tous deux lisent Freud et la Bible en parallèle, et pensent y trouver une aide conjuguée. Ils se polarisent sur la quête d'une interprétation positive de Freud comme de la Bible, une réelle remise en cause du patriarcat biblique et psychanalytique ne les intéresse donc pas.

Marie Balmary s'arrête longuement sur quelques versets bibliques qu'elle relit en hébreu pour en retrouver le sens profond, comme ce verset de la Genèse :

---

1. Balmary (1986, p. 67-68).
2. Balmary (1986, p. 131).
3. Girard (1978), que Marie Balmary (1986) cite d'ailleurs p. 96 et 111.

(Genèse, 12,1) YHWH dit à Abram :
Va pour toi, de ta terre, de ton enfantement de la maison de ton père,
vers la terre que je te ferai voir.

Ce « Va pour toi » (Lekh lekha en hébreu), que l'on peut aussi traduire par
« Va vers toi » et qu'elle retrouve dans d'autres versets bibliques, elle le rap-
proche de « Deviens ce que tu es » et de « Connais-toi toi-même », en
somme du travail d'introspection psychanalytique. Pourquoi pas ? Mais son
parti pris passionnément positif pour la Bible l'aveugle sur tout son contenu
obscurantiste et sa lecture en devient totalement subjective.

Une lecture neutre et détachée de la Thora ne montre pas Yahvé autrement
que comme un simple chef de guerre menteur, cruel, jaloux et vengeur. Son
premier geste est d'interdire à l'humanité la clairvoyance sur le bien et le
mal, comme n'importe quel dictateur voulant assurer son autorité en interdisant à ses subordonnés l'accès à l'information et au discernement. Pour priver l'humanité de toute autonomie morale, il n'hésite pas à mentir. Il affirme
aux humains que s'ils s'initient à la connaissance du bien et du mal, ils mourront, ce qui est faux puisqu'ils le font et ne meurent pas. Bien au contraire,
la seule crainte de Yahvé est alors qu'ils accèdent à l'immortalité en goûtant
aux fruits du second arbre interdit. Yahvé tel qu'il est présenté dans la Thora
est donc un dieu sournois et menteur. Mais le serpent révèle à Eve que Yahvé
lui a menti et qu'elle ne mourra pas en mangeant du fruit de l'Arbre de la
connaissance du bien et du mal :

> Pas du tout ! Vous ne mourrez pas ; mais Dieu sait que le jour où vous
> en mangerez, vos yeux se dessilleront et vous serez comme des dieux,
> connaissant le bien et le mal[1].

Affligé de constater que l'humanité sait désormais discerner le bien du
mal et risque donc de ne plus avoir besoin de se soumettre à sa loi, ce dieu
menteur ne s'inquiète nullement de ce que sa créature risque la mort, comme
il le lui a promis, mais bien au contraire qu'elle devienne immortelle. Se
sentant menacé dans son pouvoir, il s'écrie :

> « Voilà que l'homme est comme l'un de nous pour la connaissance du
> bien et du mal ! Et maintenant il ne faudrait pas qu'il avance la main et
> qu'il prenne aussi de l'arbre de vie, qu'il en mange et vive à jamais[2]. »

---

1. Genèse, 3,4 et 3,5.
2. Genèse, 3,22.

Il condamne alors l'humanité, et surtout les femmes, à une souffrance éternelle, pour avoir conquis un peu d'autonomie par rapport à son pouvoir totalitaire. Puis, voyant les humains unis et capables de bâtir une ville, Yahvé s'inquiète une fois encore qu'ils ne parviennent à de trop grandes réalisations lui portant ombrage. Il décide alors de limiter leurs possibilités en brouillant leur langage pour qu'ils cessent de se comprendre :

> Yahvé descendit pour voir la ville et la tour que bâtissaient les fils des hommes. Yahvé dit : « Voici qu'à eux tous ils sont un seul peuple et ont un seul langage ; s'ils ont fait cela pour leur début, rien désormais pour eux ne sera irréalisable de tout ce qu'ils décideront de faire. Allons ! Descendons et là, brouillons leur langage, de sorte qu'ils n'entendent plus le langage les uns des autres. » Et Yahvé les dispersa, de là, à la surface de toute la Terre, et ils cessèrent de bâtir la ville. Voilà pourquoi on l'appela du nom de Babel ; car c'est là que Yahvé brouilla le langage de toute la Terre, et c'est là que Yahvé les dispersa à la surface de toute la Terre[1].

Mais Marie Balmary ne voit rien de tout cela, pour elle la Bible conserve manifestement un caractère émancipateur.

La nature de l'alliance que Yahvé conclut ensuite avec son peuple n'est autre que celle d'un simple chef de guerre raciste, cruel, injuste et esclavagiste, qui disculpe les violeurs et condamne systématiquement les femmes. Il lance tout simplement son peuple à la conquête d'une terre promise en lui recommandant d'en chasser tous les habitants, et de les tuer ou de les réduire en esclavage, même sexuel :

> Lorsque tu partiras combattre contre tes ennemis, et que Yahvé, ton Dieu, les livrera entre tes mains, si tu leur fais des prisonniers et que tu voies parmi les captives une femme bien faite dont tu t'éprennes et que tu veuilles prendre pour femme, tu l'amèneras à l'intérieur de ta maison[2].

Yahvé ne promet la victoire à son peuple que sous la condition d'une vénération immodérée de sa personne et d'une soumission absolue à son autorité. Pour trouver un caractère émancipateur à la Thora, Marie Balmary doit détourner les yeux de ce qui constitue l'essentiel du récit biblique et de la Loi mosaïque, comme elle le fait finalement avec la théorie psychanalytique dont le complexe d'Œdipe constitue la clé de voûte et que Freud décrit comme le noyau central de toutes les névroses.

---

1. Genèse, 11,5 à 11,9.
2. Deutéronome, 21,10 à 21,12.

Un autre psychanalyste, Jean-Pierre Winter, consacre dans un Hors Série du *Nouvel Observateur* un court article, *L'amour interdit,* à démontrer la présence de l'interdit de l'inceste dans les Dix Commandements [1]. Il s'agit bien davantage d'un exercice de style que d'une démonstration. Jean-Pierre Winter montre en réalité comment la science de l'interprétation des textes peut, telle la Pythie lisant l'avenir dans des entrailles de poulet, faire dire à un texte ce qu'il ne dit pas. Après un jeu de mot lacanien :

> S'il est bien vrai que dans le psychisme rien n'advient qui ne laisse une trace indélébile, la pudeur advient comme l'écran qui dérobe au regard cette trace – reste des désirs incestueux, mortifères ou auto-érotiques –, écran sur lequel d'autres désirs s'écriront comme sur un palimpseste (pâle-inceste) offert au déchiffrement de l'autre.

Jean-Pierre Winter nous expose, au terme d'un raisonnement ambigu, sa certitude que l'interdit de l'inceste figure bien dans les Dix Commandements, mais de façon voilée :

> Ainsi pouvons-nous comprendre pourquoi l'interdit de l'inceste n'est pas formulé de façon explicite dans les dix commandements. C'est qu'il y figure de façon voilée, de la manière la plus pudique qui soit comme interdit de la représentation : « Tu ne feras point d'idole, ni une image quelconque de ce qui est en haut dans le ciel ou en bas sur la terre, ou dans les eaux au-dessous de la terre. Tu ne te prosterneras point devant elles, tu ne les adoreras point... »

Il faut cependant être un kabbaliste averti pour trouver dans ce verset un interdit de l'inceste ! Mais à quelle autre conclusion un psychanalyste conservateur et obnubilé par le complexe d'Œdipe peut-il arriver ? Peut-il accepter que le mythe biblique, fondateur de l'ordre moral occidental, diffère à ce point de la morale freudienne et oublie avec tant de légèreté de mentionner l'interdit œdipien dans les Dix Commandements ?

Ce besoin pour les psychanalystes de faire coïncider la Bible et la psychanalyse même là où elles ne coïncident pas montre bien que la psychanalyse est une révolution conservatrice, et que l'ordre moral qu'elle défend est judéo-chrétien.

---

1. Winter (2000).

La réalité, le psychanalyste Winter ne peut l'avouer. Les Dix Commandements n'abordent pas la question de l'inceste, mais la similitude entre Bible et psychanalyse en matière d'inceste réside ailleurs. Pour la Thora comme pour la psychanalyse, l'interdit incestueux n'est pas de violer ses enfants, mais de dénoncer un père violeur. La seule interdiction figurant en effet dans la Thora en matière d'inceste est celle, pour les filles, d'avoir des relations sexuelles avec leur père. En revanche nulle part la Thora n'interdit aux pères les relations sexuelles avec leurs filles : si un père viole sa fille, c'est donc la fille qui en porte la culpabilité. La psychanalyse protège évidemment elle aussi les pères violeurs avec la théorie du complexe d'Œdipe, mais plus subtilement : si une fille raconte avoir été violée par son père, son psychanalyste la convaincra qu'elle ne raconte que son fantasme œdipien, et l'accusera donc tacitement d'avoir menti, ou au pire d'avoir elle-même séduit son père.

Quant aux freudo-marxistes comme Reich et Marcuse, leur point de vue appliqué à une lecture comparée de Freud et de la Bible les convainc volontiers que Freud ne doit rien à l'Ancien Testament puisque le seul interdit sexuel figurant explicitement dans sa théorie est la condamnation du désir œdipien, alors que, comme le remarque le rabbin Richard L. Rubenstein, la culpabilité biblique ne met aucunement l'accent sur l'inceste, mais porte sur la sexualité en général [1].

C'est bien entendu l'incapacité des freudo-marxistes à se dégager de l'implicite patriarcal qui leur interdit de discerner l'héritage biblique, pourtant plus que visible, dans les écrits freudiens. Cet héritage prend la forme d'une transposition de divers mythes biblique exprimant une formidable misogynie et une mise en accusation systématique des femmes et des enfants.

Les transpositions psychanalytiques du patriarcat bibliques
    Une fois établie cette imprégnation judéo-chrétienne globale de la pensée freudienne, il est temps d'examiner quelques-unes des grandes transpositions des mythes patriarcaux de la Thora vers leur pendant psychanalytique.

---

1. Rubenstein (1968, p. 208-213).

La naissance d'Eve d'une côte d'Adam
et la structure mentale féminine issue d'une matrice masculine
Dans l'un de ses passages les plus célèbres, le mythe biblique fait naître Eve d'une côte d'Adam :

> Alors Yahvé Dieu fit tomber une torpeur sur l'homme, qui s'endormit. Il prit une de ses côtes et referma la chair à sa place. Yahvé Dieu bâtit en femme la côte qu'il avait prise de l'homme, et il l'amena à l'homme [1].

Selon la tradition rabbinique ce n'est d'ailleurs pas à partir d'une côte, mais du pénis d'Adam qu'Eve est façonnée [2]. C'est dans ce passage que la première idée patriarcale du mythe biblique est formulée. Dans la réalité, ce sont évidemment les femmes qui donnent naissance aux hommes. Les scribes qui rédigèrent le texte biblique jugèrent manifestement que la nature accordait là trop de pouvoir aux femmes, et cherchèrent à se l'approprier symboliquement par leur affirmation, dès les premières lignes du texte fondateur de leur culture, que c'est d'un homme que la première femme fut engendrée.

Freud de son côté imagine une remarquable transposition psychanalytique de cette partie du mythe biblique : alors que dans la réalité ce sont presque toujours les femmes qui élèvent les hommes et donc les éduquent et façonnent leur mentalité, Freud cherche comme les scribes une revanche masculine en affirmant dans son propre récit de la genèse des structures mentales que la psychologie féminine est issue d'une matrice masculine. Selon lui la sexualité féminine se développe durant l'enfance à partir de la masturbation clitoridienne, puis elle devient vaginale après la puberté avec le coït. Or pour lui le clitoris n'a pas d'existence propre mais n'est qu'un dérivé du pénis, la sexualité clitoridienne de la petite fille est donc « masculine », et la sexualité des femmes ne devient féminine que lorsque le plaisir vaginal se substitue au plaisir clitoridien. Ne riez pas, c'est Freud qui écrit cela et l'enseignement universitaire français continue à l'inculquer à ses étudiants. Freud écrit :

> Avec l'entrée dans la phase phallique, les différences des sexes s'effacent complètement derrière leurs concordances. Il nous faut maintenant reconnaître que la petite fille est un petit homme [3].

---

1. Genèse, 2,21 et 2,22 (trad. Émile Osty et Joseph Trinquet).
2. Rubenstein (1968, p. 77, 127 et 134).
3. *La féminité*, dans Freud (1933, p. 158).

La vie sexuelle de la femme se divise régulièrement en deux phases dont la première a un caractère masculin ; seule la seconde est spécifiquement féminine [1].

La sexualité des petites filles a un caractère entièrement masculin. Bien plus, si l'on était capable de donner un contenu plus précis aux concepts de « masculin et féminin », il serait même possible de soutenir que la libido est, de façon régulière et conforme à des lois, de nature masculine [2].

Pour la psychanalyse comme pour la Thora, les femmes sont issues d'une matrice masculine.

La tentation d'Ève par le serpent
et le « moindre sens moral des femmes »

La suite du mythe biblique nous propose immédiatement une seconde idée radicalement patriarcale, celle de la culpabilité féminine. Sitôt créée, Ève commet la faute irréparable, dans laquelle elle entraîne l'innocent Adam, et jette l'humanité dans les affres d'une malédiction éternelle :

La femme vit que l'arbre était bon à manger, qu'il était agréable aux yeux, et qu'il était, cet arbre, désirable pour acquérir l'intelligence. Elle prit de son fruit et en mangea, elle en donna aussi à son mari qui était avec elle, et il mangea. [...]
Yahvé Dieu appela l'homme et lui dit : « Où es-tu ? » Il dit : « J'ai entendu le bruit de tes pas dans le jardin et j'ai eu peur parce que je suis nu, et je me suis caché. » Il dit : « Qui t'a appris que tu étais nu ? Aurais-tu mangé de l'arbre dont je t'avais ordonné de ne pas manger ? » L'homme dit : « C'est la femme que tu as placée près de moi qui m'a donné de l'arbre, et j'ai mangé. » Yahvé Dieu dit à la femme : « Qu'as-tu fait là [3] ! »

Ève provoque ainsi la colère de Yahvé qui condamne alors l'humanité, et particulièrement les femmes, à une souffrance éternelle. C'est Ève, la femme, qui porte la culpabilité du péché originel. Elle se montre sensible à la tentation du serpent, alors que l'homme ne semble même pas le voir. L'interprétation rabbinique du texte biblique insiste également beaucoup plus sur la culpabilité d'Ève et du serpent que sur celle d'Adam [4].

---

1. *Sur la sexualité féminine* (1931) dans Freud (1907-1931, p. 142).
2. *Les métamorphoses de la puberté* dans Freud (1905, p. 161).
3. Genèse, 3,6 à 3,13 (trad., Émile Osty et Joseph Trinquet).
4. Rubenstein (1968, p. 124-125).

Freud imagine une étonnante transposition de ce passage avec son affirmation, maintes fois répétée, du « moindre sens moral des femmes ». D'après lui en effet, le désir œdipien des filles pour leur père ne peut rencontrer la même résistance que celui des garçons pour leur mère, car la menace de castration – l'unique méthode pédagogique connue de Freud – est inopérante pour les filles. Les filles ne sont donc pas éducables puisqu'on ne peut rien leur couper, d'où le peu de sens moral féminin. Ne riez pas, c'est Freud qui écrit cela et il s'agit du mythe fondateur de notre culture. Les femmes, qui ne peuvent donc être aussi sévèrement contraintes que les hommes à renoncer à leurs fantasmes sexuels, perdent ainsi l'occasion de se voir inculquer le respect des lois :

> Et il existe maintenant, entre les sexes, une différence frappante dans le rapport du complexe d'Œdipe au complexe de castration, différence qui est vraisemblablement lourde de conséquences. Le complexe d'Œdipe du garçon, [...] se développe[...] Mais [...] sous l'impression du danger de perdre le pénis, le complexe d'Œdipe est abandonné, refoulé, détruit radicalement dans le cas le plus normal et un surmoi sévère est institué comme son héritier. Ce qui se passe chez la fille est presque le contraire. [...] Avec la suppression de l'angoisse de castration, le motif principal qui avait poussé le garçon à surmonter le complexe d'Œdipe disparaît. [...] La formation du surmoi doit souffrir de ces circonstances [...] et les féministes n'aiment pas que l'on signale les effets de ce facteur sur le caractère féminin moyen [1].

> Chez le garçon [...] on peut considérer la catastrophe que subit le complexe d'Œdipe (détournement de l'inceste et instauration de la conscience et de la morale) comme une victoire de la race sur l'individu. [...] Le motif de destruction du complexe d'Œdipe chez la fille fait défaut. [...] On hésite à le dire, mais on ne peut se défendre de l'idée que le niveau de ce qui est moralement normal chez la femme est autre. Son surmoi ne sera jamais si inexorable, si impersonnel, si indépendant de ses origines affectives que ce que nous exigeons de l'homme. Ces traits de caractère que l'on a de tout temps critiqués et reprochés à la femme : le fait qu'elle fait preuve d'un moindre sentiment de la justice que l'homme, d'un penchant moindre à se soumettre aux grandes nécessités de l'existence, qu'elle se laisse plus souvent que lui guider dans ses décisions par ses sentiments de tendresse et

1. *La féminité* dans Freud (1933, p. 173).

d'hostilité, la modification de la formation du surmoi, dont nous venons de montrer d'où elle dérive, en est une raison suffisante. Nous ne nous laisserons pas détourner de telles conclusions par les arguments des féministes qui veulent nous imposer une parfaite égalité de position et d'appréciation des deux sexes[1].

Freud affirme également que, non contentes de leur peu de sens moral, les femmes sont également plus enclines que les hommes à la jalousie en raison de leur absence de pénis et de la sévère frustration que leur procure la privation de cet inestimable organe :

> Même lorsque l'envie de pénis a renoncé à son objet particulier, elle ne cesse pas d'exister mais persiste, avec un léger déplacement, dans le trait de caractère de la *jalousie*. Certes, la jalousie n'est pas l'apanage d'un seul sexe et elle se fonde sur une base plus large, mais je pense qu'elle joue un rôle bien plus grand dans la vie psychique de la femme, parce qu'elle tire un énorme renforcement du détournement de l'envie de pénis[2].

> Le fait qu'il faille reconnaître à la femme peu de sens de la justice est sans doute lié à la prédominance de l'envie dans sa vie psychique, car l'exigence de justice est une élaboration de l'envie, elle indique à quelle condition on peut la laisser agir. Nous disons aussi des femmes que leurs intérêts sociaux sont plus faibles et leur capacité de sublimation pulsionnelle moindre que celle des hommes[3].

Pour la psychanalyse comme pour la Thora, les femmes sont donc plus faibles que les hommes devant la tentation et le péché.

La disculpation des pères incestueux

La Thora énumère scrupuleusement tous les interdits sexuels incestueux. Elle proscrit toute impudicité et toute relation sexuelle avec chacun des membres de la proche famille, à deux exceptions près : entre époux et envers ses enfants. Envers ses parents en revanche l'interdit est très fort. Ce qui signifie que si un père viole sa fille ou commet à son encontre une quelconque impudicité, la fille ne peut se plaindre. Si elle se plaint, c'est elle qui sera reconnue coupable puisqu'elle aura commis une impudicité envers son père.

---

1. *Quelques conséquences psychiques de la différence anatomique entre les sexes* (1925) dans Freud (1907-1931, p. 131-132).
2. Même source, p. 128.
3. *La féminité* dans Freud (1933, p. 180).

Dans le second livre de la Thora, l'Exode, Yahvé conclut une alliance avec le peuple d'Israël : Yahvé, qui vient de libérer Israël de l'esclavage qui lui était imposé par les Égyptiens, sera son Dieu, assurera sa protection et lui permettra la conquête d'une terre promise où coulent le lait et le miel, en échange de quoi le peuple d'Israël s'engage à respecter un ensemble de prescriptions dictées à Moïse par Yahvé. Les dix premières prescriptions forment le Décalogue et les suivantes le Code de l'Alliance. Aucune prescription relative à une quelconque forme d'inceste ne figure dans l'Exode, et il n'en existe pas davantage dans le premier livre de la Thora, la Genèse.

Il faut attendre le troisième livre, le Lévitique, pour découvrir les prescriptions de la Thora relatives à l'inceste. À la suite de la conclusion de l'Alliance, Yahvé continue en effet à dicter de longues séries de prescriptions à Moïse, qui sont détaillées dans la suite de l'Exode, puis dans le Lévitique, les Nombres et enfin le Deutéronome, cinquième et dernier livre de la Thora. Tout l'enseignement législatif reçu de Yahvé par l'intermédiaire de Moïse est contenu dans ce groupe des cinq premiers livres bibliques, c'est pour cette raison que les Juifs l'appellent la Thora, c'est-à-dire « la Loi ». On emploie également le terme de loi mosaïque, ou loi transmise à l'humanité par l'intermédiaire de Moïse.

Dans cet ensemble de textes législatifs, seules trois sections sont consacrées aux divers interdits incestueux : les chapitres 18 et 20 du Lévitique et les versets 27,20 à 27,23 du Deutéronome, auquel on ne peut ajouter que le petit verset 23,1 du Deutéronome.

Le chapitre 18 du Lévitique énumère un à un, à partir du verset 6, les personnes apparentées avec lesquelles toute impudicité est proscrite :

> 6 Aucun homme n'ira vers sa proche parente pour en découvrir la nudité : je suis Yahvé !
> 7 Tu ne découvriras pas la nudité de ton père ni la nudité de ta mère. C'est ta mère : tu ne découvriras pas sa nudité.
> 8 Tu ne découvriras pas la nudité de la femme de ton père : c'est la nudité de ton père.
> 9 Tu ne découvriras pas la nudité de ta sœur, qu'elle soit fille de ton père ou fille de ta mère, née à la maison ou née hors de la maison : tu n'en découvriras pas la nudité.
> 10 Tu ne découvriras pas la nudité de la fille de ton fils, ni de la fille de ta fille ; car c'est ta nudité.

11 Tu ne découvriras pas la nudité de la fille de la femme de ton père, née de ton père : c'est ta sœur ; tu ne découvriras pas sa nudité.

12 Tu ne découvriras pas la nudité de la sœur de ton père ; c'est la chair de ton père.

13 Tu ne découvriras pas la nudité de la sœur de ta mère ; car c'est la chair de ta mère.

14 Tu ne découvriras pas la nudité du frère de ton père ; tu ne t'approcheras pas de sa femme : c'est ta tante.

15 Tu ne découvriras pas la nudité de ta bru : c'est la femme de ton fils ; tu ne découvriras pas sa nudité.

16 Tu ne découvriras pas la nudité de la femme de ton frère : c'est la nudité de ton frère.

17 Tu ne découvriras pas la nudité d'une femme et de sa fille ; tu ne prendras ni la fille de son fils ni la fille de sa fille pour découvrir leur nudité : c'est sa chair ; ce serait une infamie.

18 Tu ne prendras pas une femme en plus de sa sœur pour en faire une rivale, en découvrant sa nudité à côté de celle de ta femme, de son vivant.

Le chapitre 20 énumère quant à lui toutes les personnes apparentées avec lesquelles les rapports sexuels sont proscrits :

11 L'homme qui couche avec la femme de son père : il a découvert la nudité de son père ; tous deux seront mis à mort ; leur sang est sur eux.

12 L'homme qui couche avec sa bru : tous deux seront mis à mort. Ils ont commis un crime ; leur sang est sur eux. [...]

14 L'homme qui prend pour femme la fille et la mère : c'est une infamie ; on les brûlera au feu, lui et elles, pour qu'il n'y ait pas d'infamie au milieu de vous. [...]

17 L'homme qui prend pour femme sa sœur, la fille de son père ou la fille de sa mère, et qui voit sa nudité, comme elle voit la sienne : c'est une ignominie ; ils seront retranchés sous les yeux des fils de leur peuple. Il a découvert la nudité de sa sœur ; il portera sa faute. [...]

19 Tu ne découvrira pas la nudité de la sœur de ta mère ou de la sœur de ton père, car ce serait mettre à nu sa propre chair ; ils porteront leur faute.

20 L'homme qui couche avec sa tante : il a découvert la nudité de son oncle ; ils porteront leur péché, ils mourront sans enfants.

21 L'homme qui prend pour femme la femme de son frère : c'est une souillure ; il a découvert la nudité de son frère ; ils seront sans enfants.

Ces descriptions sont complexes et laborieuses car la société hébraïque de l'Antiquité est endogame, polygame [1], admet le divorce [2], le remariage [3] et l'achat ou la capture d'esclaves concubines [4] pouvant donner naissance à des enfants [5], ce qui confère une évidente complexité aux liens de parenté. D'où la précision de ces interdits qui stipulent par exemple : « Tu ne découvriras pas la nudité de la fille de la femme de ton père, née de ton père. » Il ne s'agit évidemment pas de la sœur de la personne à qui s'adresse l'interdit mais de sa demi-sœur. Or malgré le nombre et la précision de ces interdits, un seul manque : aucune restriction sexuelle n'est imposée aux parents vis à vis de leurs enfants. Il ne s'agit pas d'approximations de langage, les liens de parenté sont toujours très précisément définis.

En effet, dans tout l'Ancien Testament, la filiation paternelle l'emporte sur la filiation maternelle. Ainsi lorsqu'il désigne les descendants de l'homme à qui s'adresse l'interdit, le texte précise : « c'est ta chair, c'est ta nudité, etc. », comme au verset 18,10 qui précise bien : « Tu ne découvriras pas la nudité de la fille de ton fils, ni de la fille de ta fille ; car c'est ta nudité. »

Donc au verset 18,17 par exemple, l'interdiction porte sur la fille d'un autre père que celui recevant l'injonction : « Tu ne découvriras pas la nudité d'une femme et de sa fille ». Puisque la filiation paternelle l'emporte toujours, si la propre fille de l'homme à qui s'adresse l'interdiction avait été désignée, le verset aurait été : « Tu ne découvriras pas la nudité de ta femme et de ta fille ». Cet interdit ne s'applique donc que lorsque la fille n'est pas de lui. Autre exemple, le verset 20,14 condamne « L'homme qui prend pour femme la fille et la mère [6] », ou « celui qui épouse une femme et sa mère » selon la traduction rabbinique [7]. Là encore, si le verset avait désigné la propre fille de l'homme à qui s'adresse l'interdit, il aurait dans les deux traductions été formulé en : « l'homme (ou celui) qui épouse sa fille ». Cet interdit ne s'applique donc, là encore, que lorsque la fille est d'un autre père. Vis à vis de sa propre fille, aucun interdit n'est imposé.

---

1. Deutéronome, 21,15 à 21,17.
2. Deutéronome, 24.
3. Deutéronome, 24.
4. Lévitique, 19,20 à 19,22 ; Deutéronome, 21,10 à 21,14.
5. Exode, 21,21.
6. Traduction Émile Osty et Joseph Trinquet, Seuil, Paris, 1973.
7. Traduction par les membres du rabbinat français sous la direction de Zadoc Kahn, Colbo, Paris, 1989.

Le Lévitique oublie donc scrupuleusement d'adresser aux hommes un quelconque interdit sexuel à l'égard de leur propre fille, alors que le premier interdit qu'il stipule est celui de contempler la nudité du père et de la mère. Le « vide juridique » peut sembler légèrement subtil mais il est en réalité parfaitement limpide. Inutile de s'en étonner au sein d'une société pratiquant l'infanticide et dans laquelle les filles, avant le mariage, ne sont considérées que comme le bien de leur père. Les violer c'est simplement dévaloriser ce bien et offenser le père, aucune offense faite aux femmes n'est reconnue. Un homme a donc le droit de dégrader son propre bien mais ni celui d'un autre père ni celui d'un autre mari.

Le Deutéronome comble-t-il cette lacune d'un interdit sexuel relatif à ses propres enfants ? Aucunement, il ne contient en tout et pour tout que quatre versets relatifs aux interdictions des relations sexuelles incestueuses, le verset 23,1 :

> Un homme ne prendra pas la femme de son père et ne soulèvera pas le pan du manteau de son père.

Et les versets 20, 22 et 23 du chapitre 27 :

> 20 Maudit soit celui qui couche avec la femme de son père, car il a soulevé le pan du manteau de son père ! – Tout le peuple dira : Amen !
> 22 Maudit soit celui qui couche avec sa sœur, fille de son père ou fille de sa mère ! – Tout le peuple dira : Amen !
> 23 Maudit soit celui qui couche avec sa belle-mère ! – Tout le peuple dira : Amen !

Le texte biblique ne laisse donc aucun doute sur la nature de l'interdit incestueux qu'il impose : les relations sexuelles sont prohibées avec les parents, mais pas avec les enfants. Si un père viole sa fille, cette dernière n'a donc le choix qu'entre se taire et être elle-même reconnue coupable d'avoir commis une impudicité envers son père et lapidée. Son père en revanche ne sera jamais inquiété.

Comme si la culpabilité imposée par la Thora aux filles violées au cours d'un inceste n'était pas suffisante, l'interprétation rabbinique du texte biblique vient encore la renforcer. Richard L. Rubenstein écrit :

> La façon dont les rabbins rapportent le viol de Dinah par Schechem est particulièrement révélatrice. Le récit biblique de cet incident est en effet assez concis :

Alors Dinah, la fille de Léa, qui l'avait eue de Jacob, sortit pour aller voir les filles du pays. Alors Schechem, fils de Hamor le Hivite, prince du pays, la vit, et la saisit, et coucha avec elle, et l'humilia[1].

Presque rien dans la Bible ne permet de supposer que le comportement de Dinah fut inconvenant ; les rabbins cependant insistent sur la culpabilité de Dinah : sa mésaventure est considérée par eux comme la juste rétribution d'une conduite indécente. Ils ne manquent pas d'établir un rapprochement entre la conduite licencieuse de Dinah et celle d'Eve, faisant ressortir ainsi l'aspect prototypique du comportement d'Eve. [...] Les rabbins augmentèrent la culpabilité de Dinah par leur interprétation du verset : « Alors Dinah sortit pour aller voir les filles du pays, » donnant à ce verset le sens de : « Alors Dinah sortit pour aller se montrer parmi les filles du pays. » Cette altération de sens repose sur la mauvaise prononciation d'un verbe hébreu qui suffit pour que se trouve aggravée la culpabilité de Dinah[2].

---

1. Genèse, 34,1 et 34,2.
2. Rubenstein (1968, p. 128-129).

Les interdits bibliques et leurs interprétations permettent de contraindre les filles au silence en cas de viol et de les condamner si elles parlent. D'après la Thora, si une jeune fiancée vierge est violée mais ne crie pas pour se défendre, c'est qu'elle est consentante et elle est lapidée. Si la famille d'une jeune mariée ne peut montrer aux anciens de la ville les draps tachés de sang par la nuit de noces, c'est que la mariée n'était pas vierge et elle est également lapidée [1]. Le père ayant le droit de viol et même de mort sur ses enfants, il est évidemment inutile pour sa fille de crier en cas d'abus sexuel. Elle serait alors condamnée pour impudicité commise envers son père. Elle n'aura donc d'autre recours que de feindre la virginité, la famille utilisera de toutes façons discrètement du sang animal pour tacher les draps.

La Genèse contient un passage inspiré du même esprit : après le déluge, heureux de retrouver la terre ferme, Noé s'enivre et sous l'effet de la boisson se déshabille devant son fils Cham. Cham est alors reconnu coupable d'avoir aperçu la nudité paternelle, mais comme l'ordre patriarcal place le père au-dessus du fils et que Cham a lui-même un fils, Noé peut s'en prendre à plus faible que son fils. Il maudit alors Canaan, le fils de Cham et le réduit en esclavage :

> Ayant bu du vin, il s'enivra et se dénuda au milieu de sa tente. Cham, le père de Canaan, vit la nudité de son père et en fit part à ses deux frères, dehors. Sem et Japhet prirent le manteau, le mirent tous deux sur leur épaule et, marchant à reculons, couvrirent la nudité de leur père ; Comme ils avaient le visage tourné en arrière, ils ne virent pas la nudité de leur père. Lorsque Noé se réveilla de son vin, il apprit ce que lui avait fait son plus jeune fils, et il dit : « Maudit soit Canaan ! Qu'il soit pour ses frères l'esclave des esclaves ! » Puis il dit : « Béni soit Yahvé, le Dieu de Sem, et que Canaan soit son esclave [2] ! »

Que dit maintenant la théorie psychanalytique ? Rien de bien différent : nous avons vu qu'elle disculpe le père et accuse la fille au prix d'une grossière imposture. Lorsqu'une femme raconte avoir été violée par son père durant son enfance, son père est, d'après la théorie psychanalytique, en réalité innocent car la fille ment : elle était éprise d'un amour œdipien pour son père et ce qu'elle rapporte n'est qu'un faux souvenir, un fantasme, à la réalité duquel elle a fini par croire. À moins que son désir fou n'ait fini par la pousser

---

1. Deutéronome, 22,13 à 22,27.
2. Genèse, 9,21 à 9,26.

à séduire son pauvre père innocent, elle porte alors la culpabilité de l'avoir séduit. Comme la Thora, Freud disculpe donc le père et accuse la fille (de mensonge ou de provocation sexuelle).

Freud n'a pas toujours dit cela : pendant un bref épisode de sa carrière, il affirme croire à la réalité des récits de viol incestueux rapportés par ses patientes sur le divan. Il présente même en 1896 une communication à la *Société de Psychiatrie et de Neurologie* de Vienne, dans laquelle il fait de ces agressions sexuelles la principale cause de l'hystérie, que le monde médical recherchait depuis des millénaires. Il baptise cette théorie « théorie de la séduction » car il baptise « scènes de séduction » les scènes de viol que lui rapportent ses patientes. Mais il raconte lui-même s'être rapidement « aperçu » que ces agressions sexuelles n'avaient jamais eu de réalité :

> Mais lorsque je fus contraint de reconnaître par la suite que ces scènes de séduction n'avaient jamais eu lieu, qu'elles n'étaient que des fantasmes forgés par mes patients, et que je leur avais peut-être imposés moi-même, je restai pendant un certain temps perplexe. [...] Lorsque je me fus ressaisi, je tirai de mon expérience les conclusions correctes, à savoir que les symptômes névrotiques ne se rattachaient pas directement à des expériences réellement vécues, mais à des fantasmes de désir [...] Je m'étais trouvé là confronté pour la première fois au *complexe d'Œdipe*, qui devait prendre par la suite une signification prépondérante [...] Mon erreur avait donc été la même que celle de quelqu'un qui prendrait pour vérité historique l'histoire légendaire de la période royale de Rome suivant le récit de Tite-Live [...] L'erreur une fois dissipée, la voie de l'étude de la sexualité infantile était enfin libre [1].

Freud écrit ailleurs :

> Je surestimais la fréquence de ces incidents (par ailleurs indubitables), étant donné qu'au surplus à cette époque je n'étais pas en mesure de distinguer à coup sûr les souvenirs illusoires des hystériques concernant leur enfance des traces des événements réels, alors que depuis j'ai appris à ramener maint fantasme de séduction à une tentative de défense contre le souvenir de l'activité sexuelle propre (masturbation infantile [2]).

---

1. Freud (1925-1935, p. 57-59).
2. *Mes vues sur le rôle de la sexualité dans l'étiologie des névroses* (1905) dans Freud (1890-1920, p. 116-117).

Le message est fort bien passé chez les praticiens de la psychanalyse, de nombreuses femmes victimes d'abus sexuels, venues consulter pour trouver un soutien et une oreille attentive, en firent l'amère expérience. Éva Thomas, victime d'un viol incestueux bien réel et fondatrice de *SOS Inceste*, raconte dans un livre poignant son long calvaire dans le monde de la psychanalyse et des psychothérapies de groupe, toutes très influencées par la théorie freudienne [1]. Elle cite même partiellement [2] ces propos de la célèbre psychanalyste Françoise Dolto, dont voici un plus ample extrait :

> **Françoise Dolto** - Dans l'inceste père-fille, la fille adore son père et est très contente de pouvoir narguer sa mère ! [...]
> **Choisir** - Donc, la petite fille est toujours consentante ?
> **F. D.** - Tout à fait.
> **C.** - Mais enfin, il y a bien des cas de viol ?
> **F. D.** - Il n'y a pas de viol du tout. Elles sont consentantes.
> **C.** - Quand une fille vient vous voir et qu'elle vous raconte que, dans son enfance, son père a coïté avec elle et qu'elle a ressenti cela comme un viol, que lui répondez-vous ?
> **F. D.** - Elle ne l'a pas ressenti comme un viol. Elle a simplement compris que son père l'aimait et qu'il se consolait avec elle, parce que sa femme ne voulait pas faire l'amour avec lui. [...]
> **C.** - D'après vous, il n'y a pas de père vicieux et pervers ?
> **F. D.** - Il suffit que la fille refuse de coucher avec lui, en disant que cela ne se fait pas, pour qu'il la laisse tranquille.
> **C.** - Il peut insister ?
> **F. D.** - Pas du tout, parce qu'il sait que l'enfant sait que c'est défendu. Et puis le père incestueux a tout de même peur que sa fille en parle. En général, la fille ne dit rien, enfin pas tout de suite [3].

Cet entretien fait partie d'une enquête sur l'attitude des diverses institutions face à l'inceste menée par la revue *Choisir-La cause des femmes* en 1979, revue du mouvement *Choisir* (ayant eu pour présidentes Gisèle Halimi et Michèle Chevalier). Les résultats de cette enquête sont extraordinaires : on

---

1. Thomas (1986), lire également Thomas (2004).
2. Thomas (1986, p. 235 et 236). Ce passage, devenu célèbre, est également cité par Christiane Rochefort (1988, p. 244).
3. Dolto (1979, p. 21-22).

y découvre un policier de la brigade des mineurs, confronté tous les jours au drame de la maltraitance infantile, beaucoup plus lucide sur sa réalité et ses conséquences que Françoise Dolto, psychanalyste vedette, universellement louée pour son dévouement à la cause des enfants. Que le flic se montre plus psychologue que Françoise Dolto – la soi-disant spécialiste de la psychologie infantile – en dit long sur les ravages causés par la théorie freudienne. Ce dossier rejoint de nombreuses autres études sur l'inceste dans lesquelles l'inévitable point de vue du psychanalyste de service est celui qui minimise les conséquences de l'inceste ou nie son existence et affirme qu'il est désiré par la fille.

Ainsi le Docteur François Blondel, alors Médecin-Chef de l'Hôpital Psychiatrique du Bon Sauveur à Caen, affirme tranquillement :

> Freud a décrit en 1907 l'universalité du désir incestueux chez les humains. Les sociologues et les ethnologues ont confirmé cette découverte[1]
> [...]
> La pratique quotidienne de la psychanalyse rejoint les conclusions de Freud et des poètes : l'inceste est désiré[2].
> La confusion réalité-fantasme au début de la vie aboutit à ce que l'enfant exprime comme expérience de réalité les productions de son imagination sous-tendues par son désir[3].
> Les enquêtes sociales et plus particulièrement les services d'assistance à l'enfance signalent la relative fréquence des relations incestueuses, surtout des relations entre les pères et leurs filles. Les conséquences psychiatriques sont relativement bénignes chez les individus qui les ont pratiquées et pour les familles où elles sont survenues[4].
> La pratique de l'inceste n'a pas habituellement les conséquences terrifiantes prédites ou décrites dans les productions culturelles[5].
> Je tiens à préciser, pour terminer, que je n'ai pas parlé en référence à des travaux psychanalytiques ou comme s'il existait un point de vue d'école sur ce problème[6].

---

1. Association Normande de Criminologie (1977, p. 47).
2. Même source, p. 50
3. Même source, p. 53.
4. Même source, p. 47-48.
5. Même source, p. 50.
6. Même source, p. 56.

Les psychiatres et psychologues consultés en tant qu'experts par les tribunaux dans les affaires de viols se réfèrent couramment à la théorie psychanalytique[1]. Selon un article publié le 3 août 2000 par *l'Express* :

> Déjà largement psychiatrisée – le juge consulte aussi souvent le rapport d'expertise médicale que le code pénal –, la justice pénale a été revisitée par Freud[2].

Les propos de Françoise Dolto cités plus haut datent de 1979. En 1982, elle revient à la charge en publiant *Sexualité féminine,* ouvrage dans lequel elle explique longuement l'abondance des fantasmes incestueux au stade œdipien, avant d'écrire :

> Les fantasmes œdipiens peuvent être verbalisés comme des faits de réalité. [...] Mythomanie fréquente qui, transférée du père sur un adulte familier, entraîne parfois des conséquences d'erreurs judiciaires[3].

Elle évoque ensuite longuement l'interdit de l'inceste, qui pour elle n'est pas « tu ne violeras pas tes enfants, » mais seulement, conformément à la Thora : « tu ne feras pas l'amour avec tes parents. »

Après l'affaire Marc Dutroux[4] dans les années 1990, une soudaine prise de conscience de la gravité des traumatismes causés par les viols d'enfants s'établit dans le public et les médias. Ce brutal réveil s'effectue sans discernement puisqu'il consiste une fois de plus à cacher le corps et la sexualité aux enfants par crainte de la pédophilie, et à une chasse aux sorcières conduisant à divers abus, dont entre autre à la fameuse erreur judiciaire d'Outreau. Trop heureux de cette erreur, le psychanalyste Samuel Lepastier, membre de la Société psychanalytique de Paris et praticien attaché de l'Hôpital de la Pitié-Salpêtrière, s'insurge dans *Le Monde* du 8 février 2006 :

> Depuis vingt-cinq ans, la lutte contre la pédophilie nie l'apport de Freud. C'est pourquoi les experts ont confondu fantasmes sexuels et réalités[5].

---

1. Greve et Roos (1996).
2. Cité par Beneux et Garde (2001, p. 126).
3. Dolto (1982, p. 231).
4. Sur cette affaire à propos de laquelle la presse a menti, lire Lerouge (2004) ; De Coninck (2004) ; Louf (2002).
5. Samuel Lepastier, *L'inconscient, le grand absent* dans *Le Monde*, 8 février 2006.

Mikkel Borch-Jacobsen lui répond fort justement dans *Le Monde* du 16 février 2006 :

> Faut-il rappeler que des enfants, à Outreau, ont bel et bien été abusés, de la façon la plus réelle qui soit ? [...] À cela s'ajoute que certains des experts d'Outreau chez qui M. Lepastier dénonce une méconnaissance « *du psychisme inconscient, tel qu'il est appréhendé par l'expérience psychanalytique* », se trouvent être d'obédience... psychanalytique. [...] L'usage de la méthode de déchiffrement psychanalytique ne garantit aucunement contre l'erreur, car sa souplesse proprement élastique lui permet d'aboutir aux conclusions les plus contradictoires. Samuel Lepastier, qui appelle ses confrères psychologues et pédo-psychiatres à en revenir à la théorie œdipienne classique, ferait bien à cet égard de se demander à quel titre elle est mieux établie que la théorie de la séduction que Freud a abandonnée en 1897. Il faut bien voir en effet que c'est grâce à la même méthode de déchiffrement psychanalytique que celui-ci a trouvé, successivement, des « souvenirs » d'abus pédophile-satanique et des « fantasmes » œdipiens. On ne voit donc pas pourquoi ceux-ci seraient plus fiables que ceux-là. Loin de représenter un progrès décisif, l'abandon de la théorie de la séduction prouve seulement que Freud pouvait confirmer tout et n'importe quoi [1].

Par son renoncement à la *théorie de la séduction*, Freud cesse de croire aux récits de viols incestueux subis par ses patientes durant l'enfance. Ce n'est pas un hasard si Freud lui-même et tous les historiens de la psychanalyse s'accordent à considérer ce renoncement à accepter la réalité des viols incestueux comme l'acte de naissance de la psychanalyse. Le complexe d'Œdipe constitue effectivement la clef de voûte de l'édifice psychanalytique, et en l'absence de cette pièce maîtresse toute la théorie s'effondre. Freud postule à maintes reprises que le complexe d'Œdipe occupe le centre de toutes les névroses.

Cette correspondance entre la loi mosaïque et la psychanalyse dans la protection des pères incestueux et la condamnation des filles violées est un des plus grands scandales de l'ordre moral patriarcal, issu de la culture judéo-chrétienne. La psychanalyse porte la responsabilité de sa restauration après le repli de l'influence cléricale.

---

1. Mikkel Borch-Jacobsen, *Outreau, Freud et le diable* dans *Le Monde*, 16 février 2006.

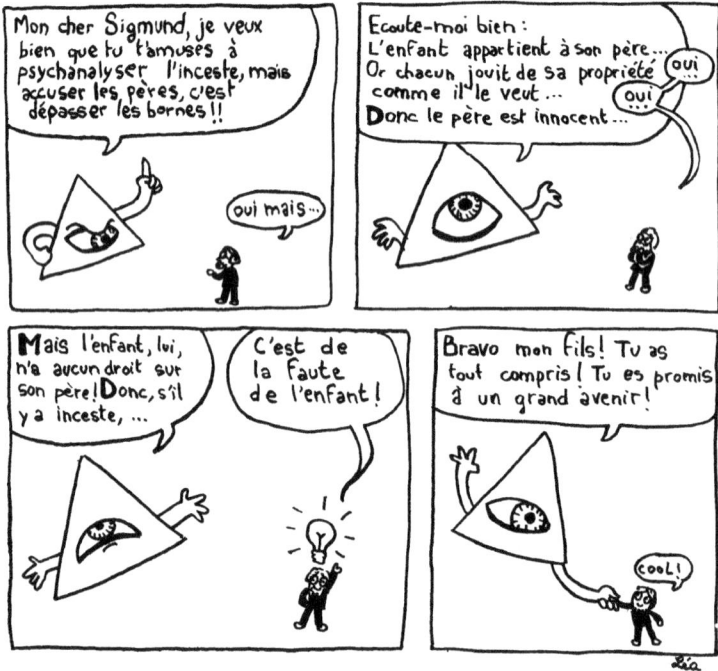

Mais la psychanalyse interdit encore de plusieurs autres manières la reconnaissance des agressions sexuelles, qu'elles soient incestueuses ou non.

Freud occulte totalement la notion de séduction dans sa théorie. Il ignore tellement le sens de ce mot qu'il lui donne le sens impropre de *viol* : dans sa théorie de la séduction, il nomme *scènes de séduction* les scènes de viol. Il n'emploie jamais ce mot à son sens propre, celui de *provoquer une attirance, une fascination*. Pour lui le pénis provoque systématiquement le désir : l'homme n'a pas besoin de séduire. Il lui suffit d'exhiber son précieux appendice pour que toutes les femmes s'extasient. Si l'une d'elles refuse de coopérer, c'est qu'elle est malade. Il ne peut donc exister d'agressions sexuelles, mais seulement des femmes considérées comme frigides parce qu'elles n'aiment pas être violées. Le cas Dora constitue l'application la plus connue de ce scandaleux postulat freudien ; il est étudié en détails par Patrick Mahony [1].

---

1. Mahony (1996).

Une autre des grandes idées freudiennes destinées à étouffer la dénonciation des agressions sexuelles est l'énoncé du caractère masochiste du désir féminin [1]. Susan Brownmiller écrit à ce propos :

> Les hommes ont toujours violé les femmes, mais ce ne fut qu'à l'arrivée de Sigmund Freud et de ses disciples que l'idéologie masculine du viol commença à s'appuyer sur le principe que le viol était une chose que les femmes désiraient. Le dogme selon lequel les femmes sont masochistes par nature et sollicitent le « plaisir et la douleur » fut d'abord énoncé par Freud dans un article de 1924 intitulé « Le problème économique du masochisme [2] ».

*Le patriarcat biblique
et la loi du père de Freud*

Dans la Thora, les lois dictées par Yahvé à Moïse et qui établissent le pouvoir des pères et des maris ne manquent pas :

> À la femme, il dit :
> « Je multiplierai ta peine et tes grossesses, c'est dans la peine que tu enfanteras des fils ; vers ton mari se portera ton désir et lui dominera sur toi [3]. »

D'après la Thora, les hommes peuvent avoir plusieurs épouses, ainsi que des esclaves concubines, mais les femmes ne peuvent avoir qu'un époux à la fois, pas d'esclave concubin, et se remarier les rend impures, ce qui n'est pas le cas des hommes [4].

Si un homme soupçonne son épouse de le tromper, il peut la conduire chez le prêtre qui lui fera boire une « eau amère qui apporte la malédiction ». Si la femme tombe malade, c'est qu'elle a réellement trompé son mari, elle sera alors « un sujet d'imprécation au milieu de son peuple ». Aucune possibilité semblable n'existe pour les femmes qui soupçonnent leur mari de les tromper [5].

Un homme peut répudier une épouse qui trouve disgrâce à ses yeux, mais les femmes, elles, ne peuvent en aucun cas répudier leur époux [6].

---

1. *Le problème économique du masochisme* (1924) dans Freud (1894-1924, p. 287-297).
2. Brownmiller (1975, p. 382).
3. Genèse, 3,16.
4. Deutéronome, 21,10 à 21,17 et 24,1 à 24,4.
5. Nombres, 5,11 à 5,31.
6. Deutéronome, 24,1 à 24,4.

Si des hommes font accidentellement avorter une femme en se battant, ils doivent une amende à son mari, mais rien à la femme [1].

Si une jeune femme vivant encore chez son père formule un vœu ou prend une importante décision la concernant, son père peut l'annuler :

> Mais si son père la désavoue le jour où il l'apprend, tous ses vœux et toutes les obligations qu'elle s'est imposée à elle-même sont sans valeur : Yahvé lui pardonnera, puisque son père l'a désavouée [2].

Mais même si son père accepte ces vœux avant son mariage, son mari pourra encore les annuler :

> Mais si, le jour où son mari l'apprend, il la désavoue, il annule le vœu qui lui incombait et le propos inconsidéré qui lui imposait une obligation à elle-même : Yahvé lui pardonnera [3].

De même si une femme déjà mariée formule un vœu ou prend une importante décision la concernant, son mari peut l'annuler :

> Mais si son mari les annule catégoriquement le jour où il l'apprend, tout ce qui est sorti de ses lèvres, vœux ou obligation pour elle-même, est sans valeur : son mari les a annulés, et Yahvé lui pardonnera à elle. Tout vœu et tout serment tendant à affliger l'âme, son mari peut les valider et son mari peut les annuler. [...]
>
> Tels sont les décrets que Yahvé prescrivit à Moïse au sujet de la conduite à tenir entre un homme et sa femme, entre un père et sa fille, lorsque, jeune encore, elle vit dans la maison de son père [4].

Les femmes appartiennent aux hommes :

> Tu ne convoiteras pas la maison de ton prochain ; tu ne convoiteras pas la femme de ton prochain, ni son serviteur, ni sa servante, ni son bœuf, ni son âne, ni rien de ce qui est à ton prochain [5].

---

1. Exode, 21,22
2. Nombres, 30,6.
3. Nombres, 30,9.
4. Nombres, 30,13 à 30,17.
5. Exode, 20,17.

Les enfants sont contraints à une soumission totale envers leurs parents. Ces derniers disposent du droit de mettre leurs enfants à mort puisqu'ils peuvent les sacrifier dans l'espoir d'obtenir quelque chose de Yahvé[1]. Si Yahvé condamne certains sacrifices d'enfants par le feu, c'est uniquement parce que ces enfants sont sacrifiés à Molek, un autre dieu que lui-même[2]. Les pères peuvent vendre leur fille comme servante[3].

Les enfants subissent la vengeance de Yahvé pour les fautes leurs parents[4].

Les enfants sont tenus d'honorer leurs parents, c'est même l'un des commandements du Décalogue[5], et sont mis à mort s'ils maudissent ou frappent l'un d'eux[6].

Dans la Thora, le pouvoir, la loi, appartiennent donc aux pères et aux maris. La Thora, littéralement « la Loi », c'est la loi de Yahvé le patriarche. Yahvé est un Dieu viril, vengeur et violent, un chef de guerre autoritaire qui conduit ses armées à la conquête d'une terre promise. Il dicte sa Loi à Moïse, puis à toute la lignée des patriarches qui commandent les tribus d'Israël. Le mot patriarcat lui-même est défini dans les dictionnaires et encyclopédies par référence aux patriarches bibliques. La Thora, c'est la loi des pères[7].

On trouve dans le Nouveau Testament, essentiellement dans les écrits de Paul de Tarse, des passages imprégnés du même esprit :

> Soyez soumis les uns aux autres dans la crainte de Christ.
> Que les femmes le soient à leurs maris, comme au Seigneur ; car le mari est le chef de la femme, tout comme le Christ est le chef de l'Église, lui, le Sauveur du corps. Mais comme l'Église est soumise au Christ, ainsi les femmes doivent l'être en tout à leur mari[8].

La théorie freudienne est-elle différente ? Non, évidemment : la psychanalyse érige le phallus en « étalon universel de la valeur positive[9] », selon la formule du psychanalyste Gérard Pommier. Et c'est sur cette érection qu'elle

---

1. Juges, 11,30 à 11,39 ; Genèse, 22,1 à 22,19.
2. Lévitique, 18,21 et 20,1 à 20,5.
3. Exode, 21,7.
4. Exode, 20,5.
5. Exode, 20,12.
6. Exode, 21,15 et 21,17 ; Lévitique, 20,9.
7. Sur le patriarcat biblique, voir Frischauer (1968, p. 146-150).
8. Éphésiens 5,21 à 5,24.
9. Pommier (1995, p. 255).

appuie la loi du père comme fondement de l'ordre moral et de la civilisation. Freud apporte à l'Occident une nouvelle valeur morale, le phallus. Il renverse la vieille théocratie biblique pour fonder la phallocratie nouvelle, mais rien ne change.

Freud n'aime pas les femmes. D'après lui, le fait que le clitoris soit plus petit que le pénis est une explication tout à fait suffisante – et allant de soi – au fait que les femmes se soumettent aux hommes :

> Un certain taux de mépris envers la femme reconnue comme châtrée est ce qui reste aussi chez l'homme de l'influence du complexe de castration. [...] La femme reconnaît le fait de sa castration et avec cela elle reconnaît aussi la supériorité de l'homme et sa propre infériorité mais elle se révolte aussi contre cet état de choses désagréable[1].

> [La fille] étend alors à toute sa personne le sentiment d'infériorité qu'a suscité chez elle la possession d'un pénis rabougri. En règle générale, cherchant à fuir tout ce qui lui rappelle la supériorité de son frère ou de ses camarades masculins, elle ne tarde pas à renoncer aux pratiques masturbatoires [...] Il y a peu d'inconvénients à ce qu'une femme persiste dans une attitude œdipienne féminine [...] En pareil cas, elle aspirera à trouver dans un futur époux les qualités de son père et sera disposée à se soumettre à son autorité[2].

> Nous avons en outre l'impression qu'une contrainte plus grande a été exercée sur la libido quand elle est pressée au service de la fonction féminine et que – pour parler téléologiquement – la nature tient moins soigneusement compte de ses exigences que dans le cas de la masculinité. Et ceci peut avoir sa raison – pour parler à nouveau téléologiquement – dans le fait que l'accomplissement du but biologique a été confié à l'agressivité de l'homme et a été rendu, dans une certaine mesure, indépendant du consentement de la femme[3].

Freud considère en outre que la soumission à la loi du père équivaut simplement à une reconnaissance de la réalité.

Selon lui, deux grandes tendances divisent l'esprit humain : la première, qui tend vers le « plaisir », s'oppose à la seconde qui tend vers la « réalité ».

---

1. *Sur la sexualité féminine* (1931) dans Freud (1907-1931, p. 143).
2. Freud, (1946, p. 64-65).
3. *La féminité* dans Freud (1933, p. 176).

Mais la définition qu'il donne de la réalité est très particulière : pour lui la réalité se réduit en effet à la seule autorité patriarcale.

En 1911, dans la première version qu'il énonce des principes de plaisir et de réalité, l'adaptation de l'enfant à la réalité n'est pas encore un renoncement au plaisir : elle n'est qu'un renoncement à un plaisir immédiat aux conséquences douteuses pour gagner un plaisir plus tardif mais assuré[1].

Mais en 1912-1913, Freud complète sa conception du principe de réalité dans un sens nettement plus répressif : désormais, l'adaptation à la réalité sera bien un renoncement au plaisir sexuel et une soumission au père. Le père, en s'opposant au désir œdipien du fils pour la mère, oppose en effet une limite au désir infantile et c'est ainsi que l'enfant apprend que la réalité (que Freud réduit à la loi paternelle) opposera toujours une limite à son désir égoïste. Pour Freud, les deux seuls interdits reconnus par les peuples primitifs, celui de tuer le père symbolique (le totem) et celui de l'inceste avec la mère, qui constituent la naissance de la loi et de la morale dans l'histoire humaine, sont des conséquences de la répression du complexe d'Œdipe par le père :

> Ce que le père avait empêché autrefois, par le fait même de son existence, les fils se le défendaient à présent eux-mêmes, en vertu de cette « obéissance rétrospective », caractéristique d'une situation psychique que la psychanalyse nous a rendue familière. Ils désavouaient leur acte, en interdisant la mise à mort du totem, substitut du père, et ils renonçaient à recueillir les fruits de ces actes, en refusant d'avoir des rapports sexuels avec les femmes qu'ils avaient libérées. C'est ainsi que le *sentiment de culpabilité* du fils a engendré les deux tabous fondamentaux du totémisme qui, pour cette raison, devaient se confondre avec les deux désirs réprimés du *complexe d'Œdipe*. Celui qui agissait à l'encontre de ces tabous se rendait coupable des deux seuls crimes qui intéressaient la société primitive.
> Les deux tabous du totémisme par lesquels débute la morale humaine n'ont pas la même valeur psychologique[2].

En 1924, Freud affirme que l'internalisation de l'interdit parental est la seule résolution possible du complexe d'Œdipe, puis il évoque l'autorité parentale comme la manifestation la plus tangible de la réalité[3].

1. *Formulations sur les deux principes du cours des événement psychiques* (1911) dans Freud (1890-1920, p. 140).
2. Freud (1912-1913, p. 215, voir également p. 198-199).
3. *Le problème économique du masochisme* (1924) dans Freud (1894-1924, p. 294-295) ; *Quelques conséquences psychiques de la différence anatomique entre les sexes* (1925) dans Freud (1907-1931, p. 131-132).

Pour lui, le plaisir s'oppose à la réalité et à la loi. Le plaisir est irréel et illégal, la seule réalité étant constituée par la loi patriarcale. Freud n'envisage pas que la confrontation de l'enfant avec la réalité puisse également être constituée d'expériences effectuées de façon autonome, et encore moins que la découverte du plaisir en fasse partie.

De la même façon, c'est pour avoir cherché une autre réalité que la loi du Père que Yahvé chasse l'humanité du jardin d'Eden. Le crime qu'avaient commis Adam et Eve n'était autre que celui d'avoir cherché à accéder à l'autonomie morale, à discerner eux-mêmes le bien du mal en goûtant au fruit de l'Arbre de la connaissance. Yahvé, comme Freud, refuse à l'humanité cette autonomie morale. Il lui impose une soumission aveugle à la seule réalité à laquelle il lui autorise l'accès, sa propre loi, la loi patriarcale.

La dépréciation des femmes

Dans l'idéologie de la Thora les femmes, non contentes de devoir obéir aux hommes, ont également beaucoup moins de valeur que les hommes, elles sont moins pures et plus volontiers sacrifiées.

Lorsque Miryam et Aaron se rendent tous deux – et de la même façon – coupables aux yeux de Yahvé en doutant de Moïse, c'est à Miryam seule que Yahvé inflige la lèpre en guise de châtiment[1].

Yahvé sauve Lot de la destruction de Sodome parce que ce dernier a sauvé deux hommes inconnus d'un viol collectif en offrant ses deux filles au même sort tragique[2].

Lorsqu'une femme accouche d'une fille, elle est considérée comme impure pendant deux semaines auxquelles s'ajoutent soixante-six jours pendant lesquels elle doit « se purifier de son sang », alors que si c'est d'un garçon qu'elle accouche, elle n'est impure que sept jours auxquels ne s'ajoutent que trente-trois jours pour « se purifier de son sang[3] ».

Le Lévitique indique également une équivalence en argent à la valeur des personnes selon leur sexe et leur âge, qui accorde plus de valeur aux hommes qu'aux femmes. La Thora admet en effet le principe d'offrir une personne en sacrifice à Yahvé, l'un de ses enfants par exemple, souvent dans l'espoir

---

1. Nombres, 12.
2. Genèse, 19,1 à 19,29.
3. Lévitique, 12,1 à 12,5.

d'obtenir quelque chose en échange. Il ne s'agit pas forcément de sacrifices mortels, bien que ceux-ci existent dans l'Ancien Testament [1], mais l'offrande peut consister à vouer la vie de la personne sacrifiée à Yahvé. Cette personne devra alors respecter le vœu de nazir, c'est-à-dire essentiellement s'abstenir de raisins, de boissons alcoolisées et de se couper ses cheveux [2]. Mais le Lévitique propose aussi de racheter l'offrande, c'est-à-dire de renoncer après coup au vœu, moyennant le versement d'une somme d'argent aux prêtres. Le Lévitique indique alors cette somme en fonction du sexe et de l'âge de la personne. De un mois à cinq ans, la valeur indiquée est de cinq sicles [3] d'argent pour un garçon et trois sicles pour une fille. De cinq à vingt ans, la valeur est de vingt sicles pour un jeune homme et de dix sicles pour une jeune femme. De vingt à soixante ans, la valeur est de cinquante sicles pour un homme et de trente sicles pour une femme. Au-delà de soixante ans, la valeur est de quinze sicles pour un homme et dix pour une femme [4].

Si cette dépréciation des femmes est omniprésente dans le récit biblique, elle l'est également dans la tradition rabbinique. Richard L. Rubenstein évoque ainsi une prière de l'ancienne liturgie dans laquelle les hommes remerciaient Dieu de ne pas les avoir fait femmes [5]. D'après lui :

> Une autre tradition rabbinique assure que les femmes laissent pousser leurs cheveux comme ceux de Lilith, qu'elles s'accroupissent comme des bêtes pour uriner et qu'elles servent de coussins à leurs maris [6].

Les récits bibliques ont également pour caractéristique d'énumérer les lignées généalogiques exclusivement au masculin. Le chapitre 10 de la Genèse par exemple énumère les descendants exclusivement masculins de Noé, égrenant ainsi 79 noms d'hommes et ne citant aucune femme.

Freud, dans son autobiographie, en fait autant puisqu'il n'évoque que son ascendance paternelle, tout en restant d'ailleurs extrêmement laconique sur son histoire familiale [7]. Il écrit également :

---

1. Juges, 11,30 à 11,39 ; Genèse, 22,1 à 22,19 ; 2 Rois 16,3 et 17,17 et Michée 6,7
2. Nombres, 6,1 à 6,21 ; 1 Samuel, 1,11.
3. Le sicle est évalué à 11,424 grammes, ou 6 grammes selon les sources.
4. Lévitique, 27,1 à 27,7.
5. Rubenstein, 1968, p. 133-134.
6. Rubenstein, 1968, p. 132.
7. Freud (1925-1935, p. 14-15).

Le progrès de la vie de l'esprit consiste en ceci que l'on décide contre la perception sensorielle directe en faveur de ce qu'on nomme les processus intellectuels supérieurs, c'est-à-dire des souvenir, des réflexions, des déductions : que l'on décide, par exemple, que la paternité est plus importante que la maternité, bien qu'elle ne se laisse pas prouver, comme cette dernière, par le témoignage des sens. C'est pourquoi l'enfant devra porter le nom de son père et devenir son héritier[1].

Mais cette dépréciation des femmes, Freud la formule bien plus explicitement encore, nous l'avons vu, en évoquant l'horreur que lui inspirent ces êtres dépourvus de pénis et dont le sexe ressemblerait selon lui à une « tête de méduse[2] ». Plusieurs auteurs s'interrogent aujourd'hui sur l'influence de sa consommation – avérée – de cocaïne sur ses écrits[3]. Il est difficile en effet de ne pas se poser de questions devant le caractère échevelé de telles déclarations.

Freud affirme en outre que les femmes ressentent comme une honte leur absence de pénis, ce qui expliquerait leur plus grande réticence à dévoiler leur nudité, et même leur invention du tissage, « seule invention féminine de l'histoire », à seule fin d'imiter la toison pubienne masquant leur absence de pénis[4] !

Les conséquences psychiques de l'envie de pénis [...] sont multiples et ont une grande portée. Un sentiment d'infériorité s'installe, tout comme une cicatrice, chez la femme qui reconnaît sa blessure narcissique. Lorsqu'elle a surmonté sa première tentative d'expliquer son manque de pénis par une punition personnelle et qu'elle a compris la généralité de ce caractère sexuel, elle commence à partager le mépris de l'homme devant un sexe raccourci d'une façon si importante[5].

De cette rencontre [avec la région génitale féminine] naîtront deux réactions qui peuvent se fixer et détermineront alors [...] son comportement à l'égard des femmes : horreur de ces créatures mutilées ou mépris triomphant à leur égard[6].

---

1. Freud (1939, p. 218).
2. Freud (1907-1931, p. 115-116) ; voir chapitre 21.
3. Bénesteau (2002, p. 143 à 172) ; voir également Freud (2005).
4. *La féminité* dans Freud, 1933, p. 177-178.
5. *Quelques conséquences psychiques de la différence anatomique entre les sexes* dans Freud (1907-1931, p. 127-128).
6. Même source, p. 127.

> Un homme dans la trentaine nous apparaît comme un individu juvé-
> nile, plutôt inachevé, dont nous attendons qu'il utilise vigoureusement les
> possibilités de développement que lui ouvre l'analyse. Par contre une
> femme au même âge nous effraie fréquemment par sa rigidité psychique et
> son immuabilité. Sa libido a pris des positions définitives et semble inca-
> pable de les abandonner pour d'autres. Il n'y a pas de chemins vers un dé-
> veloppement ultérieur ; il semble que tout le processus s'est déjà déroulé,
> qu'il reste désormais ininfluençable comme si le difficile développement
> vers la féminité avait épuisé les possibilités de la personne [1].

Cette nouvelle traduction, sensible au sens de l'histoire, a légèrement
adapté la sécheresse de la misogynie freudienne au monde un peu moins
patriarcal et un peu plus sophistiqué d'aujourd'hui. La dernière phrase, dans
l'édition Gallimard de 1978, était plus clairement rendue par :

> Là, aucun espoir de voir se réaliser une évolution quelconque ; tout se
> passe comme si le processus était achevé, à l'abri de toute influence,
> comme si la pénible évolution vers la féminité avait suffi à épuiser les pos-
> sibilités de l'individu [2].

Cette dernière affirmation semble directement inspirée de la prière de l'ancienne liturgie juive dans laquelle les hommes remercient Dieu de ne pas les
avoir faits femmes.

Le péché de Sodome et le stade sadique-anal

Le thème de la condamnation de l'homosexualité masculine est présent dans
la Thora comme dans la psychanalyse. Il s'agit également d'un thème cher aux
catholiques qui condamnèrent les sodomites au bûcher pendant des siècles.
L'interdit de l'homosexualité masculine est clairement formulé par la Thora :

> Tu ne coucheras pas avec un homme comme on couche avec une
> femme : c'est une abomination [3].

Mais surtout dans un passage de la Genèse, Yahvé, entendant une clameur
monter qui affirme que les habitants de Sodome sont de grands pécheurs,
décide d'envoyer deux anges pour savoir si cette clameur dit vrai. Les deux
anges, se faisant passer pour des voyageurs, arrivent à Sodome sur le soir. Lot
leur offre l'hospitalité :

---

1. *La féminité* dans Freud (1933, p. 180).
2. Freud, *Nouvelles conférences sur la psychanalyse*, Gallimard, collection Idées, 1978,
p. 177, cité par Balmary (1986, p. 26).
3. Lévitique, 18,22.

Ils n'étaient pas encore couchés que les hommes de la ville – les hommes de Sodome – cernèrent la maison, depuis les jeunes jusqu'aux vieux, le peuple entier sans exception. Ils appelèrent Lot et lui dire : « Où sont les hommes qui sont entrés chez toi cette nuit ? Fais-les sortir vers nous, pour que nous les connaissions. »

Lot sortit vers eux, à l'entrée, et ferma la porte derrière lui. Il dit : « Non, de grâce, mes frères, ne faites pas le mal ! Voici que j'ai deux filles qui n'ont pas connu d'homme ; je vais donc les faire sortir vers vous. Traitez-les comme bon vous semble. Seulement, à ces hommes ne faites rien, puisqu'ils sont entrés à l'ombre de mon toit[1]. »

Alors Yahvé anéantit Sodome, Gomorrhe, ainsi que tous leurs habitants et jusqu'aux « germes du sol » sous une pluie de soufre et de feu. Il n'épargne que Lot et sa famille, car ce dernier s'est empressé d'offrir ses deux filles à un viol collectif afin de protéger du même sort deux inconnus. Lot, bien informé sur les valeurs morales ayant cours, sait qu'offrir ses filles à un viol collectif constitue un acte admirable, tandis que pratiquer la pénétration anale expose à une redoutable condamnation.

La gravité du péché de Sodome aux yeux de Yahvé ne fait pas de doute puisqu'il anéantit aussitôt la ville. D'autant plus que dans toute la suite du texte biblique, de l'Ancien comme du Nouveau Testament, le sort des habitants de Sodome est évoqué chaque fois qu'il est nécessaire de rappeler ce qui arrive aux plus grands pécheurs de l'histoire.

La tradition catholique exploite abondamment ce passage de la Genèse. L'Inquisition torture et condamne au bûcher d'innombrables personnes accusées de sodomie ou de bestialité, que, sans parvenir à nommer directement, elle appelle les « péchés abominables[2] ».

Freud condamne lui aussi l'homosexualité en la qualifiant de perversion, mais il ne s'agit pas pour lui d'un thème majeur. Il postule d'ailleurs une bisexualité originelle chez tous les êtres humains sans nécessairement insister sur son caractère pervers. Sa condamnation implicite de l'analité occupe par contre une place importante dans la psychanalyse.

Mais l'originalité de Freud par rapport à la Thora est d'associer l'analité à l'enfance. Cette innovation permet à Freud de gagner sur deux tableaux. Il fait d'abord preuve de courage en brisant les tabous classant l'analité parmi les

1. Genèse, 19,4 à 19,8.
2. Bennassar (1979, p. 330-358) ; Lever (1985) ; voir chapitre 7.

anomalies sexuelles, et ce courage permet à la psychanalyse d'occuper en apparence un créneau progressiste. Le texte « Anal et sexuel » de Lou Andréas-Salomé [1], auquel Freud fait référence [2], donne l'impression de briser un tabou et d'oser enfin parler de ce que tout le monde tait. Mais en insistant sur le caractère à la fois pervers et infantile de l'analité, Freud s'allie les tenants de l'ordre patriarcal en rejetant la « faute » originelle sur les enfants tout en disculpant pères et maris. Car selon lui ce sont les enfants qui éprouvent ce désir « pervers prégénital », tandis que pères et maris sont sauvés par la rédemption génitale transcendant leur désir au-dessus de la perversion.

> Notre présentation d'une organisation sexuelle prégénitale [...] se contente de faire ressortir le primat frappant du sadisme et de l'érotisme anal [3].

Freud associe si étroitement le « stade anal » au sadisme qu'il en vient à l'appeler « stade sadique-anal » :

> Abraham a mis en évidence, en 1924, qu'on peut distinguer deux stades dans la phase sadique-anale. Au premier, ce sont les tendances destructives qui visent à anéantir et à perdre qui prédominent [4].

Le caractère pervers de l'analité constitue bien un thème majeur dans les écrits freudiens :

> Dès cette phase orale, avec l'apparition des premières dents, certaines tendances sadiques surgissent isolément. Elles sont bien plus marquées dans la deuxième phase, celle que nous appelons sadique-anale parce qu'alors la satisfaction est recherchée dans l'agression et dans la fonction excrémentielle. Si nous nous arrogeons le droit de rapporter les tendances agressives à la libido, c'est parce que nous pensons que le sadisme est une union pulsionnelle entre des tendances purement libidinales et d'autres purement destructives, union qui dès lors persistera à jamais [5].

Pour définir la notion de « perversion », Freud s'appuie par moments sur la « norme admise », à moins qu'il ne considère comme perverse quasiment toute « transgression » anatomique par rapport à l'union strictement génitale.

---

1. Andreas-Salomé (1915).
2. Freud (1933, p. 137).
3. *La disposition à la névrose obsessionnelle* (1913) dans Freud (1894-1924, p. 196).
4. *Angoisse et vie pulsionnelle* dans Freud (1933, p. 134).
5. Freud (1946, p. 14-15).

L'utilisation de la bouche comme organe sexuel a valeur de perversion lorsque les lèvres (la langue) d'une personne sont mises en contact avec les parties génitales d'une autre, mais non lorsque les muqueuses des lèvres des deux partenaires entrent en contact mutuel[1].

On retrouve ce jugement dans la tradition chrétienne : cette chasse aux « transgressions anatomiques » constitue pendant des siècles une préoccupation majeure des confesseurs catholiques.

Freud définit également chez l'adulte un « caractère anal », qu'il affirme observer chez les personnes que le stade anal infantile a marquées par son intensité ou sa durée. Ces personnes se caractérisent selon lui par l'avarice, l'entêtement et l'ordre[2]. Mystérieusement, il ne les qualifie pas de sadiques.

La condamnation freudienne de l'analité est donc indirecte mais dépourvue d'ambiguïté. Il la qualifie de « perversion prégénitale » et la condamne implicitement en l'associant aux caractères nettement dépréciatifs que sont le sadisme, l'avarice et l'entêtement. Nous l'avons vu au chapitre 8, il existe bien une relation entre sadisme et analité. Mais elle ne s'explique ni par une prétendue perversité de l'enfance ni par une prétendue perversité de l'analité. Elle s'explique soit par des violences éducatives soit par un retard de socialisation sexuelle.

En ajoutant à sa théorie une idée patriarcale ne figurant pas dans la Thora, celle que l'analité est une perversion infantile, Freud innove donc par rapport à la tradition judéo-chrétienne. Il reste cependant parfaitement fidèle à l'esprit patriarcal de la Thora condamnant enfance et sodomie et disculpant pères et maris.

L'état de péché originel et la perversité infantile

Aussitôt après la faute commise au jardin d'Eden, Yahvé condamne le serpent, Adam, Eve et leur descendance à la souffrance éternelle. Nous avons déjà vu sa condamnation prononcée à l'encontre d'Eve. À l'homme, il dit :

> Maudit soit le sol à cause de toi ! Dans la peine tu t'en nourriras tous les jours de ta vie. Ce sont des épines et des chardons qu'il fera germer pour toi, et tu mangeras l'herbe des champs. C'est à la sueur de ton visage que tu mangeras du pain jusqu'à ton retour au sol, car de lui tu as été pris. Car poussière tu es et à la poussière tu retourneras[3].

---

1. Même source, p. 60.
2. *Caractère et érotisme anal* (1908) dans Freud (1894-1924, p. 143-148).
3. Genèse, 3,16 à 3,19.

D'après la tradition rabbinique, c'est cette faute originelle qui amena le péché et la mort. Pour les rabbins, les humains pourraient vivre éternellement s'ils étaient absolument sans péché[1].

Pour Paul de Tarse et la tradition chrétienne, l'humanité vit également dans un état de péché depuis la faute d'Adam et d'Eve. Mais le sacrifice rédempteur de Jésus de Nazareth a racheté ce péché pour les croyants :

> Car tout comme par la désobéissance d'un seul homme, la multitude a été constituée pécheresse, de même par l'obéissance d'un seul la multitude sera constituée juste[2].

Pour les Juifs comme pour les Chrétiens, la condition humaine est celle d'un état de péché originel, d'une culpabilité innée. Même si les Chrétiens pensent que l'adhésion à la foi les délivre de cette condition grâce au sacrifice rédempteur de Jésus, ils croient que le sort réservé à l'être humain est de naître pécheur.

Freud adopte sans réserves cette conception. Pour lui, l'être humain naît pervers :

> Nous ajouterons cependant que la constitution présumée, qui contient les germes de toutes les perversions, ne peut être mise en évidence que chez l'enfant, même si toutes les pulsions ne peuvent se manifester chez lui qu'avec une faible intensité. Puisque la formule selon laquelle les névrosés sont restés à l'état infantile de leur sexualité ou ont été ramenés à cet état commence à se dessiner dans notre esprit, notre intérêt se tournera vers la vie sexuelle de l'enfant[3].

Freud attribue une origine universellement perverse aux pulsions sexuelles :

> C'est ainsi que la propagation extraordinaire des perversions nous oblige à admettre que la prédisposition aux perversions n'est pas, elle non plus, un trait exceptionnel, mais qu'elle est un élément de ce que l'on tient pour la constitution normale[4].

---

1. Rubenstein (1968, p. 126).
2. Romains, 5,19.
3. *Les aberrations sexuelles* dans Freud (1905, p. 89).
4. *Les aberrations sexuelles* dans Freud (1905, p. 88).

Devant le fait que les penchants pervers étaient largement répandus, l'idée s'imposa à nous que la prédisposition aux perversions était la prédisposition originelle et universelle de la pulsion sexuelle humaine, à partir de laquelle le comportement sexuel normal se développait[1].

Freud précise également que cette perversion est innée :

> Nous sommes à présent en mesure de conclure qu'il y a en effet quelque chose d'inné à la base des perversions, mais quelque chose *que tous les hommes ont en partage* et qui, en tant que prédisposition, est susceptible de varier dans son intensité et attend d'être mis en relief par les influences de l'existence. Il s'agit de racines innées de la pulsion sexuelle, inhérentes à la constitution[2].

Et quelques pages plus loin :

> Il devient en fin de compte impossible de ne pas reconnaître dans l'égale prédisposition à toutes les perversions un trait universellement humain et originel[3].

Richard Webster écrit :

> La plus troublante ressemblance entre la doctrine psychanalytique et la doctrine chrétienne de la perversion innée des êtres humains par le péché originel apparaît dans les propos de Freud et de ses disciples sur l'enfance.
> Car l'enfant est pour Freud un « pervers polymorphe ». Il est peint, de manière implicite ou explicite, comme un bouillon intérieur de perversion sexuelle et de rage sadique. [...]
> Le processus de projection par lequel toute espèce de « mal » est attribuée aux enfants est fondamental non seulement dans les théories de Freud, mais dans presque toutes leurs adaptations ultérieures[4].

Freud ne saurait être plus clair dans son affirmation biblique du péché originel, l'être humain porte en lui la perversion en venant au monde :

> Sous l'influence de la séduction, l'enfant peut devenir pervers polymorphe et être entraîné à tous les débordements imaginables. Cela démontre qu'il porte dans sa prédisposition les aptitudes requises ; leur mise en acte ne rencontre que de faibles résistances parce que, suivant l'âge de l'enfant, les digues

---

1. Freud (1905, p. 179).
2. *Les aberrations sexuelles* dans Freud (1905, p. 88-89).
3. *La sexualité infantile* dans Freud (1905, p. 119).
4. Webster (1995, p. 368).

psychiques qui entravent les excès sexuels : pudeur, dégoût et morale, ne sont pas encore établies ou sont seulement en cours d'édification. À cet égard, l'enfant ne se comporte pas autrement que la femme moyenne inculte, chez qui subsiste la même prédisposition perverse polymorphe. [...] Dans son activité professionnelle, la prostituée met à profit la même prédisposition polymorphe et, par conséquent, infantile ; et, si l'on considère le nombre immense de femmes prostituées et de celles à qui il faut accorder les aptitudes à la prostitution bien qu'elles aient échappé au métier, il devient en fin de compte impossible de ne pas reconnaître dans l'égale prédisposition à toutes les perversions un trait universellement humain et originel[1].

Toute la misogynie de Freud ressort de ces lignes. Son absence de scrupules à considérer les femmes et les enfants comme des être inférieurs ne lasse pas d'étonner. Pour lui les femmes de faible niveau culturel sont toutes des prostituées – qu'il méprise manifestement – en puissance, les enfants sont tous des pervers en puissance, mais il se garde bien de porter une accusation aussi directe sur les hommes établis dans leur patriarcat.

Lors de leur enquête sur les réseaux pédophiles, Laurence Beneux et Serge Garde découvrent l'obstacle représenté par la psychanalyse dans la condamnation des viols d'enfant par la justice. Les psychanalystes consultés postulent en effet une perversité infantile les poussant à mentir. Laurence Beneux et Serge Garde citent les propos d'Anne, violée à sept ans par un voisin :

« Lorsque j'ai raconté ce que le voisin m'avait fait, je sentais bien que la psy ne m'écoutait plus. Par contre, quand j'ai commencé à parler de ma mère, elle a dressé l'oreille. Et lorsque j'ai commencé à évoquer des mauvais traitements, elle était concentrée. J'avais tant besoin d'être entendue... Peu à peu, au travers de ce que j'ai raconté, j'ai construit l'image d'une mère maltraitante. Et la psy m'encourageait dans ce sens... Puis j'ai parlé de mon père. Je l'ai accusé de m'avoir imposé une fellation. Les détails, avec le voisin, je les connaissais... »

« Anne se retrouvait piégée, commente Carine Hutsebaut. Ses accusations collaient parfaitement à la théorie freudienne de l'enfant pervers polymorphe. L'encourageant à mentir, les psychiatres pouvaient avancer qu'elle fantasmait, donc qu'elle était perverse. C'est ce que la psychiatre a expliqué aux parents d'Anne en leur déconseillant de porter plainte contre le voisin[2]. »

---

1. Freud (1905, p. 118-119).
2. Beneux et Garde (2001, p. 123 et 124).

Anne rencontre heureusement par la suite un neuropsychiatre, dégagé des croyances freudiennes, qui comprend qu'elle a été poussée au mensonge et lui demande simplement de dire la vérité :

> « Et j'ai pu enfin raconter ce qui s'était passé avec le voisin en sachant que j'étais crue et qu'on n'allait pas me juger. »
>
> La prise en compte de sa parole et le dépôt d'une plainte contre le voisin ont permis à Anne de sortir du piège. Quelques mois ont suffi pour qu'elle retrouve un certain goût à la vie. Elle a vite rattrapé son retard scolaire, renoué des rapports de confiance avec ses parents. L'écho de cette affaire a permis de briser le silence. D'autres enfants, d'autres parents ont porté plainte contre le voisin, enseignant à la retraite. Il a depuis été condamné [1].

La rédemption messianique et la rédemption génitale

Une fois établie l'existence d'un péché originel et de la nature perverse de tout être humain venant au monde, se pose le problème de la rédemption. Comme le dit Richard Rubenstein, Paul de Tarse et les Chrétiens n'envisagent pas le problème avec le même pessimisme que les Juifs :

> Paul partageait l'avis des rabbins sur les terribles conséquences du péché d'Adam mais sa nouvelle foi lui avait rendu un bien plus grand espoir quant à la condition humaine : il était convaincu que Jésus, second Adam, avait réconcilié l'homme avec Dieu en rachetant la faute d'Adam [2].

La notion de rédemption, ou rachat des péchés, a pourtant fait son apparition dans la tradition biblique bien avant les débuts du christianisme. L'idée que Jésus ait pu racheter la faute d'Adam par son sacrifice est fortement inspirée de l'esprit judaïque et il n'est pas étonnant que ce soit Paul de Tarse, de formation rabbinique, qui l'émette. Dans la tradition biblique, la notion de rédemption remonte au moins au VIe ou au VIIe siècle avant notre ère : on trouve trace, dès cette époque, du sacrifice d'animaux envoyés à Dieu en émissaires, les boucs émissaires, dont l'offrande rachète les péchés de la tribu [3]. Les chapitres 5, 6 et 7 du Lévitique en exposent le principe : une per-

---

1. Beneux et Garde (2001, p. 124).
2. Rubenstein (1968, p. 121).
3. Nouailhat (1988).

sonne coupable peut confesser son péché et amener au prêtre un animal à sacrifier pour expier sa culpabilité. Cette notion sera abondamment exploitée par la tradition chrétienne pour expliquer le sacrifice du Christ sur la croix comme rédempteur des péchés humains. La tradition chrétienne n'exige en principe pas d'autre mise à mort sacrificielle, mais elle recourt couramment aux actes de pénitence, comme la récitation de prières après confession des péchés, ou diverses mortifications rituelles comme l'autoflagellation.

Le parallèle avec la théorie psychanalytique est transparent. Pour Freud nous l'avons vu, l'être humain naît dans un état de péché (de perversion) et y demeure jusqu'à la résolution du complexe d'Œdipe. Il subit alors une punition, celle de l'interdit œdipien, qui le contraint à renoncer à tout plaisir sexuel. C'est la période de latence, période de pénitence et d'expiation, le délivrant du péché. Ce n'est qu'au terme de cette période de latence que l'adolescent, délivré des « pulsions prégénitales perverses », accède enfin au plaisir génital, lavé de sa perversité originelle. Il a alors expié sa faute et jouit d'une sexualité délivrée du mal par son sacrifice rédempteur.

Freud explique que ce n'est qu'au terme de cette expiation que l'enfant apprend à sortir de la perversité et qu'il est initié à l'amour :

> Durant toute la période de latence, l'enfant apprend *à aimer* d'autres personnes[1].

> La haine, en tant que relation à l'objet, est plus ancienne que l'amour [...] Quand les pulsions du moi dominent la fonction sexuelle, comme c'est le cas au stade de l'organisation sadique-anale, elles donnent au but pulsionnel lui-même les caractères de la haine. [...] La haine mêlée à l'amour provient en partie des stades préliminaires de l'amour, incomplètement dépassés[2].

> L'emploi le plus adéquat du mot « aimer » se trouve dans la relation du moi à son objet sexuel ; cela nous apprend que l'emploi de ce mot pour une telle relation ne peut commencer qu'avec la synthèse de toutes les pulsions partielles de la sexualité sous le primat des organes génitaux et au service de la fonction de reproduction[3].

---

1. *Les métamorphoses de la puberté* dans Freud (1905, p. 165).
2. Freud (1943-1946, p. 42).
3. Même source, p. 40.

C'est dans une indépendance encore plus grande à l'égard du reste de l'activité sexuelle, lié aux zones érogènes, que se développe chez l'enfant la composante cruelle de la pulsion sexuelle. Le caractère infantile est en général facilement porté à la cruauté, car l'obstacle qui arrête la pulsion d'emprise devant la douleur de l'autre : la capacité de compatir, se forme relativement tard. L'analyse psychologique approfondie de cette pulsion n'a, comme on sait, pas encore abouti ; nous sommes en droit de supposer que cette motion cruelle provient de la pulsion d'emprise et surgit dans la vie sexuelle à un moment où les parties génitales n'ont pas encore pris leur rôle ultérieur. Elle gouverne alors une phase de la vie sexuelle que nous décrirons plus loin en tant qu'organisation prégénitale [1].

Il ne manque donc rien à la théorie psychanalytique : ni la perversité originelle, ni la rédemption par l'offrande sacrificielle d'une période d'expiation, ni la transcendance génitale conduisant, après pénitence, à un état de pureté et d'amour.

---

1. *La sexualité infantile* dans Freud (1905, p. 121).

26

L'authenticité d'une théorie

Freud ne nie pas le caractère mythique de sa théorie des pulsions, cependant il l'attribue aux pulsions elles-mêmes :

> La théorie des pulsions est, pour ainsi dire, notre mythologie. Les pulsions sont des êtres mythiques, formidables dans leur imprécision [1].

Pourtant, le désir sexuel conduit des milliards d'êtres humains à déployer toute l'énergie de leur jeunesse pour la satisfaction des mêmes besoins. Il n'est donc pas si formidable d'imprécision que cela. S'il l'était, sa fantaisie déboucherait sur des désirs beaucoup plus variés, souvent moins difficiles à réaliser et présentant moins de cohérence entre eux. Or c'est tout le contraire qui se produit. Si les modes sexuelles existent, leur influence est beaucoup moins sensible que celle des modes artistiques. Si la sexualité prend de multiples formes, elles répondent toutes à des constantes psychologiques de séduction et de transgression. Les besoins sexuels sont impérieux, précis, stables, et lorsqu'il est impossible de les satisfaire, ils persistent. Certes ils peuvent s'adapter, mais dans des limites strictes et au prix d'une insatisfaction qui ne prend fin qu'à la réalisation du désir originel. Si l'insatisfaction sexuelle est aussi fréquente, c'est que le besoin sexuel est intransigeant. Il conduit même à l'accomplissement de gestes dramatiques tels que le viol et le crime passionnel, sans commune mesure avec les besoins poussant à la création artistique.

Mais surtout, si les besoins sexuels n'étaient que la conséquence de mythes imprécis, il serait beaucoup plus difficile de distinguer ce qui est érotique de ce qui ne l'est pas. Or personne n'éprouve de difficulté à effectuer cette distinction. Même si nous n'en sommes pas conscients, nous savons recon-

---

1. Freud (1933, p. 129).

naître le caractère érotique d'un événement par son implication d'une transgression, d'une séduction et d'une relation au corps. C'est à la fois précis et contraignant. Nous ne désirons pas sans raisons.

Karl Popper et la falsifiabilité de la psychanalyse

Il est rare qu'un philosophe influence par ses écrits la méthode scientifique. Karl Popper est de ceux-là. C'est lui qui a défini, et même d'une certaine manière fondé la méthode scientifique, par sa proposition de soumettre toute théorie à des tests de « falsifiabilité[1] », constitués de prédictions vérifiables expérimentalement, afin de la mettre à l'épreuve. Depuis, une théorie n'est plus prise en considération que si elle se révèle capable de prédictions vérifiables, du moins dans les sciences « dures », les sciences humaines n'ayant pas atteint ce degré de rigueur. Si ses prédictions sont vérifiées, la théorie marque un point. Si elles sont en revanche démenties par l'expérience, la théorie est alors réfutée (ou « falsifiée », c'est-à-dire que sa fausseté est prouvée). Elle doit alors être révisée ou abandonnée. La vérification d'une prédiction ne constitue cependant jamais une preuve de l'authenticité d'une théorie. De telles preuves n'existent pas, rien ne pouvant en effet prouver qu'une théorie différente et encore inconnue n'aurait pas effectué la même prédiction.

Autrefois, le monde scientifique se satisfaisait parfois d'une explication semblant meilleure que les précédentes à un phénomène déjà connu. Il ne se souciait pas toujours de tester cette nouvelle explication en exigeant d'elle des prédictions vérifiables. Aujourd'hui, la mise à l'épreuve systématique du pouvoir prédictif de toute nouvelle théorie permet à notre représentation du monde d'approcher d'un peu plus près la réalité par retouches successives.

Popper ajoute également un second critère d'authenticité : celui de la simplicité. Si deux théories concurrentes possèdent des pouvoirs explicatifs et prédictifs à peu près semblables, mais que l'une arrive à ces performances de façon beaucoup plus simple, elle peut être considérée comme meilleure car elle permet de mieux comprendre la réalité. Les mathématiciens ont coutume d'appeler ce phénomène l'élégance d'une théorie. En effet, il est toujours possible de compliquer une théorie en lui ajoutant des opérations inutiles s'annulant mutuellement. Mais cela n'apporte rien et nuit à la compréhension de l'ensemble. La simplicité d'une théorie est donc en principe une qualité non négligeable.

---

1. Popper (1959).

Karl Popper en vient à ses interrogations sur l'authenticité des théories scientifiques lorsque, avec les grandes avancées idéologiques du début du XXe siècle, il s'enthousiasme simultanément pour la théorie de la relativité, le marxisme et la psychanalyse. Il connaît Alfred Adler et travaille avec lui, mais au cours de l'été 1919 – il est alors âgé de dix-sept ans – la théorie de l'histoire de Marx et les théories psychanalytiques de Freud et Adler commencent à susciter en lui de plus en plus de réserves. Il s'interroge sur la légitimité de leur prétention à la scientificité :

> Quant aux deux théories psychanalytiques, elles relèvent d'une toute autre catégorie. Elles sont purement et simplement impossibles à tester comme à réfuter. Il n'existe aucun comportement humain qui puisse les contredire. [...] Cela signifie, en revanche, que les « observations cliniques » dont les analystes ont la naïveté de croire qu'elles confirment leurs théories ne sont pas plus en mesure de le faire que ces confirmations que les astrologues croient quotidiennement découvrir dans leur pratique. Quand à l'épopée freudienne du Moi, du Ça et du Surmoi, on n'est pas plus fondé à en revendiquer la scientificité que dans le cas des récits qu'Homère avait recueillis de la bouche des dieux. Certes, les théories psychanalytiques étudient certains faits, mais elles le font à la manière des mythes. Elles contiennent des informations psychologiques fort intéressantes, mais sous une forme qui ne permet pas de les tester [1].

Popper mentionne que chaque fois qu'il expose à un psychanalyste un fait semblant démentir la théorie, ce dernier trouve une façon de l'interpréter semblant au contraire s'accorder avec elle. C'est pour cette raison que la théorie psychanalytique n'est pas testable avec ses propres méthodes : elle ne s'appuie pas sur des faits objectifs mais sur l'interprétation qu'elle en postule. Elle croit pouvoir s'auto-vérifier par des « observations cliniques », mais interprétées selon ses dogmes. Elle a donc besoin de postuler ses propres certitudes avant de pouvoir les « vérifier ». Il ne s'agit dès lors pas d'une méthode de vérification pouvant prétendre à un statut de scientificité, mais d'une croyance dogmatique. Cette méthode de « vérification » est pourtant la seule connue des psychanalystes.

---

1. Popper (1963, p. 66-67).

Popper s'interroge sur ce qui rend le marxisme et la psychanalyse si différents des théories physiques de Newton ou d'Einstein et ce sont ces interrogations qui le conduisent à la rédaction de son ouvrage magistral, *La
logique de la découverte scientifique*[1].

Le plus remarquable est alors la réaction respective des milieux scientifiques et psychanalytiques. Popper est un philosophe, mais les physiciens lisent son livre et trouvent ses remarques si pertinentes qu'ils adoptent ses
recommandations ; le phénomène est certainement unique dans l'histoire
des sciences modernes. Mais chez les psychanalystes, rien ne change. On
continue à ignorer toute autre méthode de vérification de la théorie que
celle s'appuyant sur l'interprétation, elle-même fondée sur la certitude que
la théorie est exacte. Karl Popper n'est finalement parvenu qu'à améliorer encore les méthodes scientifiques, en partant du constat qu'elles étaient déjà
bien plus fiables que celles des théoriciens marxistes et freudiens.

Que rien n'ait changé du côté de la psychanalyse montre que l'état d'esprit qui y règne est beaucoup plus proche de la croyance religieuse que d'une
étude objective de la réalité.

La théorie des pulsions ne s'est dans un premier temps pas souciée de prédire, mais seulement d'expliquer les phénomènes déjà connus du comportement sexuel. On savait avant Freud que les seins, la bouche, l'anus et le sexe
jouaient un rôle dans le désir sexuel. Il s'agissait de prémisses sur lesquelles
n'importe qui pouvait s'appuyer avec certitude. On connaissait le baiser érotique, les attouchements sur le sexe, les fesses ou les seins, les caresses clito-
ridiennes ou la pénétration vaginale et anale. De multiples variantes au
comportement sexuel majoritaire, comme l'homosexualité, le sado-maso-
chisme, la masturbation, l'exhibitionnisme ou la bestialité avaient été in-
ventoriées par Krafft-Ebing en 1886[2]. Tout cela faisait partie du folklore
érotique, en constituait les ingrédients.

Aujourd'hui, on en viendrait presque à penser que c'est Freud qui a inventé tout cela, comme si on ignorait avant Newton que les pommes tombaient des arbres et avant Freud que les amants copulaient. Newton a
seulement expliqué comment elles tombent, selon quelle loi. Mais à la différence de Freud, Newton a permis de prédire des résultats expérimentaux qui

---

1. Popper (1959). Voir également Popper (1963, p. 59-68) et Bouveresse (1976).
2. Krafft-Ebing (1886-1931).

se sont vérifiés. Les prédictions freudiennes, elles, peuvent être résumées ainsi : les enfants ne subissent pas d'agressions sexuelles, les femmes et les enfants sont pervers, le sexe féminin n'inspire qu'horreur et répulsion aux hommes, il n'existe pas d'autre méthode pédagogique que l'ablation du pénis, le plaisir est irréel et illégal, la réalité se réduit à la seule loi patriarcale, de six à treize ans les enfants se désintéressent de la sexualité, les garçons désirent offrir leur pénis à leur mère et les filles être violées par leur père. Toutes ces prédictions ont été réfutées.

Non contente de produire des prédictions systématiquement démenties par l'observation expérimentale, la théorie freudienne ne possède aucun pouvoir explicatif. Le lien qu'elle tisse pour arriver de ses prémisses à ses conclusions est bourré d'illogismes, de contradictions et de postulats eux-mêmes inexplicables.

Ronald D. Laing écrit à propos de certains concepts freudiens comme la conversion, la projection ou l'introjection, qu'utilisés à la façon des psychanalystes, ils

ne décrivent rien, n'expliquent rien et sont eux-mêmes inexplicables [1].

La structure des révolutions scientifiques

L'autre grand philosophe des sciences, Thomas S. Kuhn [2], montre qu'en science comme en publicité, on convainc plus facilement en répétant souvent un slogan simple qu'en démontrant une théorie peu connue. Lorsque la fausseté d'une théorie classique est démontrée, tout le monde la défend néanmoins, simplement parce qu'elle est constituée des idées habituelles. Chacun s'emploie à son adaptation aux nouveaux résultats expérimentaux, plutôt qu'à la recherche d'une théorie différente. C'est un peu à ce stade qu'en est aujourd'hui la théorie des pulsions. Les psychanalystes interprètent les paroles du Maître, emploient des métaphores pour travestir les concepts freudiens sous des vêtements moins choquants, dissimulent un peu de leur misogynie avant de les présenter. Mais dans le public, les médias et le monde de la psy, un consensus s'est mis en place (aujourd'hui violé, il est vrai, par les comportementalistes) pour sauver le maximum de la théorie apprise à l'Université. Ces lignes de Maryse Vaillant en fournissent un exemple saisissant :

1. Laing (1961, p. 28).
2. Kuhn (1962).

Ainsi, Sigmund Freud, le cher homme, ne pouvait critiquer ses parents. [...] Le fabuleux travail de Marie Balmary a mis au jour les nombreux signes de l'extraordinaire loyauté filiale du professeur Freud à l'égard de son cher papa [1]. Non seulement il ne lui reconnaît aucun rôle actif dans sa propre névrose, mais, pour le disculper des fautes qu'il ne peut supporter de lui découvrir, il va jusqu'à innocenter tous les autres pères. [...] Dans une lettre à son ami Wilhelm Fliess, il déclare douter que les pères et les oncles des jeunes filles qu'il soignait se soient livrés sur elles à des attouchements. [...] Parmi les explications qu'il développe dans sa lettre, l'une concerne directement la supposée faute des pères que Sigmund Freud ne peut plus supposer mettre en avant : « Dans chacun des cas, il fallait accuser le père de perversion, le mien non exclu. » [...] À partir de là, les pères ne sont pas des séducteurs, on ne peut les accuser de perversion. [...] Les désirs coupables et les troubles dont les enfants font état sont fantasmés par eux. Ainsi naît une des grandes avancées freudiennes de la psychanalyse naissante, le complexe d'Œdipe. À la lumière des travaux actuels sur la réalité des abus sexuels familiaux, on peut regretter que Freud ait reculé devant ce qu'il ne pouvait penser. La théorie de l'Œdipe en aurait-elle pâti ? D'autres voies la lui auraient probablement ouverte [2].

Maryse Vaillant a compris le mensonge de Freud, elle en a compris les motivations, et aussitôt après l'avoir dénoncé elle en conclut que finalement il ne s'agit pas d'un mensonge mais d'une grande avancée, sa croyance au complexe d'Œdipe restant indéfectible.

Tenter de réfuter la théorie des pulsions, qui fait à ce point partie de notre culture, c'est un peu comme creuser un trou dans l'eau. Il est facile d'enlever de l'eau, mais le trou se comble aussitôt. Démontrer la fausseté du mythe freudien aboutit au même résultat : la croyance au mythe se reforme aussitôt après la fin de la démonstration. Maryse Vaillant écrit en substance : « Cette théorie est un mensonge inventé par Freud pour disculper les pères, cependant elle est authentique parce que je ne peux cesser d'y croire. »

Aujourd'hui les vérifications expérimentales contredisent formellement l'universalité du complexe d'Œdipe, clé de voûte de toute la théorie psychanalytique [3]. Sans cette pièce maîtresse, la psychanalyse perd sa substance,

---

1. Balmary (1979, p. 239 – note de Vaillant).
2. Vaillant (2001, p. 194-195).
3. Sherman (p. 144-145) ; Greve et Roos (1996) ; Masson (1984) ; Webster (1995, p. 277 à 295).

son esprit, sa raison d'être et il n'en reste pas grand-chose de précis hormis la méthode thérapeutique d'écoute. Il ne fait cependant aucun doute que les professionnels s'accrocheront à ces restes comme les naufragés de la Méduse à leur radeau. La psychanalyse ne coulera finalement pas sous les coups de vérifications expérimentales qui n'intéressent pas grand monde, mais concurrencée par des méthodes thérapeutiques non analytiques telles que les thérapies comportementales et bientôt les thérapies génétiques du comportement. Toute recherche en psychologie analytique aura alors été dévastée par l'imposture freudienne.

Or la théorie des pulsions n'est pas réformable, tout en elle est faux. Il est beaucoup plus simple de l'abandonner pour en reconstruire une nouvelle que de tenter de l'adapter à l'infini, cela reviendrait à conserver des éléments créationnistes dans la théorie darwinienne.

Un travail théorique important reste à effectuer dans le domaine de la psychologie analytique, celle qui ne considère pas l'esprit comme une boîte noire ou une page blanche, mais en explore la structure et le contenu. Ronald D. Laing, Konrad Stettbacher[1], Alice Miller, les thérapeutes féministes[2], Thomas Gordon[3], Marshall B. Rosenberg[4] et bien d'autres l'ont entrepris. Mais, surtout préoccupés d'efficacité thérapeutique, ils ont tendance à oublier la théorie freudienne si elle n'entre pas directement en conflit avec leur pratique. Et si elle perturbe leur pratique, ils se bornent souvent à la dénoncer sans vraiment s'attacher à lui proposer d'alternative.

Plus personne ne semble aujourd'hui vraiment croire à la théorie des pulsions. Mais comme le montre Thomas S. Kuhn, cela ne suffit pas encore pour en développer une nouvelle. Lorsque des vérifications expérimentales réfutent formellement la théorie classique, personne ne se résout à en rechercher une nouvelle avant que toutes les tentatives de sauver quelque chose de l'ancienne aient échoué. Kuhn met en évidence les énormes résistances face au changement, la peur vertigineuse de l'inconnu.

1. Stettbacher (1990).
2. Sturdivant (1980) ; Corbeil, Pâquet-Deehy, Lazure et Legault (1983). Voir également Delvaux (1998).
3. Gordon (1970) ; Gordon (1976).
4. Rosenberg (1999).

Le premier qui ose prendre la parole

L'audace de la théorie freudienne consiste à briser le silence sur un sujet auquel il était même interdit de penser : pourquoi notre désir est-il obscène ?

Mais Freud a réalisé ce que tout le monde attendait : inventer une langue de bois feignant le défrichement d'un sujet tabou. Car le désir de briser le silence cachait la peur de ce qui allait être dit. Les politiciens sont appelés au pouvoir parce qu'ils savent parler avantageusement d'une vérité blessante. Dire crûment la vérité est la plus sûre façon de déclencher un rejet.

Peut-on aujourd'hui sortir de cette langue de bois ? Peut-on saluer de loin celui qui rompit le silence, même si ce n'était que pour faire semblant d'exprimer quelque chose, et tenter de prononcer enfin des paroles ayant un sens ? Peut-on examiner ce qu'a pensé Freud, non pour admirer son audace d'avoir abordé un sujet interdit, mais pour rechercher enfin la vérité qu'il s'est refusé à formuler ? Nous avons besoin de savoir pourquoi notre désir est obscène. Si nous en restons à des explications insatisfaisantes, nous alimentons le fantasme que quelque chose de malsain se cache dessous, quelque chose qu'il vaut mieux ne pas découvrir. Le fantasme que le fond de l'âme humaine est trop noir pour être exposé au grand jour, alors que la vérité est si simple.

Peu de personnes sont convaincues de l'intérêt de retisser les fils de l'explication que Freud n'a pas voulu donner au désir sexuel. Si nous nous accommodons si bien du mensonge freudien, c'est parce que la culpabilité nous semble aller de soi. C'est à cause d'elle que nous mentons. Mais mettre un terme au mensonge, c'est au contraire se libérer de la culpabilité.

D'où l'intérêt de rétablir clairement la logique d'un véritable modèle théorique de l'inconscient sexuel. Ce n'est qu'en démêlant un à un les fils d'hypocrisie de la langue de bois qui nous retiennent prisonniers que nous sortirons de notre culpabilité.

Bibliographie

Dans les références bibliographiques des notes de bas de page, la date d'édition indiquée correspond à l'édition originale, tandis que la pagination renvoie à la traduction ou à la réédition utilisée.

Adorno, T. W., Frenkel-Brunswik, Else, Levinson, Daniel J., Sanford, Nevitt R., 1964, *The authoritarian Personality*, New York, Science Editions (1ʳᵉ éd. : 1950)

Adrienne, 1971, *The gimmick, spoken american and english*, Paris, Flammarion

Anonyme, 1973, *L'âge de la pierre redécouvert*, dans l'ouvrage collectif *Terres vierges mondes interdits : le grand livre des explorateurs*, Paris, Sélection du Reader's Digest

Aimé-Blanc, Lucien, 2006, *L'indic et le commissaire*, Paris, Plon

Amnesty International, 2001, *Torture : identité sexuelle et persécutions*, Paris, Éditions francophones d'Amnesty International

Andreas-Salomé, Lou, 1980, *Anal et sexuel* dans *L'amour du narcissisme*, Paris, Gallimard (1ʳᵉ éd. : 1915)

Ariès, Philippe, 1973, *L'enfant et la vie familiale sous l'Ancien Régime*, Paris, Seuil

Ariès, Philippe et Duby, Georges (dir.), 1999, *Histoire de la vie privée :*

vol. 1, *De l'Empire romain à l'an mil*, Paris, Seuil (1ʳᵉ éd. : 1985)

vol. 2, *De l'Europe féodale à la Renaissance*, Paris, Seuil (1ʳᵉ éd. : 1985)

vol. 3, *De la Renaissance aux Lumières*, Paris, Seuil (1ʳᵉ éd. : 1985)

vol. 4, *De la Révolution à la Grande Guerre*, Paris, Seuil (1ʳᵉ éd. : 1987)

Aron, Claude, 2000, *La sexualité : phéromones et désir*, Paris, Odile Jacob

Association Normande de Criminologie, 1977, *L'inceste en milieu rural*, Paris, Librairie Philosophique J. Vrin

Auffret, Séverine, 1982, *Des couteaux contre des femmes : de l'excision*, Paris, Des femmes

Badinter, Elisabeth, 1992, *XY : de l'identité masculine*, Paris, Odile Jacob

Bagrianski, Vladimir, sans date, *Les anarchistes mystiques russes* dans *Nouvelles Clés*, http://www.nouvellescles.com/article.php3?id_article=554

Bailey, Percival, 1972, *Sigmund le tourmenté*, Paris, La Table Ronde, Paris (1ʳᵉ éd. : 1965)

Bakan, David, 2001, *Freud et la tradition mystique juive*, Paris, Payot (1ʳᵉ éd. : 1958)

Balmary, Marie, 1997, *L'homme aux statues : Freud et la faute cachée du père*, Paris, Grasset (1ʳᵉ éd. : 1979)

Balmary, Marie, 1986, *Le sacrifice interdit : Freud et la Bible*, Paris, Grasset

Barrett, Robert, 1998, *La traite des fous : la construction sociale de la schizophrénie*, Le Plessis-Robinson, Institut Synthélabo (1ʳᵉ éd. : 1996)

Barthélemy, Dominique, 1990, *L'ordre seigneurial*, Paris, Seuil

Beaudet, Céline, 2006, *Les milieux libres : vivre en anarchiste à la Belle Époque en France*, St-Georges-d'Oléron, Les Éditions Libertaires

Bechtel, Guy, 1995, *La chair, le diable et le confesseur*, Paris, Hachette (1ʳᵉ éd. : 1994)

Bellisle, France et Even, Patrick, 1987, *Les raisons du corps*, dans *Autrement* série *Mutations*, n° 92, *Odeurs*

Belotti, Elena Gianini, 1973, *Du côté des petites filles*, Paris, Éditions des femmes

Bénesteau, Jacques, 2002, *Mensonges freudiens*, Sprimont, Belgique, Pierre Mardaga

Beneux, Laurence et Garde, Serge, 2001, *Le livre de la honte : les réseaux pédophiles*, Paris, Le Cherche Midi

Bennassar Bartolomé, 1994, *L'inquisition espagnole XVe-XIXe siècle*, Paris, Hachette (1ʳᵉ éd. : 1979)

Benkheira Mohamed Hocine, 2000, *Le corps et l'Islam*, dans *Le nouvel Observateur* Hors série *La pudeur* n° 39, p. 78

Bergeret Jean, 1987, *Le « Petit Hans » et la réalité ou Freud face à son passé,* Paris, Payot

Bernard Patrick, 1984, *Les oubliés du temps,* Paris, René Moser

Bertin Célia, 1989, *La femme à Vienne au temps de Freud,* Paris, Stock-Laurence Pernoud

Besson Hubert, 2003, *Disparues de l'Yonne : la contre-enquête,* Paris, L'Archipel

Bier Christophe, 2000, *Censure-moi : histoire du classement X en France,* Paris, L'Esprit frappeur

Birman Joël, 2007, *Foucault et la psychanalyse,* Lyon, Parangon/Vs

Bishop Clifford, 1997, *Le sexe et le sacré,* Paris, Albin Michel (1ʳᵉ éd. : 1996)

Blanchet Alain-Marie, 1999, *La psychanalyse au banc d'essai,* Chambéry, Exergue

Bochet François (textes réunis par), 1993, *Invariance,* supplément au n° 9, série IV : *Naturiens, végétariens, végétaliens et crudivégétaliens dans le mouvement anarchiste français (1895-1938)*

Bochet François (textes réunis par), 1994, *Invariance,* supplément au n° 9, série IV : *Communautés, naturiens, végétariens, végétaliens et crudivégétaliens dans le mouvement anarchiste français*

Boileau Jacques, 1986, *Histoire des flagellants,* Montbonnot-Saint-Martin, Jérome Millon (1ʳᵉ éd. : 1701)

Bologne Jean-Claude, 1986, *Histoire de la pudeur,* Paris, Olivier Orban

Bolya, 2005, *La profanation des vagins : le viol, arme de destruction massive,* Paris, Le Serpent à plumes

Borch-Jacobsen Mikkel, 1995, *Souvenirs d'Anna O. : une mystification centenaire* Paris, Aubier

Borch-Jacobsen Mikkel et Shamdasani Sonu, 2006, *Le dossier Freud : enquête sur l'histoire de la psychanalyse,* Paris, Les empêcheurs de penser en rond-Seuil

Bourcier Marie-Hélène, 2001, *Queer zones : politique des identités sexuelles, des représentations et des savoirs,* Paris, Balland

Bourcier Marie-Hélène, 2005, *Sexpolitiques : Queer zones 2,* Paris, La Fabrique

Bourdier Pierre, 1972, *L'hypermaturation des enfants de parents malades mentaux,* dans *Revue française de psychanalyse,* vol. 36, n° 1, p. 19-42

Bouveresse Jacques, 1976 *Une illusion de grand avenir : la psychanalyse selon Popper,* dans *Critique* n° 346, p. 292 à 306, Paris, Minuit

Braud, Jean, 1999, *Deux siècles de naturisme,* dans *Nat'Info* n° 88, p. 27-31

Braudel, Fernand, 1979, *Civilisation matérielle, économie et capitalisme, XVe-XVIIIe siècle,* Paris, Armand Colin

Brenon, Anne, 1990, *Le vrai visage du catharisme,* Portet-sur-Garonne, Loubatières

Brès, Yvon, 1982, *La psychanalyse comme idéologie religieuse ?,* dans *Psychanalyse à l'université* vol. 8, n° 29, p. 71-91

Brown, Peter, 1988, *Le renoncement à la chair : virginité, célibat et continence dans le christianisme primitif,* Paris, Gallimard (1ʳᵉ éd. : 1995)

Brownmiller, Susan, 1976, *Le viol,* Paris, Stock (1ʳᵉ éd. : 1975)

Burguière, André, Klapisch-Zuber, Christiane, Segalen, Martine et Zonabend, Françoise (dir.), 1986, *Histoire de la famille,* Paris, Armand Colin

Burguière, André, 2000, article *Anthropologie historique - Histoire de la famille et de la sexualité,* de *l'Encyclopædia Universalis*

Bustos, B. Oscar, 2004, *Peut-on encore sauver les Nukaks ?,* dans *Courrier International* n° 721, p. 31-33

Butler, Judith, 2005, *Trouble dans le genre : pour un féminisme de la subversion,* Paris, La Découverte (1ʳᵉ éd. : 1990)

Butler, Judith, 2006, *Défaire le genre,* Paris, Éditions Amsterdam

Caen, Michel (entretien avec Laurence Allard), 1991, *La situation aux Etats-Unis,* dans *CinémAction* n° 59, *Les dessous du cinéma porno*

Califia, Pat, 2003, *Le mouvement transgenre : changer de sexe* Paris, Epel (1ʳᵉ éd. : 1997)

Cardosa, Frédéric, 2000, *Coke à crédit,* dans *Le Nouvel Observateur* n° 1874

Castoriadis, Cornélius, 1975, *L'institution imaginaire de la société,* Paris, Seuil

Castoriadis, Cornélius, 1977-1986, *Domaines de l'homme : les carrefours du labyrinthe 2*, Paris, Seuil
Castoriadis, Cornélius, 1990, *Le monde morcelé : les carrefours du labyrinthe 3*, Paris, Seuil
Castoriadis, Cornélius, 1997, *Fait et à faire : les carrefours du labyrinthe 5*, Paris, Seuil
Castoriadis, Cornélius, 1997, *Les carrefours du labyrinthe 5*, dans *Parcours Les cahiers du GREP Midi-Pyrénées* n° 15/16, p. 385-410, Toulouse
Castoriadis, Cornélius, 1998, *La montée de l'insignifiance* (entretien avec Daniel Mermet), Paris, France Inter
Castoriadis, Cornélius, 2000, *Pour un individu autonome* (synthèse de la conférence *Les carrefours du labyrinthe 5* publiée par le GREP en 1997), dans *Manière de voir* n° 52
Castoriadis, Cornélius, 2005, *Une société à la dérive : entretiens et débats 1974-1997*, Paris, Seuil
Chavagnat, Jean-Jacques et Richard, Denis, 1987, *Les odeurs en tête*, dans *Autrement* série *Mutations*, n° 92, *Odeurs*
Chavaillon, Jean, 1996, *L'âge d'or de l'humanité : chroniques du paléolithique*, Paris, Odile Jacob
Chebel, Malek, 1997, *Histoire de la circoncision des origines à nos jours*, Paris, Balland (1re éd. : 1992)
Chia, Mantak et Winn, Michael, 2000, *Les secrets de l'amour selon le Tao : cultivez l'énergie sexuelle masculine*, Paris, Guy Trédaniel
Ciavaldini, André, 2001, *Psychopathologie des agresseurs sexuels*, Paris, Masson (1re éd. : 1999)
Clastres, Pierre, 1974, *La société contre l'État*, Paris, Minuit
Clastres, Pierre, 1980, *Recherches d'anthropologie politique*, Paris, Seuil
Clément, Catherine et Cixous, Hélène, 1975, *La jeune née*, Paris, Union Générale d'Éditions
Collectif, 1973, *L'alternative : libérer nos corps ou libérer l'avortement*, Paris, Éditions Des Femmes
Collectif, 1978, *Monte Verità*, Locarno, Armando Dadò/Milano, Electa
Collectif, 1981, *Chroniques d'une imposture : du mouvement de libération des femmes à une marque commerciale*, Paris, Association du Mouvement pour les luttes féministes
Contamine, Philippe, Bompaire, Marc, Lebecq, Stéphane et Sarrazin, Jean-Luc, 1997, *L'économie médiévale*, Paris, Armand Colin (1re éd. : 1993)
Cooper, David, 1970, *Psychiatrie et anti-psychiatrie*, Paris, Seuil (1re éd. : 1967)
Corbeil, Christine, Pâquet-Deehy, Ann, Lazure, Carole et Legault, Gisèle, 1997, *L'intervention féministe : l'alternative des femmes au sexisme en thérapie*, Montréal, Éditions Saint-Martin (1re éd. : 1983)
Coutin, André, 1970, *Histoire d'O Calcutta*, Paris, Balland
Creagh, Ronald, 1983, *Laboratoires de l'utopie : les communautés libertaires aux États-Unis*, Paris, Payot
Creagh, Ronald, 1999, *Compte-rendu des Journées d'hommage à Francisco Ferrer (90e anniversaire de son assassinat par l'État espagnol) Bieuzy-les-Eaux (Morbihan, France), 23 et 24 octobre 1999*, http://melior.univ-montp3.fr/ ra_forum/fr/activites/rencontres/ferrer.html
Dadoun, Roger, 1995, *La psychanalyse politique*, Paris, Presses Universitaires de France
Davis, Glenn, 1976, *Childhood and History in America*, New York, The Psychohistory Press
d'Eaubonne, Françoise, 1976, *Les femmes avant le patriarcat*, Paris, Payot
Debray-Ritzen, Pierre, 1982, *Petite Histoire naturelle de la sexualité infantile expurgée des jobardises*, Lausanne, Pierre Favre
Debray-Ritzen, Pierre, 1991, *La psychanalyse cette imposture*, Paris, Albin Michel
de Coninck, Douglas, 2004, *30 témoins morts...*, Wavre, Belgique, Mols
Decret, François, 1974, *Mani et la tradition manichéenne*, Paris, Seuil
de La Boétie, Étienne, 1995, *Discours de la servitude volontaire*, Paris, Mille et une nuits (1re éd. : 1576)
Deleuze, Gilles et Guattari, Félix, 1972-1973, *Capitalisme et schizophrénie : l'anti-Œdipe*, Paris, Minuit
Delluc, Gilles et Brigitte, 2006, *Le sexe au temps des Cro-Magnons*, Périgueux, Pilote 24
Deloire, Christophe et Dubois, Christophe, 2006, *Sexus politicus*, Paris, Albin Michel
Delphy, Christine, 1998, *L'ennemi principal : économie politique du patriarcat*, Paris, Syllepse

Delphy, Christine, 2001, *L'ennemi principal : penser le genre*, Paris, Syllepse

Delvaux, Martine, 1998, *Femmes psychiatrisées femmes rebelles*, Le Plessis-Robinson, Institut Synthelabo

de Marchi, Luigi, 1973, *Wilhelm Reich : biographie d'une idée*, Paris, Fayard

de Mause, Lloyd, 1986, *Les fondements de la psychohistoire*, Paris, Presses Universitaires de France (1ʳᵉ éd. : 1974a)

de Mause, Lloyd (textes présentés par), 1976 *The History of Childhood : the Evolution of Parent-Child Relationships as a factor in history*, London, Condor Book (1ʳᵉ éd. : 1974b)

de Rachewiltz, Boris, 1993, *Eros noir : mœurs sexuelles de l'Afrique Noire de la préhistoire à nos jours*, Paris, Le Terrain vague

de Sutter, Pascal, 2007, *Ces fous qui nous gouvernent : comment la psychologie permet de comprendre les hommes politiques*, Paris, Les Arènes

Desaulniers, Michelle, 1998, *Plaisir honteux*, Montréal, Éditions du Remue-Ménage

Descamps, Marc-Alain, 1972, *Le nu et le vêtement*, Paris, Éditions Universitaires

Descamps, Marc-Alain, 1986, *L'invention du corps*, Paris, Presses Universitaires de France

Descamps, Marc-Alain, 1987, *Vivre nu : psychosociologie du naturisme*, Paris, Trismégiste

Detrez, Christine, 2002, *La construction sociale du corps*, Paris, Seuil

de Waal, Frans, 1995, *La politique du chimpanzé*, Paris, Odile Jacob (1ʳᵉ éd. : 1982)

de Waal, Frans, 1997, *Le bon singe*, Paris, Bayard (1ʳᵉ éd. : 1996)

Diamond, Jared, 2000, *Le troisième chimpanzé : essai sur l'évolution et l'avenir de l'animal humain*, Paris, Gallimard (1ʳᵉ éd. : 1992)

Diamond, Jared, 2000, *De l'inégalité parmi les sociétés : essai sur l'homme et l'environnement dans l'histoire*, Paris, Gallimard (1ʳᵉ éd. : 1997)

Didi-Huberman, Georges, 1982, *Invention de l'hystérie : Charcot et l'iconographie photographique de la Salpêtrière*, Paris, Macula

Dolto, Françoise, 1979, *Entretien*, dans le dossier *Des enfants en morceaux* dans *Choisir/La cause des femmes*, n° 44, p. 20-22

Dolto, Françoise, 1982, *Sexualité féminine*, Paris, Scarabée & Compagnie

Dolto, Françoise, 1985, *La cause des enfants*, Paris, Robert Laffont

Duerr, Hans Peter, 1998, *Nudité et pudeur : le mythe du processus de civilisation*, Paris, Éditions de la Maison des sciences de l'homme (1ʳᵉ éd. : 1988)

Duerr, Hans Peter, 1994, *Intimität : der Mythos vom Zivilisationsprozeß suhrkamp taschenbuch*, Frankfurt am Main, Suhrkamp Verlag (1ʳᵉ éd. : 1990)

Duerr, Hans Peter, 1995, *Obszönität und Gewalt : der Mythos vom Zivilisationsprozeß suhrkamp taschenbuch*, Frankfurt am Main, Suhrkamp Verlag (1ʳᵉ éd. : 1993)

Duerr, Hans Peter, 2000, *Des vêtements invisibles*, dans *Le Nouvel Observateur* Hors-série n° 39 *La pudeur*, p. 64-65

Dumas, Didier, 1990, *La sexualité masculine*, Paris, Albin Michel

Duneton, Claude, 1998, *Le guide du français familier*, Paris, Seuil

Dupeux, Louis (dir.), 1992, *La « Révolution Conservatrice »*, dans *l'Allemagne de Weimar*, Paris, Kimé

Dürckheim, Karlfried Graf, 1974, *Hara, centre vital de l'homme*, Paris, Le Courrier du Livre

Duroselle, Jean-Baptiste, 1972, *La France de la « Belle Époque »… La France et les Français 1900-1914*, Paris, Richelieu

Eissler, Kurt R., 1992, *Freud sur le front des névroses de guerre*, Paris, Presses Universitaires de France (1ʳᵉ éd. : 1979)

Elias, Norbert, 1973, *La civilisation des mœurs*, Paris, Calmann-Lévy (1ʳᵉ éd. : 1939a)

Elias, Norbert, 1975, *La dynamique de l'Occident*, Paris, Calmann-Lévy (1ʳᵉ éd. : 1939b)

Elias, Norbert, 1991, *La société des individus*, Paris, Fayard (1ʳᵉ éd. : 1987)

Elisseeff, Vadime et Danielle, 1987, *La civilisation de la Chine classique*, Paris, Arthaud

Elkin, A. P., 1967, *Les Aborigènes australiens*, Paris, Gallimard (1ʳᵉ éd. : 1954)

Ellenberger, Henri F., 1994, *Histoire de la découverte de l'inconscient*, Paris, Fayard (1ʳᵉ éd. : 1970)
Ellis, Havelock, 1929, *L'hygiène sociale*, vol. 1 : *La femme dans la société*, Paris, Mercure de France (1ʳᵉ éd. : 1915)
Engels, Friedrich, 1972, *L'origine de la famille de la propriété privée et de l'État*, Paris, Éditions Sociales (1ʳᵉ éd. : 1884)
Fanny, 2004, *Mes nuits noires dans la ville rose*, Neuilly-sur-Seine, Michel Lafon
Felici, Isabelle, 2001, *La Cecilia : histoire d'une communauté anarchiste et de son fondateur Giovanni Rossi*, Lyon, Atelier de Création Libertaire
Fellay, Gerda, 1997, *La conception de l'éducation de Friedrich Liebling (1893-1982)*, Bern, Berlin, Frankfurt/M., New York, Paris, Wien, Peter Lang
Fellay, Gerda, 2004, *Friedrich Liebling psychologue libertaire*, Lyon, Atelier de Création Libertaire
Ferenczi, Sandor, 1962, *Thalassa*, Paris, Payot (1ʳᵉ éd. : 1924)
Ferenczi, Sandor, 1982, *Œuvres complètes tome IV : 1927-1933 Psychanalyse 4*, Paris, Payot
Ferenczi, Sandor, 1985, *Journal clinique : janvier-octobre 1932*, Paris, Payot
Feuerbach, Ludwig, 1992, *L'essence du christianisme*, Paris, Gallimard (1ʳᵉ éd. : 1841)
Flem, Lydia, 1986, *Freud et ses patients*, Paris, Hachette
Flandrin, Jean-Louis, 1975, *Les amours paysannes : amour et sexualité dans les campagnes de l'ancienne France (XVIe-XIXe siècle)*, Paris, Gallimard-Julliard
Fliess, Robert, 1973, *Symbol, Dream and Psychosis (Psychoanalytic Serie : volume III)*, New York, International Universities Press
Foucault, Michel, 1976, *Histoire de la sexualité*, vol. 1 : *La volonté de savoir*, Paris, Gallimard
Fouque, Antoinette, 1995, *Il y a deux sexes*, Paris, Gallimard
Freeman, Derek, 1984, *Margaret Mead and Samoa : the making and unmaking of an anthropological myth*, Harmondsworth, New York, Ringwood, Marklam, Auckland, Penguin Books (1ʳᵉ éd. : 1983)
Freud, Martin, 1975, *Freud, mon père*, Paris, Denoël (1ʳᵉ éd. : 1958)
Freud, Sigmund, 1949, *Abrégé de psychanalyse*, Paris, Presses Universitaires de France (1ʳᵉ éd. : 1946)
Freud, Sigmund, 1954, *Cinq psychanalyses*, Paris, Presses Universitaires de France (1ʳᵉ éd. : 1905-1918)
Freud, Sigmund et Breuer Joseph, 1956, *Études sur l'hystérie*, Paris, Presses Universitaires de France (1ʳᵉ éd. : 1895)
Freud, Sigmund, 1956, *La naissance de la psychanalyse*, Paris, Presses Universitaires de France (1ʳᵉ éd. : 1950)
Freud, Sigmund, 1965, *Totem et tabou*, Paris, Payot (1ʳᵉ éd. : 1912-1913)
Freud, Sigmund, 1966 *Cinq leçons sur la psychanalyse*, Paris, Payot (1ʳᵉ éd. : 1909-1914)
Freud, Sigmund, 1966-1991, *Correspondance avec le pasteur Pfister*, Paris, Gallimard (1ʳᵉ éd. : 1909-1939)
Freud, Sigmund, 1967, *L'interprétation des rêves*, Paris, Presses Universitaires de France (1ʳᵉ éd. : 1900)
Freud, Sigmund, 1969, *La vie sexuelle*, Paris, Presses Universitaires de France (1ʳᵉ éd. : 1907-1931)
Freud, Sigmund, 1973, *Névrose, psychose et perversion*, Paris, Presses Universitaires de France (1ʳᵉ éd. : 1894-1924)
Freud, Sigmund, 1984, *Résultats, idées, problèmes* (vol. 1), Paris, Presses Universitaires de France (1ʳᵉ éd. : 1890-1920)
Freud, Sigmund, 1984, *Nouvelles conférences d'introduction à la psychanalyse*, Paris, Gallimard (1ʳᵉ éd. : 1933)
Freud, Sigmund, 1984-1987, *Sigmund Freud présenté par lui-même*, Paris, Gallimard (1ʳᵉ éd. : 1925-1935)
Freud, Sigmund, 1985, *The Complete Letters of Sigmund Freud to Wilhelm Fliess 1887-1904*, Cambridge, London, The Belknap Press of Harvard University Press. En français : 2006, *Lettres à Wilhelm Fliess 1887-1904 édition complète*, Paris, Presses Universitaires de France

Freud, Sigmund, 1985, *Résultats, idées, problèmes* (vol. 2), Paris, Presses Universitaires de France (1ʳᵉ éd. : 1921-1938)

Freud, Sigmund, 1985-1988, *L'inquiétante étrangeté et autres essais,* Paris, Gallimard (1ʳᵉ éd. : 1906-1927)

Freud, Sigmund, 1986, *Métapsychologie,* Paris, Gallimard (1ʳᵉ éd. : 1943-1946)

Freud, Sigmund, 1986-1993, *L'homme Moïse et la religion monothéiste,* Paris, Gallimard (1ʳᵉ éd. : 1939)

Freud, Sigmund, 1987, *Trois essais sur la théorie sexuelle,* Paris, Gallimard (1ʳᵉ éd. : 1905)

Freud, Sigmund, 1991, *Sur l'histoire du mouvement psychanalytique,* Paris, Gallimard (1ʳᵉ éd. : 1914)

Freud, Sigmund, 1992, *Œuvres complètes. Psychanalyse XVII,* Paris, Presses Universitaires de France (1ʳᵉ éd. : 1923-1925)

Freud, Sigmund, 1995, *L'avenir d'une illusion,* Paris, Presses Universitaires de France (1ʳᵉ éd. : 1927)

Freud, Sigmund, 1995, *Le malaise dans la culture,* Paris, Presses Universitaires de France (1ʳᵉ éd. : 1929)

Freud, Sigmund, 2005, *Un peu de cocaïne pour me délier la langue...,* Paris, Max Milo

Frischauer, Paul, 1974, *La sexualité dans l'antiquité,* Verviers, Marabout, (1ʳᵉ éd. : 1968)

Fromm, Erich, 1979, *Le cœur de l'homme,* Paris, Payot, (1ʳᵉ éd. : 1964)

Fromm, Erich, 1980, *Grandeur et limites de la pensée freudienne,* Paris, Robert Laffont

Gaëlle, 1997, *Nue et les autres,* dans *La Menstrueuse,* n° 15, p. 9-10

Gaignebet, Claude, 1974, *Le folklore obscène des enfants,* Paris, G. P. Maisonneuve et Larose

Gauthier, Xavière, 1976, *Dire nos sexualités,* Paris, Galilée

Gay, Peter, 1991, *Freud, une vie* (2 vol.), Paris, Hachette (1ʳᵉ éd. : 1988)

Gardey, Delphine et Ilana, Löwy (dir.), 2000, *L'invention du naturel : les sciences de la fabrication du féminin et du masculin,* Paris, Éditions des Archives Contemporaines

Gates, Katharine, 2000, *Deviant Desires : Incredibly Strange Sex,* New York, Juno Books

Georges, François, 1979, *L'effet 'Yau de Poêle : de Lacan et des lacaniens,* Paris, Hachette

Ghasarian, Christian, 1996, *Introduction à l'étude de la parenté,* Paris, Seuil

Giard, Agnès, 2004, *Le sexe bizarre : pratiques érotiques d'aujourd'hui,* Paris, Le Cherche Midi

Girard, René, 1978, *Des choses cachées depuis la fondation du monde,* Paris, Grasset

Glowczewski, Barbara, 1991, *Du rêve à la loi chez les Aborigènes : mythes, rites et organisation sociale en Australie,* Paris, Presses Universitaires de France

Goldberg, Jacques, 1985, *La culpabilité axiome de la psychanalyse,* Paris, Presses Universitaires de France

Goldschmidt, Georges-Arthur, 1999, *La traversée des fleuves : autobiographie,* Paris, Seuil

Gonzalès, Jacques, 1996, *Histoire naturelle et artificielle de la procréation,* Paris, Bordas

Gordon, Thomas, 2002, *Parents efficaces,* Paris, Marabout (1ʳᵉ éd. : 1970)

Gordon, Thomas, 1995, *Parents efficaces au quotidien,* Paris, Marabout (1ʳᵉ éd. : 1976)

Green, Martin, 1979, *Les sœurs Von Richthofen : deux ancêtres du féminisme dans l'Allemagne de Bismarck face à Otto Gross, Max Weber et D. H. Lawrence,* Paris, Seuil, (1ʳᵉ éd. : 1974)

Greve, Werner et Roos, Jeanette, 1996, *Der untergang des Ödipuskomplexes : argumente gegen einen mythos,* Bern, Verlag Hans Huber

Grosskurth, Phyllis, 1995, *Freud l'anneau secret,* Paris, Presses Universitaires de France, (1ʳᵉ éd. : 1991)

Groupe libertaire Francisco Ferrer, 2001, *Paul Robin,* http://perso.respublica.fr/groupe-ferrer/PEDAGOGIEROBIN.htm

Grünbaum, Adolf, 1993, *La psychanalyse à l'épreuve,* Paris, L'Éclat

Grunberger, Bela, Chasseguet-Smirgel, Janine et Parenti, Claire (dir.), 1978, *Les stades de la libido : de l'enfant à l'adulte*, Paris, Tchou

Guadilla, Naty Garcia, 1981, *Libération des femmes : le MLF*, Paris, Presses Universitaires de France

Guillaumin, Colette, 1992, *Sexe, race et pratique du pouvoir : l'idée de nature*, Paris, Côté-femmes

Guiraud, Pierre, 1978, 1984, 1993, *Dictionnaire érotique* Paris, Payot & Rivages

Hacking, Ian, 1999, *Entre science et réalité : la construction sociale de quoi ?*, Paris, La Découverte

Haddad, Gérard, 1990, *L'enfant illégitime : sources talmudiques de la psychanalyse*, Paris, Desclée de Brouwer (1ʳᵉ éd. : 1981)

Halperin, David, 2000, *Saint Foucault*, Paris, Epel (1ʳᵉ éd. : 1995)

Hamann, Aimé (dir.), 1993, *L'abandon corporel*, Montréal, Les Éditions de l'Homme-Alain Stanké

Hamann, Aimé, 1996, *Au-delà des psychothérapies : l'abandon corporel*, Montréal, Les Éditions de l'Homme-Alain Stanké

Hart, Lynda, 2003, *La performance sadomasochiste : entre corps et chair*, Paris, EPEL (1ʳᵉ éd. : 1998)

Hennebelle, Guy (dir.), 1991, *Les dessous du cinéma porno*, *CinémAction* n° 59 Condé-sur-Noireau, Corlet

Hennig, Jean-Luc, 1995, *Brève histoire des fesses*, Paris, Zulma

Heers, Jacques, 1981, *Esclaves et domestiques au Moyen Âge*, Paris, Fayard

Herrmann, Corinne et Jeanne Philippe, 2001, *Les disparues de l'Yonne*, Paris, Ramsay

Herzberger-Fofana, Pierrette, 2000, *Les Mutilations Génitales Féminines*, http://www.arts.uwa.edu.au/AFLIT/MGF1.html

Hite, Shere, 1977, *Le rapport Hite*, Paris, Robert Laffont (1ʳᵉ éd. : 1976)

Hoffmann, Banesh, 1975, *Albert Eistein : créateur et rebelle*, Paris, Seuil (1ʳᵉ éd. : 1972)

Homeric, 2000, *Le poil, ce mal-aimé*, dans *Le nouvel Observateur* Hors série *La pudeur* n° 39 p. 40

Hosken, Fran, 1983, *Les mutilations sexuelles féminines*, Paris, Denoël/Gonthier (1ʳᵉ éd. : 1982)

Hua, Cai, 2000, *Une société sans père ni mari les Na de Chine*, Paris, Presses Universitaires de France (1ʳᵉ éd. : 1997)

Irigaray, Luce, 1974, *Speculum : de l'autre femme*, Paris, Minuit

Israëls, Han, 1986, *Schreber, père et fils*, Paris, Seuil (1ʳᵉ éd. : 1981)

Jaccard, Roland (textes présentés par), 1976, *Freud : jugements et témoignages*, Paris, Presses Universitaires de France

Jaccard, Roland (dir.), 1982, *Histoire de la psychanlyse*, vol. 1, Paris, Hachette

Jacquin, Philippe, 1976, *Histoire des indiens d'Amérique du Nord*, Paris, Payot

Jeffreys, Sheila, 1997, *The spinster and her enemies : feminism and sexuality 1880-1930*, North Melbourne, Australia, Spinifex Press (1ʳᵉ éd. : 1985)

Johnson, Terry, 2002, *Hysteria : fragments surréalistes d'une névrose obsessionnelle*, Paris, L'avant-scène théâtre (1ʳᵉ éd. : 1993)

Johsua, Isaac, 1988, *La face cachée du Moyen Âge : les premiers pas du capital*, Montreuil, La Brèche-PEC

Jones, Ernest, 1958, *La vie et l'œuvre de Sigmund Freud : 1 / La jeunesse 1856-1900*, Paris, Presses Universitaires de France (1ʳᵉ éd. : 1953)

Jones, Ernest, 1961, *La vie et l'œuvre de Sigmund Freud : 2 / Les années de maturité 1901-1919*, Paris, Presses Universitaires de France (1ʳᵉ éd. : 1955)

Jones, Ernest, 1969, *La vie et l'œuvre de Sigmund Freud : 3 / Les dernières années 1919-1939*, Paris, Presses Universitaires de France (1ʳᵉ éd. : 1957)

Jung, Carl Gustav, 1973, *Ma vie : souvenirs, rêves et pensées*, Paris, Gallimard (1ʳᵉ éd. : 1961)

Katz, Jonathan Ned, 2001, *L'invention de l'hétérosexualité*, Paris, EPEL (1ʳᵉ éd. : 1996)

Kindo, Yann, 2002, *La révolution sexuelle : chronologie indicative*, dans *Dissidences : bulletin de liaison des études sur les mouvements révolutionnaires*, n° 10, p. 17-18

Kinsey, Alfred C., Pomeroy, Wardell B. et Martin, Clyde E., 1948, *Le comportement sexuel de l'homme*, Paris, Éditions du Pavois

Koedt, Anne, 1970, *Le mythe de l'orgasme vaginal*, dans *Partisans*, n° 54-55 p. 54-60

Kollar, Edward J., Beckwith, William C. et Edgerton, Robert B., 1968, *Sexual Behavior of the ARL Colony Chimpanzees*, dans *The Journal of Nervous and Mental Disease*, vol. 147, n° 5, p. 444-459

Kollontaï, Alexandra, 2001, *Marxisme et révolution sexuelle*, Paris, La Découverte (1ʳᵉ éd. : 1973)

Kohn, Max, 2005, *Freud et le yiddish : le préanalytique (1877-1897)*, Paris, Économica/Anthropos

Krafft-Ebing, Richar von, 1990, *Psychopathia Sexualis* Castelnau-le-Lez, Paris, Climats/Garnier (1ʳᵉ éd. : 1886-1931)

Kriegel, Blandine, 2003, *La violence à la télévision*, Paris, Presses Universitaires de France

Krishnamurti, Jiddu, 1990, *La révolution du silence*, Paris, Stock (1ʳᵉ éd. : 1970)

Kroeber, Theodora, 1968, *Ishi : testament du dernier indien sauvage de l'Amérique du Nord*, Paris, Plon/France Loisir, (1ʳᵉ éd. : 1961)

Krüll, Marianne, 1983, *Sigmund, fils de Jacob*, Paris, Gallimard (1ʳᵉ éd. : 1979)

Kuhn, Thomas S., 1983, *La structure des révolutions scientifiques*, Paris, Flammarion (1ʳᵉ éd. : 1962)

Laing, Ronald D., 1970, *Le moi divisé*, Paris, Stock (1ʳᵉ éd. : 1959)

Laing, Ronald D., 1971, *Soi et les autres*, Paris, Gallimard (1ʳᵉ éd. : 1961)

Laing, Ronald D., Esterson Aaron, 1971, *L'équilibre mental la folie et la famille*, Paris, Maspero (1ʳᵉ éd. : 1964)

Laing, Ronald D., 1969, *La politique de l'expérience*, Paris, Stock (1ʳᵉ éd. : 1967)

Laing, Ronald D., 1972, *La politique de la famille*, Paris, Stock (1ʳᵉ éd. : 1969)

Laing, Ronald D., 1986, *Sagesse, déraison et folie : la fabrication d'un psychiatre*, Paris, Seuil (1ʳᵉ éd. : 1985)

Langer, Walter C., 1973, *Psychanalyse d'Adolf Hitler*, Paris, Denoël (1ʳᵉ éd. : 1972)

Laplanche, Jean et Pontalis, J. B., 1998, *Vocabulaire de la psychanalyse*, Paris, Presses Universitaires de France (1ʳᵉ éd. : 1967)

Lederer, Wolfgang, 1980, *La peur des femmes ou gynophobia*, Paris, Payot (1ʳᵉ éd. : 1968)

Legendre, Tony, 2006, *Expériences de vie communautaire anarchiste en France : le milieu libre de Vaux (Aisne) 1902-1907 et la colonie naturiste et végétalienne de Bascon (Aisne) 1911-1951*, Saint-Georges-d'Oléron, Les Éditions Libertaires

Le Goff, Jean-Pierre, 1998, *Mai 68 : l'héritage impossible*, Paris, La Découverte

Legrand, Michel, 1983, *Psychanalyse, science, société*, Bruxelles, Pierre Mardaga

Leleu, Gérard, 1993, *Le traité des caresses*, Paris, Encre/Arys-J'ai lu (1ʳᵉ éd. : 1988)

Leleu, Gérard, 1995, *Le traité du plaisir*, Paris, Artulen-J'ai lu

Lerouge, Herwig, 2004, *Le dossier Nihoul : les enjeux du procès Dutroux*, Anvers, EPO

Lesage de la Haye, Jacques, 1996, *Une psychopolitique du corps l'analyse reichienne*, Lyon, Atelier de Création Libertaire

Leulliette, Pierre, 1980, *Le viol des viols*, Paris, Robert Laffont

Lever, Maurice, 1985, *Les bûchers de Sodome*, Paris, Fayard

Lever, Maurice, 1991, *Donatien Alphonse François, marquis de Sade*, Paris, Fayard

Lloyd, Trevor, 1970, *L'émancipation des femmes*, Lausanne, Éditions Rencontre

Louf, Regina, 2002, *Silence on tue les enfants*, Wavre, Belgique, Mols

Mahony, Patrick, 2001, *Dora s'en va : violence dans la psychanalyse*, Paris, Les Empêcheurs de penser en rond (1ʳᵉ éd. : 1996)

Maier, Corinne, 2003, *Le Lacan dira-t-on : guide français-lacanien*, Paris, Mots et Cⁱᵉ

Maitron, Jean, 1992, *Le mouvement anarchiste en France : vol. 1 Des origines à 1914*, Paris, Gallimard (1ʳᵉ éd. : 1975)

Makal, Mahmout, 1963, *Un village anatolien*, Paris, Plon

Malcolm, Janet, 1986, *Tempête aux Archives Freud,* Paris, Presses Universitaires de France (1ʳᵉ éd. : 1983)
Malet, Albert et Isaac, Jules, 1961, *L'histoire,* vol. 3, Paris, Marabout
Malinowski, Bronislaw, 2000, *La vie sexuelle des sauvages du nord-ouest de la Mélanésie,* Paris, Payot (1ʳᵉ éd. : 1929)
Malinowski, Bronislaw, 1976, *La sexualité et sa répression dans les sociétés primitives,* Paris, Payot (1ʳᵉ éd. : 1932)
Maquet, Jacques, 2000a, article *Bochimans,* de *l'Encyclopædia Universalis*
Maquet, Jacques, 2000b, article *Pygmées,* de *l'Encyclopædia Universalis*
Marcuse, Herbert, 1963, *Eros et civilisation,* Paris, Minuit, Paris, (1ʳᵉ éd. : 1955)
Marcuse, Herbert, 1995, *Marxisme et féminisme,* dans *Quel corps ?,* n° 47-48-49, p. 317-325 (1ʳᵉ éd. : 1974)
Marcireau, Jacques, 1980 *Pendant 20 000 ans la femme a dominé l'homme...,* Paris, Best-Seller
Margulis, Lynn et Sagan, Dorion, 1989, *L'univers bactériel,* Paris, Albin Michel (1ʳᵉ éd. : 1986)
Marti, Jean, 1976, *La psychanalyse en Russie 1909-1930,* dans *Critique,* tome XXXII, n° 346, p. 199-236
Martin, Henri-Jean, 1996, *Histoire et pouvoirs de l'écrit,* Paris, Albin Michel (1ʳᵉ éd. : 1988)
Les Marx Brothers, 1999, *Pensées, répliques et anecdotes,* Paris, J'ai lu (1ʳᵉ éd. : 1995)
Masson, Jeffrey Moussaieff, 1984, *Le réel escamoté,* Paris, Aubier
Masters, William H. et Johnson, Virginia E., 1968, *Les réactions sexuelles,* Paris, Robert Laffont (1ʳᵉ éd. : 1966)
Maurel, Olivier et Pouquet, Michel, 2003, *Œdipe et Laïos : dialogue sur l'origine de la violence,* Paris, L'Harmattan
Maurel, Olivier, 2004 *La fessée,* Sète, La Plage
Mayeur, Françoise (dir. : Parias, Louis-Henri), 1981, *Histoire générale de l'enseignement et de l'éducation en France* tome 3 : *De la Révolution à l'École républicaine,* Paris, G.-V. Labat
McLaren, Angus, 1996, *Histoire de la contraception,* Paris, Noêsis (1ʳᵉ éd. : 1990)
Mead, Margaret, 1963, *Mœurs et sexualité en Océanie,* Paris, Plon (1ʳᵉ éd. : 1928-1935)
Medea, Andra et Thompson, Kathleen, 1976, *Contre le viol,* Paris, Pierre Horay (1ʳᵉ éd. : 1974)
Mendel, Gérard, 1971, *Pour décoloniser l'enfant,* Paris, Payot
Mendel, Gérard, 1998, *La psychanalyse revisitée,* Paris, La Découverte/Syros (1ʳᵉ éd. : 1988)
Merle, Pierre, 1989, *Dictionnaire du français branché suivi du Guide du français tic et toc,* Paris, Seuil
Meyer, Catherine (dir.), 2005, *Le livre noir de la psychanalyse : vivre, penser et aller mieux sans Freud,* Paris, Les Arènes
Meyer, Catherine (dir.), 2008, *Les nouveaux psys,* Paris, Les Arènes
Mill, John Stuart, 1992, *De l'assujettissement des femmes,* Paris, Avatar (1ʳᵉ éd. : 1867)
Miller, Alice, 1984, *C'est pour ton bien : racines de la violence dans l'éducation de l'enfant,* Aubier, Paris, (1ʳᵉ éd. : 1980)
Miller, Alice, 1981, *L'enfant sous terreur : l'ignorance de l'adulte et son prix,* Paris, Aubier (1ʳᵉ éd. : 1986)
Miller, Alice, 1990, *La connaissance interdite : affronter les blessures de l'enfance dans la thérapie,* Aubier, Paris, (1ʳᵉ éd. : 1988)
Miller, Alice, 1991, *Abattre le mur du silence,* Paris, Aubier (1ʳᵉ éd. : 1990)
Millet, Kate, 1971, *La politique du mâle,* Paris, Stock/Opera Mundi (1ʳᵉ éd. : 1969)
Millot, Catherine, 1997, *Freud antipédagogue,* Paris, Flammarion (1ʳᵉ éd. : 1979)
Millotte, Jean-Pierre et Thévenin, André, 1988, *Les racines des Européens des origines aux Celtes,* Le Coteau, Horvath
Mitchell, Juliet, 1975, *Psychanalyse et féminisme,* Paris, Éditions des femmes (1ʳᵉ éd. : 1974)
Monestier, Martin, 1997, *Histoire et bizarreries sociales des excréments des origines à nos jours,* Paris, Le Cherche Midi

Monestier, Martin, 2002, *Les poils histoires et bizarreries : cheveux, toisons, coiffeurs, moustaches, barbes, chauves, rasées, albinos, hirsutes, velus et autres poilants trichosés,* Paris, Le Cherche Midi
Money, John, 1986, *Lovemaps,* New York, Irvington Publishers, Inc.
Monnet, Corinne et Vidal, Léo (textes présentés par), 1997, *Au-delà du personnel,* Lyon, Atelier de création libertaire
Monnet, Corinne, 1998, *L'inégalitaire répartition des tâches dans le travail de la conversation,* dans *Nouvelles Questions Féministes,* vol. 19, n° 1
Morris, Desmond, 1968, *Le singe nu,* Paris, Grasset (1ʳᵉ éd. : 1967)
Morris, Desmond, 1970, *Le zoo humain,* Paris, Grasset (1ʳᵉ éd. : 1969)
Morris, Desmond, 1986, *Magie du corps,* Paris, Grasset (1ʳᵉ éd. : 1985)
Muchembled, Robert, 2005, *L'orgasme et l'Occident : une histoire du plaisir du XVIe siècle à nos jours,* Paris, Seuil
Murat, Laure, 2001, *La Maison du docteur Blanche,* Paris, Jean-Claude Lattès/Hachette
Naïm, Mouna, 1993, *Du « body fluo » au manteau islamique : la double vie des iraniennes,* dans *Le Monde* du 25 juin
Nicolas, Jean et Lavachery, Frédéric, 2001, *Dossier pédophilie : le scandale de l'affaire Dutroux,* Paris, Flammarion
Nivelle, Jean-Philippe, 1999, *Recension des articles de l'En-Dehors consacrés au naturisme et au nudisme,*
http://perso.club-internet.fr/ytak/natbiblioarmand.html
Normandy, G. et Lesueur, E., 1910, *Ferrer : l'homme et son œuvre, sa mort, Castille contre Catalogne,* Paris, Albert Mérican
Nouailhat, René, 1988, *Les premiers christianismes,* Paris, Errance
Odent, Michel, 1982, *La fin du meurtre du Christ ?,* dans *l'Arc* n° 83 spécial Wilhelm Reich
Ollendorff Reich, Ilse, 1970, *Wilhelm Reich,* Paris, Pierre Belfond (1ʳᵉ éd. : 1969)
Osborn, Reuben, 1969, *Marxisme et psychanalyse,* Paris, Payot
Ortner, Sherry B., 1998, *Is Female to Male as Nature is to Culture ?,* dans Landes Joan B., *Feminism the Public & the Private* Oxford, New York, Oxford University Press (1ʳᵉ éd. : 1972)
Pardo, Carlos, 2000, *Des films français fascinés par le sordide,* dans *Le monde diplomatique,* n° 551, p. 28
Patou-Mathis, Marylène, 2006, *Néanderthal : une autre humanité,* Paris, Perrin
Perlin, John, 1991, *A Forest Journey : the Role of Wood in the Development of Civilisation,* Cambridge, London, Harward University Press (1ʳᵉ éd. : 1989)
Percheron, Maurice, 1956, *Le Bouddha et le bouddhisme,* Paris, Seuil
Petitfils, Jean-Christian, 1982, *La vie quotidienne au temps des communautés utopistes au XIXᵉ siècle,* Paris, Hachette
Petter, Germaine et Senut, Brigitte, 1994, *Lucy retrouvée,* Paris, Flammarion
Pfrimmer, Théo, 1982, *Freud lecteur de la Bible,* Paris, Presses Universitaires de France
Picq, Françoise, 1993, *Libération des femmes : les années-mouvement,* Paris, Seuil
Pierrat, Emmanuel, 1996, *Le sexe et la loi,* Paris, Arléa
Poirier, Jean (dir.), 2002, *Histoire des mœurs* Paris, Folio/Gallimard (1ʳᵉ éd. : 1990)
Pommier, Gérard, 1995, *L'ordre sexuel,* Paris, Flammarion
Popper, Karl R., 1973, *La logique de la découverte scientifique,* Paris, Payot (1ʳᵉ éd. : 1959)
Popper, Karl R., 1985, *Conjectures et réfutations : la croissance du savoir scientifique,* Paris, Payot (1ʳᵉ éd. : 1963)
Postel, Jacques et Quetel, Claude, 2004, *Nouvelle histoire de la psychiatrie,* Paris, Dunod (1ʳᵉ éd. : 1994)
Pratt, Hugo, 1991, *Le désir d'être inutile : souvenirs et réflexions. Entretiens avec Dominique Petitfaux,* Paris, Robert Laffont
Preciado, Beatriz, 2000, *Manifeste contra-sexuel,* Paris, Balland
Raknes, Ola, 1988, *Wilhelm Reich et l'orgonomie,* Nice, Érès-Sedifor (1ʳᵉ éd. : 1970)

Rambal, Julie, 1999, *Anus horribilis ! Les filles veulent nos fesses*, dans *Max* n° 117, p. 90

Raynaud, Éric, 2004, *Les réseaux cachés des pervers sexuels*, Monaco, Rocher

Reed, Evelyn, 1979, *Féminisme et anthropologie*, Paris, Denoël/Gonthier (1re éd. : 1975)

Reich, Peter, 1977, *À la recherche de mon père ; rêves éclatés*, Paris, Albin Michel (1re éd. : 1973)

Reich, Wilhelm, 1952, *La fonction de l'orgasme*, Paris, L'Arche (1re éd. : 1940)

Reich, Wilhelm, 1972, *L'irruption de la morale sexuelle*, Paris, Payot (1re éd. : 1932-1935)

Reich, Wilhelm, 1972, *La psychologie de masse du fascisme*, Paris, Payot (1re éd. : 1933)

Reich, Wilhelm, 1982, *Premiers écrits 2 : la génitalité*, Paris, Payot (1re éd. : 1927)

Reich, Wilhelm, 1982, *La révolution sexuelle*, Paris, Christian Bourgois (1re éd. : 1936)

Reich, Wilhelm, 1992, *L'analyse caractérielle*, Paris, Payot (1re éd. : 1933)

Reich, Wilhelm, 1998, *Reich parle de Freud*, Paris, Payot (1re éd. : 1967)

Renou, Louis, 1981, *La civilisation de l'Inde ancienne*, Paris, Flammarion

Rey, Alain et Sophie, Chantreau, 1989, *Dictionnaire des expressions et locutions*, Paris, Dictionnaires Le Robert

Ricœur, Paul, 2000, article *Aliénation*, de *l'Encyclopædia Universalis*

Roazen, Paul, 1971, *Animal mon frère toi : l'histoire de Freud et Tausk*, Paris, Payot (1re éd. : 1969)

Roazen, Paul, 1976, *La pensée politique et sociale de Freud*, Bruxelles, Complexe (1re éd. : 1968)

Roazen, Paul, 1986, *La saga freudienne*, Paris, Presses Universitaires de France (1re éd. : 1971)

Roazen, Paul, 1996, *Mes rencontres avec la famille de Freud*, Paris, Seuil (1re éd. : 1993)

Rochefort, Christiane, 1988, *La porte du fond*, Paris, Grasset

Rodrigué, Emilio, 2000, *Freud : le siècle de la psychanalyse*, Paris, Payot (1re éd. : 1996)

Rosario, Vernon A., 2000, *L'irrésistible ascension du pervers : entre littérature et psychiatrie*, Paris, EPEL (1re éd. : 1997)

Rosenberg, Marshall B., 2005, *Les mots sont des fenêtres (ou bien ce sont des murs) : introduction à la communication non violente*, Paris, La Découverte (1re éd. : 1999)

Rousseau, Frédéric, 1999, *La guerre censurée : une histoire des combattants européens de 14-18*, Paris, Seuil

Roussel, Michel, 2004, *Homicide 31 : au cœur de l'affaire Alègre. L'ex-directeur d'enquêtes parle*, Paris, Denoël

Roustang, François, 1976, *Un destin si funeste*, Paris, Minuit

Routier, Airy, 2005, *Le fils du serpent : vie et mort du banquier Stern*, Paris, Albin Michel

Roux, Georges, 1995, *La Mésopotamie*, Paris, Seuil (1re éd. : 1985)

Rubenstein, Richard L., 1971, *L'imagination religieuse : théologie juive et psychanalyse*, Paris, Gallimard (1re éd. : 1968)

Rubin, Gayle S. et Butler, Judith, 2001, *Marché au sexe*, Paris, EPEL

Sadoul, Numa, 1975, *Tintin et moi : entretiens avec Hergé*, Bruxelles, Casterman

Sahlins, Marshall, 1976, *Âge de pierre, âge d'abondance : l'économie des sociétés primitives*, Paris, Gallimard (1re éd. : 1972)

Sammoun, Mona, 2004, *Tendance SM : essai sur la représentation sadomasochiste*, Paris, La Musardine

Saraswati, Sunyata et Avinasha, Bodhi, 1994, *Le couple sublimé : manuel de sexualité tantrique*, Genève, Jouvence (1re éd. : 1987)

Schafer, Roy, 1974, *Problems in Freud's psychology of women*, dans *Journal of the psychoanalytic association*, n° 22, p. 459-485

Schmidt, Véra et Reich, Annie, 1979, *Pulsions sexuelles et éducation du corps*, Paris, Union Générale d'Éditions

Schneebaum, Tobias, 1971, *Au pays des hommes nus*, Paris, Stock (1re éd. : 1969)

Schoeck, Helmut, 1995, *L'envie, une histoire du mal*, Paris, Les Belles Lettres

Schreber, Daniel Paul, 1975, *Mémoires d'un névropathe*, Paris, Seuil (1re éd. : 1903)

Schur, Max, 1975, *La mort dans la vie de Freud*, Paris, Gallimard (1re éd. : 1972)

Scott, George Ryley, 1940, *The History of Corporal Punishment : a Survey of Flagellation in its Historical Anthropological and Sociological Aspects*, London, T. Werner Laurie Ltd. (1re éd. : 1938)

Sherman, Julia, 1971, *On the psychology of women : a survey of empirical studies,* Springfield, Illinois, Charles C. Thomas

Sicard, Émile, 2000, article *Famille : Les communautés familiales,* de *l'Encyclopædia Universalis*

Simon, Serge, 2004, *Homophobie France 2004,* Latresne, Le Bord de l'Eau

Sokal, Alan et Bricmont, Jean, 1997, *Impostures intellectuelles,* Paris, Odile Jacob

Solignac, Pierre, 1976, *La névrose chrétienne,* Paris, Éditions de Trévise

Spielrein, Sabina, 2004, *Entre Freud et Jung,* Paris, Aubier (1ʳᵉ éd. : 1980)

Stengers, Jean et Van Neck, Anne, 2000, *Histoire d'une grande peur, la masturbation,* Paris, Institut d'Éditions Sanofi/Synthelabo (1ʳᵉ éd. : 1984)

Stettbacher, J. Konrad, 1991, *Pourquoi la souffrance : la rencontre salvatrice avec sa propre histoire,* Paris, Aubier (1ʳᵉ éd. : 1990)

Stoller, Robert, 1978, *Recherches sur l'identité sexuelle,* Paris, Gallimard

Sturdivant, Susan, 1980, *Les femmes et la psychothérapie,* Bruxelles, Pierre Mardaga

Sulloway, Frank J., 1998, *Freud biologiste de l'esprit,* Paris, Fayard (1ʳᵉ éd. : 1979)

Sizaire, Anne, 1994, *Maria Montessori : l'éducation libératrice,* Paris, Desclée de Brouwer

Szasz, Thomas, 1975, *Le mythe de la maladie mentale,* Paris, Payot (1ʳᵉ éd. : 1974)

Szasz, Thomas, 1976, *Idéologie et folie,* Paris, Presses Universitaires de France (1ʳᵉ éd. : 1970)

Szasz, Thomas, 1976, *Fabriquer la folie,* Paris, Payot

Szasz, Thomas, 1977, *La loi, la liberté et la psychiatrie,* Paris, Payot (1ʳᵉ éd. : 1963)

Szasz, Thomas, 1978, *L'âge de la folie,* Paris, Presses Universitaires de France (1ʳᵉ éd. : 1973)

Szasz, Thomas, 1985, *Karl Krauss et les docteurs de l'âme,* Paris, Hachette (1ʳᵉ éd. : 1976)

Tausk, Victor, 1976, *Œuvres psychanalytiques,* Paris, Payot

Testart, Alain, 1981, *Compte-rendu de « The !Kung San » de Richard B. Lee,* dans *L'Homme,* vol. 21, n° 3, p. 129-130

Testart, Alain, 1996, *Manières de prendre femme en Australie,* dans *L'Homme,* vol. 36, n° 139, p. 7-57

Testart, Alain, 2005, *Éléments de classification des sociétés,* Paris, Errance

Thomas, Éva, 1989, *Le viol du silence,* Paris, Aubier Montaigne/J'ai lu (1ʳᵉ éd. : 1986)

Thomas, Éva, 2004, *Le sang des mots : les victimes, l'inceste et la loi,* Paris, Desclée de Brouwer

Tisdale, Sallie, 1997, *Parlons cul,* Paris, Dagorno (1ʳᵉ éd. : 1994)

Todd, Emmanuel, 1979, *Le fou et le prolétaire,* Paris, Robert Laffont

Todd, Emmanuel, 1997, *L'Europe : hétérogénéité culturelle et construction politique,* dans *Parcours Les cahiers du GREP Midi-Pyrénées* n° 15/16, p. 11-66, Toulouse

Todd, Emmanuel, 1999, *La diversité du monde,* Paris, Seuil (1ʳᵉ éd. : 1983-1984)

Van Gulik, Robert, 1971, *La vie sexuelle dans la Chine ancienne,* Paris, Gallimard (1ʳᵉ éd. : 1961)

Van Rillaer, Jacques, 1980, *Les illusions de la psychanalyse,* Bruxelles, Pierre Mardaga

Vaillant, Maryse, 2001, *Il n'est jamais trop tard pour pardonner à ses parents,* Paris, EDLM

Vaylet, Joseph, 1985, *La chemise conjugale,* Espalion, Musée Joseph Vaylet (1ʳᵉ éd. : 1976)

Veith, Ilza, 1973, *Histoire de l'hystérie,* Paris, Seghers (1ʳᵉ éd. : 1965)

Veyne, Paul, 2002, *Les romains ont inventé le couple puritain* (entretien avec Dominique Simonnet), dans *L'Express* n° 2661, p. 86-89

Villeminot, Jacques et Paule, 1966, *La Nouvelle-Guinée,* Paris, Marabout/Gérard & Cᶦᵉ (1ʳᵉ éd. : 1964)

Vincent, Jean-Didier, 1994(a), *Biologie des passions,* Paris, Odile Jacob

Vincent, Jean-Didier, 1994(b), *La biologie du plaisir,* dans *La presse médicale* du 17 décembre

Vincent, Jean-Didier, 2000, *La chair et le diable,* Paris, Odile Jacob

Vouge, Jean-François, 1999, *Pose nue sur le Net,* dans *Web Magazine* n° 6

Webster, Richard, 1998, *Le Freud inconnu,* Chambéry, Exergue (1ʳᵉ éd. : 1995)

Welzer-Lang, Daniel, Mathieu, Lilian et Faure, Michaël, 1996, *Sexualité et violences en prison,* Lyon, Observatoire International des Prisons/Aléas
Winter, Jean-Pierre, 2000, *L'amour interdit,* dans *Le Nouvel Observateur,* Hors-Série *La pudeur* n° 39, p. 59
Wittig, Monique, 2001, *La pensée straight,* Paris, Balland
Wolff, Charlotte,1986, *Magnus Hirschfeld : a Portrait of a Pioneer in Sexology,* New York, Quartet Books, London, Melbourne
Yutang, Lin, 1937-1997, *La Chine et les chinois,* Paris, Payot
Zeghidour, Slimane, 1992, *La retenue islamique,* dans *Autrement,* Série *Morales,* n° 9, p. 103-107
Zigante, Frank, 1996, *Évolution historique de la reconnaissance des abus sexuels des enfants,* http://www.carnetpsy.com/Archives/rubrique.gif
Zorn, Fritz, 1979, *Mars,* Paris, Gallimard (1ʳᵉ éd. : 1977)
Zwang, Gérard, 1972, *La fonction érotique,* Paris, Robert Laffont
Zwang, Gérard, 1985, *La statue de Freud,* Paris, Robert Laffont
Zwang, Gérard, 1990, *Sexologie,* Paris, Masson (1ʳᵉ éd. : 1976)

Crédits

Le dessin de couverture, ainsi que ceux des p. 36, 38, 227, 234, 301 et 308 ont été réalisés par Léa Zwikel et sont sous licence Creative Commons. Visitez le site de Léa : http://leablabla.be/

La photographie de la p. 35, ainsi que les schémas des p. 83 (en haut) et 118 sont de l'auteur.

P. 78 Dessin de Philippe Soulas, © Soulas/Iconovox

P. 83 (en bas) photographie de Nicole Durup, reproduite avec son aimable autorisation.

P. 136 Photographie de P. Saillan, reproduite avec l'aimable autorisation du Musée Joseph Vaylet à Espalion.

P. 192 Photographie de Karel William, © Eyedea Presse

P. 193 (en haut à gauche) © Réunion des Musées Nationaux/Hervé Lewandowski

P. 193 (en bas à droite) Photographie de Jean-Pierre Muller, © AFP

P. 196 © Belvedere, Vienna.

P. 240 Illustrations extraites de Schreber, Daniel Gottlob Moritz, 1858, *Kallipädie oder Erziehung zur Schönheit durch naturgetreue und gleichmässige Förderung normaler Köperbildung, lebenstüchtiger Gesundheit und geistiger Veredelung und insbesondere durch möglichste Benutzung specieller Erziehungsmittel : Für Altern, Erzieher und Lehrer,* Leipzig, Friedrich Fleischer, p. 174, 199 et 220.

Table des matières

Introduction 9

Le drame de la souillure corporelle 13

1. La dévalorisation 15

La revalorisation 31

2. La séduction 33

3. La transgression 43

4. La stimulation 49

5. L'affection 51

La torture de la dévalorisation 55

6. L'exploitation du drame par le sadisme 57

7. Le viol, une torture 61

8. L'absence de dénouement débouche sur la violence sexuelle 65

La culpabilité sexuelle 75

9. Les causes psycho-corporelles de la culpabilité sexuelle 77

10. Les causes religieuses de la culpabilité sexuelle 81

11. Les causes économiques et sociales de la culpabilité sexuelle 89

12. La culpabilité sexuelle aujourd'hui 123

13. La souillure corporelle existe-t-elle ? 129

14. La condamnation de l'analité 133

Homophobie et patriarcat 145

15. Les fondements du patriarcat 147

16. L'homophobie 153

17. La théorie *queer* 165

Sexualité et politique 185

18. Le caractère aliénant de la culpabilité sexuelle 187

19. Mai 68, une révolution politique et sexuelle 191

20. Reich, Marcuse, Castoriadis ou l'impasse freudo-marxiste 195

Sigmund Freud ou la révolution conservatrice 221

21. La théorie des pulsions 223

22. Freud, un pionnier ? 231

23. La personnalité de Freud 247

24. L'ordre moral rénové 275

25. Transposition psychanalytique du patriarcat biblique 279

26. L'authenticité d'une théorie 327

Bibliographie 335

Imprimé en France

Tous droits réservés pour tous pays
ISBN 978-2-9522471-1-5

www.ingramcontent.com/pod-product-compliance
Lightning Source LLC
Chambersburg PA
CBHW062156270326
41930CB00009B/1555